本书为2013年国家社会科学基金青年项目
"我国破产法重整决策机制问题研究"
（项目号：13CFX071）成果

破产重整制度的比较研究
——英美视野与中国图景

齐砺杰◎著

中国社会科学出版社

图书在版编目（CIP）数据

破产重整制度的比较研究：英美视野与中国图景／齐砺杰著．
—北京：中国社会科学出版社，2016.7
ISBN 978-7-5161-8455-4

Ⅰ.①破⋯　Ⅱ.①齐⋯　Ⅲ.①破产法—研究—中国
Ⅳ.①D922.291.924

中国版本图书馆CIP数据核字（2016）第145029号

出 版 人	赵剑英
责任编辑	王　茵　马　明
责任校对	任晓晓
责任印制	王　超

出　　版	中国社会科学出版社
社　　址	北京鼓楼西大街甲158号
邮　　编	100720
网　　址	http://www.csspw.cn
发 行 部	010-84083685
门 市 部	010-84029450
经　　销	新华书店及其他书店

印刷装订	三河市君旺印务有限公司
版　　次	2016年7月第1版
印　　次	2016年7月第1次印刷

开　　本	710×1000　1/16
印　　张	20.75
字　　数	309千字
定　　价	76.00元

凡购买中国社会科学出版社图书，如有质量问题请与本社营销中心联系调换
电话：010-84083683
版权所有　侵权必究

目 录

第一章 导论 …………………………………………………… (1)
  第一节 全书主旨 ……………………………………………… (1)
    一 清算和重整的区别 …………………………………… (1)
    二 国际协调的努力和本书的研究目的 ………………… (3)
  第二节 结构与方法 …………………………………………… (8)
    一 本书结构 ……………………………………………… (8)
    二 研究方法 ……………………………………………… (14)

第二章 公司破产重整法的理论基础 ………………………… (18)
  第一节 英美两国公司破产重整法的主要特征和目标 ……… (19)
    一 英国破产拯救体系 …………………………………… (19)
    二 美国《破产法》第11章 ……………………………… (22)
    三 制度差异 ……………………………………………… (24)
    四 不同的倾向性 ………………………………………… (26)
  第二节 "继续经营的价值"之谜 …………………………… (27)
    一 企业财务困境(financial distress)和经济困境
       (economic distress)的不同 …………………………… (28)
    二 只有经济上有生存能力的公司才值得拯救,才是"继续
       经营的价值剩余"的真正源泉 ………………………… (30)
  第三节 关于破产重整法目的的诸多理论及其分歧 ………… (34)

一　债权人协商理论 …………………………………………… (37)
　　二　破产重整意义的价值解说 ………………………………… (42)
　　三　英国学者的处理方法 ……………………………………… (43)
　　四　破产选择和真实同意理论 ………………………………… (46)
　　五　公司利益相关人(stakeholder)模式和破产重整的
　　　　团队产品(team production)理论 …………………………… (50)
　　六　沃伦(Warren)教授关于破产重整程序的研究及其探索
　　　　"重整真相"的努力 ………………………………………… (53)
　第四节　破产法的风险分摊(risk-sharing)功能(或者叫再分配
　　　　　效果)是破产法的应有目标之一吗？ ……………………… (55)

第三章　英国的公司拯救程序 ………………………………………… (69)
　第一节　英国的破产管理程序 ……………………………………… (69)
　　一　破产管理程序流程 ………………………………………… (70)
　　二　破产管理程序的法律特征 ………………………………… (72)
　　三　实践中越来越多地把破产管理程序当作破产清算
　　　　程序的替代品使用 ………………………………………… (89)
　第二节　英国的公司自愿安排程序 ………………………………… (92)
　　一　CVA 1986 模式 …………………………………………… (93)
　　二　CVA 的 2003 模式以及 2000 年《破产法》所带来的
　　　　变化 ………………………………………………………… (97)
　　三　CVA 与 1985 年《公司法》第 425 条规定的和解/偿债
　　　　协议安排之异同 …………………………………………… (103)
　　四　CVA 程序偏低的利用率及其原因 ……………………… (106)

第四章　美国《破产法》第 11 章的重整程序 ……………………… (112)
　第一节　第 11 章程序的特征 ……………………………………… (114)
　　一　债务人在位 ……………………………………………… (114)
　　二　托管人、调查员和各类委员会 …………………………… (117)
　　三　重整计划 ………………………………………………… (121)

第二节　困扰第11章程序的各种问题以及2005年BAPCPA
　　　通过前的种种改革建议 ·················· (145)
　一　关于"高管层不良动机"的假设以及破产重整的直接
　　　和间接成本问题 ······················ (145)
　二　对第11章重整程序的改革建议 ············· (149)
　三　支持法庭监督的重整程序的一些证据 ·········· (152)
第三节　2005年颁布的《防止滥用破产及消费者保护法案》
　　　与专门适用于小型公司的重整程序 ············ (158)

第五章　英国、美国破产重整制度比较 ·············· (164)
　第一节　债务人在位 vs. 管理人在位 ·············· (165)
　　一　分散持股公司中高管层行为的双重可能性 ········ (167)
　　二　集中持股的公司 ···················· (172)
　　三　管理行为如何影响重整结果 ··············· (174)
　第二节　重整期间的继续融资 ·················· (185)
　　一　美国《破产法》第11章中的继续融资机制 ········ (185)
　　二　英国破产管理程序中继续融资的可能性 ········· (192)
　第三节　私下重整和预装式重整的崛起 ·············· (198)
　　一　私下重整如何可行？ ·················· (198)
　　二　预装式的重整 ····················· (201)
　　三　英国预装式的破产管理程序 ··············· (206)
　　四　美国公司破产的"私下解决"现象 ············ (211)
　　五　英国的"伦敦方式"(the London Approach) ······ (213)

第六章　中国企业破产重整制度的实行情况、问题及
　　　改进建议 ······················· (219)
　第一节　新《破产法》实施以来破产案件的数量、真实情况
　　　　及其原因 ······················ (219)
　第二节　重整案件的真实面目 ·················· (230)
　　一　重整的主要适用者、受益者和受损者 ·········· (230)

二　普通债权人权益与股东权益之间的博弈 …………… (237)
第三节　《破产法》条文之外的原因对重整制度的
　　　　重大影响 ……………………………………………… (265)
　　一　会计制度的原因导致"出局"债权人无法分享重整
　　　　成功的收益 …………………………………………… (267)
　　二　中国股票市场的特殊机制问题及其对重整程序的
　　　　影响 …………………………………………………… (268)
　　三　地方政府的参与 ………………………………………… (277)
　　四　破产重整中的"管理人中心主义"真的可行吗？…… (280)
第四节　新投资人（重组方）…………………………………… (299)
　　一　新投资人在重整过程中的法律权利问题 …………… (299)
　　二　新投资人的出资问题 ………………………………… (300)
第五节　《破产法》与其他法律在衔接方面的各种问题 …… (304)
第六节　重整程序中的其他问题 ……………………………… (306)
　　一　《破产法》第85条规定股东进行表决的条件为
　　　　"重整计划草案涉及出资人权益调整事项"该
　　　　如何理解？…………………………………………… (306)
　　二　对《破产法》第87条该如何理解 …………………… (308)
　　三　出资人组决议通过的标准：普通决议还是特别
　　　　决议？………………………………………………… (310)

结　论 ……………………………………………………………… (314)

英文缩写表 ……………………………………………………… (323)

后　记 …………………………………………………………… (324)

第一章

导 论

第一节 全书主旨

本书试图在经济日益全球化和虚拟化的大背景下为以下几个问题寻找线索：(1) 在破产清算程序（liquidation）变得无所不能的今天，重整制度（reorganization）是否还有存在和发展的必要？(2) 为什么根植于相同法律传统和社会经济条件的国家从其设计理念、旨趣到最终形成的破产重整制度都大相径庭、相去甚远？(3) 这些理论和现实层面的差异真的那么巨大吗？哪一些差异是真实存在的，哪一些仅是一种表象而存在于人们的想象之中？(4) 在破产重整领域，有没有一些关键的设计元素是普世的，适合于任何一个法域又不可或缺于任何一套具体的制度？如果有，这些元素又是什么？(5) 中国的破产重整制度，在过去的10年中，学到了什么，又欠缺了什么呢？在这一章中，笔者将尝试性地对以上几个问题的答案给出简要的提示。此外，对本书的结构和研究方法等问题也将在本章中做一个说明。

一 清算和重整的区别

任何规模的公司都有可能破产，比如体量强大到如雷曼兄弟、通用、安然公司，等等。只要残酷的市场竞争依然存在，注定有一些参与者会被淘汰出局。当一个公司失败了，它至少面临两种前途：选择清算或者是重整。公司重整（Corporate Reorganization，是美国法的说法，然后被全世界许多国家广泛接受，而英国法习惯上称作 Corporate

Rescue，即公司拯救），可以被简单地定义成：为了避免公司的最终失败而采取的必要干预（"a major intervention necessary to avert eventual failure of the company"），[1] 它是相对于破产清算而言的另一种破产程序；清算和重整程序是当今世界破产法的两大基石，和解虽然也是各国破产法的"标配"之一，但从实践的角度而言，其重要性无法与该两大程序相提并论。[2] 一个公司倒闭，受害者不仅仅是这个公司本身，其影响还会波及其他相关企业（比如该公司的供应商、下游客户、分包商等）。[3] 通过重整程序，债务人公司能从沉重的债务负担中暂时解脱，获得喘息之机并可以利用法律程序提供的特殊手段去重新安排业务和改善资产结构。正是基于这个认识，重整被认为可以把这种不良的连锁反应降到最小，由此实现社会价值的最大化。

清算和重整都属于集体参与行动的破产程序（a collective insolvency process），清算会直接导致一个公司的解体，因此结束一个公司的法人资格被认为是清算程序的主要目的，除非对清算有利，否则不允许公司在此阶段继续经营。清算程序中，公司财产往往会被迅速拆散零卖，所得收益将被按照偿债顺序尽快分给债权人。而在重整程序中，股东和债权人的全部或一部分通常将达成一个协议，将他们针对老企业所享有的破产前权利转换成针对重整后企业的新请求权，当然新权利往往是贬了值的。重整具备或加强了清算程序所没有或较弱的某些功能，尤其是在继续营业方面。理论上讲，清算也可以采取三种形式：整体收购、财产打包后整体出售，以及拆散零售。但现实中

---

[1] See A. Belcher, *Corporate Rescue: A Conceptual Approach to Insolvency Law*, Sweet & Maxwell, London, 1997, p. 12.

[2] 虽然不同的国家提法不尽相同，有的国家还设计出许多形形色色的和解程序，有的提法还将破产清算、破产和解和破产重整并列为构成现代破产法律制度的三块基石。但和解程序，至少在中国过去 20 年的历史里，作为一个可操作的制度，其发挥的实际作用并不突出。"和解制度则是原大陆法系破产法的一个重要内容，现在，在引进了重整制度之后，德国、日本等国家的破产法都废止了和解制度，只有我们国家的破产法保留了和解程序。"参见李曙光《中国破产法的三种程序与时间表》（http://www.cfcjbj.com.cn/list.asp? Unid = 6619, 2008, 05, 06）。

[3] R. K. Rasmussen, "The Efficiency of Chapter 11", *Bankr. Dev. J.*, No. 8, 1991, pp. 320 – 321.

很多清算事实上是不能通过整体收购来完成的，多数还是通过拆散零售的方式来实现。图1-1列出了清算和重整最可能导致的几种结果。当然，在案例中出现的多是多种结果的组合。

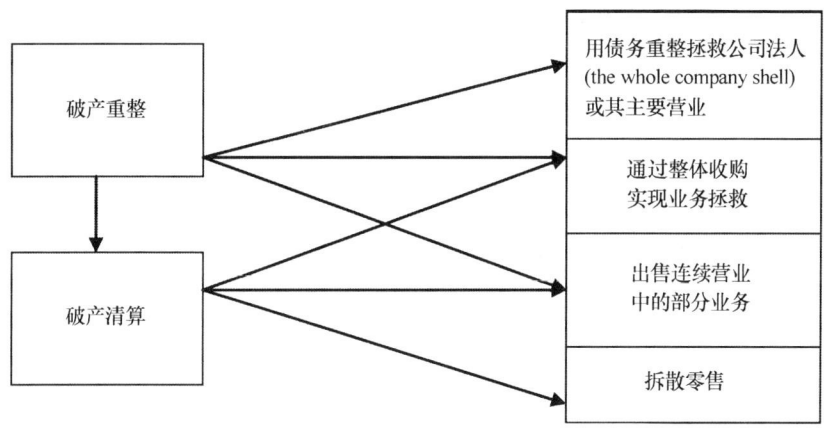

图1—1 清算和重整导致的结果

总的来说，重整作为一种公共政策工具（a policy instrument），通常要考虑和顾及多方面的利益和因素，包括特定社会和经济政策的执行、保护投资者利益、保障就业机会、社区福利和一般公众利益的维护等。反之，清算程序，即使以整体收购方式来进行的清算，也很少考虑除了债务偿还最大化之外的其他因素。如果是通过整体收购方式来拯救连续经营中的业务，重整也能比清算程序更好地实现这一目的。因为企业重组中最重要的环节和要素，都包含在重整程序的框架之内，而并不都包含于清算程序之中。这些重要环节包括：继续营业的许可，破产申请之后的再融资手段，更长的招标期限，保留经营班子和业务骨干团队，债转股的可能，剥离和清理现有财产和债务的方便程度，等等。

二 国际协调的努力和本书的研究目的

（一）国际协调的努力

公司破产法的国际协调（international harmonization）可以通过以

下两种方式来实现：第一种是由《联合国贸易法委员会跨国破产示范法》（1997）（the UNCITRAL Model Law on Cross-Border Insolvency，以下简称《示范法》）① 以及《欧盟理事会破产程序规则》（2000）（the EU Regulation on Insolvency Proceedings，以下简称《规则》）② 所采用的方法，即仅规定一套用以处理跨国破产的协调程序，而并不试图统一各国的破产实体法。第二种方式则试图标准化各成员国的破产和担保实体法。为防止类似亚洲金融风暴再次发生，代表着国际社会广泛共识和高度认同的一系列旨在统一破产实体法律框架的文件和规则纷纷出台，主要包括：《联合国贸易法委员会关于破产法的立法指导》（2004）（the Legislative Guide on Insolvency Law，adopted by UNCITRAL，以下简称《立法指导》）；③《世界银行关于建立有效破产和债权体系的若干原则》（the Principles for Effective Insolvency and Creditor Rights Systems，最早制定于 2001 年，2005 年由世界银行修改，以下简称《若干原则》）；④ 以及作为世界银行和国际货币基金组织金融行业评估规划项目（Financial Sector Assessment Program，FSAP）一部分的《关于遵守标准和规则的报告》（Reports on the Observance of Standards and Codes，ROSCs），该报告旨在建立一套行之有效的金融业早期预警系统。⑤

实践中，金融衰退和大量公司的倒闭也引发了加强政府干预和进一

---

① 《示范法》于 1997 年 5 月 30 日被联合国贸易委员会采纳，该法旨在协助成员国家将其本国的原有破产法律发展成为现代、兼容、公平的能更有效地处理跨国破产问题的法律体系。

② 该《规则》于 2000 年 5 月 29 日由欧盟理事会通过并于 2002 年 5 月 31 日起生效。除丹麦以外，2004 年 5 月 1 日之前加入的欧盟其他成员国都直接适用该规则。

③ 《立法指导》英文版见 http://www.uncitral.org/uncitral/en/uncitral_texts/insolvency/2004Guide.html。

④ 修订前后的《若干原则》英文版见 http://web.worldbank.org/WBSITE/EXTERNAL/TOPICS/LAWANDJUSTICE/GILD/0，contentMDK：20196839 ~ menuPK：146205 ~ pagePK：64065425 ~ piPK：162156 ~ theSitePK：215006，00.html。

⑤ 这是一套由世界银行与国际货币基金组织共同开发的标准，建立于世行的《若干原则》及类似的国际最佳实践标准之上，旨在帮助各国评价其各自的破产与债权债务问题解决系统。

步改革破产法的呼声,用以缓解来自政治和经济方面的压力。① 改革本国现有的破产法律体系形成了一股浪潮并席卷了全球,而引进公司破产重整制度则成了这场风暴的中心。这一浪潮首先起源于美国,时间是 1978 年,然后波及主要的发达国家,破产重整从此与清算程序并称当代破产法的两大基石。② 而 1997—1998 年的亚洲金融风暴则为破产重整制度在亚洲新兴市场国家的普遍建立起到了助推作用。③

正当欧洲和亚洲的众多国家纷纷效法美国《破产法》第 11 章着手建立破产重整制度的时候,重整制度的发源地美国却正经历着一些根本意义上的重大变化,这些变化的出现和发展出乎人们意料:制约经济发展根本力量的变革引发了破产企业继续经营所能带来的剩余价值(the going-concern surplus)的锐减,也使传统意义上的公司法人外壳的重整变得越发不合时宜。④ 越来越多的公司利用《破产法》第 11 章的目的仅限于出售财产和分配出售所得。⑤ 贝尔德和拉斯马森教授因此得出一个惊人的论断:传统意义上的公司重整很大程度上已经完全消失了,公司破产法的终结正在逼近。⑥ 人们不禁要问,究竟大

---

① B. G. Carruthers, T. C. Halliday, *Rescue Business—The Making of Corporate Bankruptcy Law in England and the United States*, Clarendon Press, Oxford, 1998, p. 245.

② 各国立法及修订的时间分别为:意大利 1979 年,法国 1985 年,英国 1986 年,新加坡 1987 年,新西兰 1989 年,澳大利亚 1992 年,加拿大 1992 年,德国 1994 年以及瑞士 1994 年。

③ 新型市场国家和地区立法及修订的时间分别为:印度尼西亚 1998 年,泰国 1999 年,日本 1999 年,中国香港 2000 年,越南 2004 年,韩国 2005 年,马来西亚 2005 年以及中国 2006 年。

④ H. R. Miller & S. Y. Waisman, "Does Chapter 11 Reorganization Remain a Viable Option for Distressed Businesses for the Twenty-First Century?" *Am. Bankr. L. J.*, No. 78, 2004; D. G. Baird & R. K. Rasmussen, "The End of Bankruptcy", *Stan. L. Rev.*, No. 55, 2002.

⑤ 根据一些较新的研究,2002 年之后,超过 80% 的进入美国《破产法》第 11 章重整程序的案件,都是通过重整程序来出售公司的财产而不是用传统方式重组其债务。D. G. Baird & R. K. Rasmussen, "Chapter 11 at Twilight", *Stan. L. Rev.*, No. 56, 2003, p. 674; D. G. Baird, "The New Face of Chapter 11", *Am. Bankr. Inst. L. Rev.*, No. 12, 2004; J. J. White, "Death and Resurrection of Secured Credit", *Am. Bank. Inst. L. Rev.*, No. 12, 2004.

⑥ D. G. Baird & R. K. Rasmussen, "Chapter 11 at Twilight", *Stan. L. Rev.*, No. 56, 2003, p. 674; D. G. Baird, "The New Face of Chapter 11", *Am. Bankr. Inst. L. Rev.*, No. 12, 2004; J. J. White, "Death and Resurrection of Secured Credit", *Am. Bank. Inst. L. Rev.*, No. 12, 2004.

西洋两岸已经、正在以及将要发生什么？公司重整的终结真的到来了吗？

人们所观察到的这两股方向相反的运动再次彰显了国际公司破产法比较研究的迫切性与复杂性。世界的法律和商业体系本质上都是在进化之中不断趋同的。但因为各国在市场结构，法律特别是私法体系，社会发展阶段，文化、心理、传统，以及司法实践等方面存在的巨大差异，不同法域的破产法体系也表现出巨大的差异性。[1] 这些差异的存在，导致比较破产法方面的研究素材杂博、涉及面广，具有相当的理论难度，因此专门讨论公司重整制度的比较法专著为数不多也就不难理解了。

(二) 重整程序的典型进路和常见模式

总的来说，公司重整程序一般由两类行为（活动）组成：法律规定的正式重整安排和法律没有明文规定的非正式重整行为。非正式行为往往可以包含于正式程序之中或独自构成完整的非正式重整程序，从而避免了正式程序介入的必要。[2] 当今世界各国立法所规定的正式重整程序又可按主导的力量不同划分为市场主导型（market-led）体制和国家控制型（state-controlled）体制。[3] 由于市场主导的体制已成为世界主流，本书所论及的美、英、中三国的重整制度都属于市场主导的类型。这其中美国《破产法》第 11 章（Chapter 11 of the US Bankruptcy Code 1978）和英国的破产管理制度（Administration）又分别代表了市场主导体制大前提下的两种不同方向，形成两种代表性模式。《若干原则》承认了这两种模式的典型性，并以此为基础向成员国推荐了三种公司重整制度的立法模式。

---

[1] B. Wessels, "Insolvency Law", in J. M. Smits (ed) *Elgar Encyclopedia of Comparative Law*, Edward Elgar, Cheltenham, 2006, pp. 294 – 295.

[2] A. Belcher, *Corporate Rescue: A Conceptual Approach to Insolvency Law*, Sweet & Maxwell, London, 1997, p. 36. 非正式重整活动包括并购、杠杆收购、收购、分拆、重组等，形式多样难以尽数。

[3] O. M. Brupbacher, "Functional Analysis of Corporate Rescue Procedures: A Proposal from an Anglo-Swiss Perspective", *JCLS*, No. 5, 2005, p. 110。不少欧盟国家，特别是那些大陆法系国家，如法国、瑞士、德国等，都选择了国家控制型的破产法体制，规定了强制性重整或和解作为清算的前置程序。

(1) 模式一：把控制重整程序的权利完全赋予了独立的破产执行官（或管理人），这就是英国破产管理制度的核心特征；

(2) 模式二：把控制权保留在原公司的高管层手中，也就是美国《破产法》第 11 章的核心；

(3) 模式三：其实是一种杂糅，把重整程序的控制权分为两部分，由中立的破产执行官（或管理人）来行使对高管层的监督权，而由高管层进行实际操作。

在第二或第三种模式下，一旦原公司的高管层被发现违规操作或被证明无能等情形，全部的权力将被收回改由破产执行官（或管理人）行使。①

从上可知，美国《破产法》第 11 章和英国破产管理制度所确定的不同管理模式（重整期间由债务人自行管理还是管理人进行管理），代表了市场主导型"拯救文化"（rescue culture）的两极，这两种对立的做法在世界范围内拥有各自的拥护者和追随者，业已成为公司破产重整领域的标杆和典范。② 新近亚洲国家的立法模式各自承袭这两种模式中的任何一种，或将两者进行融合补充，做些截长补短的点滴改进，大体都未超出这两种思路。中国 2005 年新《企业破产法》第一次引进了破产重整制度，就兼收了两种体制的特点，创造出中国式的破产管理制度。其特点是在保证破产管理人核心地位的同时也赋予法院重要的权力，同时在必要的时候，可以由债务人进行自行管理，管理人进行监督，可以说是杂糅了英美两国的主要特征。

（三）本书的目标

本书的目标实际上可分为两个层面：首先，通过回答本书开始提出的五个问题，深入比较英美两国的公司破产重整制度之异同。现代破产法律体系的运作是建立在广泛的体制、机构、社会和人文等基础

---

① 《基本原则》C6.2。

② D. Hahn, "Concentrated Ownership and Control of Corporate Reorganizations", *JCLS*, No. 4, 2002, p. 117.

要件的集成之上的；通过考察世界上最成熟的立法例，我们能够有预见性地把握一个高效破产法律体系所必需的那些核心要素。但仅有抽象的原则还远远不够，一个具体的国家还需要综合考虑其特定的国情。因此，本书的第二个目标，就是对经过了10年观察期的中国破产重整制度进行一次较为深入的探讨，通过立足本土的实证性研究，考察法律体系、整体法治环境、国情差异、文化心理、市场发育状况等因素对破产法律制度的深层次影响；并希望本书的发现能为中国破产法和相关立法未来的点滴改进提供有益的线索。

第二节 结构与方法

一 本书结构

债务公司的支付不能（insolvency）通常包括两种情形：（1）以资产为标准的资不抵债，即当资产负债表中的总负债大于总资产的情况；（2）以流动资金为标准的支付不能，即出现无法偿还到期债务的情况。[①] 破产清算（liquidation）是大多数，但不是全部陷入支付不能企业的命运。一个经营不利的企业如果产生的当期净收益（net operating income）能够超过当期固定债务（fixed interest obligations）就可以被认为有继续经营的价值（going-concern value），即使该企业资产负债表上的总负债此时已经大于总资产了。

本书第二章第一节简述英国和美国企业破产重整法的主要特征及其目标。实体法上差异部分原因可以通过两国司法体系在制度和结构上的差异来进行解释。同样的法律在一国有效，移植到了另一国就可能无效。在美国，专业的破产法院对破产案件的管理始终扮演着一个核心的角色；而在英国破产案件的管理则主要是由专业的破产从业人员（insolvency practitioners，管理人）来负责，法院的干预被限制到最小的范围。其实，公司重整实践在美国的私人化程

---

① Section 123 of the UK Insolvency Act 1986 and Section 2 of the US Uniform Fraudulent Transfer Act, 1984.

度远没有在英国的高。也就是说，破产拯救在英国几乎完全是市场导向的，大多数所谓的拯救活动都是通过拍卖来完成的。而在美国，《破产法》第11章首先是被描述成一个多方协商的过程，起草和通过一个债权、股权双方都同意的重整方案一直是其首要任务。尽管存在巨大的差异，美英两国的破产重整法律却有着共同的目标：尽可能拯救那些能够生存下去的公司，使其全部或者大部分业务得到保留，持续经营。该目标建立于这样一个理念之上：破产重整法存在的合理性在于，一堆用于持续经营的资产的总和大于单个财产零星出售的相加，也即哲学上所说"整体大于局部之和"。但这个观念，是否过时了呢？

于是，第二章的第二节重新思考了一个由来已久却又莫衷一是的核心概念：继续经营的价值（going-concern value）。正是这个价值的存在，把破产程序区分为清算和重整两部分才获得了理论上的合理性。重整可以最大限度地保存一个破产企业继续经营的价值，而清算就无此任务和功能。笔者认为，这种继续经营的价值尽管难以琢磨，但在某种程度上，在理论层面还是可以测量的，它存在于一部分但不是所有经营不善的企业中。

第二章第三节梳理了关于公司破产重整法立法意图与目标的诸多理论和假说。美国的贝尔德教授把破产法学者划分为两个主要阵营：传统主义者（traditionalists）和程序主义者（proceduralists）。[①] 两个阵营分别有自成一体的理论前提（prior beliefs）、倾向（preferences）和理论进路（approaches）。就算在程序主义者的阵营内部，学者们也因各自对于重整立法目标所持的不同立场被细分为市场与财产派（market and assets camp）和企业与法庭派（enterprise and forum camp）。前者把破产企业仅视为一堆等待再分配的财产，认为法律的目标在于最大化这堆财产的价值和更合理地分配这些价值。后者则强调挽救和保存一个企业，不仅仅是为了债权人和股东的利益，破产程

---

① D. G. Baird, "Bankruptcy's Uncontested Axioms", *Yale L. J.*, No. 108, 1999, pp. 576–577.

序的主要功能也是为了给因经营失败而受损的所有利益相关者一个共同行动和讨论损失分配的法律平台。① 理论上的分歧通常涉及的是根本原则、立场上的对立，以及对基本事实"罗生门"式的相反认定。尽管分歧巨大，但学者们还是在某些方面达成了共识。例如，所有的学者都同意公司重整的核心问题之一是如何最大化企业财产及其持续经营的价值，并如何在公司选民（corporate constituents）之间分配该价值。他们所争议的仅是实现价值最大化的方法、谁的利益需要更多保护以及应当如何进行利益分配。大多数学者在分析这些问题时都不约而同选择了一种合同主义的进路（a contractualism approach）来解释破产法的本质，即将破产法视为当事人之间订立的一份契约。但将法律视为契约并不能真正平息理论上的争议。原因很简单，根本的分歧恰恰在于谁是这个合同的当事人和究竟该如何确定他们之间的权利义务。这是一个关乎信仰而非关乎理性的问题，只有对破产重整真相的不懈寻找才是逐步减少学者间分歧的唯一办法。此外，本节重申了以协商为导向的破产重整制度（bargaining - oriented reorganization）是唯一能用来实现多重法律目标的单一法律框架。这种以协商为特点的重整制度之所以合理，关键在于它在最大化社会财富的同时能有效地控制企业经营失败的外部成本（externalities）。

本书第三章旨在介绍英国当代的破产拯救制度，包括经 2002 年《企业法》（*Enterprise Act*, 2002）重新铸造后的新破产管理制度（Administration），以及新旧两种公司自愿安排（Company Voluntary Arrangements, CVA）和相关的案例。2002 年《企业法》附录 16 的第 248 条规定了一种改良后的破产管理制度（已于 2003 年 9 月 15 日起生效并几乎完全取代了 1986 年版的旧模式，因此又被称为管理制度的 2003 年版模式）。第三章第一节首先略述了新破产管理制度的流程，分析了改革带来的种种变化，之后评价了实践中越来越多的案子

---

① A. Flessner, "Philosophies of Business Bankruptcy Law: An International Overview", in J. S. Ziegel (ed) *Current Developments in International and Comparative Corporate Insolvency Law*, Clarendon Press, Oxford, 1994, pp. 23 – 24.

中利用新破产管理制度来替代传统清算程序的倾向并分析其原因。第二节分析了1986年版CVA模式和新CVA模式（又被称为CVA模式的2003年版，该模式主要针对小型公司，并向债务人提供了一个自动延缓付款期）。

2002年《企业法》同时废除了另一个由来已久的破产管理接收制度（administrative receivership），增加了进入和退出新破产管理制度的通道，废除了（皇家）税收优先权（Crown preferential rights），规定了以分配给无担保债权人为目的受偿保护金制度（a ring-fencing fund），重新规定了破产管理制度的法定意图和目标层次，制定了更加紧凑的流程和延缓偿付期，并加大了破产管理人的权限和义务。不难看出，整个英国破产法正在努力摆脱以往给人留下的杂乱无章的印象，力图建立一整套更连贯、更协调的规则和程序，将公司拯救法塑造成一个更高效、专业和公平的体制。

本书的第四章主要谈论现行美国的破产重整制度，即美国1978年《破产法》第11章。第一节首先介绍了《破产法》第11章的基本特征，包括在位债务人（Debtor in Position，DIP）、请求权分类（classification of claims），以及强裁规则（cram down）的内容等，并分析了困扰该程序的诸多问题。自从立法确定以来，《破产法》第11章一直被批评为专为大公司重整而设计：昂贵、拖沓、效率低下，而且赋予债务人公司过多的控制权，并因此滋生出许多腐败和不正当行为。因此，本章第二节回顾并评述了众多的改革建议，通过分析再次肯定《破产法》第11章作为一种法院严格监督下的重整制度的必要性。但无论如何，原《破产法》第11章所采用的"一种规格适应所有需要"（one-size-fits-all）的策略已经被证明行不通了。有鉴于此，美国国会自20世纪80年代（也就是《破产法》第11章刚生效不久）就开始着手对其进行修改，并为此付出了不懈的努力。这一系列努力的最后成果就是2005年《防止滥用破产和消费者保护法》[*Bankruptcy Abuse Prevention and Consumer Protection Act*（BAPCPA）of 2005]中"小企业破产规则"（the Small Business Bankruptcy Provisions）的推出和实施。《防止滥用破产和消费者保护法》于2005年4月20日通过，是自

1978 年以来美国联邦破产法经历的最大的一次改革。法案第五章第二节（副标题 B）题为"小企业破产规则"规定了一个专门针对小企业的《破产法》第 11 章简易程序，适格的小型企业能够花费更少、更快地进行破产重整。与 1994 年破产法修正案中规定的"快速通道"不同，新的"小企业破产规则"是强制性的，适格的小型企业不能选择，只能通过简易程序完成重整。本章的第三节将着重介绍这个"小企业破产规则"的具体内容。

总之，近年来公司破产重整法无论是在美国还是在英国都获得了重大的发展：新法案被制定，大量新规则被采用；许多新理论、概念和学说涌现。本书第五章就将在更深的理论层面，或者制度的功能方面对英美两国的破产重整法律进行深入比较。

学术界一般认为英国的破产管理制度（Administration）是一种以债权人利益为导向的重整程序，而与之相反的，美国《破产法》第 11 章所代表的是以债务人企业利益为导向的重整。[1] 这一根本分歧是由这两大体制在设计上的诸多不同所造成的（见表 1—1）。[2]

表 1—1　　　　　英国与美国破产管理制度分歧

特征	英国：破产管理制度	美国：《破产法》第 11 章
对于企业偿付能力的要求	只有资不抵债或者可能无法偿付到期债务的债务人企业才被许可提出重整申请，但适格的浮动担保债权人（qualified floating charge holder）有优先的申请权	没有资不抵债或者可能发生无法偿付的要求
管理权的控制	破产从业人员（Insolvency practitioner）管理重整期间的企业，原高管层放弃对企业的控制	大多数情况下，原高管层以在位债务人的身份（debtor-in-possession）留在原来的位置，继续有效地管理企业事务

---

[1] A. Belcher, *Corporate Rescue: A Conceptual Approach to Insolvency Law*, Sweet & Maxwell, London, 1997, p. 13.

[2] J. R. Franks & W. N. Torous, "Lessons from a Comparison of U. S. and U. K. Insolvency Codes"; M. J. White, "The Costs of Corporate Bankruptcies: A U. S. - European Comparison", in J. S. Bhandari & L. A. Weiss (ed) *Corporate Bankruptcy: Economic and Legal Perspectives*, CUP, Cambridge, 1996.

续表

特征	英国：破产管理制度	美国：《破产法》第11章
对公司继续经营的限制	拯救公司使其继续经营是压倒一切的目标，但是如果立即清算能得到更大的利益，那就清算为上	只要公司有正向的经营现金流（positive operating cash flow），重整就优先于破产清算
重整期间再融资的可能	没有再融资的专门规定	有专门针对在位债务人的再融资机制［Debtor-in-Possession（DIP）financing］
请求权分类	没有请求权分类的规定，由全体债权人会议投票决议	分成股东和债权人会议两大类，后者又按照优先权的不同分为若干个投票组，各投票组的内部实行多数决
分配	2002年《企业法》授权破产管理人向债权人分配财产。*自此，管理人拥有了清算人的几乎所有权力，可以执行相同功能。实践中，管理人也越来越多地被当作独立的清算工具而不是重整手段来被使用	在选择偿还债权人的手段和方式等方面，除了必须遵守少量的基本规则，债务人（DIP）可以依据获得通过的重整协议享受巨大的自主权
费用	较低。原因：(1)法定的重整期限较短，一年以内；(2)债权人较少亲自介入具体程序	较高。原因：(1)允许更长的重整期限；(2)需要债权人和法院频繁地参与

注：* Schedule B1, para 65 of the Insolvency Act 1986. Administration is not designed in itself to make distributions under the old regime.

因为仅仅研究了正式的规则，书本上的法律通常会夸大现实中的分歧。如何才能更好地理解破产重整法的作用，笔者认为，最好的角度是从破产期间的公司治理结构和影响公司决策各种力量的此消彼长中去探究规则对人类行为的影响。无疑，破产重整与公司治理之间有着非常明显的内在联系。① 不同于一般情况下的公司治理问题，破产期间的公司治理结构显得更加独特：债权人开始登场，不但积极参与甚至开始扮演主角；此外经理层的代理问题也越发引人注目且扑朔迷离。本书第五章挑选的几个主题都是被认为与破产重整期间公司治理联系最为紧密的话题。厘清这些问题将对我们更好地理解公司治理和社会公共政策选择等诸多重大命题大有裨益。这些问题分别是：破产

---

① B. G. Carruthers, T. C. Halliday, *Rescue Business—The Making of Corporate Bankruptcy Law in England and the United States*, Clarendon Press, Oxford, 1998, p.252.

期间的管理模式比较、重整期间再融资的可能性问题、预装式重整在英美两国的崛起和正式与非正式重整程序间的互动关系研究。

中国的新《破产法》是在充分参考美国和英国破产立法的基础上，经过九易其稿，才从旧《破产法》脱胎而来，其立法和修改过程的漫长和曲折，情节之颠倒反复，堪称世界之最。而在经过近10年的实践检验之后，我们发现，中国的破产重整制度，虽然从制度层面被成功地引进了，但是在具体的运行过程中，仍因有太多的特殊国情问题，而呈现出迥异于其他法域的独特面貌。比如重整制度在中国，很大程度上成为上市公司保壳、借壳的工具，与保护企业运营价值的立法初衷产生了一定的偏离。又如，管理人制度本来是一个舶来的制度，发源于英美，我国新《破产法》的特征之一就是建立管理人中心主义，但是在中国的重整案件，特别是在上市公司的重整案件中，正常的由专业机构担任的管理人却难以发挥核心的作用，政府的大力参与却成了重整的关键。再如，重整计划批准中的法院强裁制度本是抄自美国立法，但是在移植过程中却因为有意和无意的原因，遗漏了一些重要的具体细节规则，导致实践及理论上对中国式强裁制度的理解和适用都产生了重大争议。

本书第六章通过对立法颁布至今的45个上市公司和一些非上市公司重整案件的实证分析，从重整制度设计原理的角度提出了对中国立法的解读方式和一些改进建议。总的来说，经过近10年的发展和磨合，特别是相关证券法规这些年的不断修改完善，中国的重整制度逐渐步入正轨。但整个破产程序的发展，还是因为体制、司法资源配置、机构管理、从业人员、社会文化、商业实践等多方面的原因，正处于一个低谷时期。其中的许多问题，是纯中国式的，与法律本身无涉，也与一般西方同行所关注和讨论的纯理论问题相去甚远。这也反映出破产法的确是法学范畴中最具有地方性知识的特点、最难以国际统一的领域之一。

二 研究方法

一切科学的根本目标都是为了知识本身。在这一点上，比较法学并无不同。但除此之外，比较法研究尚有其非常实用的价值。

与一国的法律科学相比，比较法学无疑能够提供更丰富的解决方案以供选择。很简单，这是因为不同国家的众多方案能提供更多样化的选择，其丰富程度远超任何囿于一隅的法学家所能想见，任凭这个法学家是最富想象力之人，且穷其一生之力。比较法就像一座"真理的学校"（"école de Vérité"），它能够扩展和丰富"解决方案的供应"，并让有批评能力的学者有机会为他的时代和国家找到"更好的解决方法"。[1]

公司破产重整法可以被描述为：促进经济发展的工具，有多种用途的高度灵活的程序，用来应付真实世界中高昂交易费用的系统，被设计来鉴别和筛选出那些完全没有前途的企业的过滤器，或者拯救相关的无形社会利益的方式，等等。它是一种如此高度动态的系统，从各个角度都可以展开对它的研究。

这里关键的问题并不是理论和假说的缺乏。相反，我们已经有了太多不成型的理论和没有被检验的假说，它们中的大部分除了具备一些思想实验（thought experiments）式的启发性价值，并没有任何实践上的意义。经验研究（empirical studies）也许能给我们提供一些新信息，但似乎没有可能结束目前理论界混乱和争吵的局面。新信息中往往发掘出了一些新现象，提出许多新问题或给许多旧问题带来新答案。具体到某一个经验研究，它所能提供的新信息也许是微不足道或缺乏普遍意义的。但如果新信息足够多，或者强大到不可辩驳，那么即使是根深蒂固的前见（或成见，prior beliefs）也不是不能够被推翻的。当然反对者也可以对研究中所采用的方法或样本提出异议，以科学性或严谨性不足的理由堂而皇之地"枪毙"某个研究结果。因此，本书的主要目标不是试图通过一个具体的经验研究去弥合学者之间的

---

[1] K. Zweigert & H. Kotz, *Introduction to Comparative Law*, translated from the German by T. Weir, OUP, Oxford, 3rd ed., 1998, p.15.

分歧，或提出一个新理论，这样的理论已经够多了；本书希望的是建立这样一个理论起点：能让大多数破产法学者达成共识又能展开其未来的研究于其上。

"比较的方法"是"一种经验的、描述性的研究方法并通过对比的手段达到认知事物的目的"。① 某种意义上，比较法没有一种单一或独有的研究方法或视角。

> 比较法学家没有发明他们独门的研究方法或使用某些方法的特殊程序和技巧。而是借用各种方法：历史的，结构的，功能的，经验的，统计的，主题的，进化的，林林总总，他们只是创造性地使用这些方法于他们的比较法研究之上。那么，方法究竟是什么？方法其实不过是收集材料或数据的手段——把信息分类到各个有用的概念单元里——或者说方法不过是排列和衡量素材的手段而已。观察、文本研究、采样调查、数据统计、背景分析，以及深度访谈都可以成为研究方法。而比较法研究最突出的方法是对比，也可以说是并列、对照，或比较。但是这种"对比"究竟以何种方式进行就是一件见仁见智的事情了。②

因此，本书所运用的方法也是多样的。一种综合运用并列、对照、实证、背景和相互关系研究等多种手段的方法，我们不妨称其为一种"系统动力学"的方法。③ 第二、第三、第四章主要依靠的是对理论文献的梳理和综述（literature reviews），同时分析和比较了大量的法律条文、案例和若干立法模式。第五章主要是比较英国破产管理制度和美国《破产法》第 11 章之间在功能上的异同，对比了经过挑选的与公司治理有关的三个主题：管理模式、继续融资和非正式重整，初步展示了破产重整程序与重整要素诸元之间，是如何交互与对

---

① A. E. Orucu, "Methodology of Comparative Law", in J. M. Smits (ed) *Elgar Encyclopedia of Comparative Law*, Edward Elgar, Cheltenham, 2006, p. 446.

② Ibid..

③ Ibid..

接的。第六章梳理了到目前为止几乎所有中国上市公司重整的案例，由于数量并非太大，因此通过第一手资料进行了一定程度的经验研究，当然也参考了国内其他学者（如青岛大学的丁燕老师）此前已经进行并获得了成功的实证研究成果，① 在此一并致谢。在网络发达、信息高度共享的今天，我们可以比较容易地获得各种来源的公共统计数据和信息，特别是来自英国破产服务局（Insolvency Service）、美国司法部、中国证监会等机构的官方统计。总之，本书综合运用了跨学科的众多领域的研究成果，除了法学方面的，还有金融、经济、管理学方面的成果，本书还借鉴了世界银行、国际货币基金组织、英国破产服务局、联合国国际贸易法委员会、英国业务重组专业人士协会（R3）和特许公认会计师公会（ACCA）等国际机构公布的部分统计数据和专题研究报告。

最后需要声明的是，本书大量使用了法理经济学的分析方法，以至于本书中常见各种经济学术语，比如动机（incentives）、交易成本（transaction costs）、搭便车的人（free riders）、卡尔多－希克斯有效（Kaldor-Hicks efficiency），等等。虽然这些术语都是在严格规范的意义上使用的，笔者仍希望对因此造成的阅读或理解上的不便之处表示歉意。

---

① 丁燕：《上市公司破产重整计划法律问题研究》，法律出版社2014年版。

第二章

公司破产重整法的理论基础

本章试图讨论并回答以下问题：在整体收购（whole takeover）能通过清算程序来完成的今天，破产重整程序的继续存在还有它的内在合理性吗？原因呢？

本章第一节首先着重描述英美两国破产重整法各自的主要特征和立法目的。之后分析两国在破产制度的体制安排（institutional arrangements）方面的重大差异。尽管两国在破产法方面差异明显，但都强调拯救那些有潜力的公司或其主要业务并使其继续经营。同时，两国也都认为，重整法之所以合理，就在于公司财产作为一个整体的价值大于部分财产的简单相加。

第二节重新思考了一个由来已久却又长期莫衷一是的核心概念：继续经营的价值（going-concern value）。正是这个价值的存在，把破产区分为清算和重整两个子程序才获得了理论上的合理性，因为设计一个专门的重整制度主要就是为了更好地保护破产企业的该项价值。尽管难以琢磨，但在某种程度上，这种继续经营的价值还是可以测量的，至少在理论层面。但它存在于一部分而不是所有经营不善的企业中。

第三节梳理了关于什么是公司破产重整法适当的立法目的和宗旨的众多理论和假说。几乎所有的学者都认为，破产重整关注的应该是如何最大化破产企业继续经营的价值以及如何在公司利益各方（corporate constituents，又称公司选民）之间分配该价值。根据他们各自认定的实现价值最大化的不同方法、谁的利益需要被保护以及何种分配原则需要被遵守等问题上的分歧，学者们可以被划分进不同的阵营。他们中的大多数都选择了一种合同主义的进路（contractualism approach）来展开理论和解释破产法的本质。然而，笔者认为，采用一个虚拟合同或交易的形式并不能真正平息学者间的争议。因为，他们的根本分歧恰恰就在于：谁应当参加到这个虚拟的合同或交易之中。不幸的是，关于这个问题的答案并不源于理性的论证，而是源于根深蒂固的理念或价值观，近乎不同的信仰。学者间的分歧，如果能够被缩小，也许永远无法消除，也只能通过对破产重整真实世界的不懈探索而实现。

第一节　英美两国公司破产重整法的主要特征和目标

一　英国破产拯救体系

英国的公司拯救程序肇始于破产管理接收制度（administrative receivership）、破产管理令状程序（administration order，旧破产管理制度的别称）和公司自愿安排协议（company voluntary arrangements，CVA）等制度的建立。这些程序最早由英国 1985 年《破产法》（或称《支付不能法》，*Insolvency Act* 1985，IA 1985）首创，在采纳了著名的科克立法委员会关于《破产法》立法和实践的报告（1982）之后，[1] 于次年颁布的 1986 年《破产法》（*Insolvency Act* 1986，IA 1986）再次修改并最终确立下来。原则上，接收人对公司的注意义务（duties of care to the company）必须服从于对指定他的债权人所应尽之义务，因此破产管理接收制度原则上不是一个集体行动的（a collective）破产程序，而是一个单独行动的（an individual）偿债程序。2002 年《企业法》颁布之前，浮动担保（floating charge）持有者可以指定一个破产管理接收人，并因此阻止公司提出的对破产管理令状（相当于中国法院的破产受理裁定）的申请，只要这个浮动担保涵盖了该公司的全部或大部分财产。被指定以后，管理接收人必须

---

[1] Cmnd. 8558 (1982).

迅速做出判断，这个公司究竟是值得继续还是应当将其经营的业务出售。如果两者都不可能实现，他就需要把公司财产拆分零售了。如果管理接收人不能变现足够的现金偿付指定他的债权人，公司将转入清算程序。为了体现公司破产拯救程序的透明、可归责和集体行动的原则，2002年的《企业法》（Enterprise Act 2002）基本废除了破产管理接收制度，仅在极少的情形下沿用。

旧破产管理制度也并非一个完全的破产拯救程序。其主要作用是强制进入一个延期偿付期，以阻止债权人私自获得个别清偿。而破产重整的目的则是通过一个与之配套的公司自愿安排协议程序（CVA）或1985年《公司法》第425条所规定的和解/偿债协议安排程序（a compromise of arrangements）来完成的。[①] 一旦法院下达了一个破产管理令状，公司高管层就会被取代，一个独立的破产从业人员（专业的破产管理人）将接管公司。

2002年《企业法》用一个新的破产管理模式取代了原来的旧模式。浮动担保债权人失去了他们原有的否决权，作为补偿，他们获得了一种新的不经法院而进入破产拯救程序的启动方式。[②] 在新的框架下，破产管理程序既是进入清算程序、CVA或1985年《公司法》第425条所规定的和解/偿债程序的通道，又可作为独立的程序直接实现一个公司的解散。破产管理程序的最高立法宗旨是拯救公司使其持续经营。[③] 但如果在管理人看来，公司拯救已经不再可能，且/或与全体债权人的整体利益不符，他可以选择进行破产清算，因为清算能使全体债权人整体受益。如果以上所有选择皆不可行，管理人可向一个或多个担保债权人或优先权人分配变现所得。无论管理人选择何种目标，他都必须向全体债权人和股东提出建议，阐明观点。[④] 当他选择公司拯

[①] R. Goode, *Principles of Corporate Insolvency Law*, Sweet & Maxwell, London, 3rd ed., 2005, p. 327.
[②] IA 1986 Sch. B1, para. 14。管理人可以由法院指定，也可由公司或其董事指定。但实践中，最有可能的是由一个适格的浮动担保债权人不通过法院而自行指定。
[③] IA 1986 Sch. B1, para. 3.
[④] IA 1986 Sch. B1, para. 49.

救作为目标时，他的建议一般应当包括启动一个 CVA 或《公司法》第 425 条所规定的和解/偿债程序的计划。第一次债权人会议应尽快召开，最迟不得晚于破产管理令状下达后第十周。① 在这次会议上，仅无担保的债权人有投票权。如果第一次的债权人会议接受管理人的建议，那该建议将变成破产拯救程序的法定目标，此后管理人也无权擅自更改，除非经另外召开的债权人会议修改并通过。② 如果管理人提出启动一个关联的 CVA 程序，该项建议亦须经投票表决。出席投票的债权人，可亲自或派代表参加，如占所有债权 3/4 以上数量的债权人表示支持，则该建议获得批准。其他建议，仅出席会议的债权人以代表债权总额的简单多数表决即可获通过。③ 如果债权人会议未能通过该建议，管理人可经过修改再次提出，如果修改后的建议仍被否决，法院得终止破产管理程序，公司进入破产清算，或由法院下达任何其他合适的令状。④ 不同于美国《破产法》第 11 章的做法，英国法院无权强令持反对意见的债权人接受任何建议。

  所谓 CVA 程序，指的是公司及其债权人和股东之间，"就偿付公司债务或安排公司其他事务而达成的和解协议，该协议通常由公司高管层提出并获得公司及相关债权人接受"。⑤ 一个自愿安排程序可以在任何时候被启动，无论该公司是否已经或可能出现资不抵债。⑥ 它通常也可以用于多种目的，公司拯救只是其中之一。⑦当参加投票的 3/4 以上的债权和 50% 以上的股权接受了一个自愿安排，该协议开始生效。⑧ 而一旦生效，该协议对所有知悉会议通知并被授权参加投票

---

① IA 1986 Sch. B1, para. 51, 107 and 108。如果 IA 1986 Sch. B1, para. 56 所规定的情形发生，则需再次召集会议。

② IA 1986 Sch. B1, para. 54.

③ Insolvency Rules 1986, r. 2. 43 (1), (2).

④ IA 1986 Sch. B1, para. 55.

⑤ R. Goode, *Principles of Corporate Insolvency Law*, Sweet & Maxwell, London, 3rd ed., 2005, p. 389.

⑥ IA 1986, s. 1.

⑦ R. Goode, *Principles of Corporate Insolvency Law*, Sweet & Maxwell, London, 3rd ed., 2005, p. 396.

⑧ Insolvency Rules 1986, r. 1. 19 and r. 1. 20.

的各方均产生法律效力，不论该方是否真正出席了投票或通过代理进行了实际投票。①

一个 CVA 程序既能前置于、后置于，或平行于一个破产管理或破产清算程序，又能作为一个独立的程序，而不连接其他任何的前置或后置程序。但通常来说，一个 CVA 程序往往包括在一个破产管理程序之中。正是这两个程序一起共同使用，才被认为是一个真正完整的英国式的破产重整体制，得以和美国《破产法》第 11 章并称于世。

二 美国《破产法》第 11 章

在美国，一个标准的《破产法》第 11 章的破产重整通常是因债务人公司主动提出而启动的。在向法院进行登记之后，债务人能获得立即的保护，暂时免于债权人的追偿。现有的高管层通常能被保留，并转换身份成为法定的具有半信托人（quasi - trustee）性质的"在位债务人"。在一个排他的准入期间内，只有在位债务人有权利/义务去制订一个重整计划，并使其获得通过。各种债务请求权将被按照类别组来进行处理：重整计划必须把诸请求权按性质分类，指出哪些类别组的债权没有受到重整计划的损害，并解释各利益受损类别组即将受到的待遇。计划的建议者必须准备一份披露声明，提供能对重整计划做出合理判断的充分信息，然后将该声明发送给适格的请求权人。之后破产法庭必须举行一次用于批准重整计划的听证程序。对于一个有投票权的债权人类别组而言，如果人数过半数并且其所占债权份额占 2/3 以上的该组债权人表决通过，就意味着整个计划被该债权人组接受了。对于股东组而言，需经拥有 2/3 以上股份的股东特别决议通过该计划。而该计划如果符合以下要求，即可获得法院批准：（1）所有法定的通过要求均被满足，且所有受损类别组都接受了该计划；（2）虽然有受损类别组反对

---

① IA 1986, s.5 (2).

该计划,但法院可应申请人要求,依据相关规则强制裁定通过该计划。① 做出强制裁定的法定要求包括:(1)当有一个以上的类别组将因计划的执行而利益受损,至少其中有一个受损的非内部(non-insider,即债权人组)类别组表示接受了该计划;(2)所有反对该计划的债权人都能获得不少于通过清算程序所能得到的偿付,亦即该计划符合其最大利益(best interests);(3)该重整计划的通过不大可能会导致清算或再一次的破产重整,也就是说计划要有可行性(feasibility);(4)被分入不同类别组但其权利实质相同的请求权应当受到相同的对待,也就是"不得受到歧视性待遇"(no unfair discrimination)的要求;(5)破产法第1129条所列出的其他要求。②

如果债权人提出的重整计划无法获得通过,又没有其他人愿意提出一个新的计划,那该企业就要被解散或从重整进入破产清算程序(美国《破产法》第7章)。如果该计划获得通过,那破产企业的全部财产都将受制于该计划,而债务的自动停止偿付也将解除。③ 计划通过以后,企业之前所有的债务都将被计划书的条款所取代,除此企业不再承担其他债务。④

美国破产法的立法历史告诉我们,建立破产重整制度的初衷在于重整一个企业的财务使其能够继续经营。这个理念的前提就是,当企业面临破产,同样一批财产如用在最初被设计使用的行业会比零散地卖掉产生更多价值。⑤ 重整并不是《破产法》第11章中唯一的选择,另一个选择就是传统的破产清算程序。也就是说一个依照第11章制订的破产计划也可以是一个旨在出售全部或绝大部分企业财产的计划,然后将所得款项分配给所有的债权人和股东。⑥ 债务人企业之所以选择按照第11章的程序来完成清算而不是依照传统的《破产法》

---

① C. J. Tabb, *The Law of Bankruptcy*, Foundation, Westbury, 1997, p.854.
② 11 USC s.1129 (a)(1) - (13).
③ 11 USC s.362 (c).
④ 11 USC s.1141.
⑤ H. PR. Rep. No. 595, 95th Cong., 1st Sess. 220 (1977) in C. J. Tabb, *The Law of Bankruptcy*, Foundation, Westbury, 1997, p.757.
⑥ 11 USC s.1123.

第7章的破产清算程序,其主要目的是希望能够在清算过程中始终保持控制权和主导地位。

三 制度差异

英美两国的破产程序中有许多制度性的差异:差异之一是破产案件的管理在英国是由专业的破产从业人员主导的,而在美国这一领域仍然体现了法院的绝对权威。这一差异相应导致了另外一个重要的制度差异。那就是,在英国,破产业务市场主要是由会计人员垄断的;而在美国,破产业务仍然是律师们的天下。①

在英国,破产从业人员是由职业会计和职业律师等行业团体来规范而没有统一和独立的管理机关。② 有人批评1986年的英国《支付不能法》把破产业务完全私有化给了破产从业人员,也就是说会计

---

① J. Flood & E. Skordaki, "Normative Bricolage: Informal Rule-making by Accountants and Lawyers in Mega-insolvencies", in G. Teubner (ed) *Global Law Without A State*, Aldershot, Dartmouth, 1997, p. 112.

② 英国具有最严格的破产执业人制度。英国1986年《破产法》中明确规定了破产管理人的资格条件,其第十三部分为"破产执业人及其资格"。根据该法,几乎所有的破产从业人员都必须隶属于经认证的会计师或律师职业团体(协会)(the Recognised Professional Bodies, RPBs)。这样一共有7+1个机构有权认证管理人资格,其中七家分别是:英格兰与威尔士特许会计师协会(Institute of Chartered Accountants in England and Wales, ICAEW)、爱尔兰特许会计师协会(The Institute of Chartered Accountants in Ireland, ICAI)、苏格兰特许会计师协会(Institute of Chartered Accountants of Scotland, ICAS)、国际认证协会International Profession Certification Association, IPA)、英格兰及威尔士律师公会(Law Society of England and Wales, LSEW)、苏格兰律师协会(The Law Society of Scotland, LSS)、特许公认会计师公会(Association of Chartered Certified Accountants, ACCA)。虽然英国贸易和工业部(the Department of Trade and Industry, 以下简称贸工部或DTI)下设的破产事务署(Insolvency Service, 或称破产服务属)也可认证破产管理人的资质,但是它只是有认证权的八家机构之一。破产执业资格证书申请人必须得到这七家职业团体中任何一家的授权(为其会员)或是由贸工部特批的学员,满足其要求的相关教育水平并且通过规定的破产专业考试(JIEB, 含会计准则、税法、商法等内容),并满足实务经验方面的要求,才能够被授予破产执业执照。只有有执照的破产执业人才可以被认命为破产管理人,英国1986年《破产法》第389条明确规定"无资格担任,构成犯罪"。对于"在没有资格时,担任公司或个人的破产执业人的人应被处以监禁或罚款,或两者并处"。

和律师在这个业务领域垄断了整个市场。① 他们不但可以高度自治，直接掌控破产程序，而且享有最低限度的司法干预和公众审查。破产从业人员取代了法院，在破产案件的管理中扮演着核心角色。

与之相反，在美国，尽管破产从业人员在阐述观点和解释法律等活动中有相当大的影响力，但破产法院是案件审理的主角。法院始终严密地监督着公司破产案件的方方面面：从破产从业人员的具体工作到破产程序中产生出的各种费用的管理。② 因为法院对破产案件的管理享有普遍之权威，破产重整程序在美国大体上可称为一个律师或司法驱动的程序。与英国同行相比，美国会计师们对破产案件享有较少的直接控制权。③

总的来说，几乎所有的国家在某种程度上都依赖于专家治理。在英国和美国，破产从业人员的专业技能被用来阐述什么叫有偿付能力、什么是财产和负债、解释法律的规则、判断利益相关人受破产影响的财产权等。④ 这种依赖只有程度上的差异，并无实质不同。

由于破产制度上的不同，美国的公司重整实践没有私有化到英国那样的程度。但近年来我们看到，在英美两国，涌现了越来越多的正式法律程序之外的公司重整（以下简称私下重整），私下重整的盛行加强了对专家意见的依赖程度。⑤ 理论上虽然"人人平等"，但实践中，由于信息、能力、地位和法律知识上的客观差异，个人在自由订立契约时从来没有实现过真正的平等。唯其如此，才需要法律和法院来保护实际地位悬殊的交易双方。英国式的由破产从业人员主导的破产案件管理模式（自治体制），在英国的法制环境中可行，在别的国家就不一定行得通了。特别是对于包括中国在内的新兴市场国家，法

---

① P. Arnold, C. Cooper & P. Sikka, "Insolvency, Market Professionalism and the Commodification of Professional Expertise", A Paper presented at the 2005 British Accounting Association Conference, Heriot-Watt University, 2005, p. 2, http://www.essex.ac.uk/AFM/Research/working_papers/WP03-01.pdf, p. 17.

② Ibid., p. 20.

③ Ibid., p. 25.

④ Ibid., p. 2.

⑤ Ibid., p. 28.

制相对落后,司法、执法环节薄弱,法律基础刚刚建立,法治传统尚未确立,英国式的自治体系将成为滋生腐败的温床。与其相比,美国式的法院主导体系似乎更适合这些后发达国家。

四 不同的倾向性

总的来说,英国破产重整程序的首要目标是拯救业务,而不是公司这个外壳。① 与之不同,美国《破产法》第11章则旨在执行相反的公共政策:在公司破产案件中,社会的最大利益在于保存和复兴这个企业本身,而不仅仅是它的事业。正是沿着这个思路,虽然地位略低于债权人,破产企业股东们在第11章下依然被认为是利益相关人并受到重视(哪怕这个企业现在已经资不抵债,理论上已经完全属于债权人了)。而英国的破产管理人们则几乎可以完全不考虑原股东们的诉求。债权人单方面就可以决定破产程序的目标,不需听取股东们的意见。因此,英国传统的破产管理接收程序(一种保护债权人利益的旨在单独行动的救济程序)基本上就被看作一个拍卖程序;拍卖之后把财产分给指定接收人的担保债权人,而经此程序,债务人企业十有八九就最后清算了事了。就算是破产管理程序(Administration)在实践中也往往被用来进行稍稍延迟些的清算而不是真正的重整。即使是公司自愿安排(CVA)这样的程序,原本就是被设计为通过协商而达成重整协议,但实践中通常无法独立进行,必须在破产管理程序的框架下才能开展协商。这几个包含了重整功能的程序都难以实现真正的重整目标,往往只是用来出售企业财产和处理变现所得。②

因此,就其实质,英国绝大多数的企业拯救案件实际上都是用拍卖形式了结的,传统意义上的债务重整只是拯救程序的功能之一。拯救企业的业务而不是企业这个法人外壳,是英式企业拯救的核心,而

---

① R. Goode, *Principles of Corporate Insolvency Law*, Sweet & Maxwell, London, 3rd ed., 2005, p. 330.

② Ibid., p. 396.

拯救业务的方式既包括企业财产的整体出售而保持其持续营业，也包括零散出售企业财产；只要后一种做法能使债权人获益更大，就都为英国的拯救文化所推崇。然而这种英式的"重整"在传统的美国学者眼里，根本就不算是重整。[①] 与英国模式不同，美国《破产法》第11章从头到尾就是一个协商导向（bargaining-oriented）的程序。通过这个程序制订一个最终能获得债权人和股东一致通过的重整计划是重整案件的核心目标，至少理论上如此。

尽管存在上述种种差异，英美两国的重整法还是拥有共同的逻辑起点：两国都认为只要有可能都应当尽可能地拯救破产企业的业务，使之继续经营下去，不同的是拯救业务的方式，是换手易帜还是重整旗鼓；同样，两国也都相信，破产重整之所以是正当的，在于同样一堆财产，用在继续经营的业务中会比零散出售获得的利益更大。那么接下来的问题就是：这个逻辑起点是否正确呢？破产企业继续经营的价值真的超过它的破产清算价值吗？如果是，那其理由呢？所谓"继续经营的价值剩余"（going-concern surplus）又是从哪里产生的呢？在今天的经济环境下，其存在的根源是否已经消失了呢？接下来笔者就要逐步揭开这些问题的答案。

第二节 "继续经营的价值"之谜

通常我们可以把企业"继续经营的价值"定义为：企业作为一个持续营业的业务组织所具有的全部价值；而"继续经营的价值剩余"就是"继续经营的价值"和企业财产的"破产清算价值"之差，一般认为这个价值差来源于与企业运营相关的无形资产，如商誉和知识产权，[②] 当然还

[①] N. Martin, "Common-Law Bankruptcy Systems: Similarities and Differences", *Am. Bankr. Inst. L. Rev.*, No.11, 2003, p.397.

[②] The Free Dictionary by Farlex, http://financial-dictionary.thefreedictionary.com/Going-Concern+Value.

有各种其他形式的沉没成本①。理论上讲,由于存在着这些因破产而将流失或难以估价的无形资产及沉没成本,企业的总体价值往往要高于构成企业的有形资产之和(即企业的全部价值 = 企业的无形资产及其他沉没成本 + 企业的有形资产)。但这种计算方式忽略了一个根本的问题,那就是失败的企业之所以失败,正是因为它们没有"有价值的无形资产",通常既没有有效的企业战略和经营计划,也没有良好的商誉或口碑。② 所以如果无形资产是"继续经营的价值剩余"的唯一源泉,那绝大多数竞争失败以至破产的企业根本就不具备任何有价值的无形资产或"价值剩余",如此,则其他的沉没成本也就没有任何值得留恋的地方了。美国的贝尔德教授和拉斯马森教授据此推导出一个惊人的结论:影响现代经济的根本动力因技术进步和全球化发生了巨大而深刻的变化,导致了经营不善的企业"继续经营的价值剩余"锐减,甚至消失。因此,出售财产已成了处理企业破产案件的准则,公司重整的末日正在到来。③ 企业破产重整制度真如他们所说,末日正在到来吗?

一 企业财务困境(financial distress)和经济困境(economic distress)的不同

经济学家把企业的财务困境和经济困境看成是完全不同的两个概念。经济困境,就是经济学意义上的企业失败,意味着一个企业从建

---

① 沉没成本是指由于过去的决策已经发生了的,而不能由现在或将来的任何决策改变的成本。我们把那些已经发生不可收回的支出,如时间、金钱、精力等称为"沉没成本"(Sunk Cost)。在经济学和商业决策制定过程中会用到"沉没成本"的概念,代指已经付出且不可收回的成本。沉没成本是一种历史成本,也是经济界最棘手的难题之一,处理不好很容易导致两种误区:害怕走向没有效益产出的"沉淀成本"而不敢投入;对"沉没成本"过分眷恋,继续原来的错误,造成更大的亏损。

② D. G. Baird & R. K. Rasmussen, "Chapter 11 at Twilight", *Stan. L. Rev.*, No. 56, 2003, p. 673; D. G. Baird & R. K. Rasmussen, "The End of Bankruptcy", *Stan L. Rev.*, No. 55, 2002, p. 751.

③ 2002 年之后,超过 80% 的进入美国《破产法》第 11 章重整程序的案件,都是通过重整程序来出售公司的财产而不是用传统方式重组其债务。D. G. Baird & R. K. Rasmussen, "Chapter 11 at Twilight", *Stan. L. Rev.*, No. 56, 2003, p. 673, p. 674; D. G. Baird, "The New Face of Chapter 11", *Am. Bankr. Inst. L. Rev.*, No. 12, 2004, p. 69; J. J. White, "Death and Resurrection of Secured Credit", *Am. Bank. Inst. L. Rev.*, No. 12, 2004, p. 139.

立到终止的总的机会成本高于总收入,换句话说就是该项投资从头到尾就是一个错误(根本不该发生,这笔钱一开始就应当投到别的项目中),预期的收入从未也根本不可能实现。① 最典型的例子就是投资于一些即将被淘汰的产品、技术或进入一个夕阳产业。这个意义上的失败并不必然意味着这个问题企业会立即遭遇财务困难,比如立刻就会降至很低的信用等级,或马上不能支付到期债务等。通常只要该类企业当期盈利能支付当期费用,就没有理由立即停止经营,因为即使未来的盈利将会大大少于投资时的预期回报,但只要企业资产目前找不到更合适的投资项目,继续营业通常还是比分散零卖企业财产要合算些,特别是在该企业资产呈现高度专业化和个性化的情形中。② 但当这类经济失败的企业当期盈利不能支付当期费用,就往往是其继续存在的价值低于破产清算价值的时候。此时已经没有什么剩余价值值得拯救,拖延经营时间只能是浪费更多的有用社会资源去生产一堆过时产品和造成更大的亏损。

财务困境是仅就一个企业正巧缺乏流动资金,无法偿还到期债务而言。任何企业因任何原因都可能造成这种财务困难:一个失败的诉讼、一次意外的赔偿、应收账款的拖欠等。一个大有前途的企业、一个朝阳产业都可能在某个阶段偶尔面临这种危局。所以理论上讲,在经济上成功(财产投资在回报高于或等于预期的项目上)而财务上陷入暂时资不抵债或流动资金不足的企业才是我们所说的值得拯救的企业。如果因为一时资金链断而解散这样的企业,无异于扼杀了它未来的赢利可能而把资金和财产从最有价值的用途撤回到较低价值的用途上。③ 对整个社会而言,这不能不说是社会财富的无效利用和投资者利益的缩水。

---

① N. S. Buchanan, "The Economics of Corporate Enterprise", Ch. XII, pp. 332 – 335 in M. J. Roe, *Corporate Reorganization and Bankruptcy: Legal and Financial Materials*, Foundation, New York, 2nd ed., 2000, pp. 45 – 47.

② Ibid..

③ R. J. Mokal, "Administrative Receivership and Administration-An Analysis", *CLP*, No. 57, 2004, p. 360.

二 只有经济上有生存能力的公司才值得拯救，才是"继续经营的价值剩余"的真正源泉

即使我们明白并承认了以上关于企业财务困境和经济困境的区别，接下来的问题则更关键和棘手，那就是如何判断，即依照什么样的标准来判断，一个财务上陷入困境的公司究竟是不是在经济上还有前途。这样的一个判断是很难做出的，因为它涉及了太多无法充分掌握的信息，从技术革新浪潮到宏观经济方向。为了做出某个公司是否值得重整这样一个具体判断，我们需要退而求其次，引入一个更灵活而实用的概念，那就是"经济上的生存能力"。公司在经济上的生存能力是根据公司经营的"可变成本"和"总收入"间的比例来定义的。

> 公司可能会发现，它的总收入不能涵盖它的包括固定债务利息在内的总成本。但总收入超过可变成本却通常不成问题，在这种情形下，公司不一定要被破产清算。公司也许能缩小它的现有规模然后继续经营相当长一段时间……简言之，只要没有了债务负担，（值得拯救的）公司都应该能够或长或短地在未来生存下去。实现这一目的通常可以用债转股的方式，使得债务负担不再成为企业的固定成本，企业就有足够的收入去支付其他成本了。[①]

也就是说，不管用何种方式，比如债务的偿付延期等，只要使得营业净利润（总利润－浮动成本）能支付当期应付的固定利息，一个陷入财务困境的公司就可以宣布它有继续经营的价值，即使从会计的角度此时企业的净资产为负（总资产少于总债务）。当然做出以上结论还需要满足两个前提：一是企业资产的清算价值（成套设备零星出售所得与废品收购的价格之差）比较小，至少大大低于运营中的资产的价值（为了新开展一项业务要购买相同数量和质量的资产而必需的花费），或者说因为都是贱卖资产，现在立即清算与过一段时间再清算除了必要的折旧外不会有本质的变化；二是债务延期或债转股之类的协

---

① R. A. Posner, *Economics Analysis of Law*, Aspen, New York, 6th ed., 2003, p.421.

议能够吸引债权人的支持,这种支持就意味着对企业项目和经营本身的肯定。有了这两个前提,就有了订立一个重整计划的基础。

可以用一种更科学的方式表达同样的内容,那就是在考虑重整失败风险、考虑同期投资收益和现金孳息的情况下,只要所预测的未来收入折算为净现值仍能大于全部资产零星清算之所得,一个企业就应该继续经营。[①] 可用以下的公式来表示:

$$V_S \times (1-f\%) + V_F \times f\% > V_L \times (1+P_a\%)^n$$

其中,V_S 为经过一段时间(n 年)破产重整获得成功的企业的价值;V_F 为经过同样一段时间(n 年)重整失败,企业破产清算所剩余的价值;f 为破产重整失败的风险;V_L 为当前的企业破产清算的价值;P_a 为在同一时间段(n 年中),将企业破产清算所得投入到其他无风险项目[②]上所得的年平均投资回报率,并考虑了年通货膨胀率的影响;n 为破产重整期间的年限。

当然,即使依照这个公式来计算,我们所得出的结论仍然具有高度的不确定性,因为企业的价值太难以把握,至少受到宏观经济、行业与技术因素,以及企业自身特殊性等诸多要素的影响。

总的来说,当不考虑交易成本的存在时,企业资产日益加速的自身折旧和价值挥发(技术、设备的过时而非老化)往往意味着迁延时日、苟延残喘,并不是一个明智的选择。从这个角度看上面的公式,V_F 绝对要大大小于 V_L,因为企业资产通常总是随着时间而不断贬值。但在真实世界中,交易成本总是无处不在、无时不在的,细微到日常生活中最琐碎的部分,以至于 V_S 就可能大大超过 V_L,使得以上不等式有可能实现。

从交易成本的角度看,我们对"继续经营的价值"的理解顿时豁然开朗起来。"继续经营的价值"就存在于历史沉淀的交易成本和

---

① D. G. Baird & T. H. Jackson, "Corporate Reorganizations and the Treatment of Diverse Ownership Interests: A Comment on Adequate Protection of Secured Creditors in Bankruptcy", *U. Chi. L. Rev.*, No. 51, 1984, 97, p. 109.

② 所谓其他无风险项目,比如买入国债等。

固化了的各种生产关系（包括人与人之间、物与物之间、人与物之间的关系）之中。① 这些生产关系的建立凝结了过往无数的交易成本，而这一切都会随着原有的联系、纽带和渠道的破坏而消失殆尽。重建新的联系、纽带和渠道又意味着要重新花费大量的交易成本。除此之外，集中的管理体系、业已建立的层级架构、规模经济的相关优势等都可能是"继续经营的价值"的真正源泉。②

诚如美国的贝尔德教授和拉斯马森教授所观察到的，影响现代经济的根本动力因技术进步、全球化、供应商和客户之间的联盟，次级债交易的兴起，更便捷的资本和信用市场准入，服务型经济的诞生，有形资产的收缩，财产的可替代性增强，以及公司的生命周期缩短等因素而带来的深刻变化，导致了经营不善的企业"继续经营的价值剩余"锐减以及程序外与非正式重整的兴起。这些法定程序之外的重组实践对服务业以及高度依赖商业信誉和知识产权的行业提供了更多更好的选择。因为这类企业"继续经营的价值"难以积累却极其易逝，会因企业进入正式破产程序，甚至刚出现一点相关迹象就迅速地消失。而这些灵活多样的程序外与非正式重整的兴起又进一步反衬和加速了传统公司破产重整程序的过时与衰落。③ 单就效率而言，财产出售，无论是以企业整体转让，还是以部分财产打包处理甚至零星财产出售的形式实现，都可能在某个具体案件中很好地保存企业的剩余价值。④

但即便是这样，也不能说正式的企业破产重整作为一个现存的法

---

① L. M. LoPucki, "The Nature of the Bankrupt Firm: A Reply to Baird and Rasmussen's The End of Bankruptcy", *Stan. L. Rev.*, No. 56, 2003, p. 652.

② "Starting a business from scratch is expensive and time-consuming and entails a large degree of entrepreneurial risk." That is why assets already in use usually seem 'more' value than assets not yet put into use. "The flurry of recent mergers and acquisitions activity and the move towards consolidation across many industries suggests that there are benefits that cannot be obtained by simply contracting with the marketplace." H. R. Miller & S. Y. Waisman, "Does Chapter 11 Reorganization Remain a Viable Option for Distressed Businesses for the Twenty-First Century?" *Am. Bankr. L. J.*, No. 78, 2004, pp. 192 – 193.

③ Ibid., pp. 180 – 184; D. G. Baird & R. K. Rasmussen, "Chapter 11 at Twilight", *Stan. L. Rev.*, No. 56, 2003, p. 673.

④ D. G. Baird and R. K. Rasmussen, "Chapter 11 at Twilight", *Stan. L. Rev.*, No. 56, 2003, pp. 692 – 693.

律制度就失去了存在的必要与独立的价值。

首先,不论技术进步和全球化进程到了何种程度,一个运营中的企业总还是有其不可抹杀的独立价值。这也就是近几十年来企业并购之风不但没有减弱,反而在全球愈演愈烈的真正原因。尽管企业"继续经营的价值"因时代和技术的进步相比过去(美国修建铁路的时代)减少了,但也不能就此得出现在各国普遍奉行的企业破产重整制度就注定要衰落了。法律制度的合理和进步与否本来就不能以使用频率来计算,如果是那样,揭开法人面纱等制度就根本不必引入现代各国的公司法。法定的企业破产重整制度的使用频率如果在某些国家(如美国)开始降低了,只能说明两个问题:一是该国的不良资产市场已经完全、充分地建立起来了,企业重整可以很方便地通过市场化的手段解决,而不需要进入正式的特别司法程序;二是说明在某些行业和针对某种规模、某些类型的企业,原法定破产重整程序的直接收益越来越少,相比进入该法定程序所需的昂贵费用,往往得不偿失。所以如果说某种制度开始衰落了,往往是指该制度现在的具体形式不适应时代了,而不是说它所蕴含的经济理念和法律精神可以抛弃了。

其次,正式的破产重整制度实际上是为其他的债务处理方式的发生和发展设置了一个"语境"或背景。任何私下的债务重组安排其实都是在正式破产法律的阴影下做出的。所有私下重整都被法定重整程序的标准与规则所制约和影响。陷入财务困境的债务人企业正是以可随时转入法定程序相威胁,才能使强硬的债权人稍稍合作一点,反之亦然。[①] 从这个意义上,私下重整在有些案件中也许会稍稍地偏移法定程序所指定的方向一点点,但只是一点点,不会太多,否则私下协商会无法达成,因为人人都清楚法律为各自的利益都设置了何种底线。因此,制定一部良好而公正的破产法律规范是绝对必要的。其意义不在于法律颁布后申请正式重整的案件增长了多少,甚至也不在于多少公司通过法定重整获得了新生,尽管这些指标的增长是立法者所希望看到的。正是因为有了一

---

① D. Chew, J. Tabas, et al., "University of Rochester Roundtable on Preserving Value in Chapter 11", *Journal of Applied Corporate Finance*, Vol. 16, No. 2 - 3, 2004, p. 14.

部良法所提供的指引与坐标，私下的重整比以前更积极、更规范，也更频繁了。因此，一部坏的破产法将伤害的决不仅仅是它自身的"消费者"，也必然伤害那些"消费"私下重整程序的人。

最后，效率本身是一个相对的概念，讨论一个法律制度的效率，首先需要确定我们要达到的具体的目标是什么，然后才可以说就促成该目标而言该制度是否有效，否则就成了无的放矢。① 所以在讨论某个法定的企业破产重整程序是否有"效率"之前，我们首先要回答设计该制度的"效率"是要用来服务于何种"立法目标"的？也就是说，当破产制度（含重整）涉及方方面面相互矛盾的利益冲突时，究竟哪种利益或谁的利益更为优先。学者和立法者们争论不休、难以定论的首要问题就是谁的利益需要通过破产法来保护，之后才是谁的利益更优先更需要保护，以及如何保护等问题。② 正是在讨论破产法及其制度应有的立法目标这一问题时，学者们依据各自的侧重点和主张划分成了不同的阵营。

第三节　关于破产重整法目的的诸多理论及其分歧

公司破产—重整系统可以被描述为：一种通过规范企业退出机制而促进经济发展的法律手段；③ 一种高度灵活的程序具有复杂多样的用途；④ 一个用来处理现实世界中难以承受的交易成本的特殊法律系统；⑤

---

① D. R. Korobkin, "The Unwarranted Case against Corporate Reorganization: A Reply to Bradley and Rosenzweig", *Iowa L. Rev.*, No. 78, 1993, p. 729.

② Ibid..

③ J. Braucher, "Bankruptcy Reorganization and Economic Development", *Cap. U. L. Rev.*, No. 23, 1994, p. 502.

④ The most common purposes include: reorganization of widely held debt; controlled liquidation; using bankruptcy creatively and preserving community. W. C. Whitford, "What's Right about Chapter 11", *Wash. U. L. Q.*, No. 72, 1994, p. 1379.

⑤ L. M. LoPucki, "Strange Visions in a Strange World: A Reply to Professors Bradley and Rosenzweig", *Mich. L. Rev*, No. 91, 1992, p. 102; J. Braucher, "Bankruptcy Reorganization and Economic Development", *Cap. U. L. Rev.*, No. 23, 1994, p. 504.

一种过滤装置用来甄别和筛选经济上无效的企业使之出局,只留下经济上有效的企业;① 对因破产而受损的广泛社会利益的一种拯救;② 一种费时、昂贵而无效的法律体制,只能滋生企业经营者的不良动机和对法律资源的滥用。③ 事实上,关于企业破产重整法律的争论往往是基于同样的事实和原理而却产生出迥然相异甚至截然相反的观点。虽然这些争论大都是美国学者提出的,但类似的问题却是所有国家的破产法学者和立法者都将面对和必须回答的,即使提出问题的语境、所用的术语和提出方式有所不同。

总的来说,争论各方的学者往往拥有完全不同的前见(prior beliefs)、偏好(preferences)和学术进路(approaches)。贝尔德教授根据其各自不同学术特点将争论学者们大致分为两派:传统主义者(traditionalists)和程序主义者(proceduralists)。传统主义者把破产法存在的合理性和独立价值看作天经地义的,不太思考其与整个法律体系和市场经济发展的需要相互适应这类的"大问题",而着重思考即存的破产法律条文与策略,相信只要根据需要破产法可以单独扮演丰富的角色和调整一系列纷繁复杂的利益关系。④ 所谓程序主义者是指该类学者的关注主要在破产程序本身,并相信一个逻辑连贯的破产法必须明确解决应当如何与整个法律体系的其他部分和一个有活力、

---

① M. J. White, "Corporate Bankruptcy as a Filtering Device: Chapter 11 Reorganizations and Out-of Court Debt Restructurings", *JLEO*, No. 10, 1994, p. 269.

② B. A. Blum, "The Goals and Process of Reorganizing Small Businesses in Bankruptcy", *J. Small & Emerging Bus. L.*, No. 4, 2000, p. 233.

③ M. Bradley & M. Rosenzweig, "The Untenable Case for Chapter 11", *Yale L. J.*, No. 101, 1991–1992, p. 1043; B. E. Adler, "Financial and Political Theories of American Corporate Bankruptcy", *Stan. L. Rev*, No. 45, 1992, p. 311; J. W. Bowers, "Rehabilitation, Redistribution or Dissipation: The Evidence for Choosing Among Bankruptcy Hypotheses", *Wash. U. L. Q.*, No. 72, 1994, p. 955; J. W. Bowers, "Whither What Hits the Fan?: Murphy's Law, Bankruptcy Theory, and the Elementary Economics of Loss Distribution", *Ga L. Rev.*, No. 26, 1991, p. 27; D. G. Baird, "The Uneasy Case for Corporate Reorganizations", *JLS*, No. 15, 1986, p. 127; M. J. White, "Does Chapter 11 Save Economically Inefficient Firms?", *Wash. U. L. Q.*, No. 72, 1994, p. 1319.

④ D. G. Baird, "Bankruptcy's Uncontested Axioms", Yale L. J., No. 108, 1999, p. 573.

不断变化发展的市场经济相适应的问题。① 他们不相信破产重整法天生就是一个好的制度，主张依赖理性的分析而非直觉。他们很少借用虚无缥缈的抽象人类价值或无法测量的社会正义之类的空洞理论来论证观点，而是希望提供一个能够准确测量的量化标准，比如发展出一套破产法理论独有的成本效率分析工具，并通过这套工具和方法来衡量某部破产法的具体得失并回答"破产法究竟可以和应当做什么"一类的问题。

即使在程序主义者阵营内部，也是分歧多于一致。由于各自所抱持的立场不同，学者们就破产重整法应有的目标和用途始终无法达成统一的意见，大致也可分为两派：市场与财产派，以及企业和法庭（forum）派。前者强调破产程序的主要目的是处理债务人企业的破产财产以实现其价值最大化并使债权人尽可能多受偿。后者主张破产重整法的主要目的是保存企业，因为一个企业的利害相关人绝不限于股东和债权人，所有的相关人都可以从企业重生中获益。所以破产程序的主要功能就是提供一个场所（法庭）让所有受企业失败影响的利害相关人都能发表自己的意见，并共同参与决策。②

尽管各自选取的立场和进路不同，学者的主张还是有其共通之处，那就是：所有的学者都同意，企业破产重整法律都必须解决的核心问题之一就是当一个企业陷入财务困境后如何最大化它可能有的价值，以及最终实现后如何分配该价值。他们所争议的是实现价值最大

---

① D. G. Baird, "Bankruptcy's Uncontested Axioms", Yale L. J., No.108, 1999, p. 573, pp. 576 – 577; "In short, the traditional bankruptcy experts believe that: (1) the preservation of firms (and therefore jobs) is an important and independent goal of bankruptcy; (2) contemplation of the rights and needs of the parties before the court matters more than the effects on incentives before the fact; and (3) bankruptcy judges should enjoy broad discretion to implement bankruptcy's substantive policies. The proceduralists, on the other hand, believe that: (1) the preservation of firms is not an independent good in itself; (2) ex ante effects are important; and (3) the judge, after controlling for the biases and weaknesses of the parties and resolving the legal disputes, must allow the parties to make their own decisions and thereby choose their own destinies."

② A. Flessner, "Philosophies of Business Bankruptcy Law: An International Overview", in J. S. Ziegel (ed) *Current Developments in International and Comparative Corporate Insolvency Law*, Clarendon Press, Oxford, 1994, pp. 23 – 24.

化的方法、有资格参与价值分配的各利益方之身份和范围,以及所应遵守的利益分配原则等具体问题。

一 债权人协商理论

债权人协商理论(creditors' bargain theory)由托马斯·杰克逊(Thomas Jackson)和贝尔德两位教授提出,[①] 主张破产法就其内核是研究"集中偿债"问题的法律,主要解决破产企业财产如何实现价值最大化以及如何向债权人分配该价值(即解决所谓无序求偿而产生的"公共池塘"问题)。[②] 破产法只能用来保护那些对企业破产前的财产就享有的权利,而不能利用破产程序来创设新的权利(如果某些权利在破产法之外的其他法律中没有规定,破产法就不保护它们)。据此,破产法只应用来保护企业投资者(股东和债权人)利益。[③] 其他关于如何应对企业失败和保护社会公众福利等宏大命题都不应当放在破产法中考虑,而是应由破产法之外的其他法律去考虑和

[①] In response to criticisms to the simple creditors' bargain theory, Thomas Jackson reconstructed the creditors' bargain theory with the assistance of Robert E. Scott, by arguing that bankruptcy has a risk-sharing function that may complement its asset-maximizing function – the so-called new creditors' bargain theory. (T. H. Jackson & R. E. Scott, "On the Nature of Bankruptcy: An Essay On Bankruptcy Sharing and the Creditors' Bargain", *Va. L. Rev.*, No. 75, 1989, p. 155). Contrary to the original argument that redistribution in bankruptcy is inconsistent with the maximizing objectives of the collective proceedings, the new theory admits and rationalizes the systematic redistributional moments of bankruptcy through which wealth is transferred from secured creditors to general creditors, or from creditors to equity holders. But as some commentators criticized, the expanded creditors' bargain is no longer a collective creditors' bargain at all, but a series of bilateral negotiations entered into with creditors discretely by the debtor who can rationally choose the expected sequence. (D. G. Carlson, "Bankruptcy Theory and the Creditors' Bargain", *U. Cin. L. Rev.*, No. 61, 1993, p. 480).

[②] T. H. Jackson, "Bankruptcy, Non-Bankruptcy Entitlements, and the Creditors' Bargain", *Yale L. J.*, No. 91, 1982, p. 857; T. H. Jackson, *The Logic and Limits of Bankruptcy Law*, Harvard University Press, Massachusetts, 1986, "公共池塘"问题即见该书; D. G. Baird & T. H. Jackson, "Bargaining After the Fall and the Contours of the Absolute Priority Rule", 1988。

[③] D. G. Baird & T. H. Jackson, "Corporate Reorganizations and the Treatment of Diverse Ownership Interests: A Comment on Adequate Protection of Secured Creditors in Bankruptcy", *U. Chi. L. Rev.*, No. 51, 1984, p. 102.

解决。①

杰克逊和贝尔德两位教授主张：现存的破产法应被视为企业的债权人之间就如何处理破产企业剩余财产而达成的一项隐性协议，其目的只是为了最大化他们自己的利益。债权人借款给企业时，便获得了一般求偿权（破产前的求偿权）。为了防止他们在企业破产时因各自急于求偿而出现无序竞争从而伤害大家的共同利益，通过假想的协商，债权人达成协议作为一个集体来行动，受偿序列模仿他们各自在破产前享有的求偿权的顺序。所谓的破产法不过是重申了他们之间的相对优先受偿顺序和同顺序间依法平均分配等原则，这和债权人亲自订立一个契约的结果没有什么不同。② 反之，如果不依照破产前的受偿顺序，而是通过破产法律制定一套新的分配机制和原则，那就会在债权人中制造负面动机，产生不必要的成本，促使他们通过选择不同的程序而获得不同的结果，这便违反法律的公平精神。③

但债权人协商这种解释忽视了破产法的复杂性。破产法杂糅了各种哲学和观念（任何一种法律都是如此），代表了各个利益群体的各种声音，其中不乏分歧和冲突，很难被描述成某种单一理念的产物。债权人契约的假说也不能完美地解释现行的破产法原则，比如为什么有的债权人（职工，债权人中最弱势的一类）比另外一些能优先受偿。职工利益受到特殊保护是国家为了社会公共利益而强制性规定的，很难想象是全体债权人协商出来的结果。而且该理论也无法回答债权人

---

① D. G. Baird & T. H. Jackson, "Corporate Reorganizations and the Treatment of Diverse Ownership Interests: A Comment on Adequate Protection of Secured Creditors in Bankruptcy", *U. Chi. L. Rev.*, No. 51, 1984, p. 103.

② R. K. Rasmussen, "Debtor's Choice: A Menu Approach to Corporate Bankruptcy", *Tex. L. Rev.*, No. 71, 1992, p. 59.

③ T. Jackson & R. E. Scott, "On the Nature of Bankruptcy: An Essay on Bankruptcy Sharing and the Creditors' Bargain", *Va. L. Rev.*, No. 75, 1989, p. 161; D. G. Baird, "Loss Distribution, Forum Shopping, and Bankruptcy: A Reply to Warren", *U. Chic. L. Rev.*, No. 54, 1989, p. 815; D. G. Baird & T. H. Jackson, "Corporate Reorganizations and the Treatment of Diverse Ownership Interests: A Comment on Adequate Protection of Secured Creditors in Bankruptcy", *U. Chic. L. Rev.*, No. 51, 1984, p. 97. 只不过，对那些难以琢磨的成本问题（主要是挑选不同程序的成本），作者们并没有进一步地阐明。

第二章 公司破产重整法的理论基础

破产前享有的求偿权为什么就能理所当然地成为破产清偿顺序的基础？须知破产前的借款协议本就是各债权人依据自身影响力的大小与债务人企业分别制定的，并不是在信息充分透明和完全平等一致的基础上订立的，本来就没有什么公平可言。如果对破产前的求偿权本身的合理性就存在质疑，那又何谈在破产法中不假思索地全盘接受呢？

诚如两位教授主张，并不是所有在破产程序中发现的问题都是破产法问题或都必须通过破产法来解决。但有些问题一定是破产法问题，比如担保债权的问题。当企业总资产还大于总债务时，没有所谓破产、分配剩余财产和分担损失的概念，担保债权和无担保债权的区分就其最终结果而言尚无太大意义。但当企业出现资不抵债，债权的性质就变得有实际意义了，不但决定偿债的方式也决定最后实际受偿的多少。就受偿方式而言，担保债权人拥有的是对担保物的他物权，而无担保债权人拥有的仅是一般债权请求权，只能通过起诉债务人并赢得判决才能实现。[1] 企业破产最重大的后果是导致实际受偿的多少发生了实质改变。担保债权人的受偿多少由担保物的价值来保证，且通常不和其他人分享；而无担保债权人受偿多少没有任何保障，只能和其他无担保债权人分享破产财产（除担保物之外的其他企业财产）。也就是说，担保债权人的受偿几乎不受企业破产的影响。这就是破产法的金科玉律，世人早已习以为常，但问题恰恰就在这司空见惯之中。为什么担保债权人得享受担保物的价值，可以完全不承担企业失败的风险，而全由其他人来承担这些风险？[2] 如果我们说平均分配剩余财产（pari passu distribution）实质上也就是平均分摊企业失败的风险是破产法的"第一原则"，那担保债权人就是用取得担保的形式来规避这"第一原则"从而获得某种特权。[3] 这种特权真的合理吗？

借款合同本是债权、债务人之间签订的，体现的是债权、债务人之间的利益争夺。债务人企业的破产却把这种利益争夺转化成债权人

---

[1] R. Goode, *Commercial Law*, Penguin Books, London, 3rd ed., 2004, p.582.

[2] D. R. Korobkin, "Rehabilitating Values: A Jurisprudence of Bankruptcy", *Colum. L. Rev.*, No.91, 1991, p.778.

[3] R. Goode, *Commercial Law*, Penguin Books, London, 3rd ed., 2004, p.578.

之间的冲突。① 竞争者的转换强烈地传达了这样一种信息：那就是担保合同虽然是债权、债务人之间签订的，但却能直接影响第三方（其他债权人）在债务人企业破产时的受偿份额。用法理经济学的术语说就是债务担保合同可能溢出某种外部成本，并最终由无担保债权人和无合同的债权人（如被侵权人）承担。② 担保债权人和其他通过合同方式得以优先受偿的债权人通过优先权把不能受偿的损失最终转嫁给被破产企业侵权的人、规模较小的生意伙伴以及其他无法调整自己地位的债权人，由他们分担破产企业财产不足、无法受偿的风险。

有人主张，企业之所以签订债权担保协议，完全是出于自愿，符合合同自由和私法自治原则，根本无可厚非。③ 这个观点忽略了一个前提，那就是合同自由原则只有在合同没有对第三方产生负面影响的情况下才应当被遵守。易言之，合同双方不能通过合议的方式来损害第三方的利益。否则，法律应当干预。④ 担保合同不仅事实上直接影响了非合同方的无担保债权人（含雇员和被侵权人）的最终受偿，而且被影响的第三方无论事前事后都无法参与担保合同的协商订立，

---

① J. Duns, *Insolvency: Law and Policy*, OUP, Oxford, 2002, p. 3; "Accordingly, bankruptcy disputes are better characterized as creditor – versus – creditor, with competing creditors struggling to push the losses of default onto others. The Bankruptcy Code reflects this orientation; a significant part of its distributional scheme is oriented toward establishing priorities among creditors." See E. Warren, "Bankruptcy Policy", *U. Chi. L. Rev.*, No. 54, 1987, pp. 785 – 786.

② "In this setting, an arrangement between the debtor and a particular creditor that gives the creditor more than its pro rata share of the debtor's bankruptcy assets must therefore reduce, dollar-for-dollar, the amount that will be available to other creditors-that is, such an arrangement creates a direct externality on these other creditors." See L. A. Bebchuk & J. M. Fried, "The Uneasy Case for the Priority of Secured Claims in Bankruptcy", *Yale L. Rev.*, No. 105, 1996, p. 933.

③ "In this setting, an arrangement between the debtor and a particular creditor that gives the creditor more than its pro rata share of the debtor's bankruptcy assets must therefore reduce, dollar-for-dollar, the amount that will be available to other creditors-that is, such an arrangement creates a direct externality on these other creditors." See L. A. Bebchuk & J. M. Fried, "The Uneasy Case for the Priority of Secured Claims in Bankruptcy", *Yale L. Rev.*, No. 105, 1996, p. 933; J. Hudson, "The Case Against Secured Lending", *IRLE*, No. 15, 1995, p. 47; E. Warren & J. L. Westbrook, "Contracting Out of Bankruptcy: An Empirical Intervention", *HLR*, No. 118, 2005, p. 1198; L. A. Bebchuk & J. M. Fried, "The Uneasy Case for the Priority of Secured Claims in Bankruptcy: Further Thoughts and a Reply to Critics", *Cornell L. Rev.*, No. 82, 1997, p. 1279; L. M. LoPucki, "The Unsecured Creditor's Bargain", *Va. L. Rev.*, No. 80, 1994, p. 1887.

④ Bebchuk, L. A. & Fried, J. M., "The Uneasy Case for the Priority of Secured Claims in Bankruptcy", *Yale L. Rev.*, No. 105, 1996, p. 933.

也无法避免和弥补担保合同对他们的最终损害。① 提供担保意味着债务人企业或多或少损失了对担保物的控制和处分权,企业同意这样做通常不是因为愿意,而是别无选择。否则就得不到贷款,会因缺乏流动资金而倒闭。② 所以迫于资金压力,债务人往往会"被迫接受"担保条款,或"主动追求"与某些债权人合谋用担保的方式,降低其他不重要的或"不喜欢"的债权人的受偿份额。无担保债权人之所以没有获得担保也并不是他们不希望如此,而是由于不够强势,只好被迫承担企业破产的实际损失。这种把损失强加于人的"自由",显然不同于我们所说的合法的"契约自由"。③ 总的来说,学者们虽然承认担保有鼓励贷款、促进经济的正面效果;但同时也须看到,通过破产中的优先受偿,担保债权稀释了其他债权,最终转嫁了不能受偿的风险给他人。④

又有的人主张,担保债权之所以获得担保,是因为与无担保的借款协议相比,他们收取更低的利息。这种提法完全出于对贷款业务的不了解。

  银行贷款收取多少利息完全取决于市场能否承受。银行决不会因为获得担保而降低它的贷款利率。之所以要求提供担保,是因为有不能受偿的风险,这种情况银行往往收取更高的利息来补偿贷款风险。同样,银行不要求提供担保,并不意味要收取更高的利息。对于那些业绩和信誉都十分好的优质企业,它们根本就

---

① Bebchuk, L. A. & Fried, J. M., "The Uneasy Case for the Priority of Secured Claims in Bankruptcy", *Yale L. Rev.*, No. 105, 1996, p. 933.

② Mokal, R. J., "The Search for Someone to Save: A Defensive Case for the Priority of Secured Credit", *Oxford Journal of Legal Studies*, No. 22, 2002, p. 687; Scott, R. E., "A Relational Theory of Secured Financing", *Columbia L. Rev.*, No. 86, 1986, p. 901.

③ 这种谈判能力的不对称,主要是由信息优势、规模经济和提供中长期贷款的能力决定的。Bebchuk, L. A. & Fried, J. M., "The Uneasy Case for the Priority of Secured Claims in Bankruptcy", *Yale L. Rev.*, No. 105, 1996, p. 857; Hudson, J., "The Case against Secured Lending", *International Review of Law and Economics*, No. 15, 1995, p. 47。

④ Mokal, R. J., "The Search for Someone to Save: A Defensive Case for the Priority of Secured Credit", *Oxford Journal of Legal Studies*, No. 22, 2002, p. 687.

不会考虑向银行提供担保,倒是银行要争着向它们提供贷款,所以它们通常有足够的实力来讨价还价,从而获得最优惠的贷款利率。①

综上所述,破产法与担保法有着千丝万缕的内在联系,很难想象如果没有破产法,担保法上的许多难题能讨论清楚;反之亦然,其势颇有点像鸡和蛋之间那个古老的二律背反。

二 破产重整意义的价值解说

尽管存在诸多问题并屡遭批评,债权人契约理论还是为近几十年的学术争论定下了基调,其价值在于对后学的巨大启发与开创之功,但其理论本身,从学术的角度,尚需进一步阐明与发展。尽量偿还债务无疑是破产法的首要目标,但未见得就应是唯一的目标。另一种观点主张:破产法本身是极其复杂的,不能仅从经济的单一角度来研究考量。单一经济角度论者把所有的关注重点都放在债权人的利益保护上,而完全忽视了其他的利益相关人,尽管他们都因企业破产而受害。克罗布金(Korobkin)教授不满单一经济价值理论的褊狭,提出了综合价值理论:把破产法看作一个多维度和拥有复杂边界的系统,其功能在于让所有"利益相关人"都表达意见,最终调和所有矛盾。② 就克罗布金教授看来,偿还债务本身就不是一个简单的问题,涉及道德、政治、社会、个人以及经济等诸多价值的变量。③ 破产法是用来应对偿还债务这一核心问题的,但必须充分还原这个复杂问题的本来面目,不能仅从经济角度来分析,而应从更广泛和更全面的角度来认识和解决它。

应该说,就需要最大化破产企业的剩余价值这一点,上述两种理

---

① R. Goode, *Principles of Corporate Insolvency Law*, Sweet & Maxwell, London, 3rd ed., 2005, p. 47.

② D. R. Korobkin, "Rehabilitating Values: A Jurisprudence of Bankruptcy", *Colum. L. Rev.*, No. 91, 1991, p. 722.

③ Ibid., p. 725.

论间没有异议，它们的分歧是如何分配这些价值。债权人契约理论主张完全依照破产前的实体权利进行分配，除非为了保存或产生更大经济收益，不得通过破产法规则改变任何破产前的实体权利；综合价值理论则认为，为了公平、稳定等非经济利益，即使不为了经济收益，破产规则也可以且应该改变破产前的实体权利。① 比如说，破产前的偿债原则是"先到先得"，以各个债务的到期日或判决日为偿还顺序，而进入破产后就必须遵守平等受偿原则，同一个优先等级的债权人之间平均分配剩余财产，不论其时间先后和是否到期。这实际上就是抛弃和改变了破产前实体权利的部分权能。从这个意义上讲，所谓的"完全遵守"根本做不到。②

克罗布金教授反对把公司仅仅看成是一堆财产的集合，他坚持认为公司有自己的"人格"。破产法作为一个独立的系统，应当创造性地解决因企业的财务危机而引发的带有普遍性的各种矛盾冲突。③ 遗憾的是，他并没有成功地说清他所谓的道德、政治以及社会等诸元价值具体是什么。同时他也无法证明，与传统破产清算相比，破产重整到底如何能更好地处理企业的失败危机。而他对企业法人外壳灭失所表达的遗憾，更没有什么具体的理论依据。尽管思路简单，但单一经济角度论者至少提供了一个具体可测的标准用来计量法律制度的功用。综合价值理论则更多地依赖难以琢磨的抽象人类价值和无法测量的社会正义等空洞的理由，无疑不利于学术的精细化和知识进步。

三 英国学者的处理方法

英国破产法学界很少讨论那些带有部门法理学性质的问题。一是因为英国破产法学界一直以来的功利主义传统，二是鲜有学者愿意花

---

① D. G. Baird & T. H. Jackson, "Corporate Reorganizations and the Treatment of Diverse Ownership Interests: A Comment on Adequate Protection of Secured Creditors in Bankruptcy", *U. Chi. L. Rev.*, No. 51, 1984, pp. 101 – 102.

② D. R. Korobkin, "Rehabilitating Values: A Jurisprudence of Bankruptcy", *Colum. L. Rev.*, No. 91, 1991, pp. 733, 735.

③ Ibid., p. 766.

费时间和精力来架构基础理论框架的事实，于是这个领域理论研究成果之贫乏就可以想见。直到近几年，有关破产法的合理范畴以及相关社会、经济政策选择等问题才开始进入英国学者们的视野。①

古德（Goode）教授和芬奇（Finch）教授都对公司破产法的合理目标以及如何达到这些目标等问题提出过自己颇为独到的见解。依照古德教授的见解，破产法本质上是程序法，应以组织偿债、保护既存权益和最大化清偿债务为己任，不应以触动破产前实体权利为其主要立法目标。② 当然古德教授也认为：不可否认，破产法需要保护其他的利益相关人，即使他们的利益在破产程序开始之前还没有显现出来。

> 其中之一就是要通过破产程序来调查董事的行为，看有没有不当交易以及需要取消董事资格的情况，以便保护公众利益和防止未来的不当行为；即便该公司已经没有财产需要处理了，英国法也允许通过清算程序来进行调查。其二就是保护股东未来预期的利益。其三是保护工人在劳动力、技术和忠诚等方面对公司的投资。其四是所谓社会的广泛利益，比如在继续经营或支付污染清理费等方面的作用。仅仅关注于最大化债权人所得实际上就等于忽略了这样一个事实：那就是保护债权人的方式可以是多种多样的，有些方式既能使债权人受益，同时还能使其他群体受益，比如雇员、股东和当地社区等。③

由此，破产法至少有以下四个目标：在可能的情况下，尽可能地拯救债务人企业本身；如债务人企业已无可救药，则应使全体债权人作为一个整体最大限度受偿；建立一个公平公正的偿债和剩余价值分配体系，其中可能涉及小范围的权利再分配（即为照顾特殊群体利

---

① R. Goode, *Principles of Corporate Insolvency Law*, Sweet & Maxwell, London, 3rd ed., 2005, p. 39.
② Ibid., pp. 43 – 44.
③ Ibid., p. 44.

第二章 公司破产重整法的理论基础

益，有可能不完全遵循破产前权利的安排）；提供一种机制用来甄别企业失败的原因和惩罚不当经营者，取消其董事资格，使之不能再经营其他企业。①

这种目标排序体现了英国对企业家精神、债务和风险承担等问题的传统态度：企业破产是件很不光彩的事。英国法坚持一个固有的假设，即如果一个企业破产了，那一定是由于经营不善，而最后一个实际控制企业的人一定首当其冲难辞其咎。② 英国公司破产法通过以下手段希望改善陷入财务困境的企业的经营状况：（1）引进外部管理者并将公司及其全部资产交付其手，同时赋予其广泛的调查与经营权利；（2）通过民事和刑事责任制度，包括取消董事资格（disqualification）等手段处罚董事的不当行为；（3）对破产从业人员制定相关的资格要求，以保证其相应的职业操守与能力。

芬奇教授也主张企业破产法的主旨在于：平衡各方利益；保护公众和雇员；通过调查、处罚有责任的经营者从而鼓励良好的企业经营等。③ 她对如何评判一部公司破产法的好坏提出了自己独特的四项标准：现行的法律和程序是否有效（efficient）、专业（expert）、可归责（accountable）以及公平（fair）。④ 其他一切讨论都必须围绕是否符合这四项标准来进行。她认为，这样一套清晰的标准给法官和立法者提供了一份清单，以备他们处理破产问题时使用。他们不能仅就某点进行思考，而应通盘考虑，同时兼顾这四大原则。⑤ 可惜的是，芬奇教授并没有说明，如果这四大原则之间出现冲突时该如何处理，何种价值优先以及为什么。所以，这套理论的运用似乎要放在具体法条的评析和具体问题的讨论中才能真正清晰起来。

---

① R. Goode, *Principles of Corporate Insolvency Law*, Sweet & Maxwell, London, 3rd ed., 2005, p. 39.
② Ibid., pp. 62, 328.
③ Finch, Vanessa, *Corporate Insolvency Law: Perspectives and Principles*, CUP, Cambridge, 2002, p. 23.
④ Ibid., p. 50.
⑤ Ibid., p. 56.

四　破产选择和真实同意理论

（一）破产选择理论

尽管坚持破产法应成为一个独立系统以回应企业失败的普遍问题，而不仅仅局限于偿还债务，克罗布金教授还是在他后来的文章中改进了他之前提出的综合价值理论。不过这一回，他借用了契约理论。[1] 他认为破产法是社会危机、道德冲突和政治妥协的综合产物，破产立法因此必须反映这些相互冲突的利益诉求。但冲突各方之所以能最后达成妥协，必须依赖一些基本的理论基础（normative foundations）。[2] 所以必须假设一种矛盾尚未产生的原始状态，冲突各方正是在这种不分彼此的状态下才能心平气和地正确选择他们可以依赖的那些基本原则。这些选出的原则包括：（1）尽可能地把利益受损的各方都包括进来；（2）理性计划的原则。之所以要尽可能地把利益受损的各方都包括进来，是因为企业失败有可能影响到我们每个人。任何一个人在其一生当中都可能扮演过债权人、股东、管理者、雇员、被侵权人或其家属、普通社区居民等角色中的一种或数种，所以至少在某种程度上必然曾经、正在或将要遭受企业破产的影响。而他/我们的利益诉求都应该在破产重整中被考虑在内。克罗布金教授头脑中的"破产选择原始状态"其实是源自罗尔斯在《正义论》一书中提出的"社会契约选择原始状态"这一假说。而"破产选择原始状态"就是指当处于一种假设的"无知状态"（在无知的幕布下，under a so-called "veil of ignorance"），即不知道各自在具体案件中的身份、所处环境，同时也无法"剪裁"法律以满足部分人利益的情形下，理性和自由的人们之间会在价值中立的立场上就破产法的结构

---

[1] D. R. Korobkin, "Contractarianism and the Normative Foundations of Bankruptcy Law", *Tex. L. Rev.*, No. 71, 1993, p. 541.

[2] "The normative principles that we seek prescribe limits on how bankruptcy law should alter the rights, authority, and practical leverage of persons in financial distress. They offer a justified standpoint for evaluating which legal, political, and personal advantages ought to be preserved and which ought to be modified." D. R. Korobkin, "Contractarianism and the Normative Foundations of Bankruptcy Law", *Tex. L. Rev.*, No. 71, 1993, p. 551.

和原则达成一些基本共识。① 由于每个人都有同等的机会在某时某地的某个案件中成为一名债权人、一个被侵权的受害者、一名雇员或一名社区成员,所以人们选出的肯定不是那些对某一类人特别好而对另一类人特别不好的原则,而是那些对任何一类人都比较适中的能被普遍接受的原则。换句话说,每个人,无论自己处于什么角色,总是希望能最大化自己的利益,但这事实上不可能,于是作为一个理性的人,退而求其次就希望减轻自己在最差的情形下会遭遇到的损失和不幸,以应对未来的不确定性。② 理性计划原则的核心就是通过保护最容易被企业失败所伤害的弱势群体的利益来最大化全体受影响者的利益。克罗布金教授认为,一个群体易受伤害的程度是可以通过比较而判断出来的。最易受伤害群体有两个特征:一是该群体保护自己利益的能力最弱;二是一旦利益得不到保护,他们所失去的最多而且后果最严重(其严重程度取决于所受影响的大小、损失的性质、紧急程度以及潜在损失等因素)。③ 当然在进行比较之前,我们必须首先确认谁的利益还实际存在,因为会失去什么至少意味着还留下了什么可以失去的。如果某个群体在企业中的利益已经不复存在了,那他们也就没有什么可以再失去的了,也就不再会受到伤害了。而在众多既存利益中,我们还要比较他们各自逃避或承担损失的能力。在克罗布金教授看来,如果某个企业还有重整的可能,那企业职工是最易受伤害群体,因为他们可能失去的东西最多而可以施加的影响却最小。当这个企业已经完全丧失了重整可能,职工就没有什么可以继续失去的

---

① The "Veil of ignorance" is a position in which "no one knows his place in society, his class position or social status; nor does he know his fortune in the distribution of natural assets and abilities, his intelligence and strength, and the like. Nor, again, does anyone know his conception of the good, the particulars of his rational plan of life, or even the special features of his psychology such as his aversion to risk or liability to optimism or pessimism." See J. Rawls, *A Theory of Justice*, 1971. 转引自 D. R. Korobkin, "Contractarianism and the Normative Foundations of Bankruptcy Law", *Tex. L. Rev.*, No. 71, 1993, p. 564. That is to say, "the parties remain ignorant of particular facts that distinguish themselves as persons from one another, they will be unable to exploit this general knowledge for solely personal gain." D. R. Korobkin, "Contractarianism and the Normative Foundations of Bankruptcy Law", *Tex. L. Rev.*, No. 71, 1993, p. 565.

② D. R. Korobkin, "Contractarianism and the Normative Foundations of Bankruptcy Law", *Tex. L. Rev.*, No. 71, 1993, pp. 578 – 579.

③ Ibid., p. 584.

了,无担保债权人就成了最易受伤害群体。当企业严重资不抵债,无担保债权人都已经不能受偿的时候,担保债权人就成了此时的最易受伤害群体。① 总之,易受伤害性是一个灵活而有弹性的标准(不同的具体案件中有不同的最易受伤害群体),取决于具体企业继续生存的可能、资产和负债的多少以及不能偿还的债务的等级等要素。②

(二) 真实同意理论

同样借鉴了罗尔斯的理论,英国的莫卡教授提出了他的"真实同意"理论。同样是合同主义,但既不同于杰克逊教授源自理查德·波斯纳(Richard Posner)的"互利互惠"合同角度,也不同于克罗布金教授的破产选择角度。③ 在莫卡的模式中,个体被放置在立法者的位置上,有机会选择破产法得以建立的基本原则,他们需要理性地思考和推理,在所谓"戏剧性的无知"状态下行事(其实就等于克罗布金教授理论中"无知的幕布")。④ 所不同的是克罗布金认为可以用破产法来实现"应当"由其他法律来追求的目标,而莫卡认为破产法不是万灵药,它能力有限,不能因为某个问题出现在破产案件中,就统统用破产法来解决。⑤

对所有的公司选民而言,破产是一个零和博弈。希望竞争的多方在这种环境下合作似乎不大可能。因此破产法的首要原则就是通过

---

① D. R. Korobkin, "Contractarianism and the Normative Foundations of Bankruptcy Law", *Tex. L. Rev.*, No. 71, 1993, p. 587.

② D. R. Korobkin, "Contractarianism and the Normative Foundations of Bankruptcy Law", *Tex. L. Rev.*, No. 71, 1993, p. 587; L. Ponoroff, "Enlarging the Bargaining Table: Some Implications of the Corporate Stakeholder Model for Federal Bankruptcy Proceedings", *Cap. U. L. Rev.*, No. 23, 1994, pp. 457–460.

③ R. J. Mokal, "The Authentic Consent Model: Contractarianism, Creditors' Bargain, and Corporate Liquidation", *Legal Studies*, No. 21, 2001, p. 415.

④ "So Dramatic Ignorance attains two goals. First, it strips parties of knowledge of their own attributes, circumstances, social position, degree of risk aversion and conceptions of the good. It also excludes knowledge of one's 'native endowments', strength, intelligence and bargaining savvy. Second, ... Dramatic Ignorance means the parties do not know who they will turn out to be and what would be their conception of the good. This ensures the principles are impartially chosen and fulfill the requirements of reciprocity." R. J. Mokal, "The Authentic Consent Model: Contractarianism, Creditors' Bargain, and Corporate Liquidation", *Legal Studies*, No. 21, 2001, p. 431.

⑤ Ibid., pp. 419, 424.

"互惠"实现强制的集体行动。为了避免破产情形下由于公共池塘问题（common pool problem）引发的"勤勉赛跑"（race of diligence），自动冻结原则（automatic stay）是大家都乐于接受的，因为它无害于任何一方的实际利益。① 莫卡成功地解释了为什么会有自动冻结原则，但是，他的合同主义模式因为以下两个缺点而显得说服力不足。

第一，滥用了罗尔斯的方法论。

一些学者曾批评克罗布金教授用罗尔斯的方法论来寻找破产法的规范性目的并不合适，因为罗尔斯的正义理论是用于设计整个社会的基本结构，而不是那些日常规则或某项独立制度。② 因此克罗布金的原始选择状态更像一种文字游戏，还不如直接讨论分配正义问题来得更清楚明白。

通过引入"建构性特征"这一概念，莫卡的理论变得更连贯也更无所不包。所谓"建构性特征"是"真实同意"模式的规定性特征，即各方为了能做出"真实同意"而必须掌握一切信息。它假设参与讨论破产法这一"合同"的各方了解整个社会的法律和政治文化，收集了所有相关信息，包括立法、司法、政府行政以及一切国际法上的承诺等，从而处于"具备一切参与立法所需的品质、能力和知识"的理想化状态。③ 这样高的标准在罗尔斯那里是用于设计基础社会结构用的，即使合同法这样的庞大体系，在他看来都只属于日常规则的一部分而不适用他的理论，更何况破产法这样更小的制度。④ 因此，如果可以接受"合同"这个比喻，那很难想象还有哪一部法律不能用"合同"或罗尔斯的"社会契约"理论来理解，那么一切

---

① R. J. Mokal, "The Authentic Consent Model: Contractarianism, Creditors' Bargain, and Corporate Liquidation", *Legal Studies*, No. 21, 2001, pp. 436 – 440.

② J. Braucher, "Bankruptcy Reorganization and Economic Development", *Cap. U. L. Rev.*, No. 23, 1994, pp. 505 – 506.

③ R. J. Mokal, "The Authentic Consent Model: Contractarianism, Creditors' Bargain, and Corporate Liquidation", *Legal Studies*, No. 21, 2001, p. 425.

④ J. Rawls, *Political Liberalism*, Columbia University Press, New York, 1993, p. 258; "Thus the political constitution, the legally recognized forms of property, and the organization of the economy, and the nature of the family, all belong to the basic structure."

运用合同理论解释法律的"新观点"就立刻都成了陈词滥调。一个标签如果到处可贴，也就没有任何创新意义了，所以罗尔斯理论（一种普遍的法律正当性的分析）的滥用绝非法学之福。

第二，公司破产的特有问题：一个不太适当的谱系划分。

莫卡教授关于"破产法不能包打天下"的主张无疑是对的，但是因此做出破产法不能处理与公司财务困境有关但并非破产程序独有的问题的结论就明显站不住脚了。即使没有破产，劳动纠纷或公司侵权等问题也会不时出现，只要破产法能很好地处理这些问题，为什么就不能通过它来解决呢？反之亦然。公司破产法被认为是传统公司治理研究中长期缺失的一环，现在是时候补上这重要一环了，它对于研究公司特殊时期的各种代理成本问题有重要帮助。[①] 此外公司破产法与商法、经济法各领域建立的广泛联系和互动更说明了破产制度是处理一系列社会经济普遍问题所不可或缺的一环。[②] 因此这里的问题并非某个问题是不是破产程序中独有的，而是通过破产法来解决这个问题会不会比其他法律环节更适合和更有效率。

五　公司利益相关人（stakeholder）模式和破产重整的团队产品（team production）理论

（一）破产重整的公司利益相关人模式

不少学者发现，如同公司法理论中的核心问题之一：公司经理人应当对谁承担信托责任（fiduciary responsibilities，又称信义义务），破产法中也存在类似的疑问，或者说是公司治理理论在破产法中的一个

[①] J. Armour, B. R. Cheffins & D. A. Skeel, Jr., "Corporate Ownership Structure and the Evolution of Bankruptcy Law: Lessons from the United Kingdom", *Vand. L. Rev.*, No. 55, 2002, p. 1699; J. L. Westbrook, "The Control of Wealth in Bankruptcy", *Tex. L. Rev.*, No. 82, 2004, p. 795; G. G. Triantis, "A Theory of the Regulation of Debtor-in-Possession Financing", *Vand. L. Rev.*, No. 46, 1993, p. 901; M. J. White, "The Costs of Corporate Bankruptcies: A U.S.-European Comparison", in J. S. Bhandari & L. A. Weiss (ed) *Corporate Bankruptcy: Economic and Legal Perspectives*, CUP, Cambridge, 1996.

[②] 破产清偿顺序的安排甚至可能对企业重大意外事故或大规模侵权事件的发生起到一定的事前阻止作用。Notes, "Switching Priorities: Elevating the Statue of Tort Claims in Bankruptcy in Pursuit of Optimal Deterrence", *HLR*, No. 116, p. 2541。

合理延伸。受公司利益相关人理论的影响，美国的普诺罗夫（Ponoroff）教授提出了破产利益相关人理论。① 即认为，在资不抵债的背景下，对公司财产拥有请求权的应当是全体"公司选民"（constituents，即广义上的公司投资者，除了股东、债权人，还包括社区、供应商、消费者、职工等），而不仅仅是范围狭窄的传统债权人，尽管"公司选民"中的一部分人依照破产之外的法律并没有有效的（protectable）财产请求权。破产法赋予的这种特殊请求权是用来弥补"公司选民"之前对公司的各种有形与无形的投入的。与传统理论相比，破产利益相关人理论无疑大大扩展了对破产企业拥有合法权益的人数，并把公司利益相关人理论的主张落到了实处。从这个视角，公司出现财务困难后所做的一切决定，都必须考虑所有利益相关人的利益。因此破产重整也就成了一个独特的场所（forum），用来讨论和设计公司的未来以及分配有限的资源。保证这个场所对所有利益相关人开放，不过是给了各种隐性投资者参与决策、减少损失的最后一个机会。②

（二）破产重整的团队产品理论

关于公众公司的团队产品理论最早是由玛格丽特·布莱尔（Margaret Blair）和林恩·司陶特（Lynn Stout）教授在1999年提出的，美国的洛普基教授把它扩展到了破产法领域。③ 根据布莱尔和司陶特的理论，公司的股东、债权人、经理、员工、供应商、客户、当地政府、监管机构以及"任何进行了企业专用性（firm-specific）投资，却无法通过合同、个人信托或信誉等方式直接保护其投资的人"都是公司这个"特殊产品"生产团队的成员。为了分担成立公司的成本和收益，且由于某些情形下无法通过直接签订合同的方式来实现，成员们也可以依赖独立的权力代表机构（董事会），根据各自对团队

---

① L. Ponoroff, "Enlarging the Bargaining Table: Some Implications of the Corporate Stakeholder Model for Federal Bankruptcy Proceedings", *Cap. U. L. Rev.*, No. 23, 1994, p. 441.

② Ibid., p. 479.

③ L. M. LoPucki, "A Team Production Theory of Bankruptcy Reorganization", UCLA School of Law, Law & Economics Research Paper No. 3-12. The original team production theory of corporate see M. M. Blair & L. A. Stout, "A Team Production Theory of Corporate Law", *Va. L. Rev.*, No. 85, 1999, p. 247.

的贡献，在成员间进行利益和损失的分配。① 除了董事会及公司经理层给予的最低限度的补偿之外，团队成员们其实还期望一点"额外的东西"（something more）。当然这一点"额外的东西"，更准确地说是用来换取成员们对团队效忠的对价（a quid pro quo），可能既不能摆到台面上，又缺乏"合法"的外衣，但的确是公司当初为吸引成员的加入而承诺了的。其中就包含了同意在公司破产时进行重整，通过破产法框架来重新安排成员们的各种权益，并且在破产程序中允许董事会继续工作（因为任何单个成员都并不比作为全体成员代表的董事会更值得信赖）等承诺。这一点"额外的东西"甚至还包括了债权人之间的协议，同意在破产时按照破产法的实体和程序规定受偿，而不是按照他们的原始权利来受偿。② 洛普基教授认为赋予团队成员优于明示权利（具有法律强制力的请求权）的默示权利（不具有法律强制力的请求权）是适合的。那是因为，优待团队成员的权益会产生积极的效果，因为这样可以充分补偿成员们对团队的付出从而吸引未来的更大投入。此外，计算破产重整的效益时，要把全体团队成员们的所得都考虑在内，不能仅算债权人和股东们的所得。③

总的来说，洛普基和普诺罗夫教授所做的工作是用公司法理论的"新瓶"来装破产法的"旧酒"，或把破产重整制度放在公司法的大背景下来理解。虽然提出了新鲜有趣的假设，但还是有许多问题并没有真正解决，当然这也是公司法中未决的问题。比如利益相关人究竟应该包括哪些主体；各相关人之间的分歧该如何解决；各相关人之间能力的差别和主张权利的方式；他们如何在破产程序中行使各自的默示权利和权利的极限；以及如果非破产法不能很好保障这些默示权利，破产法又该如何保障或如何保障得更好？洛普基和普诺罗夫教授之间的差别在于，洛普基的理论还采用了"虚拟合同"的比喻，从

---

① M. M. Blair & L. A. Stout, "A Team Production Theory of Corporate Law", *Va. L. Rev.*, No. 85, 1999, p. 247.

② Ibid..

③ L. M. LoPucki, "A Team Production Theory of Bankruptcy Reorganization", UCLA School of Law, Law & Economics Research Paper No. 3 – 12, p. 37.

这一点上与杰克逊教授的理论框架一脉相承，算是"合同理论"的延续和发展，而普诺罗夫则干脆不借用这个比喻了。

六 沃伦（Warren）教授关于破产重整程序的研究及其探索"重整真相"的努力

沃伦教授是主张从企业法和解决问题的场所角度来看待破产法的著名学者之一，但是不同于克罗布金和洛普基教授，她从不用合同主义的进路来发展她的理论，而是依赖客观的观察与统计。根据她的描述，破产法规则所创造的这个集体行动体系致力于以下四个目标。

> （1）提升失败企业的价值；（2）根据一系列规范原则来分配企业价值；（3）内化企业失败的成本，让与企业有关的各方分担；（4）创造私人监督的可能。[1]

沃伦教授曾详细地阐述过她的成本内化理论：现在的制度下，由于承担的是有限责任，企业失败的部分成本要由社会公众或与企业没有任何直接交易的各方承担。作为一个独立体系，破产程序能通过以下方法有效地约束这种成本溢出。首先，受案后，破产法庭必须受理各方的财产争议，处理程序中遇到的各种纠纷，这使得破产程序成为一种自我支持的司法系统。[2] 在这个程序下，除了相关的专业人员可以介入，提供服务、交流信息，企业还能获得继续融资的渠道。其次，给失败企业一个重整的机会，可以隔离政府的风险，否则政府可能会迫于压力对一部分重要企业给予个别补贴，那样既有法律上的障碍又要增加公众的税负。[3]

---

[1] E. Warren, "Bankruptcy Policymaking in An Imperfect World", *Mich. L. Rev.*, No. 92, 1993, p.344.

[2] 由于收取诉讼费，司法系统基本很大程度上是可以自我支持的，甚至微有盈余，因此不会浪费纳税人太多金钱。E. Warren, "Bankruptcy Policymaking in An Imperfect World", *Mich. L. Rev.*, No. 92, 1993, p.364。

[3] E. Warren, "Bankruptcy Policymaking in An Imperfect World", *Mich. L. Rev.*, No. 92, 1993, p.368.

实际上，破产法的两派理论与其说是相互争论，不如说是互为补充。不过在表面的分歧下面，我们看到的是对破产法本质在"世界观"上的差异，这种立场和出发点的差异使得由此派生出来的观点也就显得泾渭分明了。破产法是否应该有其独特的原则体系？如果有，都是些什么原则？抑或破产法仅是合同法、侵权法、担保法和劳动法等法律原则的简单集合？破产法应当实现和在现实中正在实现哪些功能？如何能更有效地促进这些功能的实现？姑且不论具体答案，仅寻找答案的路径至少就有两条：路径一是许多学者采用的，那就是依靠严密的逻辑、规范的概念体系和提纯后的前提条件，提出各种所谓的规范理论模式。因为占据着理论制高点，因此这条路不但容易复制，而且常常硕果累累。[1] 但不能指望这些理论能解决太多实际问题，因为出于理论上抽象和简化的要求，用来作为逻辑前提的假设通常是超现实或虚拟的，难以在粗糙的现实中找到同样纯洁的运行环境。第二条路径就难走得多。在放弃了寻找所谓破产法应然本质的努力之后，就只能寄希望于从经验研究、比较研究中去艰难寻找"破产法真相"。作为第二条路径的重要探索者，沃伦和洛普基教授长期以来卓有成效的经验研究为破产法争论带来了极有价值的新发现。[2] 但是试图通过经验研究来发现真相、弥合理论分歧的尝试是异常艰辛和充满风险的。由于观察和评价世界的角度不同，所得出的结论往

---

[1] D. R. Korobkin, "Rehabilitating Values: A Jurisprudence of Bankruptcy", *Colum. L. Rev.*, No. 91, 1991, p. 720.

[2] E. Warren & J. L. Westbrook, "Financial Characteristics of Businesses in Bankruptcy", *Am. Bankr. L. J.*, No. 73, 1999, p. 499; E. Warren & J. L. Westbrook, "Contracting out of Bankruptcy: An Empirical Intervention", *Harv. L. Rev.*, No. 118, 2005, p. 1198; L. M. LoPucki & W. C. Whitford, "Bargaining over Equity's Share in the Bankruptcy Reorganizations of Large, Publicly Held Companies", *U. Pa. L. Rev.*, No. 139, 1990, p. 125; L. M. LoPucki & W. C. Whitford, "Corporate Governance in the Bankruptcy Reorganization of Large, Publicly Held Companies", *U. Pa. L. Rev.*, No. 141, 1993, p. 669. 在破产法官国家会议的教育基金 (the Education Endowment of the National Conference of Bankruptcy Judges) 资助下，沃伦、韦斯特布鲁克和沙利文三位教授进行了一系列大型的企业破产实证研究，其规模之大和成本之高，前所未有。三位教授在以下的文章中着重介绍了他们的研究方法：E. Warren & J. L. Westbrook, "Searching for Reorganization Realities", *Wash. U. L. Q.*, No. 72, 1994, p. 1257; T. A. Sullivan, "Methodological Realities: Social Science Methods and Business Reorganizations", *Wash. U. L. Q.*, No. 72, 1994, p. 1291 and L. M. LoPucki, "Reorganization Realities, Methodological Realities, and the Paradigm Dominance Game", *Wash. U. L. Q.*, No. 72, 1994, p. 1307.

往不同，这是因为观察者是从自己的角度或需要出发来观察和发现"客观事实"的，难免会受主观因素影响，甚至对同一现象可得出完全相反的观察结果。而各方为了证明自己理论的正确，更极力放大对己有利的因素，缩小对己不利的因素。这种人为的过滤和扭曲，不论主观上如何小心，都难以避免。因为人对不同信息的敏感程度是不同的，对现象的记录也不可能完全客观充分，一定有挑选、有遗漏，甚至有意无意地改动、重构。因此，信息的缺乏是理论分歧的原因；信息的扭曲可能就是理论分歧之果了，而这种扭曲又造成进一步的信息不充分，成为理论进步的重大障碍。[①] 通过经验研究来寻找破产真相就是希望弥补信息错误、不足之虞，虽然短期而言可能因经验材料的不足而无法做出有价值的成果，但却可能是唯一能够从理论争论的胶着状态中另辟蹊径的希望之路。

第四节 破产法的风险分摊（risk – sharing）功能（或者叫再分配效果）是破产法的应有目标之一吗？

除了杰克逊最原始的债权人协议理论，上述其他学说都承认破产重整有一定的财富再分配效果这一事实。这一观察引发了关于破产再分配是否正当的讨论。支持破产风险分摊的学者主张，再分配机制反映了破产利益各方之间有效的协商，但这种协商会因为真实世界中高昂的交易成本而无法达成，因此依照科斯定理，破产法就应该通过法律的方式把协商的结果固定下来。[②] 这些学者主张，首先，给予处于劣

---

① D. G. Baird, "Bankruptcy's Uncontested Axioms", *Yale L. J.*, No. 108, 1999, p. 573.

② T. Jackson & R. E. Scott, "On the Nature of Bankruptcy: An Essay on Bankruptcy Sharing and the Creditors' Bargain", *Va. L. Rev.*, No. 75, 1989, p. 155; M. J. Roe, "Commentary on 'On the Nature of Bankruptcy': Bankruptcy, Priority, and Economics", *Va. L. Rev.*, No. 75, 1989, p. 219; K. H. Daigle & M. T. Maloney, "Residual Claims in Bankruptcy: An Agency Theory Explanation", *JFE*, No. 37, 1991, p. 157.

后地位的权利请求人一定的破产分配话语权和份额,无疑能够降低他们在破产前夕从事各种负面行为的动力。① 债权融资方式带来了债权代理问题②(债权人和债务人企业之间的利益冲突引起),并产生了相应的代理成本。通常债权人只有固定的利息收取权,出于保障债权安全的考虑,他们更偏好风险小、回报稳定的投资项目;而债务人企业,由于拥有的是全部剩余价值的索取权,更偏好高风险、高回报的投资项目。公司的资不抵债状态加剧了他们之间的分歧,风险分摊将在一定程度上缓解这种对立。其次,风险分摊增加了债权人事前监督债务人公司财务状况的动力。风险分摊支持者相信,地位优先的债权人(通常是有担保的债权人)可以和劣后的债权人(无担保的债权人和一般债券持有者)达成协议,前者牺牲破产时的部分优先权份额以换取更高的贷款利率。③ 这种牺牲,如同缴纳保险金购买保险一样,是非常合理的。地位优先的债权人也因此可以在债务人公司成功时享受更多的贷款利息(因为提高了的利率),而在其失败的时候承受更大的损失(因为被稀释了的有担保债权)。为了赢得更好的结果,于是有担保的债权人(通常是银行等金融机构)就有更大的动力来监督债务人公司的行为,避免因自己的疏忽而造成更大损失。从这个角度,破产再分配(redistribution)可以通过让"公司选民"自己承担的方式内化公司经营失败的成本,并普遍地降低债权融资的代理成本。

而反对者,比如美国的阿德勒(Adler)教授则认为,上述破产再分配的各种所谓优点都是不切实际的,或者其成本远超其收益,原因如下。④

---

① T. Jackson & R. E. Scott, "On the Nature of Bankruptcy: An Essay on Bankruptcy Sharing and the Creditors' Bargain", *Va. L. Rev.*, No. 75, 1989, pp. 169 – 174.

② 常见的债权代理问题有:从事风险过大的投资、违法分红、过度投资、偏袒性清偿(包括给原本无担保的合同补充担保)、投资不足、欺诈破产行为等。J. Drukarczyk, "Secured Debt, Bankruptcy, and the Creditors' Bargain Model", *IRLE*, No. 11, 1991, p. 206。

③ T. Jackson and R. E. Scott "On the Nature of Bankruptcy: An Essay on Bankruptcy Sharing and the Creditors' Bargain", *Va. L. Rev.*, No. 75, 1989, pp. 167 – 168.

④ B. E. Adler, "Bankruptcy and Risk Allocation", *Cornell. L. Rev.*, No. 77, 1992, pp. 464 – 471.

第二章 公司破产重整法的理论基础

首先,要通过破产来实现再分配将引起各种成本,比如重整成本、挑选法院的成本(forum shopping costs)、[①] 不正常投资动机(perverse investment incentives)引起的成本以及无效的强制性合同条款(compulsory contract term inefficiencies)引起的成本等。[②] 这些成本在过去的研究中被风险分摊支持者所低估。

其次,由于破产风险分摊的受益者十分有限,同时由于存在其他可能的方式,能用更低的成本获得与风险分摊相同的收益,[③] 目前这种通过破产重整来实现再分配的机制就变得毫无意义。因此,废除破产重整程序及其类似的破产再分配机制将大大减少破产程序的总体运行成本。

诚如阿德勒教授所主张,重整程序和其他类似的破产再分配机制的确不是唯一能够实现风险分摊功能的制度。但因此断定重整程序除了风险分摊功能就一无所用则明显挂一漏万。重整是以协商为导向(bargaining-oriented)的破产程序,过分简化它在公司财务困难背景下所能起到的作用肯定有失偏颇。所谓"以协商为导向"的重整程序是如此之包容,包含破产程序能提供的所有法律要素,合理使用的话,能用于解决公司出现财务困难之后面临的几乎所有问题,实现相关几乎所有目的,展开任何可能的磋商。考虑到能与破产清算进行"无缝对接",它的这种超级综合性使得它成为一个"一站式"的公司财务危机处理法律框架。

当然有学者可能会反驳:从程序的成本、速度和是否存在司法独断风险等方面比较,市场驱动的其他破产财产处理方式,比如拍卖而非协商可能效率更高。这个问题很难孤立地讨论。应该说多重因素制约着破产立法,把现在的法律塑造成今天这个样子。破产制度在真实的市场条件下运行,不可避免地受到过高的交易成本、信息不对称、产权模糊和市场过于狭小等因素的制约,破产重整制度某种程度上是设计来克服这

[①] B. E. Adler, "Bankruptcy and Risk Allocation", *Cornell. L. Rev.*, No. 77, 1992, pp. 471 – 473. 虽然使用了"挑选法院的成本"这一概念,但是未见到有哪位理论家清楚地描述现实中挑选法院是如何实际操作,该成本又是如何计算的。

[②] B. E. Adler, "Bankruptcy and Risk Allocation", *Cornell. L. Rev.*, No. 77, 1992, pp. 475 – 479.

[③] Ibid., pp. 480 – 482, 488.

些障碍的。① 当拍卖等纯市场方式（由于市场的失灵）可能无法最大化保存财产价值的时候，一个以协商为基础的破产程序，配合以适度的司法保护，也许就是唯一独立的场合，在可接受的成本范围内，用来同时实现下列多重目标：拯救有希望的公司使之恢复生机、清算没有希望的企业并最大化债权人利益、最小化债权人实现债权的总成本、在利益相关人之间合理分配有限的资源、设计和执行一套公平的分配标准、内化企业失败的（社会）成本、追究企业真实的失败原因并惩罚那些负有个人责任的管理者、实现某些特殊的经济社会目标（比如减少失业），以及克服单纯不良资产市场的某些普遍性的失灵。②

　　同时，破产法的强制力也使得它拥有超越法律之外的影响力，也就是说，尽管现实中当事人间可以不进入正式的破产程序，而选择各种非正式的重组谈判，但由于有法定的破产重整框架做参照，所以事实上任何非正式谈判都必然受到法律规定的标准和规则的制约。因此，尽管法定破产重整程序本身的作用可能的确没有法学家们所期望的那么大，但是它仍然深刻地影响和约束着当事人之间的各种私下协商和重组安排。因为如果私人间的协议不能提供比法定程序更好的结果，当事人自然会放弃私下交易而付诸正式的法定安排。美国式的重整计划批准被设计成一个集体行动的程序，所有相关人的利益都要被考虑在内（包括股东利益）、被比较和权衡。在重整计划最终表决之前，债务人公司及其高管将面临广泛的信息披露义务，同时符合一系列颇为严格的批准标准，并就各种破产申请前的交易以及申请后的赔偿接受司法的审查。出于现实考虑和为方便起见，非正式的重组或拯救程序可以有限地偏离法定的标准和规则，比如可以不完全遵守绝对优先原则，或降低当事人信息披露的要求以及提供比法定程序中更少的申辩和发言机会等，但不能偏离太远。否则，当事人可以随时威胁停止私下协商，返回法定程序。

---

① E. Warren, "Bankruptcy Policymaking in An Imperfect World", *Mich. L. Rev.*, No. 92, 1993, p. 379.

② E. Warren, "Bankruptcy Policymaking in An Imperfect World", *Mich. L. Rev.*, No. 92, 1993, p. 379; R. Goode, *Principles of Corporate Insolvency Law*, Sweet & Maxwell, London, 3rd ed., 2005, p. 39; J. Duns, *Insolvency: Law and Policy*, OUP, Oxford, 2002, pp. 7 – 10.

第二章 公司破产重整法的理论基础

破产中出现一定的风险分摊是一种事实结果，破产前的各种权利客观上似乎无法在破产程序中得到完全的实现。但另一个更本质的问题是，如果可能的话，破产前的各种权利安排就真的应该被百分之百地遵守吗？如果不应该，理由何在？

第一，破产前的原权利能不能被完美遵守——破产法改变了什么以及为什么要改变。

主张用纯市场方式处理破产财产的学者们强调破产法就应该完全忠实于债权人的破产前权利，不做丝毫改动。但这个观点根本上与破产程序作为集体行动程序的性质相冲突，因此实践中各国从未出现过这样的破产法。之所以要把破产程序设计成一个集体行动的程序而不是债权人间"先到先得"的私人竞争，目的就是要将"破产前权利"重塑为"破产中的权利"。① 破产前的有担保债权赋予债权人两种重要权能：一是私自行动处分担保物的控制权，二是债权请求权。破产法通常满足后者而限制了前者，即排除了担保债权人对担保物的部分控制权。一旦债务人企业进入破产程序，债权人无论有无担保，都不能像在破产前一样自由地行使权利（至少在宣告破产之前会受到一定限制）。② 从权利实现受限而必须统一遵循破产程序规则的角度，尽管立法者主观上想百分之百遵守破产前的原权利，实际上也已经不可能了，因为权利本身或其实现方式客观上已经发生了变化。有的债权人通过法律对债务人企业和其他债权人行为的限制得到了更多的保护（如撤销权的行使和无效制度的建立），有的债权人则被限制了自由行动的权利（如担保物的实现受限）或损失了其他权益（如普通债权的利息劣后受偿）。③

此外，各国的立法实际上都仅把破产前的权利当作制定法律时必

---

① Finch, Vanessa, *Corporate Insolvency Law: Perspectives and Principles*, CUP, Cambridge, 2002, p. 32.

② R. Goode, *Legal Problems of Credit and Security*, Sweet & Maxwell, London, 3rd ed., 2003, pp. 1-2; J. L. Westbrook, "The Control of Wealth in Bankruptcy", *Tex. L. Rev.*, No. 82, 2004.

③ E. Warren, "Bankruptcy Policy", *U. Chi. L. Rev.*, No. 54, 1987, p. 810.

须考虑的因素,但并非唯一的因素。比如学者们支持破产风险分摊功能的主要原因之一就是破产财产再分配可以实现社会总效用(total utility)或社会总幸福度的最大化。我们假设"公司选民"们有着同样的效用曲线(utility curve),也就是说他们对钱的看重程度都遵循相同的边际效用递减规律,则头 1 万元收入能带来的幸福感比第 N 个万元收入能带来的幸福感要大。如图 2—1 所示,如果有担保的债权人已经收回了债权的 90%,那剩下的最后 10% 能给他带来的效用或喜悦肯定少于无担保的债权人收到的头 10% 欠款(通常也是能收到的唯一偿付)所能带来的效用或喜悦。[①]

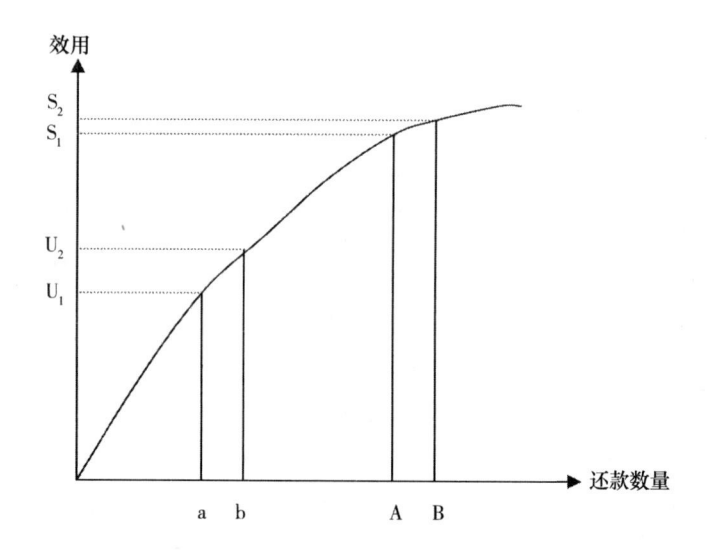

图 2—1 同样财富给不同人产生不同的幸福度

注:图中 ab 间的距离 = AB 间的距离(相同的还款数量),而 S_1、S_2 间的距离明显小于 U_1、U_2 间的距离(不同的效用数量)。也就是说同样多的财富分配给不同的人,能产生的社会总效用或总幸福度是不同的。

正如之前讨论过的,因为破产财产再分配能最大化社会总效用,内化企业失败的成本和降低债权融资的代理成本,因此从"效益"

[①] D. G. Carlson, "Bankruptcy Theory and the Creditors' Bargain", *U. Cin. L. Rev.*, No. 61, 1993, p. 478.

考量的维度，一定程度的权利重塑和财产再分配是可以接受的。进一步的问题是实现再分配的方式：改变破产前权利符合"正义"的考量吗？能以对全体成员的整体利益为由损害个别成员的法律利益吗？改变破产前权利是唯一有效的再分配方式吗？有没有更有效的替代方式？

第二，破产前的原权利要不要被遵守（权利改变的"正义"考量）——关于担保的讨论。

要回答以上问题，就不能回避学术史上关于担保之谜（一个在地下闷烧了20年的学术富矿）的争论。因为风险分摊的主要方式就是适当限制优先权，把担保债权的应受偿份额部分让渡给无担保债权人。在经历了数次大辩论之后，尽管法学和经济学界对现行担保制度的经济效果评价存在分歧，但终于在某些具体的问题上达成了共识。[1] 那就是，担保对有担保债权人和债务人是有益的，它使前者的受偿获得保障，使后者能够尽可能地进行债务融资。但是担保对其他债权人的影响却是难以确定的，有担保的债权"稀释"（dilute）了其他的债权，

---

[1] Warren, E. and Westbrook, J. L., "Contracting Out of Bankruptcy: An Empirical Intervention", *Harvard L. Rev.*, No. 118, 2005, p. 1198; Mokal, R. J., "The Search for Someone to Save: A Defensive Case for the Priority of Secured Credit", *Oxford Journal of Legal Studies*, No. 22, 2002, p. 687; LoPucki, L. M., "The Unsecured Creditor's Bargain", *Virginia L. Rev.*, No. 80, 1994, p. 1887; Bebchuk, L. A. & Fried, J. M., "The Uneasy Case for the Priority of Secured Claims in Bankruptcy", *Yale L. Rev.*, No. 105, 1996, p. 857; Bebchuk, L. A. & Fried, J. M., "The Uneasy Case for the Priority of Secured Claims in Bankruptcy: Further Thoughts and a Reply to Critics", *Cornell L. Rev.*, No. 82, 1997, p. 1279; Hudson, J., "The Case Against Secured Lending", *International Review of Law and Economics*, No. 15, 1995, p. 47; Scott, R. E., "A Relational Theory of Secured Financing", *Columbia L. Rev.*, No. 86, 1986, p. 901; Baird, D. G. & Jackson, T. H., "Corporate Reorganizations and the Treatment of Diverse Ownership Interests: A Comment on Adequate Protection of Secured Creditors in Bankruptcy", *U. Chi. L. Rev.*, No. 51, 1984, p. 97; Jackson, T. H., "Bankruptcy, Non-Bankruptcy Entitlements, and the Creditors' Bargain", *Yale L. J.*, No. 91, 1982, p. 857; Jackson, T. H., *The Logic and Limits of Bankruptcy Law*, Harvard University Press, Massachussetts, 1986; Baird, D. G. & Jackson, T. H., "Bargaining After the Fall and the Contours of the Absolute Priority Rule", *U. Chi. L. Rev.*, No. 55, 1988, p. 738; Baird D. G. & Jackson, T. H., "Corporate Reorganizations and the Treatment of Diverse Ownership Interests: A Comment on Adequate Protection of Secured Creditors in Bankruptcy", *U. Chi. L. Rev.*, No. 51, 1984, p. 97.

降低了其他债权人受偿的可能性。易言之，现行的破产清偿体制更像一个零和博弈，一类债权人之得，等于另一类债权人之失。从这个角度，清偿顺序在某种意义上体现的是立法者的价值偏好，取决于政策倾向于哪一类债权人更能促进整个社会的福利和提高分配效率。

传统上认为担保债权应当优先受偿的理由不外乎两条：一是合同自由，二是物权神圣。所谓合同自由的观点主张，担保合同是担保债权人和债务人之间依合同法而签订的，除非有充分的理由，用破产法否认原合同中规定的实体权利就是干涉合同双方的意思自制，是对合同自由原则的违反。合同自由原则是"市场经济秩序"的基石之一。

但这个推论忽视了一个前提，那就是合同自由原则只有在合同没有产生外部成本（externalities）的情况下，即没有对第三方产生负面影响的情况下才应当被遵守。易言之，合同双方不能通过合议的方式来损害第三方的利益。否则，法律就完全有必要进行干预。[①] 如果所有的债权人在与债务人建立债务关系的当时以及之后都能进行充分协商，都拥有相同水平的信息、规模和能力，可以及时知悉情况的变化，进而在债务合同中对这些变化做出充分的反映和调整，或许可以说，这种理想状态下，所有的债务合同都是自愿真实的，不会产生损害其他债权人（第三人）的外部性。但现实并非如此，担保合同往往事实上直接影响了非合同方的无担保债权人（含雇员和被侵权人）的最终受偿。[②] 无担保债权人事先无法参与到担保合同的协商订立过程中，自然也无法弥补担保债权对他们的最终损害。

提供担保意味着债务人至少部分地损失了对担保物的控制和处分的权限，债务人公司同意这样做通常不是因为它们愿意，而是别无选择，否则就得不到银行贷款，从而导致因缺少流动资金而倒闭。[③] 担

[①] Bebchuk, L. A. & Fried, J. M., "The Uneasy Case for the Priority of Secured Claims in Bankruptcy", *Yale L. Rev.*, No. 105, 1996, p. 933.

[②] Ibid..

[③] Mokal, R. J., "The Search for Someone to Save: A Defensive Case for the Priority of Secured Credit", *Oxford Journal of Legal Studies*, No. 22, 2002, p. 687; Scott, R. E., "A Relational Theory of Secured Financing", *Columbia L. Rev.*, No. 86, 1986, p. 901.

保虽然一定程度上限制了债务人企业对担保物的控制权，但在公司有限责任的前提下，担保并不会使他失去更多；相反，担保如果可以为他提供流动资金，避免或者延缓破产的最终发生，对债务人公司而言显然利大于弊。担保债权人和债务人都不会因为担保的存在而处境更糟，即都不承担在企业出现资不抵债的情况下仍继续投资而招致的失败风险，那风险当然只能由无担保债权人承担。因为即使担保贷款使企业避免了危机，从而得以偿还所有债务，无担保债权人仍仅依其债权额受偿，企业成功不会给他们带来额外的收益；但在失败情形下，他们必须承担所有损失。各方的损失与收益情况见表2—1：

表2—1　　　　　　　　各方损失与收益情况

	有担保债权人	债务人企业	无担保债权人
企业成功	不受益	可受益	不受益
企业失败	不承担更多风险	不承担更多风险	承担更多风险

所以在资金的压力下，债务人往往会选择"被迫接受"担保条款；或"主动追求"与某些债权人进行合谋，用担保的方式，降低他所"不喜欢"的债权人的受偿可能。无担保债权人之所以没有获得担保并不是他们不希望如此，而是由于他们不够强势，所以往往被迫成为债权损失的实际承担者。这种强加于弱势债权人头上的"被自由"，显然不同于我们理想中的"自由"。[①] 因此一般性地主张契约自由这个基本原则在此处显然是过于笼统的。

根据用合同方式调整受偿风险能力的差别，我们可以把债权人分为：(1)非自愿的债权人（involuntary creditors），最典型的如被侵权人；(2)半非自愿的债权人（quasi-involuntary creditors），如税务机关和公用设施提供者（电力和自来水公司等）；(3)过于单纯的债权人

[①] 这种谈判能力的不对称，主要是由信息优势、规模经济和提供中长期贷款的能力决定的。Bebchuk, L. A. & Fried, J. M., "The Uneasy Case for the Priority of Secured Claims in Bankruptcy", *Yale L. Rev.*, No. 105, 1996, p. 857; Hudson, J., "The Case against Secured Lending", *International Review of Law and Economics*, No. 15, 1995, p. 47。

(unsophisticated creditors);① （4）标的太小的债权人（creditors with small claims），如供货商会经常性地用延期收款的方式提供小额短期"贷款"给债务人企业；（5）完全自愿的债权人（voluntary creditors）。② 前四种可以统称为不能完全通过合同方式来调整风险的债权人。完全自愿的债权人大概只有两种情况：一是担保债权人，二是能够通过合同方式来充分调整风险的无担保债权人。③ 前者是通过约定的担保物来隔绝受偿风险，后者则是通过对合同内容的充分和及时的修改来调整受偿风险，虽然他们在现实中极少存在。绝大多数的无担保债权人都不能在各自的"贷款协议"中充分反映担保合同对他们的影响。所以现实中真正存在的唯一完全自愿的债权人通常只有担保债权人。总的来说，学者们虽然承认担保有鼓励贷款，促进宏观经济的正面效果；④ 但同时也认为通过破产中的优先受偿，有担保的债权稀释了其他债权，转嫁了不能受偿的风险给其他债权人，从而提高了后者的失败率。

主张物权神圣的学者们往往主张破产权利应当且只能是破产前权利的镜像，破产前没有的权利破产程序不能赋予，破产前已有的权利破产程序也不能改变。但如前所述，这一主张既不符合事实，又不能解释现实中的破产法律。设计破产这种集体清偿的体制来取代民法普通程序下个别清偿的体制在事实上已经是重塑了破产前的权利而不仅

---

① 过于单纯的债权人也许出于自愿地向债务人提供了或多或少的"贷款"，但他们往往缺少分析、发现和判断各种破产条款的专业知识和能力。雇员在很大程度上就属于这一类债权人，在签订劳动合同的时候，单个人的信息和能力劣势使得他们与企业谈判时处于悬殊地位。

② Warren, E. and Westbrook, J. L., "Contracting out of Bankruptcy: An Empirical Intervention", *Harvard L. R.*, No. 118, 2005; LoPucki, L. M., "The Unsecured Creditor's Bargain", *Virginia L. Rev.*, No. 80, 1994; Bebchuk, L. A. & Fried, J. M., "The Uneasy Case for the Priority of Secured Claims in Bankruptcy", *Yale L. Rev.*, No. 105, 1996; Bebchuk, L. A. & Fried, J. M., "The Uneasy Case for the Priority of Secured Claims in Bankruptcy: Further Thoughts and a Reply to Critics", *Cornell L. Rev.*, No. 82, 1997.

③ Bebchuk, L. A. & Fried, J. M., "The Uneasy Case for the Priority of Secured Claims in Bankruptcy", *Yale L. Rev.*, No. 105, 1996, p. 881.

④ Mokal, R. J., "The Search for Someone to Save: A Defensive Case for the Priority of Secured Credit", *Oxford Journal of Legal Studies*, Vol. 22, No. 4, 2002, p. 687.

仅是一种反射。① 是破产程序的开始带来了一个破产财产的概念，债权人企业不再被视为一个有前途的可以支撑债权人合理预期的现金流，而成了一堆数量有限的财产。② 有担保的债权以担保物的价值为基准，无担保的债权仅以其所占总破产债权的份额为基准受偿。为什么无担保债权人必须接受这种在现实中通常打了折扣的受偿。传统理论给出的理由之二（理由之一是上述的合同自由）是担保物权的神圣。担保物权的神圣只是一个结果，不是原因，就像优先权的受偿顺序为什么是这样排列而不是那样排列，都只是立法的结果，而不是立法的理由，更不天然具有合理性。担保物权的地位是法律规定的，法律为什么这么规定？这么规定的合理性是不是普世的？要回答这些问题恐怕不能从法律规定本身来寻找答案。所以用担保物权神圣来解释现行破产清偿序列中担保债权的优先地位实际上是一种循环论证。事实上有担保债权的权能在破产前后也是不同的。破产前，其权能的两个要素一是控制，二是受偿。③ 通过引进别除权的概念破产法保留了其完全受偿的权能，但是却限制了其对担保物的控制能力。④

公元前7世纪的古希腊城邦时代就有了担保制度的雏形，而有限破产的概念也就是近200年随公司有限责任制度的确立才发展起来的。⑤ 在之前的无限破产时代，有担保债权和无担保债权在理论上并没有受偿程度的不同，只是受偿所凭借的理由或路径不同，一个借助

---

① Finch, Vanessa, *Corporate Insolvency Law: Perspectives and Principles*, CUP, Cambridge, 2002, p. 32.

② Flessner, A., "Philosophies of Business Bankruptcy Law: An International Overview", in Ziegel, J. S. (ed.) *Current Developments in International and Comparative Corporate Insolvency Law*, Clarendon Press, Oxford, 1994, pp. 25 – 26.

③ Goode, Roy, *Legal Problems of Credit and Security*, Sweet & Maxwell, London, 2002, pp. 1 – 2; Westbrook, J. L., "The Control of Wealth in Bankruptcy", *Tex. L. Rev.*, No. 82, 2004.

④ 破产申请之后的担保物权在受偿程序、实现方式和实现时间上已经完全不同于破产前的。Bebchuk, L. A. & Roe, M. J., "A Theory of Path Dependence in Corporate Ownership and Governance", *Stan. L. Rev.*, No. 52, 2000.

⑤ 韩长印：《破产理念的立法演变与破产程序的驱动机制》，《法律科学》2002年第4期；田土城：《担保制度的成因及其发展趋势——兼论我国担保立法的健全与完善》，《郑州大学学报》2001年第4期。

物权的工具用物来保证偿还,一个是借助债权的工具用信用(credit)来保证偿还,甚至可用刑罚的方式来追索债务。最后演变为,在进入有限破产时代后,用物来保证偿还的路径被完全地尊重,而用信用来保证的路径却遭到新价值(人道主义和保护企业家精神的需要等)的挤压而萎缩了。之所以法律最后会这样演进,很大程度上是路径依赖的结果。物权神圣的观念已经成为普遍真理,不再去重新思考其中的合理性。假设 A 有价值 1 万元的资产,先后向 B、C、D 各借款 3000 元,没有提供担保;然后又向 E 借 1 万元,用全部财产提供担保。最后 A 失败破产,总共负债 19000 元,但除了最后借钱的 E 全部受偿,其他在先的债权人一无所获。从这个最简单的例子可以看出,担保债权对其他债权的稀释,一方面降低了商业信用这种机制对债务人行为的约束能力,鼓励债务人在邻近资不抵债的状态下仍然可以进行债务扩张,加重了失败的风险和后果;另一方面破坏了商业信用这种资源本身,按照博弈论的观点,B、C、D 在以后的交易中,一定会吸取教训,只提供担保贷款,增加了社会总的交易成本。[①] 由此可以看出,有担保债权的绝对优先,更多的是出于对担保物权这一路径根深蒂固的依赖,或者出于维护现存银行贷款体制的目的,并没有更多理论上的合理性。

第三,风险分摊的最佳方式——权利改变的直接和间接实施方案。

通过以上论证我们明确了牺牲担保债权的部分利益是不违背正义理性的,那剩下的问题就是,牺牲多少利益是合适的以及用怎样的方式来牺牲。风险分摊的方法至少可以分成两种:直接分摊和间接分摊。给公司重整的机会,在破产程序中设计一些再分配条款,比如当事人可以通过协商自行设计破产清偿顺序和优先权序列,可以算作间接分摊的方式。但事实上世界各国都严格限制或没有这样的规定。在破产分配的问题上给当事人自由协商的权利,并不必然能实现分配正

---

① Cooter, Robert & Ulen, Thomas, *Law and Economics*, 4th ed., Pearson Addison Wesley, London, 2003, pp. 38 – 42.

义。因为最终影响分配结果的因素主要是对谈判过程的控制能力,而不是抽象的应然正义。有直接投资合同的当事人和无合同保障的间接投资者之间参与破产协商的身份地位也迥然不同。在法律允许破产再分配但却没有对如何分配明确规定的情形下,各方必然围绕如何分摊损失展开博弈,财产的最终分配也难以从最应当承担损失的强势一方转移到最不应当承担损失的弱势一方,而会反其道而行之。比如能完全控制破产过程的高管层将攫取大量财产,而让普通的债权人得不到任何偿付,这种"目标偏离"将完全违背立法者的初衷。可见,纯粹的司法或自由协商程序并不是好的财产再分配手段,立法介入必不可少。[①]

因此,各国都将优先权序列和破产清偿顺序作为法律的强制性规定,当事人必须严格遵守而很难稍作改动,除非受影响的当事人自愿放弃自己的优先地位。当然各国可以依照自身的社会环境和经济现状设计最符合本国国情的优先权序列和破产清偿顺序。比如完全放弃未缴纳税款的优先权,或提高部分特殊无担保债权人(被侵权人或职工)的优先地位等。这种法定清偿顺序是一种直接分摊损失的方式,谁更能承担损失、谁更应当得到保护都是明确规定的,破产财产也因此直接分配给各个不同序位的债权人。但这种方式对风险分摊的数量是不能控制的,由于破产清偿序列是层级式的,上一级没有100%受偿之前下一级就完全不能受偿,因此,会出现某一级全有或全无分配的情形。从某种角度看这并不合理,会滋生出很多问题。比如中国在制定新《企业破产法》的时候,就围绕职工的劳动债权是否应该优先于担保债权受偿展开过激烈争论。应该说任何一方的观点都有其合理之处,但都会导致非常极端的结果。最大的缺点是如果采取劳动债权绝对优先,各个企业可能利用法律的规定,尽量拖欠职工工资和社保,最后通过银行埋单来逃避责任。银行则会为了应对这种即将到来的逃债浪潮而采取反制措施,比如不加区分全面提高担保贷款利率,

---

[①] C. W. Frost, "Bankruptcy Redistributive Policies and the Limits of the Judicial", *N. C. L. Rev.*, No. 74, 1995, p. 91.

转移其不能受偿的风险,最后企业失败的损失还是会落回到企业职工和其他债权人身上。这种风险不确定情形下的财产再分配(风险越不确定各种防御成本的浪费也就会越严重),即使能产生一定的积极意义,也是十分有限的。

更有效的直接分配方式是通过立法规定一定方式或一定比例的财产再分配。具体的操作方式有多种,不限于破产风险分摊,如规定超额累进税率、建立特殊的社会保障基金等,或者如英国 2002 年《企业法》所规定的:专门从担保物实现的价值中提取固定比例的一部分金额分配给无担保债权人。① 这种分配方式不但对受益人群定位准确,而且受损人群的损失范围也是确定的。尽管受损人群(比如银行等担保债权人)可能采取一定的规避、转嫁等反制措施,但总体而言,此时防御成本的损失远远小于前述不确定情形下的成本损失。

综上,发生一定的财产再分配是破产重整程序的题中应有之义。所值得讨论的只是再分配的方式而已。间接分配由于没有法定的受偿序列和受偿比例,容易发生利益转移中的目标人群定位偏差。没有确定风险分摊比例的直接分配方法也容易产生严重的不确定性,从而引发防御成本的大量增加。最佳方案是明确分配数量的直接分摊方式,如规定超额累进税率、建立特殊的社会保障基金或提取固定比例的担保物变现款分配给普通债权人等方法。这些方法可以被用于但不限于企业失败的损失分摊。

---

① Insolvency Act 1986, s. 176A, inserted into by Enterprise Act 2002, s. 252.

第三章

英国的公司拯救程序

第一节 英国的破产管理程序

科克（Cork）爵士关于《支付不能法》（当然出于习惯以及为方便阅读，以下称该法为《破产法》）所做的著名报告的第九章第一次提出在英国建立破产管理制度（Administration regime），用来实施企业的破产拯救。这个建议最后体现为1985年《破产法》第二部分的第三章，并在次年进行了修订，成为1986年的《破产法》第二部分的重要内容，习惯上称为破产管理程序1986模式。这个相对比较原始的1986模式本身并非一个完整的拯救程序，如果希望达到最终的、实质性的重整目的，还必须辅以一个债权人自愿安排程序（CVA）或者1985年《公司法》第425条规定的和解/偿债协议安排。因此，1986模式主要是用来实现"比破产清算更好地变现公司财产"的目的，[1]而并非1986年《破产法》第8条第3款所规定的其他三大目标。此外，这个1986模式还被批评为过于昂贵、麻烦、缺乏灵活性、耗时过长以至于鲜有人使用。英国贸工部意识到有必要对该程序进行进一步

---

[1] R. Goode, *Principles of Corporate Insolvency Law*, Sweet & Maxwell, London, 3rd ed., 2005, p. 271.

改革，以提高公司拯救的效率，于2001年就破产法改革诸问题发表了一部题为《破产——第二次机会》的白皮书。[①] 报告建议对可以拯救的和不可拯救的破产企业进行区分，鼓励承担风险和责任，对有希望的企业要促进其拯救，保证债权人和其他利益相关人公平受偿并增加程序的确定性，而这一切都将以破产法律框架的现代化为基础。这些建议最终体现为2002年颁布的《企业法》第10部分的正式法律文本，而关于破产管理程序的部分主要是附件16（Sch. 16）的第248段，其主要内容是用新的《破产法》第8条和附件B1（Sch. B1）取代1986年《破产法》的第8—27条。2002年《企业法》的主导思想是进行鼓励企业拯救的改革，针对普通行业的企业推出了新版的破产管理程序取代1986年版的旧程序，但对于特殊行业的破产管理程序并未触及。[②] 2003年的新版破产管理程序于2003年9月15日起生效并从此取代（除在铁路、金融等特殊行业外）1986模式。2003年还颁布了新的破产（修订）规则（IR 2003），[③] 修改和取代了之前的1986年破产规则。这个规则在2005年被再次修订，[④] 并于2005年4月1日起生效。

一　破产管理程序流程[⑤]

破产管理流程如图3—1所示。

---

① The Insolvency Service, *Productivity and Enterprise-Insolvency – A Second Chance*, Cm 5234, 2001.
② EA 2002, s. 249.
③ SI 2003/1730.
④ SI 2005/527.
⑤ Refer to Lovells Clients Note, *Corporate Insolvency in England and Wales following the Enterprise Act* 2002, Lovells, London, 2003, Part 3 and relevant tables.

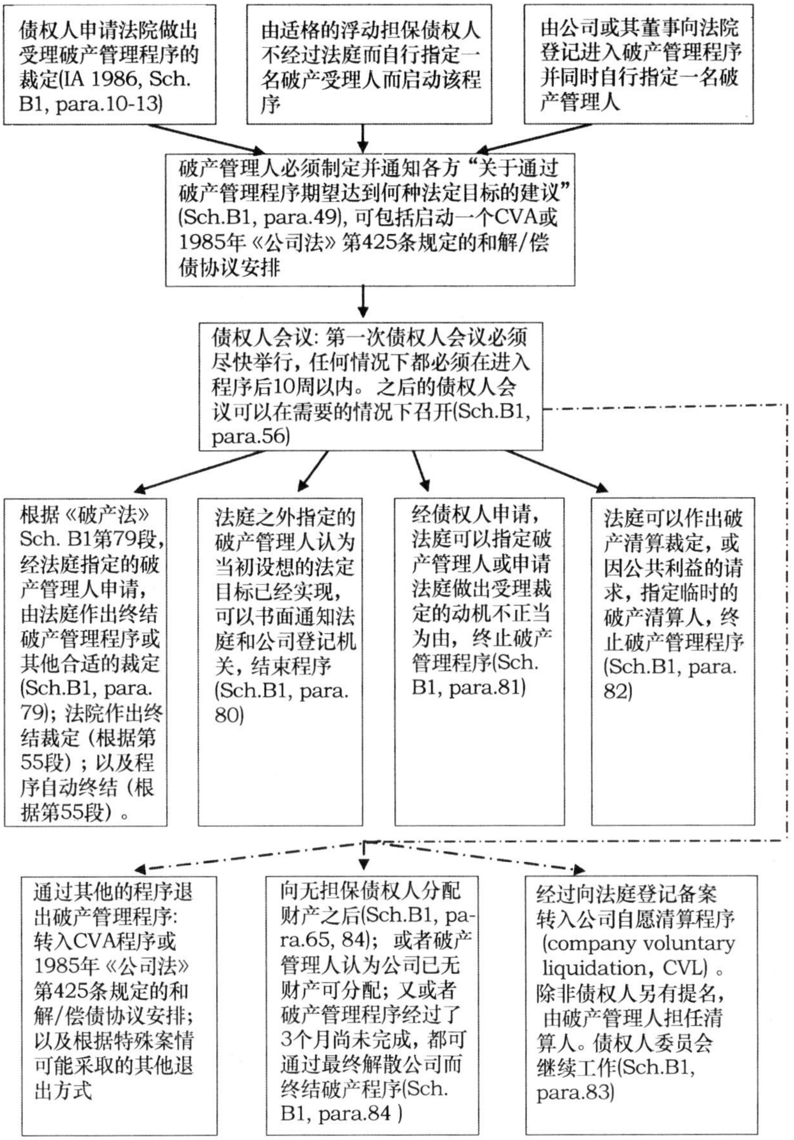

第三章 英国的公司拯救程序

```
┌─────────────────┐  ┌─────────────────┐  ┌─────────────────┐
│ 债权人申请法院做出│  │ 由适格的浮动担保 │  │ 由公司或其董事向 │
│ 受理破产管理程序的│  │ 债权人不经过法庭 │  │ 法院登记进入破产 │
│ 裁定(IA 1986,Sch.│  │ 而自行指定一名破 │  │ 管理程序并同时自 │
│ B1, para.10-13)  │  │ 产受理人而启动该 │  │ 行指定一名破产管 │
│                  │  │ 程序             │  │ 理人             │
└────────┬─────────┘  └────────┬────────┘  └────────┬────────┘
         │                     │                    │
         └─────────────────────┼────────────────────┘
                               ▼
        ┌──────────────────────────────────────────┐
        │ 破产管理人必须制定并通知各方"关于通过    │
        │ 破产管理程序期望达到何种法定目标的建议"   │
        │ (Sch.B1, para.49), 可包括启动一个CVA或   │
        │ 1985年《公司法》第425条规定的和解/偿     │
        │ 债协议安排                               │
        └─────────────────────┬────────────────────┘
                              ▼
        ┌──────────────────────────────────────────┐
        │ 债权人会议: 第一次债权人会议必须          │
        │ 尽快举行, 任何情况下都必须在进入          │
        │ 程序后10周以内。之后的债权人会            │
        │ 议可以在需要的情况下召开(Sch.B1,          │
        │ para.56)                                  │
        └──────────────────────────────────────────┘
```

┌─────────────┬─────────────┬─────────────┬─────────────┐
│根据《破产法》│法庭之外指定的│经债权人申请,│法庭可以作出破│
│Sch. B1第79段,│破产管理人认为│法庭可以指定 │产清算裁定, 或│
│经法庭指定的 │当初设想的法定│破产管理人或 │因公共利益的请│
│破产管理人申 │目标已经实现,│申请法庭做出 │求, 指定临时的│
│请, 由法庭作出│可以书面通知法│受理裁定的动机│破产清算人, 终│
│终结破产管理 │庭和公司登记机│不正当为由, │止破产管理程序│
│程序或其他合 │关, 结束程序 │终止破产管理 │(Sch.B1, para.│
│适的裁定   │(Sch.B1,para.│程序(Sch.B1, │82)   │
│(Sch.B1,para.│80)   │para.81)   │   │
│79); 法院作出│   │   │   │
│终结裁定 (根据│   │   │   │
│第55段); 以及程│   │   │   │
│序自动终结 (根│   │   │   │
│据第55段)。 │   │   │   │
└─────────────┴─────────────┴─────────────┴─────────────┘

┌─────────────┬─────────────┬─────────────┐
│通过其他的程序│向无担保债权人│经过向法庭登记│
│退出破产管理程│分配财产之后 │备案转入公司自│
│序: 转入CVA程│(Sch.B1, pa- │愿清算程序   │
│序或1985年《公│ra.65, 84); 或│(company   │
│司法》第425条 │者破产管理人认│voluntary   │
│规定的和解/偿 │为公司已无财产│liquidation, │
│债协议安排; 以│可分配, 又或者│CVL)。除非债权│
│及根据特殊案情│破产管理程序经│人另有提名, 由│
│可能采取的其他│过了3个月尚未 │破产管理人担任│
│退出方式   │完成, 都可通过│清算人。债权人│
│   │最终解散公司而│委员会继续工作│
│   │终结破产程序 │(Sch.B1,   │
│   │(Sch.B1,   │para.83)   │
│   │para.84)   │   │
└─────────────┴─────────────┴─────────────┘

图 3—1 破产管理流程

二 破产管理程序的法律特征

（一）概述

破产管理程序是一种包含了很多可能性的程序，它可以用于实现各种目的，比如作为协商的平台、进行强制性的重组、整体出售式的拯救，或用来实现比正常破产清算更有效的财产变现，而不必拘泥于某一种固定用法。① 因此最好把它看作这样一种制度，在这个法律框架下债务人的单独行动和其他的法律程序都被冻结，而真正与企业重整有关的实质性协商则通过启动相关联的CVA或1985年《公司法》第425条规定的和解/偿债协议安排来完成。在破产管理程序中，破产管理人（administrator）既代表法院，又代表公司，不论他/她是否由法庭指定，一旦就位，就将取代公司的原董事（会）管理公司的日常经营。

（二）启动新破产管理程序的多种渠道

根据新规定，有多种方式可以启动破产管理程序。可以由债权人申请法院做出启动破产管理程序的裁定，由适格的浮动担保债权人（Qualified Floating Charge Holder，QFCH）不通过法庭自行指定一名破产管理人而启动，或者由公司或其董事向法院登记进入破产管理程序而法院无须做出裁定。

1. 债权人申请法院做出启动破产管理程序的裁定

法院可以审查债权人的申请并决定是否指定一名破产管理人，如果债务人能够证明：①其债权人的身份；②债务人公司已经具备了或可能具备破产事由；③启动破产管理程序可能实现1986年《破产法》Sch. B1第三条规定的几大目的之一的，② 法院就可以做出相关裁定。与之前的1986模式不同，债权人不再需要提供《破产规则》2.2项下所要求的报告。在有些情况下，当对某个QFCH能否自行指

---

① D. Prentice, F. Oditah & N. Segal, "Administration: Part II of the Insolvency Act 1986", in J. S. Ziegel (ed) *Current Developments in International and Comparative Corporate Insolvency Law*, Clarendon Press, Oxford, 1994, p. 75.

② IA 1986, Sch. B1, para. 11 and IR 1986 2.3 (5); Form 2.2B.

定破产管理人有疑义时,他也可以申请法庭裁定来替代自行指定,而不论债务人公司此时是否已经"具备或可能具备了破产事由"。① 如果对债权人主张的债权有争议,法庭将否决该申请,相关争议当事人须另行起诉解决,这和破产清算申请中的处理方式是一样的。② 此外,如果债务人公司和债权人签订的借款合同中约定:出现争议不能通过诉讼方式解决,那么这样的条款也能有效地阻止债权人申请法院指定破产管理人。③

2. 由适格的浮动担保债权人（QFCH）自行指定一名破产管理人

这里所说的允许自行指定破产管理人的浮动担保是特指符合1986年《破产法》Sch. B1 第 14 条第 2、第 3 款规定的那些。QFCH指定破产管理人后还必须向法庭提交一个书面的指定通知,内容包括一份法定的建议书,声明这是一个适格的浮动担保,以及破产管理人对启动该程序最有可能达到何种法定目标的一个个人意见陈述,④ 而且无须证明公司此时已经资不抵债。

3. 由公司或其董事向法院登记进入破产管理程序并同时自行指定一名破产管理人

如果公司之前经历过一次失败的 CVA 而且获得过一个对债权人追偿行为的冻结期（a moratorium）,那么结束之后的 12 个月内,不得再自行指定破产管理人。同样,如果公司已经被提出一个破产清算或破产管理程序的申请,或者已经有一个管理接收人（an administrative receiver）接收了公司,都不能再自行指定破产管理人了。⑤ 除以上情形,公司的董事可以自行指定破产管理人,同时向法庭提交一个书面的指定通知,内容包括一份法定的建议书,声明公司已经或可能无法偿还到期债务,以及破产管理人对启动该程序最有可能达到何种

---

① IA 1986, Sch. B1, para. 35.
② Re Simoco Digital UK Ltd [2004] EWHC 209 (Ch), [2004] 1 BCLC 541.
③ Re Colt Telecom Group plc (NO 2) [2003] BPIR 324, [2002] EWHC 2815 (Ch).
④ IA 1986, Sch. B1, para. 18; IR 1986 2.16 - 2.17, Forms 2.6B and 2.2B.
⑤ IA 1986, Sch. B1, para. 24 and 25.

法定目标的一个个人意见的陈述。①

（三）废除了管理接收制度（administrative receivership）

规定于1986年《破产法》中的管理接收制度旨在对担保债权人的传统特权提供充分的保护，QFCH可以通过指定一名管理接收人的方式来阻止他人向法庭申请启动破产管理程序。本质上，因为管理接收人只对其指定人而不是对全体债务人负责，该制度只能算是一种单独行动而非集体行动的破产偿债程序。② 管理接收人对债务人公司也只负有有限的受信义务，而且出现冲突时，必须保证指定人的利益优先。即使接收人的行为危及了公司利益，只要该行为是为了保护QF-CH（指定人）的利益，而且是在除了损害公司的信誉和经营别无他法的情况下，接收人都是免责的。无怪乎担保债权人特别是那些QF-CH比如银行等，如此青睐管理接收制度而对破产管理制度缺乏兴趣。③ 根据20世纪90年代的经验证据可以证明这样一个观点：不适当地指定管理接收人造成了大量公司不必要的过早破产，同时也阻碍了拯救文化在英国的发展。④ 随着国际上对破产偿债必须通过集体行动程序来进行的观点成为共识，越来越多的声音主张对担保债权人指定管理接收人的权利进行限制。⑤ 在《企业法》颁布之后才生效的担保贷款协议下，债权人已经不再享有指定管理接收人的权利。⑥ 但在两种情况下，管理接收程序能够继续存在而且影响破产管理程序：一是根据1986年《破产法》第72B—72GA条，在八种法定的例外情形

---

① IA 1986, Sch. B1, para. 27 (2), 29 (3) and 30.

② 管理接收人的定义见 IA 1986, s. 29。而关于集体行动程序的定义及其意义见破产服务署（Insolvency Service）的报告：*Insolvency – A Second Chance*, DTI, London, July 2001, para. 2. 2.

③ 根据破产服务署的统计，从1996年到2001年间，指定管理接收人的案件数量是指定破产管理人的3—10倍之多。数据可见 http://www.insolvency.gov.uk/information/stats/statistics.htm。

④ I. F. Fletcher, *The Law of Insolvency*, Sweet & Maxwell, London, 3rd. ed., 2002, p. 422.

⑤ The Insolvency Service, *Insolvency – A Second Chance*, DTI, London, July 2001, para. 2. 2.

⑥ EA 2002, s. 250.

下;① 二是如果有在《企业法》颁布前生效的浮动担保的话,债权人仍然有权指定一个管理接收人。②

为了平衡 QFCH 指定管理接收人受限带来的损失,新的破产管理程序授权 QFCH 无需法庭裁定可以自行指定破产管理人。现在 QFCH 可以通过以下五种方式启动新的破产管理程序:方法一就是根据 1986 年《破产法》Sch. B1 的第 14 段直接自行指定一名破产管理人;方法二是在特殊情况下可以向法庭申请一个启动案件的裁定;③ 方法三是像普通债权人一样通过正常程序向法庭申请启动案件的裁定;④ 方法四是当一个 QFCH 启动破产管理程序的愿望与一个强制破产清算令相冲突,⑤ 而此时公司已经进入了强制破产清算程序,法院得撤销这个强制破产清算令而根据 1986 年《破产法》Sch. B1 的第 13 段做出一个启动破产管理程序的裁定;方法五是一种间接指定的方式,当一个 QFCH 希望启动破产管理程序的愿望与强制破产清算程序的启动相冲突,此时已经无法依据 1986 年《破产法》Sch. B1 的第 14 段直接自行指定一名破产管理人,也无法依据第 37 段直接申请法庭的启动裁定,那么唯一能够申请转入破产管理程序的人就是在位的强制清算人,在 QFCH 的要求下,根据 Sch. B1 第 38 段的规定,清算人可以申请转换程序。

在管理接收制度被 2002 年《企业法》基本废除之后,有的学者为此还表示惋惜。⑥ 当然为管理接收制度的辩护实际上并不是出于怀

---

① They are inserted by s 250 of Enterprise Act 2002 and the Insolvency Act 1986 (Amendment) (Administrative Receivership and Urban Regeneration etc) Order 2003 (SI 2003/1832). The 8 exceptions are capital market exception; public-private partnership (PPP) exception; utilities exception; urban regeneration projects exception; project finance exception; financial market exception; social housing schemes exception; protected railway and other companies exception.

② 如果某个浮动担保设立于 2003 年 9 月 15 日之后,同时又属于上述八种例外情形,则债权人可以在指定破产管理人或者管理接收人间进行选择。

③ IA 1986, Sch. B1, para. 35.

④ IA 1986, Sch. B1, para. 10 – 13.

⑤ IA 1986, Sch. B1, para. 37.

⑥ S. Frisby, "In Search of a Rescue Regime: The Enterprise Act 2002", *Mod. L. Rev.*, Vol. 67, No. 2, 2004, p.247; R. Calnan, "Corporate Rescue after the Enterprise Act 2002", handout released on academic conference titled "The Future of Corporate Rescue: How is Practice Evolving?" held by Centre for Corporate and Commercial Law at University of Cambridge on 22 May 2004.

旧的目的，而是希望对公司拯救的运行机制和管理接收制度的特殊性提出一些有建设性的意见。① 比如一些学者指出，大部分指定了管理接收人的案件都限于中小型企业（SMEs），它们的年营业额不会超过500万英镑，② 而指定接收人的债权人主要是银行，通常就是公司的最主要的债权人（concentrated creditors），也是最主要的担保债权人。给这些持有浮动担保的主要债权人启动破产拯救程序的特权实际上可以节省全体债权人监督债务人企业财务状况、收集相关信息、决策和执行的总成本。③ 在2002年《企业法》实施以前的一个案例就显示了这样一种真实的可能性，那就是作为一个整体，债务人从管理接收制度中的确能比从破产管理程序中获得更多好处。④

然而，这种债权高度集中的融资结构也代表了英国金融服务业中贷款提供方相当高的单边垄断现状，这并非一种好现象，长此以往最终损害的将是资本市场的效率和竞争能力。正如学者观察到的：

> 不论何种商品或服务的供应一旦出现垄断，就意味着监督水平将低于社会需求的最优程度，而价格反而会更高，就像银行对管理接收人的不良行为缺乏足够的监控所导致的那样。易言之，结果就是一些明显能够继续生存的企业被迫倒闭，而接收人的收费却不断膨胀。究其原因，就是银行对管理接收人的控制低于最优的水平，使得接收人的懈怠、无能和浪费得不到有效治理。⑤

有学者在管理接收制度和其他国家的类似制度之间进行比较，选取相同规模和行业的公司做样本，结果发现英国的管理接收程序的确

---

① J. Armour & S. Frisby, "Rethinking Receivership", *OJLS*, Vol. 21, No. 1, 2001, p. 73.
② Ibid., p. 92.
③ Ibid..
④ Sinai Securities Ltd v. Hooper & Anor [2003] EWHC 910 (Ch), [2004] BCC 973.
⑤ See R. J. Mokal, "Administrative Receivership and Administration – An Analysis", *CLP*, No. 57, 2004, p. 369.

比较昂贵。① 当然还有其他原因都支持废除管理接收制度。比如,无论以欧洲的还是国际上的标准,该制度都十分落后,以至于其他国家(欧盟成员国)根本不认同这是一个集体行动的破产程序。② 再如,废除管理接收制度而用新的破产管理程序代之,从规范法学学术分类的角度意义更加明显。

> 破产管理程序更多地体现了三方之间的权利制衡关系,既有债权人进行决策,又有破产管理人代表利益各方并承担特殊责任,还有法庭进行监管和采取必要的强制措施,用以处分各方的紧张关系。这一转换,也标志着破产法将进一步向公司法靠拢,而更加脱离财产法的范畴。③

此外,管理接收程序和破产管理程序共存的局面把英国的公司拯救系统弄得过于复杂。2002 年《企业法》通过改革将这两种制度融为一体,塑造出一种更加现代并能得到广泛认同的集体行动的破产程序。那些不能再使用管理接收程序的浮动担保债权人,现正被鼓励通过破产管理程序达到同样的诉求。因此,很大程度上,把破产管理程序的 2003 模式看作管理接收程序的替代品甚至比看作 1986 模式的继承者倒更合适些。④

2006 修订的《公司法》再次带来了一些令人惊喜的改进,相关条文的生效进一步鼓励人们通过新破产管理程序来进行公司拯救。该法第 1282 条推翻了英国上议院在 Re Leyland Daf Ltd., Buchler v. Talbot⑤

---

① 大约企业破产财产的 1/4 要用来支付管理接收人的费用。See R. J. Mokal, "Administrative Receivership and Administration – An Analysis", *CLP*, No. 57, 2004, p. 366。

② J. Armour & R. J. Mokal, "Reforming the Governance of Corporate Rescue: The Enterprise Act 2002", *LMCLQ*, 2005, p. 33.

③ Ibid., pp. 30 – 31.

④ D. Milman, "Moratoria on Enforcement Rights: Revisiting Corporate Rescue", *Conveyance and Property Lawyer*, No. 68, 2004, p. 93.

⑤ [2004] BCC 214, [2004] WL 343710, [2004] UKHL 9. Their Lordship in the Re Leyland Daf unanimously held that none of the expenses of liquidation and liquidator's remuneration are payable out of the assets subject to the floating charge until the whole of the principal and interest charged thereon have been paid where a company is at the same time in receivership and liquidation.

案件所做的判决,并重申了 Re Barleycorn Enterprise Ltd.① 一案中所确立的法律原则,那就是现在破产清算的费用,包括破产管理人的报酬和费用,在公司财产不足以支付全部普通债权时,可就浮动担保所覆盖的财产范围内优先于其所担保的债权受偿。据估计,该条的生效将有效提高破产专业从业人员参与破产管理程序的积极性,同时将继续降低银行等机构债权人对管理接收程序的依赖程度。

然而,其他立法的变化可能对债权人利用破产管理程序的积极性产生一些负面影响。例如,相比管理接收程序,破产管理程序完全没有税收优势。破产管理程序中,应纳税所得额征收的公司税款现在被认定为管理费用,必须优先支付;② 而在管理接收程序中,变现固定担保所产生的税负依然被视作普通债权,后于浮动担保受偿,不享有优先权。③ 这一变化将鼓励浮动担保债权人只要有可能就会继续选择管理接收程序。总之,立法者希望对各方权利进行再次平衡并以此建立一个更有效的公司拯救体系,提高全体债权人的受偿率,这一努力能否实现,目前尚无法定论。鉴于这样一个事实,现在担任破产管理人的破产专业从业人员实际上还是过去担任管理接收人的同样一批人,④ 因此对他们需要一点时间来适应新的角色不应该感到奇怪。管理接收程序还没有完全退出历史舞台,它和破产管理程序之间的关联和矛盾还将长期存在。⑤

---

① [1970] Ch 465. This case gave liquidators the recourse to the receivership assets in order to meet the cost and expense of winding up base on the construction of the Company Act 1948, s. 319, whose modern equivalent is the section 175 of IA 1986.

② IR1986, r. 2.67 (j).

③ R. Philip, "Administrative Receivership or Administration? A Matter of Priorities", *ININT*, Vol. 17, No. 3, 2004, p. 44; S. Hugh & N. Briggs, "Enterprise Act 2002 – Corporate Wrinkles", *ININT*, Vol. 17, No. 4, 2004, p. 49.

④ R. J. Mokal, "Administrative Receivership and Administration – An Analysis", *CLP*, No. 57, 2004, p. 385.

⑤ By permitting a secured creditor to appoint an administrative receiver to realize the company's land notwithstanding the fact that an administrator had already been appointed, an authority occurred before the coming into force of the EA 2002, Sinai Securities Ltd v. Hooper & Anor [2003] EWHC 910 (Ch), [2004] BCC 973 shows the complicated scene before the abolition of the administrative receiver. The fact that the creditors collectively would benefit from this change of stewardship cannot be taken for granted without taking into account the idiosyncratic features and peculiar circumstances of this specific case.

（四）废除（皇家）税收优先权以及为无担保债权人建立的受偿保护金制度

废除（皇家）税收优先权的做法把英国传统破产立法带入了国际先进立法例的行列，如澳大利亚和德国。① 这一改革的结果是把皇家债权人的地位降到跟那些可怜的普通债权人相同的地位，后者总是排在受偿队列的最后，通常从破产清算中连分一点残羹冷炙都得不到保证。② 而这次的改革冲击了优先债权人的传统地位，并重申了政府不惜减少财政收入也要促进公司拯救在英国发展的决心。③

失去（皇家）税收优先权可能带来两个后果：一个可能的坏结果是税务部门为了补偿损失，将采取预先防御措施，对拖欠税款的公司采取更严苛的手段，比如占有公司的财产，尽早提起破产清算申请等。④ 而另一可能会产生积极的影响。

> 失去（皇家）税收优先权的潜在好处就是，地位等同于无担保债权人的事实将促使税务机关有更大动机来监督公司的财务状况。一旦发现破产迹象，将迫使公司采取适当行动，比如接受合理的整改建议……《企业法》的另一个目标是想让破产从业人员能为自己的行为向全体债权人负责。而税务机关现在作为主要的无担保债权人，处于一种强势的位置，拥有较多资源而且和每个企业打交道，能对破产从业人员进行更好的监督。⑤

---

① J. Tribe, "The DTI's White Paper, 'Insolvency – A Second Chance': The End of Administrative Receivership", *Co. law.*, Vol. 23, No. 2, 2002, p. 60.

② H. Rajak, "The Enterprise Act and Insolvency Law Reform", *Co. Law.*, Vol. 24, No. 1, 2003, p. 3.

③ 为此，皇家债权人每年将损失，也就是其他的普通债权人每年将多获得9000万英镑的受偿。S. Davies QC (ed), *Insolvency and the Enterprise Act* 2002, Jordans, Bristol, 2003, p. 54 from DTI, *The Enterprise Bill: Insolvency Provisions—Regulatory Impact Assessment*, 12 March 2002, para. 5. 29.

④ S. Frisby, "Report on Insolvency Outcomes" as presented to the Insolvency Service, University of Nottingham, 2006, http://www.insolvency.gov.uk/insolvencyprofessionandlegislation/research/corpdocs/InsolvencyOutcomes.pdf, visit on Oct, 29, 2006, p. 47.

⑤ Ibid., pp. 47 – 48.

至于以上哪一种才是税务部门的真实反应，一些调查报告显示：税务机关采取的是一种比较支持的态度，它们依然会同意延期交纳税款；而另一些调查报告则显示了相反的倾向。调查结果根据不同的地区、机关甚至同一机关的不同税务官员有所不同。总的来说，认为税务机关在现阶段能监督公司、对公司的困难提出合理建议的设想仍然过于乐观。①

然而，出乎立法者预料的是，对无担保债权人的利益如果没有进一步的保护，这项改革的最大受益者可能是浮动担保债权人，而不是无担保债权人，因为浮动担保可以覆盖企业所有的其他财产，包括被节省下来的税款。② 为保证改革的结果能最终使无担保债权人受益，立法同时为其建立了受偿保护金制度（ring–fencing fund，又叫作top–slicing fund）。所谓受偿保护金就是将公司浮动担保物变现后的一部分净收益（计算方式较为复杂）给划分出来，作为无担保债权人在任何情况下都能得到部分受偿的保证。③ 该制度针对那些在企业财产上设立了浮动担保而后进入破产程序（包括破产清算、临时性清算、破产管理以及管理接收等程序）的案件。各种破产事务官，包括破产清算人、破产管理人和管理接收人，都有义务执行这一规定，从公司净资产中划出一部分来满足无担保债权的受偿，除非所划分出来的净资产价值超过了2002年《企业法》第176条A（2）所规定的标准，否则不能对浮动担保债权人做任何返还。④

根据这两项改革，无担保债权人肯定能从中受益，但是数量多少则难以确定，因为还要扣除一些相关的费用。根据《破产规则》（IR）12.2（2）A 的规定，将公司浮动担保物变现后的一部分净收益划分出来的费

---

① S. Frisby, "Report on Insolvency Outcomes" as presented to the Insolvency Service, University of Nottingham, 2006, http://www.insolvency.gov.uk/insolvencyprofessionandlegislation/research/corpdocs/InsolvencyOutcomes.pdf, visit on Oct, 29, 2006, p. 50.

② The Insolvency Service, *Insolvency—A Second Chance*, DTI, London, July 2001, Annex D. 2.6.

③ IA 1986, s.176A, inserted by the EA 2002, s. 252.

④ 这里的净资产指 QFCH 能获得清偿的资产变现总额。"保留部分"的概念及计算规定在 para. 3 of the Insolvency Act 1986（Prescribed Part）Order 2003（SI 2003/2079）（2003年9月15日起生效）。

用将从该部分中扣除,这样就留下一个悬而未决的问题:这些实现费用会是多少,都有哪些费用包含在内?根据现在的实践至少包括但不限于:破产管理人向法庭申请对该部分财产进行分配的费用,以及破产管理人核实债权数额的各种费用等。[1] 经过这些扣除,无担保债权人能够实际从保护金中受偿的部分仍然只是其全部债权的很小一部分。

(五) 破产管理程序的目的与层级式的法定目标:业务拯救优先

根据1986年《破产法》Sch. B1 的第3段,不论对破产管理人的指定是通过还是不通过法庭,选择启动破产管理程序的目的必须符合法定要求,即为实现以下三个层级式目标中的任何一个,而这三个目标不但有先后之分,且相互排斥。[2] 第3段第(1)节是这样规定的:

a. 对继续经营中的公司实施拯救;
b. 能比通过正常破产清算(非破产管理程序下的)更好地实现对全体债权人的清偿;
c. 变现财产以偿还一个或多个担保债权人或优先债权人。

目标 a 是拯救公司这个实体,因此是最严格意义上的公司拯救,主要是通过重组公司的经营将资产配置到获利最多的业务上;或更现实一点,通过配套的 CVA 或 1985 年《公司法》第 425 条规定的和解/偿债协议安排进行财务或资产重组。[3] 目标 b 是使全体债权人获得比在正常破产清算下更好的清偿,通常是通过拯救公司的部分营业实现,主要依靠出售一些继续经营的业务或其他方式完成。[4]

1986 年《破产法》Sch. B1 的第 3 段第 (3) 节指示破产管理人

---

[1] IR 1986, Part 2, Chapter 10.
[2] S. Davies QC (ed), *Insolvency and the Enterprise Act* 2002, Jordans, Bristol, 2003, p. 78.
[3] J. Armour & R. J. Mokal, "Reforming the Governance of Corporate Rescue: The Enterprise Act 2002", *LMCLQ*, 2005, p. 53.
[4] M. Simmons QC, "Some Reflections on Administrations, Crown Preference and Ring-Fenced Sums in the Enterprise Act", *JBL*, 2004, p. 426; L. Sealy & D. Milan, *Annotated Guide to the Insolvency Legislation*, CCH, Oxfordshire, 2nd revised, 7th ed., 2004, p. 491; V. Finch, "Re-invigorating Corporate Rescue", *JBL*, 2003, p. 532.

必须首先考虑目标 a，除非他/她认为目标 a 不可能合理地实现，或者目标 b 对公司的全体债权人更加有利。而破产管理人一般不能直接选择目标 c，除非他/她认为目标 a 和目标 b 都不可能合理实现，同时实现目标 c 不会对公司债权人的整体利益造成不必要的损害。从以上法条的逻辑上分析，目标 b 而非目标 a 才是真正的首选，因为目标 b 是一种业务拯救方式，比拯救公司实体更可能实现。应该说"拯救公司实体"还是"拯救部分业务"哪一个才是公司拯救主要目的争论长久以来并无结论。① 此次法定目标 b 的确立，第一次从立法上明确了拯救公司业务先于拯救公司实体，只要这样做更符合债权人利益。②

目标 c 是通过破产清算尽快变现财产，QFCH 的利益被摆在了第一位。"认为"（thinks）是一个表示主观看法的词，也就是说立法者把目标 a 和目标 b 能否合理实现作为一种商业判断，完全交由破产管理人做出，法庭不加任何干涉。从目标 c 的角度，可以认为新版的破产管理程序的确在一定程度上保留了管理接收程序的某些特点。

为了增加新版破产管理程序的可归责性，《破产法》规定破产管理人的商业判断不能凭空做出，必须满足主客观两方面的标准。主观标准就是 Sch. B1 的第 49（2）段和《破产服务指南》（*Insolvency Service Guide*）的第 4.1.5 条所规定的，破产管理人必须就启动该程序所希望实现的目标做出一份建议书。如果选择了目标 c，建议书中必须向全体债权人清楚地解释为什么他/她认为目标 a 和目标 b 无法合理实现。要求破产管理人在刚一进入程序就准确无误地判断实现目标 a 和目标 b 的可能性有多大或者无法实现的风险有多大的确是有点强人所难。对此法院可采取一种更简便的鉴别方法，那就是如果另一个声誉良好的破产从业人员，掌握了该破产管理人所拥有的全部信息，能就所拥有的证据材料得出相同或类似结论的，就应当认定，该

---

① R. Tett, "Sausages and the Enterprise Act", *Recovery*, 2005, p. 21.
② V. Finch, "Re-invigorating Corporate Rescue", *JBL*, 2003, p. 532.

管理人的判断符合法定标准。① 因此，如果一个懒惰的破产管理人得到的相关信息少于一个正常的破产从业人员所应获得的，就无法向法庭说明，他/她正确地履行了自己的职责。

客观的标准就是 Sch. B1 的第 3(4)(b) 段所规定的没有造成"不必要的损害"，而不管破产管理人主观上是怎么想的。所谓"不必要的"一词也就暗示法庭可以允许对无担保债权人造成"必要的"损害，如果不可避免的话。因此，立法者真正的用意在于惩罚破产管理人严重的非理性行为，对他们一定范围内的错误和过失是能够忍受的。②

（六）程序期限和延缓偿债期

破产管理人要在接受指定的八周内提交一份建议书，并在十周之内召集第一次债权人会议。③ 根据1986年《破产法》Sch. B1 的第107—109段的规定，这些期限可以被适当延长。被指定的破产管理人必须在被指定之日起一年之内完成该程序，该期限在上述第107(2)段中规定的特殊情况下可以适当延长半年，条件是能得到债权人的同意；④ 或者根据法庭的批准延长更长的时间。

破产管理程序相比管理接收程序的最大差异是债务人可以享受延缓偿债期（moratorium）。一般来讲，浮动担保债权人指定一个管理接收人时是不希望自己的债权被延缓偿债的，因此，管理接收程序作为一种单独行动的偿债程序，不需要设计延缓偿债期。⑤ 而新的破产管理程序中，延缓偿债期从法庭裁定启动破产管理之日或法庭收到破产管理人指定通知之日起算。⑥ 如果只是向法庭提出启动裁定的申请

---

① M. Simmons, "Enterprise Act and Plain English", *ININT*, Vol. 17, No. 5, 2004, p. 76.

② J. Armour & R. J. Mokal, "Reforming the Governance of Corporate Rescue: The Enterprise Act 2002", *LMCLQ*, 2005, p. 62.

③ IA 1986, Sch. B1, para. 49 (5), 51 (2).

④ 担保债权人全体同意之外，再加上普通债权 50% 以上数量的同意。IA 1986, Sch. B1, para. 108。

⑤ S. Davies QC (ed), *Insolvency and the Enterprise Act* 2002, Jordans, Bristol, 2003, p. 120.

⑥ IA 1986, Sch. B1 para. 18, 29 and 42, 43.

或希望指定破产管理人的申请，那么也可以依据 Sch. B1 第 44 段的规定，进入暂时性的延缓偿债期（an interim moratorium）。

依照 1986 年《破产法》Sch. B1 的第 43（6）段，一旦进入延缓偿债期，就意味着针对公司及其财产的任何法律程序（包括各种诉讼、[①] 仲裁、执行程序）都必须停止或不得启动。[②] 主要的争议集中在某个程序究竟算不算法律程序，以及如果算法律程序，为什么在有些案件中，相关的程序能够经过特许而在延缓偿债期内继续进行或被提起。一般来说，为了保护公共利益或为了促进公司拯救是两个最主要的理由，法庭经过仔细权衡可以做出特许。

（七）破产管理人的权利和责任

破产管理人有关公司及其财产事务处理的权限被规定在 1986 年《破产法》Sch. B1 的第 59—64 段。其中第 60 段规定，破产管理人享有 1986 年《破产法》Sch. B1 中所赋予的所有权力。[③] 而第 59 段规定，破产管理人享有非常广泛的权力，可以为管理公司事务、营业或财产的需要从事几乎任何必要或方便的行为。[④]

除了这些一般性的权力，破产管理人还享有以下的特殊权力或权

---

① "It has been decided that legal proceedings include criminal prosecutions, proceedings before an industrial tribunal and the adjudication process referred to in s. 108 of the Housing Grants, Construction and Regeneration Act 1996. It was also conceded that enforcement proceedings under s. 144（2）would be subject to s. 11（3）（d）." See M. Simmons, "What Proceedings Are Barred by Administration Order", *ININT*, Vol. 16, No. 2, 2003, p. 10.

② 相关的案例包括 Bristol Airport plc and another v. Powdrill and others: [1990] Ch 744; Axis Genetics plc's (In Administration) Patent [2000] BCC 943; Environment Agency v Clark [2000] BCC 653; Re Railtrack plc (in railway administration), Winsor v Bloom and others [2002] 2 BCLC 755; Carr v. British International Helicopters Ltd [1994] ICR 18, [1994] IRLR 212, [1993] BCC 855; and Re Divine Solutions (UK) Ltd [2003] EWHC 1931 (Ch) [2004] 1 BCLC 373.

③ Schedule 1 to the IA 1986 is substantively replicated by the EA 2002.

④ See S. Davies QC (ed), *Insolvency and the Enterprise Act* 2002, Jordans, Bristol, 2003, p. 159. The administrator's powers are subject to two limitations: (1) the powers given to the administrator are given for the purpose of the administration as set out in para. 3 (1) and the administrator must perform his functions with the hierachical objectives and is not entitled to exercise his powers for purposes other than those. (2) "As the powers are conferred on the administrator as agent of the company, the administrator therefore has no power to commit the company to an ultra vires act. (ie an act outside the scope of the objects clause in the company's memorandum of association)." See pp. 157 – 158.

利：对公司董事的撤销和指定权,① 债权人和股东会议的召集权,②向法庭就履行职责请求指导的权利,③ 不经法庭许可向担保债权人和优先权人进行分配的权力和经过法庭许可向无担保债权人进行分配的权力,④ 用分配以外的方式来支付的权力,⑤ 处理浮动担保覆盖之下的财产的权力,⑥ 处理固定担保覆盖之下的财产的权力,⑦ 以及处理租购财产（hire-purchase property）的权力等。⑧

之前的破产管理模式并未授权破产管理人对债权人进行任何财产或收益的分配。⑨ 如果要进行任何的分配，不论有无获得全体债权人的同意，都只能通过伴随进行的 CVA 或 1985 年《公司法》第 425 条规定的和解/偿债协议安排来完成。而 2002 年的《企业法》授予了破产管理人不经法庭许可向担保债权人和优先权人进行分配和经过法庭许可向无担保债权人进行分配的权力。⑩ 有了这一改变，公司部分营业被成功出售之后，所得收入可以在债权人之间直接分配，不必再转入正式的破产清算程序。因此，在很多案件中，破产管理程序实际上已经成了一种准破产清算程序，或者已经兼具了清算程序的主要功能。

---

① IA 1986, Sch. B1, para. 61, 64.

② IA 1986, Sch. B1, para. 62.

③ IA 1986, Sch. B1, para. 63.

④ IA 1986, Sch. B1, para. 65. Any such distribution is subject to s 175 of the IA 1986. In Re The Designer Room Ltd [2004] EWHC 720 (Ch), [2004] 3 All ER 679, the administrator governed by old regime was granted permission to make distributions to preferential creditors only if such a power could properly be regarded as necessary or incidental to achieve the purposes of the administration order. This extension of power removes this constraint and therefore renders administrators greater flexibility.

⑤ IA 1986, Sch. B1, para. 66.

⑥ IA 1986, Sch. B1, para. 70.

⑦ Under the protection of the moratorium, the administrator is also entitled to deal with, even sell the collateral subject to fixed security or quasi-security provided that he can keep the secured creditors' priority position unchanged, and persuade the court to believe that this is likely to promote the purpose of the administration and the proceeds are held for the benefit of the secured creditor. IA 1986, Sch. B1, para. 71.

⑧ IA 1986, Sch. B1, para. 72.

⑨ D. Prentice, F. Oditah & N. Segal, "Administration: Part II of the Insolvency Act 1986", in J. S. Ziegel (ed) *Current Developments in International and Comparative Corporate Insolvency Law*, Clarendon Press, Oxford, 1994, p. 75.

⑩ IA 1986, Sch. B1, para. 65.

最近的 Re Transbus International Ltd.① 一案提出这样一个问题：在旧破产管理模式中，管理人有权根据1986年《破产法》Sch. B1 在获得债权人同意之前出售公司的财产，且未获得法庭的任何指示。那么在新的破产管理模式下，管理人还能延续以往的做法吗？本案的最后结论就是，旧破产管理模式这么规定是出于经济合理的考虑，② 新的破产管理模式没有理由要抛弃这种能够促进经济效率的做法，因此允许管理人在获得债权人同意之前出售公司财产的规定在法律修改前后是没有变化的，尽管法律的用语有了小小的调整。

破产管理人既代表法庭行使各项权力，同时又是公司的法定代理人、善意第三人可以放心地跟管理人协商和交易。③ 只要破产管理人有理由相信他/她取得和处分的财产是属于公司的，即使对真正的产权有争议，破产管理人的行为也可享受法定的豁免权。④ 破产管理人在职业道德方面必须遵守 Ex parte James⑤ 一案所确定的原则，那就是他/她对公司负有受信义务，在行使权利时必须是善意的、为了合理目标、避免自己处于利益冲突的位置，以及不得谋求私利；⑥ 同时又必须以适当的细心和技能处理破产管理事务。⑦ 如果发现破产管理人在履行破产管理职务期间有任何不当或违反其法定义务的行为，1986年《破产法》第27条和第212条授权公司的债权人、股东、接收人、清算人以及其他类似身份的人对其提起诉讼。

1986年《破产法》Sch. B1 也就是2002年《企业法》的 Sch.16，该新增部分规定了破产管理人许多新的责任，也为利益受损的个别债

---

① [2004] EWHC 932 (Ch), [2004] BCC 401.

② Re T & D Industries plc & Another [2000] 1 All ER 333, [2000] 1 WLR 646 per Neuberger J.

③ IA 1986, Sch. B1, para. 5, 59 (3), 69.

④ J. Armour & R. J. Mokal, "Reforming the Governance of Corporate Rescue: The Enterprise Act 2002" (2005) LMCLQ 28, p. 36, IA 1986, s. 234.

⑤ [1874] LR 9 Ch App 609.

⑥ A. Charlwood, "Actions against an Administrator Before and After the Enterprise Act", ININT, Vol. 17, No. 3, 2004, p. 46.

⑦ As Millett J. stated in Re Charnley Davies Ltd. (No. 2) [1990] BCLC 760, [1990] BCC 605 at 618.

权人提供了一系列新的救济方式。① 现在，受到损害的债权人可以向法庭申请审查破产管理人在履行职务期间的行为，以确认其是否有违反受信义务或其他可疑的不当行为，并进行相应处理。②

尽管个别债权人可以对破产管理人提起诉讼，但是相关的案例表明，除非能够证明破产管理人与该个别债权人之间的确因为特殊关系造成了特别的损害，否则，管理人只对全体债权人利益负责，而不单独向某一个债权人承担一般性的责任。③ 总之，破产管理人与债权人之间的关系类似于企业高管与股东之间的关系，破产管理人只对全体债权人而非个别债权人的利益负责，否则会破坏破产法平等受偿的基本原则。

（八）债权人投票以及程序的终结方式

破产管理人接受指定后，必须就启动该程序所希望实现的目标做出一份建议书，发送给全体已知的债权人，并根据1986年《破产法》Sch. B1 的第49段召开第一次债权人会议，就建议书的内容进行投票。如果建议书的内容是Sch. B1 的第52(1)段所规定的异常情况时，④ 破产管理人无须再按照第49段的规定召集第一次债权人会议，但债权单独或合计占全部债权10%以上的债权人可以要求破产管理人依据Sch. B1 的第52(2)段召集第一次债权人会议。⑤ 在前述破产管理人主动召集的会议中，

---

① IA 1986, Sch. B1, para. 3, 4, 74, 75, 81.

② IA 1986, Sch. B1, para. 74, 75.

③ Oldham v Kyrris [2003] EWCA Civ 1506, [2004] BPIR 165.

④ Paragraph 51

(1) shall not apply where the statement of proposals states that the administrator thinks —

(a) that the company has sufficient property to enable each creditor of the company to be paid in full,

(b) that the company has insufficient property to enable a distribution to be made to unsecured creditors other than by virtue of section176A (2) (a), or

(c) that neither of the objectives specified in paragraph 3 (1) (a) and (b) can be achieved.

(2) But the administrator shall summon an initial creditors' meeting if it is requested—

(a) by creditors of the company whose debts amount to at least 10% of the total debts of the company,

(b) in the prescribed manner, and

(c) in the prescribed period.

⑤ An initial meeting must be called if requested by creditors whose debts amount to at least 10% of the total debts of the company under para. 52 (2) where para. 52 (1) applies. A resolution in the creditors' meeting is carries by a majority in value of those voting, either in person or by proxy. IR 1986 (as amended), r. 2. 43.

只有无担保债权人才有表决权,而在依债权人要求召集的第一次债权人会议中,担保债权人也可以投票。建议书中所提出的启动该程序所希望实现的目标将在第一次债权人会议上被讨论通过,之后破产管理人无权擅自改变该目标,除非改动意见被另一次债权人会议讨论通过。① 建议书通常也确实是包括了启动一个伴随进行的 CVA 或 1985 年《公司法》第 425 条规定的和解/偿债协议安排的计划。如果要启动一个 CVA,需要债权人会议讨论通过,而且要获得出席会议的 3/4 以上债权的同意。如果不需要启动一个 CVA,则出席会议债权的简单多数就可以表决通过该建议书。② 如果债权人会议否决了建议书,甚至其修改之后的版本,那法庭就可以裁定终结破产管理程序,将案件转入破产清算,或做出法庭认为合适的其他裁定。③ 跟美国《破产法》第 11 章中法庭拥有强裁权不同,英国的法庭没有权力强制通过一个破产管理建议书。

根据是否需要法庭做出裁定,终结破产管理程序有两大类方式。

一是不需要法庭裁定的终结方式。(1) 根据 Sch. B1 第 76 段,因为超时而自动终止;④ (2) 根据 Sch. B1 第 80 段,由 QFCH 或公司或其董事在法庭之外指定的破产管理人在达到所建议的程序目标之后,书面通知法庭而自动终止;(3) 根据 Sch. B1 第 83 段,从破产管理程序转入自愿清算程序(CVL),由管理人书面通知法庭而自动终止;(4) 公司根据 Sch. B1 第 84 段解散,破产管理人书面通知法庭而自动终止。

二是需要法庭做出裁定的终结方式。(1) 根据 Sch. B1 第 79 段,由法庭指定的破产管理人卸任,须由法庭以裁定方式做出;(2) 根据 Sch. B1 第 81 段,经债权人申请,以指定破产管理人的动机不正当为由,法庭裁定终止破产管理程序;(3) 根据 Sch. B1 第 82 段,出于公共利益,法庭裁定终止破产管理,转入破产清算程序;(4) 根

---

① IA1986, Sch. B1, para. 54

② IR 1986, r. 2.43 (1), (2). Votes are calculated according to IR 1986, r. 2.38 (4). As to voting by a secured creditor, see r. 2.40.

③ IA 1986, Sch. B1, para. 55.

④ IA 1986, Sch. B1, para. 76 (2) (a), (b).

据 Sch. B1 第 55(2) 段,当债权人会议否决了破产管理人的建议书,甚至其修改之后的版本,法庭须裁定终结破产管理程序;(5) 根据 Sch. B1 第 74(4)(d) 段,如果破产管理人的行为对债权人或股东的利益造成不公平的损害,法庭可以裁定终结破产管理程序。

本次立法改革的一个基本原则就是除非出现程序异常的情况,比如债权人会议否决破产管理人的建议书或者为了公共利益必须转入破产清算程序等;或者相关人的利益在程序中遭受实际损害,通常由管理人的欺诈或不公平的行为引起,必须司法干预,否则尽量减少法庭对破产管理程序的介入。从最近的案例中,法庭也的确在尽力支持减少司法干预、加速程序进程和降低费用这一系列目标。例如,根据 Sch. B1 第 79 段的用语,法庭指定的破产管理人可以依照 Sch. B1 第 83 段将公司转入自愿清算程序(CVL),或者依照第 84 段解散公司,但是似乎需要法庭做出相关裁定,终结对破产管理人的指定或撤销原指定裁定。① 然而,根据最近的 Re Ballast plc (in administration) and other companies 一案,② 法庭指定的破产管理人可以将公司直接解散或将其转入自愿清算程序,而无须申请法庭的批准。该案暗示着:法庭相信,Sch. B1 第 79 段属于一般性规定,而特别规定可以优先于一般性规定适用。因此如果符合法定的其他具体情形,依照其他特别规定之条文,破产管理人并非一定要得到法庭的相关裁定才能行动。③ 也就是说,如果破产管理人能有效地自行终止其任职,就可以适用诸如第 84 段而不是第 79 段的规定,免于法庭的介入。

三 实践中越来越多地把破产管理程序当作破产清算程序的替代品使用

新破产管理程序最初只是设计用来替代管理接收程序,但实践中

---

① IA 1986, Sch. B1, para. 85.
② [2004] EWHC 2356 (Ch), [2004] All ER (D) 282.
③ According to Blackburne J., para. 79 provides two separate exits to CVL provided by para. 83 and if administrator chooses not to effect the cessation of appointment there is no need to bother the court for discharge order. A. Walter, "Corporate Restructuring under Sch. B1 of the Insolvency Act 1986", *Co. Law.*, Vol. 26, No. 4, 2005, p. 97.

看到越来越多的案件把破产管理程序当作破产清算程序的替代品使用，甚至正在超越自愿清算程序（CVL）。

在旧破产管理程序中，尽管债权人可以向法庭申请启动程序，但是他们很少这么做。主要原因是他们需要提供一份《破产规则》第2.2项下所要求的报告，而准备该项报告花费甚大。新破产管理程序着眼于减少费用、加速程序，上述的报告已经被破产管理人提交的建议书所取代，后者花费要小得多。

新破产管理程序在英国开始流行的第二个原因在于它允许公司自动地转换到自愿清算程序（CVL）中去。[①] 而在旧破产管理程序中是不允许这样做的：当法庭裁定终结破产管理之后，如果想转换到自愿清算程序，还需要向公司注册机关申请，说明破产管理人认为有财产要分配给无担保债权人，或者因为没有任何剩余财产而需要立即解散公司。[②] 而上述 Re Ballast plc（in administration）and other companies[③] 一案的判决则清楚地表明，即使是在由法庭指定破产管理人的情形下，也无须获得法庭裁定才能结束该程序，而是可以自行转换到自愿清算程序。[④] 这种无缝对接式的程序转换方式避免了另行指定破产清算人和再召开一次债权人会议，因此从源头上就减少了对清算程序的需求。[⑤] 在比较简单的破产管理案件中，根本没有必要仅仅为了分配一点财产再转换到破产清算程序，管理人在新模式下就有权直接向债权人分配财产。[⑥] 因此，现在破产清算程序仅仅对于那些过于复杂和难缠的案子还有意义。比如，不能在12个月以内（完成破产管理程序的正常时限）完成与债权人之间的协商，或者涉及太多对债权债务的实体争议，这种情况下，只有破产清算程序才能提供充裕的时间

---

① G. Todd, "Administration Post Enterprise Act: What Are the Options for Exits", *ININT*, Vol. 19, No. 2, 2006, p. 17.

② IA 1986, Sch. B1, para. 83, 84.

③ [2004] EWHC 2356 (Ch), [2004] All ER (D) 282.

④ G. Todd, "Administration Post Enterprise Act: What Are the Options for Exits", *ININT*, Vol. 19, No. 2, 2006, p. 19.

⑤ Ibid., p. 18.

⑥ Ibid..

解决这些问题；再如，如果案件中涉及一些需要展开的调查，比如对前高管层错误和欺诈经营行为进行调查，破产清算人才有此权限，而破产管理人则不具备。①

新破产管理程序在英国开始流行的第三个原因在于债权人，特别是银行，认为该程序对自己有利：②

（1）在很多情况下，破产管理程序能更好地处置公司的财产或营业，比破产清算程序能为债权人提供更高的清偿。

（2）通常情况下，破产清算人不会选择让公司继续经营，除非这对清算事务有益；③但破产管理程序中，公司继续经营是常态，而且能继续更长时间。因此，破产管理程序可能产生更多的新增收益。

新破产管理程序逐渐取代破产清算程序的第四个原因在于公司的高管们也喜欢用它，因为：④

（1）在破产管理程序中，无论如何公司都还有被拯救的机会，而在破产清算程序中，却绝无可能。

（2）对于那些完全没有前途的公司来说，破产管理程序也是更好的选择，原因是它比破产清算程序温和，可以保证公司的原高管们从破产程序中全身而退。破产清算人的职责之一就是在债权人的要求下调查公司失败的原因，并找出其背后的具体责任人。⑤由于破产管理程序有严格的完成时限，管理人没有被授予职责和权力来完成这种极为耗费精力的任务。⑥因此据推测，在一些案件中，破产管理程序第一被用来完成对公

---

① G. Todd, "Administration Post Enterprise Act: What Are the Options for Exits", *ININT*, Vol. 19, No. 2, 2006, p. 18.

② A. Keay, "What Future for Liquidation in Light of the Enterprise Act Reforms", *JBL*, 2005, pp. 149 – 150.

③ IA 1986, Sch. 4, para. 5. If they carry on business for too long, they might be subject to misfeasance proceedings as was the liquidator in Re Centralcrest Engineering Ltd, IR Commrs v. Nelmes [2000] BCC 727.

④ A. Keay, "What Future for Liquidation in Light of the Enterprise Act Reforms", *JBL*, 2005, pp. 151 – 152.

⑤ IA 1986, s. 214.

⑥ A. Keay, "What Future for Liquidation in Light of the Enterprise Act Reforms", *JBL*, 2005, p. 151.

司的清算,第二被用来帮助公司前高管逃避可能的调查。

（3）不同于破产清算,在破产管理程序中,债务人公司可以选择指定自己的候选人成为破产管理人,除非法庭通过裁定进行更换或通过债权人会议用集体动议的方式进行撤换,否则破产管理人一旦指定,不能随意更改。[1]

越来越多类似的证据显示了破产管理程序现正被当作一种有效的清算方式在使用。债权人和债务人之所以选择用它来取代自愿清算是出于多种考虑,也是因为程序本身的多重特点（有好有坏）。[2] 总体来说,只要债权人能在更短时间内获得更多的清偿,这种替代,即使出乎立法者意料,还是值得欢迎的,除了在少数恶意规避的案例中。[3]

第二节　英国的公司自愿安排程序

所谓的公司自愿安排程序（CVA）是指债权人与公司之间达成协议,同意延缓或减免部分债务清偿,该程序可以与破产管理或破产清算程序同时进行,也可以在两程序之前或之后进行,还可以独立进行不与其他程序相伴随或衔接。但在大多数情况下,为了达到真正的公司拯救目的,CVA 程序通常都是和破产管理程序配合使用的。最早的 CVA 模式是 1985 年《破产法》规定的,并在 1986 年《破产法》中进行了修改。2000 年《破产法》修订增加了一款新式的带有延缓偿债期的 CVA 模式,[4] 由于从 2003 年元旦起生效,所以被称为

---

[1] IA 1986, Sch. B1, para. 88.

[2] It might be a bad thing if "administrations are used to circumvent some of the investigative processes that are usually undertaken in liquidation, and conduct that is inconsistent with commercial morality is being perpetrated, and not being uncovered." See A. Keay, "What Future for Liquidation in Light of the Enterprise Act Reforms", *JBL*, 2005, p. 158.

[3] See A. Keay, "What Future for Liquidation in Light of the Enterprise Act Reforms", *JBL*, 2005, p. 158.

[4] Sections 1 – 2 and Schedule 1 – 2 of IA 2000 have the effect of inserting a new section 1A, and a new Schedule A1, into the IA 1986 and make consequential amendments to Part 1 of IA 1986. These provisions of the IA 2000 have been brought into force on 1 January 2003 by means of a series of regulations and orders.

CVA 的 2003 模式。对于小型公司而言，带有延缓偿债期的新 CVA 程序比旧模式更加有利于公司的生存，因此可以较好地替代旧模式成为首选的公司重整程序。

一 CVA 1986 模式

1986 年《破产法》的第一部分规定了经改进的 CVA 程序，通过该程序，出现财务困难的企业得以与其债权人达成一个有法律约束力的偿债协议或一系列事务安排计划。CVA 程序可以在公司还没有出现债务偿还困难的时候就启动，也可以承担多种目标和结果，比如既可以用来零星出售公司财产，又可以用于变卖公司的整体营业。CVA 程序可以只涉及公司的部分财务，这样可以有部分剩余财产以换取公司股东的支持。[1] CVA 程序中，如果要通过任何决议，必须得到出席债权人会议的债权人中 3/4 以上债权额的赞成票，以及另行召开的股东会议上占股权 50% 以上股东的支持。[2]

根据许多判决和立法解释，[3] CVA 程序中达成的各种自愿安排在本质上都属于合同。因此，关于合同解释的各种规则以及英国 1999 年《合同（第三方权益）法》都适用于这些安排。[4] 但不同于一般的合同，自愿安排还是有许多独特之处，与一般的合同原则，甚至最基本的合同原则都是相冲突的。例如，达成公司自愿安排并不需要协议各方的全体一致同意。再如，一个自愿安排是否有法律效力只在于它是否在相关会议上得到了批准，而不在于是否有相应的对价，等等。[5]

公司的高管可以建议启动一个 CVA 程序，即使公司没有进入破产管

---

[1] R. Goode, *Principles of Corporate Insolvency Law*, Sweet & Maxwell, London, 3rd ed., 2005, p. 392.

[2] IR 1986, r. 1.19 and r. 1.20.

[3] Re Kudos Glass Ltd (in liquidation) [2002] BCC 416, [2001] 1 BCLC 390, Re Mckeen (a debtor) [1995] BCC 412 and M. Rutstein, "Voluntary Arrangements: Contracts or Not?" Part 1, *ININT*, Vol. 13, No. 1, 2000, p. 1 & Part 2, *ININT*, Vol. 13, No. 2, 2000, p. 11.

[4] CVA 不能约束或被第三人用来牟利。M. Rutstein, "Voluntary Arrangements: Contracts or Not? Part 1", *ININT*, Vol. 13, No. 1, 2000, p. 1.

[5] Ibid..

理或破产清算程序。当公司已经进入破产管理或破产清算程序,那就只有破产管理人或破产清算人有权提议启动一个 CVA,债权人和债务人都丧失了提议权。① 根据 1986 年《破产规则》的第 1.2 条和第 1.3 条,无论谁提议启动一个 CVA 程序,都必须向主持程序的被任命人(nominee)提交一份建议书(当公司已经进入破产管理或破产清算程序,被任命人通常可以但并非必须就是管理人或清算人本人;如果还未进入,被任命人可以是任何合格的破产从业人员),② 该建议书稍后会被转交到每个债权人手中。一旦达成自愿安排,根据 1986 年《破产法》的第 7 条,被任命人就转变成为执行这些安排的监督人(supervisor)。

要证明为什么要启动一个 CVA 程序,建议书必须包括许多内容,以便能使法庭相信建议书的安排是有效和公平的,当然被任命人也要提交相应的报告进行辅助说明。③ 在所有内容中,还款的期限是最基本的。④ 进行自愿安排的首要目的就是延长债务清偿期限,其次就是希望债权人能减免部分债务,如果可能的话。⑤但是真正核心和迫切的两个问题是债务人公司究竟有没有可以赢利的核心业务,以及能否应付眼下的资金需求。⑥

两件事情应当注意:(1)由于法庭非常不愿意就建议书中没有明示的内容推测其暗示的含义,因此建议书必须用非常清楚明白的语言表明立场;⑦(2)建议书必须灵活和现实可行。灵活性是 CVA 程序

---

① IA 1986, s.1 (1), (3).

② IR 1986, r.1.10, 1.12.

③ R. M. Goode, *Principles of Corporate Insolvency Law*, Sweet & Maxwell, London, 2nd ed., 1997, pp.328, 333. The proposals of CVAs are typically replete with following items: a moratorium; in injection of new funds; the release of certain claims and securities; a reordering of priorities; the conversion of debt into equity; the creation of a new corporate structure by: hiving down or forming a new parent company; taking over a part of loan indebtedness to reduce the number of creditors or replacing unsympathetic creditors; and the improvement of the company's liquidity by securing its loan portfolio. IR 1986, r.1.3 (2).

④ 被延长的还款期限实践中常常规定为 3—5 年。M. Goldstein's comments in J. Pennells, "Rescue from Oblivion", *Sol. J.*, No.20, 1993, p.825.

⑤ G. M. Weisgard, *Company Voluntary Arrangements*, Jorans, Bristol, 2003, p.24.

⑥ Ibid., p.23.

⑦ Ibid., p.57.

的最大好处之一。被任命人可以根据自己的经验和能力创造性地制定一份为债务人公司量身定制的建议书；如果条件允许，可以用来实现真正的公司重整，也可以简单地实现比破产清算更好一点的债务清偿。这种灵活性还体现在，建议书的具体内容可以在程序中根据实际需要进行适当调整。

被任命人（通常就是破产管理人自己）应当在收到或做出建议书后 28 天之内（或者在法庭批准的更长的时间内）向法庭提交关于召开股东会议和债权人会议情况的报告。① 一般来讲，当公司确实已经进入资不抵债的状况，公司的所有权益都应当归属于债权人而非股东了，因此也就没有必要召开独立的股东会议，否则只会增加成本和把事情弄得更加复杂。② 之所以有召开独立股东会议的规定，是鉴于申请 CVA 的公司许多还只处在破产边缘，并未完全进入资不抵债的状况；或者考虑到实施重整需要多方的安排和努力，股东加入能起到一些积极的作用。

如果建议书中所提议的重整安排或修改之后的版本能够得到足够的支持，③ 这些安排就将获得通过并对所有收到债权人会议通知并享有表决权的债权人产生法律约束力，不论该债权人是否亲自出席会议或派代表出席或投票赞成。④ 随后，这些安排就由被任命人（通常就是破产管理人自己）开始执行，而他们自己的身份也相应变成了监督人。在重整安排通过之前，是没有延缓偿债期的。事实上，在 CVA 的 1986 模式中，没有任何法律条文可以阻止债权人进行私自追偿，除非重整安排协议明确禁止。Alman v Approach Housing Ltd. 案⑤ 显示，要证明重整安排暗示了延缓偿债可不是一件容易的事，非要有非常强大的理由和证据不可。⑥ CVA 中达成重整安排不会影响担保债

---

① IA 1986, s. 2.

② D. Milman & F. Chittenden, *Corporate Rescue: CVAs and the Challenge of Small Companies*, Certified Accountants Educational Trust, London, 1995, p. 31.

③ IR 1986, r. 1. 19 (1) and r. 1. 20 (1).

④ IA 1986, s. 5 (2). As revised by IA 2000 Schedule 2.

⑤ Alman v Approach Housing Ltd [2001] 1 BCLC 530.

⑥ Alman v Approach Housing Ltd [2001] 1 BCLC 530，见法官里默尔的意见。

权人对担保物的执行,也不会影响优先权人的优先地位或其在同一等级中的受偿比例,除非该债权人自己同意某种更不利的特殊安排。①

CVA 程序的另一大优点就是它的保密性。没有公共媒体可以介入,也没有官方的记录或其他任何的公开申明需要做出。因此,该程序非常适合那些提供专业服务的行业,因为这类企业的债权结构不会太复杂而企业的价值又主要依靠其良好的声誉来维系。②

自愿重整安排通过后是由监督人(之前的被任命人,往往就是破产管理人自己)负责实施。③ 监督人控制所有自愿重整安排所涉及的公司财产。④ 实践中,通常有两种选择:(1)公司高管层承诺定期将应还款项交给监督人,而公司的财产继续由高管层控制和经营;⑤(2)监督人自行控制财产,如同公司的受托人,代表债权人依据自愿重整安排实现相关权益。⑥

颇受争议的 Re NT Gallagher & Son Ltd, Shierson v Tomlinson 案⑦中涉及这样一个问题:CVA 程序中建立的信托基金(财产由监督人收集),是否会随着 CVA 程序的终结和公司进入破产清算程序而解散?结论是:单单只是监督人提起破产清算申请的事实不足以证明参加 CVA 的债权人希望因此终结 CVA 中建立的信托基金;即使所有的 CVA 债权人都同意提出该清算申请,也不代表他们希望终结 CVA 中建立的信托基金和把相关的财产返还给债务人公司。除非自愿安排中明确表示提出破产清算申请就意味着债权人希望因此终结 CVA 中建立的信托基金,否则,CVA 程序还应当继续,监督人必须继续把收集到的财产分配给参与了自愿安排的债权人,而不是将其返还破产清

---

① IA 1986, s. 4 (3), (4).

② D. Milman & F. Chittenden, *Corporate Rescue*: *CVAs and the Challenge of Small Companies*, Certified Accountants Educational Trust, London, 1995, p. 7.

③ IA 1986, s. 7.

④ IR 1986, r. 1. 23.

⑤ D. Milman & C. Durrant, *Corporate Insolvency*: *Law and Practice*, Sweet & Maxwell, London, 3rd ed., 1999, p. 49.

⑥ D. Milman & C. Durrant, *Corporate Insolvency*: *Law and Practice*, Sweet & Maxwell, London, 3rd ed., 1999, p. 49; Re Leisure Study Group Ltd [1994] 2 BCLC 65.

⑦ [2002] BCC 867, [2002] 1 WLR 2380.

算人作为一般破产财产进行分配。本案旨在鼓励参加了 CVA 程序的债权人支持建议书中的各种自愿安排，对其权益提供了一定保障，但也增加了新债权人的潜在风险，因此不利于公司寻求重整期间的新贷款。这种抑制新债权人利益和保护参加 CVA 的债权人的做法反映了司法系统对积极推广 CVA 程序的支持和肯定。

监督人的权力完全取决于自愿重整安排条款中的规定，条款中可以明确规定监督人得享有变现财产或继续营业的广泛权力，但这却不是监督人的法定义务。① 一般情况下，实际控制公司财产和承担继续经营任务的还是公司的高管层，从这个角度，CVA 程序是一种债权人在位（debt-in-possession）的重整程序。这一点上，监督人（被指定人）不同于破产管理人或破产清算人，不是法庭指定的半官方人员，只是公司的受信人。②

二 CVA 的 2003 模式以及 2000 年《破产法》所带来的变化

1986 年 CVA 的一个主要缺点是没有一个法定的延缓偿债期，以至于债务人公司每每要通过自行协商才能得到偿债宽限，不但麻烦而且非常不稳定；而在这之前，任何债权人都可以自由地采取追偿行为，这足以破坏自愿安排的成功希望。把 CVA 和破产管理程序结合使用无疑可以克服这一困难，但却会大大增加重整费用。③ 此外，在个人破产中的自愿重整安排程序（Individual Voluntary Arrangements, IVA）中有法定的延缓偿债期，没有任何理由说明这种做法不能适用于公司的自愿重整安排。④ 这一区别也可以部分地解释为什么个人破产中的自愿重整安排成功率较高，而 CVA 则不但成功率甚至连使用率都较低。⑤ CVA 的 2003 模式在这个问题上带来了可喜的变化。

---

① D. Brown, *Corporate Rescue: Insolvency Law in Practice*, Wiley, Chichester, 1996, p.605.

② D. Brown, *Corporate Rescue: Insolvency Law in Practice*, Wiley, Chichester, 1996, p.607；监督人的义务见 G. M. Weisgard, *Company Voluntary Arrangements*, Jorans, Bristol, 2003, p.134.

③ D. Milman & C. Durrant, *Corporate Insolvency: Law and Practice*, Sweet & Maxwell, London, 3rd ed., 1999, p.52.

④ IA 1986, s.252, 254.

⑤ D. Milman, "Contemporary Themes in Debtor Rehabilitation", *NILQ*, No.52, 2001, p.147.

1995年4月，英国贸工部的破产服务署公布了一个名为《对新公司自愿安排程序的修改建议》的咨询报告，① 建议改革CVA的1986模式。报告的部分内容被2000年《破产法》采纳，② 新的有法定延缓偿债期的CVA程序从2003年元旦起开始生效，因此被称为CVA的2003模式。新模式主要适用于陷入财务困境的小型企业，同时1986年的旧模式也并未废除，两个模式同时并存，供企业自由选择适用。总体来说，这次的改革还是比较保守，有的地方并未完全体现建议报告的内容。

（一）自动给予28天的法定延缓偿债期

这个法定延缓偿债期的获得无须庭审，简单填写相关的文件即可；③ 而且只对符合1985年《公司法》第247条第3款、④ 2002年颁布的1986年《破产法》第3号修正案相关法规的，⑤ 以及1986年《破产法》Sch. A1第2段特别列举中所包括的小型公司才适用；⑥ 对于其他类型的公司都不适用。延缓偿债期开始于根据Sch. A1第7段向法院填写或递交文件之后，结束于根据Sch. A1第29段第1款召开债权人会议和股东会议之日（如果这两个会议不是在同一天召开，则是以时间在后的那一天为准），通常前后不得超过28天。⑦ 在此期间，所有的债权人无论有无担保，除非得到法庭特许，都不得对债务人公司采取任何措施；⑧ 固定担保或浮动担保确定之后所涉及的财产

---

① The 2nd consultative document contained proposal for reform CVA. The first one is issued by the Insolvency Service of DTI in Nov 1993.

② The IA 2000 Act is limited to 18 sections and most of the detail is set out in Schedules and supporting rules. The main rules are the Insolvency (Amendment) (No 2) Rules 2002.

③ IA 1986, Sch. A1, para. 7. A statement that the company has not filed such a CVA notice in the last 12 months is needed.

④ As amended by the Companies Act 1985 (Accounts of Small and Medium-Sized Enterprises and Audit Exemption) (Amendment) Regulations 2004 (SI 2004/16) which has come into force on 30 January 2004. The turnover limit is increased from £2.8 million to £5.6 million for small companies and the balance sheet total is increased from £1.4 million to £2.8 million for small companies.

⑤ Insolvency Act 1986 (Amendment) (No. 3) Regulations 2002, para. 3.

⑥ 有些种类的公司因其特殊性质而被排除适用该程序。

⑦ IA 1986, Sch. A1, para. 8, 9, 10, 11.

⑧ IA 1986, Sch. A1, para. 12 – 14.

在没有得到担保债权人或法庭的同意之前,任何人亦不得处分。如果28天的延缓偿债期太短,经申请,在债权人同意的前提下,可以再延长两个月。① 虽然自动赋予的延缓偿债期并不能保证CVA获得成功,但立法者仍然希望这一变化能促使公司就即将到来的困境及早与债权人沟通,而不必担心会立即引发大量追债行为。但实际上,法定延缓偿债期也许没有想象中重要,对于一个有经验的CVA专家而言,通过迅速和富于策略的沟通与安排,没有法定延偿期的缺憾在很大程度上是可以克服的,当然要花费一些成本和精力。②

为了减少无良高管和破产从业人员滥用法定延偿期从而损害债权人利益的风险,债权人、股东和公司高管等所有可能受到法定延偿期影响的人现在都可以对破产从业人员的行为提出质疑。③ 法庭经过查证,可以依据1986年《破产法》Sch. A1第28段更换不能胜任的被提名人。

法定延偿期的最大受益者是那些无法支付或者希望省下启动破产管理程序费用的公司。④ 但不能因此就轻视破产管理程序的作用,或过分夸大新CVA程序的吸引力。因为破产管理程序不仅仅是为CVA程序提供了一个延缓偿债期,更重要的是它也提供了一整套供企业进行重整的法律框架。⑤ 但此次改革的最大缺点就是要求进入延缓偿债期的公司对这一事实进行公告,甚至显示在公司的发票和信件上,⑥ 这使得那些主要依靠

---

① IA 1986, Sch. A1, para. 32. So the maximum moratorium is a period not exceeding 3 months from initial filing.

② 这些高度程式化的文件如果能事先准备好,稍加修改就能套用在其他案件上,因此,每一个新案件的边际成本并不会太高。见 D. Milman & F. Chittenden, *Corporate Rescue: CVAs and the Challenge of Small Companies*, Certified Accountants Educational Trust, London, 1995, p. 23。

③ IA 1986, Sch. A1, para. 26, 27, 39; the IR 1986, r. 1.47.

④ It is calculated that "adding an administration order onto a CVA was estimated to cost an additional £10-15,000 for a moderately sized company". See G. Cook, N. Pandit, D. Milman & C. Mason, *Small Firm Rescue: A Multi-method Empirical Study of Company Voluntary Arrangements*, The Center for Business Performance of the ICAEW, London, 2003, p. 33.

⑤ G. Cook, N. Pandit, D. Milman & C. Mason, *Small Firm Rescue: A Multi-method Empirical Study of Company Voluntary Arrangements*, The Center for Business Performance of the ICAEW, London, 2003, p. 27.

⑥ IA 1986, Sch. A1, para. 9, 16.

商业信用和声誉立足的公司惮于利用新 CVA 程序。

（二）法定延偿期只适用于那些适格的小型公司

除了常见的营业额（turnover）、资产负债表合计（balance sheet total）、雇员人数等指标，2002 年颁布的 1986 年《破产法》第 3 号修正案相关法规还规定"适格的小型公司"在申请进入法定延偿期的当日，负债不得超过 1000 万英镑。这使得更多的中小型公司被排除在外。① 而且新 CVA 也不适用于特殊行业，比如保险公司、1987 年《银行法》所定义的公司（即银行），以及其他提供金融和支付服务的公司，等等。②

（三）公司高管层的有限权力和破产从业人员越来越重的监督角色

根据 1986 年《破产法》Sch. A1 的第 18—23 段，公司高管层处分财产、支付、处分担保物、签订合同等权力都必须在债权人委员会的监督下行使；在没有债权人委员会的情况下，必须在被任命人的监督下行使。如果公司高管没有合理的解释而违反了以上条款，将受到罚款甚至监禁。而在旧模式下，没有规定这么细。这项改革的目的是更好地保护公司财产，当然最终也就是更好地保护债权人的利益，以防止滥用法定延偿期所可能造成的损害。

新模式下，公司高管想获得法定延偿期只需向法庭填写一个文件：记载所建议的自愿安排、关于公司事务的声明（包括必要的信息和细节）、公司是适格的小企业的声明，以及被任命人接受任命的声明和他/她的相关个人意见等。③ 其中被任命人的声明中必须表明在他/她看来，建议的自愿安排是否可能被通过并得到执行，以及公司在法定延偿期内是否有足够的资金维持正常的运转和用以召开债权人会议与股东会议。法条要求在得到法定延偿期保护之前，被任命人

---

① Insolvency Act 1986 (Amendment) (No. 3) Regulations 2002, para. 3.
② IA 1986, Sch. A1, para. 2.
③ IA 1986, Sch. A1, para. 7 (1). Because of the absence of the court application, the new provisions require the directors to participate in a preliminary process involving the nominee and submit to him necessary documents. The nominee shall submit to the directors a statement of his personal opinion in the prescribed form.

必须对 CVA 可否实现的"合理预期"明确表态。这里的"合理预期"并不是一个新鲜的提法，霍夫曼（Hoffmann）法官在 Re Harris Simons Construction Ltd. 一案①中早就表示过如果证据显示某种结果的确是真实可能达到的，就是存在"合理预期"，法庭就应当认同。而根据 Re a debtor（No. 140 IO of 1995），Greystoke v. Hamilton-Smith and Others 一案②中的法庭意见，被任命人的表态必须承担三方面的责任：首先，债务人企业真实的财务状况与呈报给债权人所知的状况之间不能有太大的差异；其次，自愿安排有被成功执行的真实可能；最后，债权人会议通过的建议中没有不可避免的、明显的不公平。③

总之，被任命人现在充当起了"过滤器"的角色，用来避免一些滥用法定延偿期的案件。没有被任命人首肯自愿安排建议，公司高管就无法完成对法庭的申报。同样，尽管公司高管在法定延偿期内控制着公司，但他们的活动必须在债权人委员会或被任命人的监督之下。④ 这些举措旨在防止公司高管利用法定延偿期进行不适当的拖延，因此是值得肯定的。⑤ 另外，由于这些法定义务加重了破产从业人员的责任和负担，因此会减低他们参与新 CVA 程序的热情。⑥

（四）受自愿安排约束和不受其约束的各方

在 1986 模式中，接到会议通知的债权人会受到自愿安排的约束，而公司不知晓的债权人是无法通知的因此不受其约束。⑦ 但在新模式下，1986 年《破产法》Sch. A1 第 37 条第 2 款规定自愿安排一旦获

---

① [1989] 1 WLR 368.

② [1996] 2 BCLC 429, [1997] BPIR 24.

③ D. Marks, "Insolvency Act 2000: The Practitioner's Exposure to the Cold Winds of the Moratorium", *ININT*, Vol. 16, No. 8, 2003, p. 57.

④ IA 2000, Sch. A1, para. 24. The nominee is entitled to withdraw his content to act and bring the moratorium to end where his option set out in paragraph 25 (2) of Schedule A1 is formed convincingly.

⑤ I. F. Fletcher, *The Law of Insolvency*, Sweet & Maxwell, London, 3rd. ed., 2002, p. 447.

⑥ D. Brown, *Corporate Rescue: Insolvency Law in Practice*, Wiley, Chichester, 1996, p. 663.

⑦ D. Milman & C. Durrant, *Corporate Insolvency: Law and Practice*, Sweet & Maxwell, London, 3rd ed., 1999, p. 52.

得通过将约束以下所有人：（1）有投票权的（无论是否出席会议或派代表出席）；（2）一旦知悉就会作为自愿安排的一方享有投票权的。因此，一旦债权人会议接受了自愿安排的建议事项，所有债权人，无论知道或不知道开会事宜，都将受到自愿安排的约束，除非有证据显示公司的高管人员故意隐瞒了他们存在的事实。立法对债权人接到通知但却没有投票权的情形未加规定。只能推断没有投票权的债权人将不受自愿安排的约束。① 在 Re TBL Realisations plc，Oakley-Smith v Greenberg 一案②中，无论是初审的汉弗莱（Pumfrey）法官还是上诉法院的判决都因违反了这一推论，错误决断债权人的受偿标准而遭致批评。③ 仅凭推测认为，债权人不会因"未投票就接受自愿安排"而受损，因为即使当初他有机会投票也不会反对，这种逻辑倒因为果，是站不住脚的。1986 年《破产规则》第 1.17 条现在已经被 2002 年颁布的《破产规则》第 2 号修正案④的第 8 条所取代，进一步缩小了可以逃避自愿安排约束的债权人的范围。

（五）浮动担保债权人的权利也将受到法定延偿期的束缚

过去，担保债权人有权指定一名接收人从而阻挠 CVA 程序的进行。⑤ 现在浮动担保债权人在绝大多数情况下已经不能再指定管理接收人了。正常情况下浮动担保债权人通知公司会产生让担保固定于（crystallization）某些具体财产或类似的效力。如果某一案件中浮动担保还未固定而债务人公司已进入了法定延偿期，那么在此延偿期内，浮动担保债权人就不能再做出这样的通知，而只能在法定延偿期结束后再尽快通知。⑥ 该规定限制了债权人的部分权利，防止他们以

---

① Subject to IR 1986, r. 1.17.

② [2004] BCC 81.

③ L. C. Ho & R. J. Mokal, "Interplay of CVA, Administration and Liquidation" Part 1, *Co. Law.*, Vol. 25, No. 1, 2004, p. 3.

④ SI. 2002/2712. The creditor of a debt for an unliquated amount or any debt whose value is not ascertained is entitled to vote under the new rule1.17（3）.

⑤ The Insolvency Service, *Company Voluntary Arrangements and Administration Orders: A Consultative Document*, DTI, London, 1993, para. 2.1.

⑥ IA 1986, Sch. A1, para. 13.

此方式针对公司采取行动，除非能说服法庭允许对他们例外处理。①相应地，1986 年《破产法》Sch. A1 第 43 段进一步规定，如果担保贷款协议中约定公司进入法定延偿期的事实或任何之前的决定和调查都会产生使浮动担保自动固定于某些具体财产的效果，则该条款无效。这样就防止了担保债权人用在贷款合同中事先约定的方式来规避法定延偿期对其权利的影响。②

三 CVA 与 1985 年《公司法》第 425 条规定的和解/偿债协议安排之异同

如前所述，为了达到实质性的公司重整目标，通常需要一个破产管理程序和一个 CVA 程序或 1985 年《公司法》第 425 条规定的和解/偿债协议安排配合使用。和解/偿债协议安排制度在英国建立的时间较长，通常是在公司与债权人之间或公司与股东之间或与其中任何一个层级之间达成和解或债务偿还协议。这是一种受限制较多的法定公司拯救程序。③ 当公司已经进入破产清算或破产管理程序，只有破产清算人或破产管理人有权主张启动和解/偿债协议安排。④ 如果公司尚未进入任何正式破产程序，任何股东或债权人都可以向法庭提起启动申请。和解/偿债协议安排的流程如图 3—2 所示。

和旧的 CVA 程序一样，公司即使还没有出现偿债不能的情况也可以启动 1985 年《公司法》第 425 条规定的和解/偿债协议安排。同样，在法院批准和解/偿债安排之前，债务人企业也得不到法定延缓偿债期的保护。表 3—1 简单地比较了两个程序的区别。

---

① I. F. Fletcher, *The Law of Insolvency*, Sweet & Maxwell, London, 3rd. ed., 2002, p. 448.

② Ibid., p. 449.

③ D. Milman, "Reforming Corporate Rescue Mechanisms", in J. Lacy (ed) *Reform of United Kingdom Company Law*, Cavendish, London, 2002, p. 416. This regime is now prescribed in section 425 – 427 of the Companies Act 1985. The provisions of Part 26 of the Companies Act 2006 restate sections 425 – 427 of the 1985 Act. In addition to drafting changes resulting from the re-arrangement of the provisions, there are two changes of substance. Most of the 2006 Act, nevertheless, including Part 26 does not come into force until October 2008.

④ Companies Act 1985, s. 425 (1).

```
┌─────────────────────────────────────────────────────────────┐
│ 向法庭提出书面申请：依照民事程序规则（Civil Procedure Rules）申请法 │
│ 庭听审，并提交一份书面陈述对相关事项进行解释说明，附带通知召开相   │
│ 关会议。                                                     │
└─────────────────────────────────────────────────────────────┘
                              ↓
┌─────────────────────────────────────────────────────────────┐
│ 因建议的和解/偿债安排受影响的债权人和股东按不同层级/组别分别召开    │
│ 会议。                                                       │
└─────────────────────────────────────────────────────────────┘
                              ↓
┌─────────────────────────────────────────────────────────────┐
│ 和解/偿债安排必须在每个会议组别都获得通过，通过的标准是占出席该会  │
│ 议的债权人或股东人数一半以上，同时代表的债权或股权占 75% 以上，不  │
│ 论是亲自出席投票还是代理投票。                                 │
└─────────────────────────────────────────────────────────────┘
                              ↓
┌─────────────────────────────────────────────────────────────┐
│ 法庭批准：如果建议在所有会议都获得了通过，就可以向法庭提交一份申   │
│ 请和书面陈述，请求法庭批准该和解/偿债安排。一旦获得批准，和解/偿债 │
│ 安排就对全体债权人和股东产生约束力，而不仅仅约束参加投票或有投票   │
│ 权者。                                                       │
└─────────────────────────────────────────────────────────────┘
```

图 3—2　和解/偿债协议安排流程

表 3—1　　　CVA 程序与 1985 年《公司法》第 425 条
和解/偿债协议安排比较

	CVA 程序	1985 年《公司法》第 425 条规定的和解/偿债协议安排
申请	债权人和一般股东都无权提交建议书	任何债权人和股东都有权向法院提出启动申请
复杂程度和不同的企业适用类型	灵活、保密、相对便宜和简单，适合中小型企业。在英格兰和威尔士注册的公司都可以适用该程序，未注册的公司和海外注册公司不适用。其中的 2003 模式只对适格的小型公司开放	相对复杂，不太灵活，比较麻烦和昂贵。不仅适用于在英格兰和威尔士注册的公司，也适用于未注册的公司和部分海外注册的公司。* 该程序也可用来进行正常公司的兼并和收购，它的好处就是可以把对股东赞成票的要求从 90% 降低到 75%。** 因为该程序的使用比较昂贵，所以实践中一般限于大型公司或公司集团重整时使用，它们通常都有复杂的财务结构并需要一个长期的解决方案***
是否要分层级/组别地协商	没有分层级分组召开债权人会议或股东会议的要求	受和解/偿债安排建议影响的债权人和股东分成不同层级/组别分别召开会议****

续表

	CVA 程序	1985 年《公司法》第 425 条规定的和解/偿债协议安排
监督和控制	公司高管执行职务受到监督人（被任命人）的监督	公司高管在程序期间继续对公司事务进行绝对的控制。没有来自破产从业人员的外部监督，除非该和解/偿债安排是由破产清算人或破产管理人启动的
约束力和对优先权以及担保债权的影响	优先权人和担保债权人的实体权利受到法律的保护，不受 CVA 条款的影响，除非该债权人自己同意＊＊＊＊＊ 在 1986 模式下，只有接到了会议通知的债权人会受到自愿安排的约束。而在新模式下，任何有投票权的债权人，以及任何一旦接到会议通知就会有投票权的债权人都会受其约束	法庭在批准和解/偿债安排时必须考虑优先和担保债权人的权利问题，但其实体权利并非不能改变。只要安排被通过了，所有各方都将受其约束，即使反对者和没有收到会议通知的人也概莫能外

注：＊ IA 1986, s. 221. These companies are liable to be wound up under Part IV of IA 1986. Companies Act 1986, s. 425 (6) (a); IA 1986, s. 122.

＊＊ D. Milman, "Corporate Reorganization Procedures: Recent Judicial Insights", *Sweet & Maxwell's Company Law Newsletter*, Vol. 15, 2004, p. 1, Section 429 of the CA 1985.

＊＊＊ D. Milman, "Reforming Corporate Rescue Mechanisms", in J. Lacy (ed) *Reform of United Kingdom Company Law*, Cavendish, London, 2002, p. 415.

＊＊＊＊ The result of classification is vital because the meetings that are not divided properly or do not reflect all interests of the different classes may cause the court refuse to sanction the scheme. Some most typical formulas of "a class" or principles of classification may be found in following cases or documents: Sovereign Life Assurance Company v Dodd [1892] 2 QB 573; Re National Bank Ltd [1966] 1 WLR 819; Re BTR plc [2000] 1 BCLC 740; Re Osiris Insurance Ltd [1999] 1 BCLC 182; the consultative reports of Company Law Review Steering Group, *Modern Company Law for a Competitive Economy: Completing the Structure* (November 2000), DTI (URN 00/1335), Chapter 14 question 11. 7; and *Modern Company Law for a Competitive Economy: Final Report* (July 2001), DTI (URN 01/942), para. 13. 8; Re Hawk Insurance Co Ltd [2001] 2 BCLC 480; Re Telewest Communications plc (No. 2) [2004] EWHC 1466 (Ch); Re Equitable Life Assurance Society [2002] EWHC 140 (Ch), [2002] 2 BCLC 510 and Practice Statement [2002] 3 All ER 96, [2002] 1 WLR 1345. The court now is playing a passive role in determining the composition of classes, depending merely upon the application of applicant.

＊＊＊＊＊ IA 1986, s4 (4).

很明显,其他正式重整程序之间存在缝隙,给和解/偿债安排留下了发展的空间。有学者建议,这个程序中应当引进一个法定延偿期,就像 CVA 的 2003 模式中那样,这样会提高和解/偿债安排的利用率。① 如此,那些不能利用破产管理或 CVA 程序的公司,可以在它们还没有出现支付不能的情况下着手开始重整了。②

四 CVA 程序偏低的利用率及其原因

相比英格兰和威尔士的其他公司破产程序,CVA 的使用频率偏低,特别是为小型企业设计的新 CVA 模式。在该程序生效之后,实践中甚至鲜有企业问津。具体数据见表 3—2。

表 3—2　　　　　实践中 CVA 模式使用情况　　　　　单位:件

年份	强迫清算程序	自愿清算程序	管理接收程序	破产管理程序	CVA 程序
1987	4116	7323	1265	131	21
1988	3667	5760	1094	198	47
1989	4020	6436	1706	135	43
1990	5977	9074	4318	211	58
1991	8368	13459	7515	206	137
1992	9734	14691	8324	179	76
1993	8244	12464	5362	112	134
1994	6597	10131	3877	159	264
1995	5519	9017	3226	163	372
1996	5080	8381	2701	210	459
1997	4735	7875	1837	196	629
1998	5216	7987	1713	338	470
1999	5209	9071	1618	440	475
2000	4925	9392	1595	438	557
2001	4675	10297	1914	698	597

---

① Insolvency Service, *A Review of Company Rescue and Business Reorganization Mechanisms*, DTI, London, 2000, para. 43; D. Milman, "Schemes of Arrangement: A Triumph of Judicial Adaptability", *Sweet & Maxwell's Company Law Newsletter*, No. 21/22, 2003, p. 4.

② D. Milman, "Schemes of Arrangement: Their Continuing Role", *INSOLVL*, No. 4, 2001, pp. 145 – 146.

续表

年份	强迫清算程序	自愿清算程序	管理接收程序	破产管理程序	CVA 程序
2002	6230	10075	1541	643	651
2003	5234	8950	1621	726*	726
2004	4584	7608	864	458**	597
2005	5233	7660	590	2261***	604
2006	5418	7719	588	3560	534

注: * 其中,依《企业法》2002 年提起的新破产管理程序有 247 宗。
** 2004 年只有 1 宗旧式破产管理程序的案件。
*** 2005 年只有 4 宗旧式破产管理程序的案件。
资料来源: Insolvency Services, *A Review of Company Rescue and Business Reconstruction Mechanisms*, DTI, London, May 2000, para. 44; Insolvency Services statistics data available, http: //www. insolvency. gov. uk/otherinformation/statistics/statisticsmenu. htm。由于管制原因无法登录该外方官网,所以 2006 年以后的数据未能获得。

2003 年盖里·库克 (Gary Cook) 教授和他的小组做了一个关于 CVA 程序的实证性的交叉研究,[①] 确认和分析了导致 CVA 使用率明显不足和成功率偏低的一些深层次原因。在他们所找出的原因中,被认为"比较重要"、"重要"和"非常重要"的前五大原因分别是: (1) 公司无法恢复赢利; (2) 客户方出现问题; (3) 缺乏为继续贷款提供担保的能力; (4) 供应商和员工方面出现的问题; (5) 无担保债权人采取的行动。[②] 根据该研究,在公司规模和重整成功概率之间有正相关关系,不论这里所说的成功是从重整计划的执行情况还是从实际分配给债权人的所得方面来看。[③] 而在对美国《破产法》第 11 章案件的统计中也可得出相同的结论。美国《破产法》第 11 章案件中所涉及的公司大致可以分为三类: 第一类,大型的公众公司 (相当于股份有限公司,

---

[①] G. Cook, N. Pandit, D. Milman & C. Mason, *Small Firm Rescue: A Multi-method Empirical Study of Company Voluntary Arrangements*, The Center for Business Performance of the ICAEW, London, 2003.

[②] Ibid., 见该书的表 4—4 以及第 21 页的相关论述。

[③] Ibid., pp. 27 - 28. 但是在拯救成功的机会与企业从事的行业之间未发现有指示性的关联。

通常上市交易);① 第二类,中小型公司通常为私人公司(有限责任公司),规模从资产数百万美元到数十万美元;② 第三类,单一不动产债务人,这类企业一般不从事经营,只是拥有一块商业地产或土地,并且进行了按揭或抵押从事其他投资。③ 根据经验证据,进入《破产法》第11章程序的第二类小型公司是最不大可能重整成功的。在绝大多数案件中,它们最终都是转入第7章的破产清算程序结束。④

一般来说,那些值得拯救的公司应该至少能通过拯救把相关的程序费用赚回来(通常几千英镑)。但经验证据显示对于那些最小型的企业,其年营业额也很少超过10万英镑,即使是花费最少的CVA程序对它们来说也还是太贵。⑤ 因此,专门为这类公司的拯救而设计的新CVA程序在实践中的利用率也就不会太值得期待了。

(一) 破产专业人员在CVA程序中的作用

除了以上列举的原因,破产专业人员在CVA程序中的作用也是一个重要因素。CVA并不是一个那么简单的程序,破产专业人员的首要难题就是与各类债权人进行沟通,完成这项任务需要首先建立并不断维护相互之间的信任关系,要时时调整自愿安排的各项建议,这一切不但令人筋疲力尽,而且有一定的风险。⑥ 破产专业人员的业务

---

① W. D. Warren & D. J. Bussel, *Bankruptcy*, Foundation Press, New York, 6th ed., 2002, p. 592.

② D. G. Epstein, S. H. Nickles & J. J. White, *Bankruptcy*, West, ST. Paul, 1992, p. 734.

③ W. D. Warren & D. J. Bussel, *Bankruptcy*, Foundation Press, New York, 6th ed., 2002, p. 593.

④ 另外,第一类的大公司重整成功的机会更大,那是因为在经过第11章的重整之后,至少它们还能保留部分实体持续过去的经营。W. D. Warren & D. J. Bussel, *Bankruptcy*, Foundation Press, New York, 6th ed., 2002, p. 593; D. G. Epstein, S. H. Nickles & J. J. White, *Bankruptcy*, West, ST. Paul, 1992, p. 734.

⑤ D. Milman & F. Chittenden, *Corporate Rescue: CVAs and the Challenge of Small Companies*, Certified Accountants Educational Trust, London, 1995, p. 5.

⑥ J. Flood, R. Abbey, E. Skordaki and P. Aber, *The Professional Restructuring of Corporate Rescue: Company Voluntary Arrangements and the London Approach*, Certified Accountants Educational Trust, London, 1995, p. 22; "Because of the relative small nature of businesses in CVAs, they are often unattractive to venture capitalists who would like to invest £ 5 million to £ 10 million, so the search for external funding is difficult and relies on the networks established by the IPs among banks, accountants and lawyers."

训练通常集中在清算、接管、处理财产和终结公司等方面，从事自愿安排似乎不在他们的传统业务范围之内。[1]

调查显示，在1986年《破产法》通过20多年后，依然只有一小部分破产专业人员有过从事CVA程序的经验，而较深入地运用过该程序的人更是少之又少。[2] 由于只有很少的破产专业人员接触过CVA程序，该程序利用率偏低的事实也就不难理解了。一定的风险、缺乏有效控制手段以及其他可能遇到的不确定性都是导致破产专业人员对CVA程序缺乏兴趣的原因。但最重要的原因还是缺乏经济利益的刺激，对于破产业务市场的每一个从业人员来说，成本效益原则才是首要的考虑。[3] 企业应当自生自灭，破产专业人员谁又愿意花费比平常更多的心力去赚取更少的报酬呢？即使这样做符合社会整体利益，但不能指望人人都是"活雷锋"。[4]

另一个经常提及的问题就是破产专业人员的服务质量问题。他/她们不总是具备必要的技能和知识来应付处于财务困境中的各种企业，尤其是一些特殊行业企业的问题。

> 20世纪90年代以来，想成为一名破产专业人员就必须通过联合破产考试委员会（Joint Insolvency Examination Board，JIEB）组织的考试。但这种考试主要是功能性的，并不保证学到的技术是实践中最急切需要的。至少它不要求破产专业人员了解任何一个具体的行业（比如，珠宝行业、管道建筑、修理、金融等任何一行），但实际上他/她们一旦担任接收人或破产管理人却必须立即掌管这些具体的行业。如果没有足够的行业经验而仅仅懂

---

[1] J. Flood, R. Abbey, E. Skordaki and P. Aber, *The Professional Restructuring of Corporate Rescue: Company Voluntary Arrangements and the London Approach*, Certified Accountants Educational Trust, London, 1995, p. 17.

[2] G. Cook, N. Pandit, D. Milman & C. Mason, *Small Firm Rescue: A Multi-method Empirical Study of Company Voluntary Arrangements*, The Center for Business Performance of the ICAEW, London, 2003, p. vii.

[3] Ibid., p. 36.

[4] Ibid., p. vii.

得破产知识，那么他/她们一上来就会倾向关闭企业、清算财产而不是真正实施拯救。①

幸亏正式的破产专业人员并非唯一从事破产业务的人。意识到非正式的重组专家有其潜在的价值，官方如果能对其中资质较好的一部分人进行认证从而提高该领域的竞争那将是十分有意义的。自2003年1月以来，CVA程序中的被任命人不再必须是取得正式牌照的破产专业人员。其他任何人理论上都可以担任被任命人或监督人，只要他/她取得了官方认证机构（a body recognized by the Secretary of State for that purpose）的授权。②这项措施旨在规范破产专业服务同时填补服务市场中的一些真空。③

（二）如何判断一个CVA程序是否成功以及政府在其中的角色

判断一个CVA程序取得成功有三个指针：（1）监督人判定CVA程序的结果是看自愿安排中所计划的事项是否实现；（2）最后分配给各类别债权人的财产数量；（3）最后实际分配所得占自愿安排中计划分配所得的比例。大多数有经验的破产专业人员都认为第一个指标最关键。④ 如果从债权人最终获偿比例的角度，CVA程序比管理接收和破产清算程序都更为有效和成功。一些调查显示，CVA程序的平均受偿比例是每一英镑债权受偿30%，即使是无担保债权人100%受

---

① P. Arnold, C. Cooper & P. Sikka, "Insolvency, Market Professionalism and the Commodification of Professional Expertise", A Paper presented at the 2005 British Accounting Association Conference, Heriot-Watt University, 2005, http: www.essex.ac.uk/AFM/Research/working_papers/WP03-01.pdf, p. 9.

② IA 1986, s. 389A as inserted by IA 2000, s. 4（4）；K. G. Broc, "Company Voluntary Arrangements and the 'Rescue Culture' in Light of the Insolvency Act 2000", in K. G. Broc & R. Parry（ed）*Developments from Selected Countries in Europe*, Kluwer Law International, London, 2004, p. 180.

③ 据统计，目前只有1800名破产从业人员参与过各类CVA程序。G. Cook, N. Pandit, D. Milman & C. Mason, *Small Firm Rescue: A Multi-method Empirical Study of Company Voluntary Arrangements*, The Center for Business Performance of the ICAEW, London, 2003, pp. 44–45.

④ Ibid., p. 16.

偿的情况也屡见不鲜。①

盖里·库克小组关于 CVA 的研究报告中有这样一个发现，在他们所调查的 50% 的案件中，启动 CVA 程序的主要目标是进行更有效的清算，而不是去拯救公司。② 从达到或超过自愿安排中预想目标的角度，如果希望的是公司重生，那么 1/3 的 CVA 程序是非常不成功的。③ 因此，事实上，CVA 程序现在越来越多地被用作一种更有效的破产清算方式，而并非如最初设想的主要被用作一种公司再建机制。

这里提到的很多问题不是 CVA 程序中独有的，任何破产重整或清算程序都会碰到这些问题。立法可以带来技术上的改进，但无法在短时间内改变公众的态度和法律文化。即使是今天，进入公司重整程序依然被视为失败的标志。这个事实本身就会使得公司日子变得更加难过，因为它大大降低了消费者和供应商对困难企业的信任。④ 如果希望继续推广拯救文化，政府还要在以下方面不断付出巨大努力：使公司的高管人员、财会人员、审计人员及早发现公司出现财务危机的端倪，以便及早启动重整；普及对破产专业人员的业务培训；加大对各种破产重整程序的宣传，使之变得众所周知。⑤

---

① D. Milman & F. Chittenden, *Corporate Rescue: CVAs and the Challenge of Small Companies*, Certified Accountants Educational Trust, London, 1995, p. 16. 而库克等教授的报告统计，通过 CVA 程序的普通债权受偿率平均为每英镑 25.91 便士，见该报告的第 17 页。

② G. Cook, N. Pandit, D. Milman & C. Mason, *Small Firm Rescue: A Multi-method Empirical Study of Company Voluntary Arrangements*, The Center for Business Performance of the ICAEW, London, 2003, p. v.

③ Ibid., p. 21.

④ Ibid., p. 48.

⑤ Ibid., p. 50.

第四章

美国《破产法》第 11 章的重整程序

美国破产重整法起源于 19 世纪 80 年代前后的联邦衡平接管制度(federal equity receivership)。[①] 而在现行法律体系之中,美国 1978 年《破产法》[②](也可以叫《美国破产法典》,*Bankruptcy Code*)第 11 章是众所周知的商业重整程序。[③] 改革《破产法》的论辩自 1994 年以来就在美国国会激烈展开。继而成立了国家破产评价委员会[④](National Bankruptcy Review Commission)继续探讨改革破产法的方法和步骤。第 109 届美国国会于 2005 年 4 月 14 日通过了《防止滥用破产及消费者保护法案》(*The Bankruptcy Abuse Prevention and Consumer Protection Act of 2005*,

---

[①] D. J. Bussel, "Coalition – Building through Bankruptcy Creditor's Committees", *UCLA L. Rev.*, No. 43, 1996, p. 1552. 1898 年的《破产法》是美国第一部综合性的联邦破产法律,主要规定了破产清算程序,只规定了两种不太令人满意的制度可以勉强用于重整。1933 年和 1934 年的破产法修正案以及 1938 年的钱德勒法案为重整程序带来了实质性的改革与进展。

[②] 现行的美国《破产法》(*Title 11 of the United States Code*,美国法典的标题第 11 号)最初是作为 1978 年《破产改革法》(Pub. L. No. 95—598, 92 Stat. 2549)的一部分,用以取代 1898 年的《破产法》。目前的《破产法》包括八章:包括 1978 年《破产改革法》最原始的七章(1、3、5、7、9、11、13)以及 1986 年《破产改革法》所新增的第 12 章。1978 年《破产改革法》最大的特点之一就是史无前例地将之前法律中的三章整合为单独的第 11 章重整程序。此后又经过多次修改。详见 C. J. Tabb, "The History of the Bankruptcy Laws in the United States", *Am. Bankr Inst. L. Rev.*, No. 3, 1995, p. 5。

[③] 在美国《破产法》中,第 11 章、第 12 章、第 13 章都有重整功能。但第 12 章、第 13 章的适用主体却是严格受限的,因此其重要性也相对低得多。本书在论及美国的破产重整程序的时候,仅涉及第 11 章。第 11 章的适用主体也包括非商的个人,但也属于非常罕见的情形,其主要的适用对象,还是企业,尤其是大型企业。

[④] 这是一个九人委员会,任务是收集各种不同意见,然后向国会提交破产法的修改建议。1997 年 10 月,委员会提交了一份全面的评价报告,标题为 "Bankruptcy: The Next Twenty Years" (E. Warren, Rep., 1997), http://govinfo.library.unt.edu/nbrc/。其中的不少建议已被 2005 年的《防止滥用破产及消费者保护法案》所采纳。

第四章　美国《破产法》第11章的重整程序

BAPCPA 2005)，布什总统于4月20日签署颁布。该法案是1978年以来破产法领域最重要的改革。① 新法案一半的内容是关于商业破产的，许多重要内容都被吸收到修订之后的《破产法》第11章中。② 除非特别声明，本章中所提到的都是修改之后的《破产法》第11章条文。

第11章重整程序可以通过债务人公司自愿申请而启动，③ 也可以通过至少三个以上的无担保债权人联合申请而启动；当然在一些更小的案件中，提起申请的无担保债权人甚至可以降为一人。④ 在自愿申请的情形下，债务人几乎可以自动获得批准并进入法定的延缓偿债期（automatic stay）；⑤ 在被动申请的情形下，必须符合一定的法定标准才能获得法庭批准。事实上，重整也不是进入《破产法》第11章之后的唯一选择，另一个选择是破产清算。⑥ 债务人公司之所以希望通过第11章而不是第7章程序来完成破产清算是因为他们希望能控制整个清算过程。如果发现公司出现实际的或不断的财产损失和缩减，或者发现《破产法》第1112条第b款所规定的其他情形，那就必须结束第11章程序而转为第7章下的破产清算。实践中，申请进入《破产法》第11章的公司大致可以被分成三类：大型公司、中小型公司⑦和只有单一物业的债务人。⑧ 对其中的第三类而言，所谓的重整不过是债务人和抵押权人之间协商：一旦不能

---

① Pub. L. No. 109 - 8, 119 Stat. 23。该法的绝大部分条文适用于2005年10月17日以后受理的案件。

② 其中最引人注目的变化，就是在第11章中引入了专门适用于小企业的特别重整条款。除此之外，对破产案件的管理、债权人受偿、公司控制、制订重整计划以及保证重整成功等方面，也有许多重要改进。

③ 11 USC s. 301 (2005).

④ 11 USC s. 303 (2005).

⑤ 11 USC s. 362 (2005) requires automatic stay of all collection activities specified in the 8 subparts of section 362 (a) upon the filing of a voluntary or involuntary petition. The arising of stay is completely automatic without any court order and is simply as a result of the filing.

⑥ 11 USC s. 1123 (a) (5) (D) (2005).

⑦ The debtor engaged in commercial or business activities that has aggregate non-insider, non-affiliate, non-contingent liquidated secured and unsecured debts, as of the date of the commencement of the bankruptcy, of not more than $2 million, provided there is no active creditors' committee, is defined as a "Small Business" debtor and is now required to reorganize compulsorily under Small Business provisions of the post-BAPCOPA code.

⑧ 11 USC s. 101 (51B) (2005). BAPCPA eliminates the $4 million secured debt limit prescribed in the previous definition of a "single asset real estate" and therefore extends the scope of single assets real estate cases by including larger properties and projects.

偿还到期债务，该如何处分抵押物也就是这单一物业的问题。① 对于这类企业，没有什么挽救继续经营的剩余价值的问题，也没有任何其他债权人或劳动者保护的问题，因此并非我们研究的对象。而今天，无论是在律师还是法官中，都有一种越来越强烈的共识，那就是反对滥用第11章程序，因为这会造成社会成本的严重浪费。②

第一节　第11章程序的特征

一　债务人在位

《破产法》第11章最主要的特征就是所谓的"债务人在位"（Debtor in Possession，DIP），意即进入重整程序之后，债务人（通过其原董事会、高管层）仍然自行管理相关事务，只有在特殊情况下，才根据《破产法》第322条规定指定一名有资质的破产专业人员担任受托管理人（trustee，又可简称托管人）来管理公司事务。③ 在位债权人既代表公司股东的利益，又是破产企业本身的信托利益代表（fiduciary representative）。④《破产法》第1107条第a款赋予债务人作为托管人所需的几乎一切权利和权力，当然也伴随了相应的各种义务，除了不用调查自己过往的各种行为。⑤ 仅仅在第1104条第a款所规定的极少数的情况下才有必要停止债务人在位而指定一名独立的托管人。在重整期间，公司的董事会至少必须履行以下三项主要的管理功能：⑥

---

① W. D. Warren & D. J. Bussel, *Bankruptcy*, Foundation Press, New York, 6th ed., 2002, p. 594.

② Ibid..

③ 11 USC s. 1101 (1).

④ Commodity Futures Trading Commission v. Weintraub, 471 U. S. 343, 355 (1985). "The board of directors of Chapter 11 debtor owes fiduciary obligations not only to its stockholders (as all corporate boards do) but also to creditors of the debtor." see W. D. Warren & D. J. Bussel, *Bankruptcy*, Foundation Press, New York, 6th ed., 2002, p. 595; C. J. Tabb, *The Law of Bankruptcy*, Foundation, Westbury, 1997, p. 61.

⑤ 11 USC s. 1106 (a) (3) and (4).

⑥ C. J. Tabb, *The Law of Bankruptcy*, Foundation, Westbury, 1997, p. 771.

(1) 根据《破产法》第 1108 条规定继续营业。如果需要从事一些正常经营以外的特殊交易，董事会必须得到破产法庭的许可并及时通知有可能反对该交易的债权人，使其得到申诉的机会。① 董事会甚至可以从事诸如财产出售、租赁、获得无担保贷款等交易，只要是在正常经营范围内，都无须得到法庭的批准。②

(2) 代表破产企业。董事会是破产企业的代表，必须对企业控制下的所有财产负责，并作为实际托管人代表企业起诉和应诉。③ 董事会必须向有关各方提供关于企业及其管理的信息，并在最后结束其 DIP 职责的时候提交一份终结报告和企业管理记录。④

(3) 制订重整计划并促使其通过。董事会需要重整的不仅仅是本企业的经营业务，更重要的是重新构建与之有关的各种债权—债务关系。⑤ 在案件开始的最初 120 天内，董事会有提出重整计划的排他权利，⑥ 但是如果董事会怠于行使，之后其他任何利益相关人都可以替代他们提交重整计划。⑦ 为了保证计划被通过，债务人企业必须首先跟主要的担保债权人、普通债权人委员会，如果有的话，还包括其他债权人或股东委员会进行协商。⑧ 需要注意的是，在根据《破产法》第 1121 条进行协商的时候董事会的身份仍然只是股东利益代表，

---

① 11 USC s. 363 (b) (1) and s. 364 (b).
② 11 USC s. 363 (c) (1) and s. 364 (a).
③ 11 USC s. 323. Section 1106 (a) provides the duties of the trustee to act as the fiduciary officer of the estate.
④ 11 USC s. 1106 (a), s. 1107 (a), s. 704.
⑤ C. J. Tabb, *The Law of Bankruptcy*, Foundation, Westbury, 1997, p. 772.
⑥ 11 USC s. 1121 (a), (b) and (d) (2) (A), (B) (2005). The period is terminated if the court appoints a trustee. Although the courts may also shorten the exclusively period with court order, they commonly will be very prudential to do so. In practice, extensions is common, especially relatively large case, so long as the debtor is able to generate enough revenue to meet ongoing operating expenses. BAPCPA absolutely prohibits an extension of the exclusive period beyond 18 months, when taking into account an additional 2 – months exclusive period to solicit acceptances, 20 months in total, after an order for relief. Different time periods and procedures apply to small business cases. 11 USC s. 1121 (e) (2005).
⑦ 11 USC s. 1121 (c) (2005).
⑧ 11 USC s. 1102 (a) (2005).

并非破产企业的信托利益代表。①

进入第 11 章程序之后，破产企业的高管层至少能在处理以下四类法律问题时处于更有利的地位：第一，阻止担保债权人依照州法的规定"强制执行担保物"或者"取消债务人企业对担保物的赎回权"（foreclose）；第二，获得州法中没有的破产特别权力；② 第三，阻止各类小债权人的追债以及克服部分债权人对债务重新安排的抵制行为（holdouts）；③ 第四，获得新的贷款。④ 因此，流动资金缺乏和不能偿还到期债务所引起的企业生存危机能有效地得到暂时缓解。⑤

尽管可以享受许多好处，但是公司高管在出现支付不能的初期尽早申请进入第 11 章程序的动力仍然不足，因为一旦申请破产，他们对公司重大投资决策的独断权还是会失去。任何《破产法》第 363 条第（b）款第（1）项规定的正常经营以外的特殊交易都必须依法获得法庭批准之后才能从事。即使是在正常经营范围之内的交易，一旦有利害关系人通常是公司的债权人申请，法庭还是可以通过裁定的方式限制公司高管做出决策和执行事务的权利。⑥ 这就意味着，只要有任何可能，高管层都有动机拖延进入破产程序的时间，甚至不惜通过从事更高风险的投资而做最后的挣扎，从而使公司债务处于更危险的状态。⑦

---

① W. D. Warren & D. J. Bussel, *Bankruptcy*, Foundation Press, New York, 6th ed., 2002, p. 595.

② "For example to estimate and discharge contingent claims or to avoid prebankruptcy transfers or to appeal an adverse judgment without posting a supersedes bond or to assume and assign defaulted leases." 见 W. D. Warren & D. J. Bussel, *Bankruptcy*, Foundation Press, New York, 6th ed., 2002, p. 592。

③ W. D. Warren & D. J. Bussel, *Bankruptcy*, Foundation Press, New York, 6th ed., 2002, p. 592.

④ 美国《破产法》允许在担保物上为了重整继续贷款的目的设置更优先的担保权，详见后文。

⑤ R. K. Rasmussen, "The Ex Ante Effects of Bankruptcy Reform on Investment Incentives", *Wash. U. L. Q*, No. 72, 1994, p. 1189.

⑥ 11 USC s. 336（c），1108.

⑦ R. K. Rasmussen, "The Ex Ante Effects of Bankruptcy Reform on Investment Incentives", *Wash. U. L. Q*, No. 72, 1994, p. 1189.

二 托管人、调查员和各类委员会

因为第 11 章采取的是"债务人在位",因此只有在极少数的案件中,才有必要指定一个独立的托管人。① 应利害相关人的申请,或应美国联邦托管人协会的要求,法庭可以指定一名托管人,理由必须是发现债务人原高管的欺诈行为、不诚实(虚假陈述)、能力欠缺或对公司事务管理不当等情形。② 根据 2005 年 BAPCPA 法案规定,美国联邦托管人协会在怀疑有欺诈行为的案件中一定要指定一名托管人介入。③ 法庭有权主动指定一名托管人或调查员(examiner)然后让案件继续保留在第 11 章程序内,而不必立即解散公司或转入第 7 章的破产清算程序;④ 或者应要求为了债权人、股东及公司其他利害相关人的利益做出上述指定。⑤ 但实际上,法庭通常非常不愿意指定托管人,尤其在那些大型案件中,做出托管决定总是慎之又慎。因为对于法庭而言,指定托管人是非常特殊的救济手段,必须证据确凿、正确无误才得以为之。⑥

一旦法庭做出决定指定一名托管人,美国联邦托管人协会就必须依照《破产法》第 341 条的规定召集债权人会议选出具体的托管人员,只有当破产企业是铁路公司的时候,托管人才通过另外的方

---

① 11 USC s. 1104 (2005).

② 11 USC s. 1104 (a) (1) (2005). The bankruptcy judge only acts sua sponte to order the appointment but will not actually make the appointment. Making the appointment is left to the United States trustee, subject to the court's approval under s 1104 (d) or to the election by creditors under s. 1104 (b).

③ 11 USC s. 1104 (e) (2005).

④ 11 USC s. 1112 (b) as amended by the BAPCPA 2005 expands the ground that a court can rely on to dismiss a Chapter 11 case, concert a Chapter 11 case to a case under Chapter 7, or appoint a trustee or examiner in a Chapter 11 case.

⑤ 11 USC s. 1104 (a) (2) (2005). The meaning of this subsection is ambiguous. "It is apparently meant to apply to cases in which there is no gross misconduct by management, but in which there is some reason why the interests of everyone concerned would be better served by appointment of a trustee." See W. D. Warren & D. J. Bussel, *Bankruptcy*, Foundation Press, New York, 6th ed., 2002, p. 596.

⑥ C. J. Tabb, *The Law of Bankruptcy*, Foundation, Westbury, 1997, p. 778.

式产生。① 即使已经指定了托管人，一旦当初做出指定的情形消失或发生重大改变，法庭还是可以终止该指定并将公司的经营和财物交还给原董事会。② 托管人接管公司后，他/她必须承担《破产法》第1108条和1106条第 a 款所列明的各项责任，包括继续营业、调查公司经营和财务状况、出具相关报告，以及处理与破产案件有关的各种管理事务。③ 因为托管人必须管理公司的经营，因此不论是利益相关人还是美国联邦托管人协会都更希望指定专业的重整经理而不是律师或会计师担任托管人。④ 指定托管人之后，董事会要将公司财产转交给托管人，此后董事的义务就只剩下向托管人和债权人提供各种信息了。⑤ 而且在指定之后，董事会提交重整计划的排他权利也就立刻终止，即使还在法定的 120 天之内。⑥

如果希望指定托管人的目的仅仅是为了调查公司的财务状况，那最好的方法是指定一名调查员而不是托管人。⑦ 因为前者有调查的功能，同时又不会取代董事会的管理职能。⑧ 无论是从复杂程度还是费用的角度考虑，都更容易接受。由于《破产法》第 1106 条授权法庭可以根据案情需要调整调查员的职权范围，因此调查员可以被指定对整个重整过程进行监督，而允许董事会始终自行管理公司经营。⑨ 如

---

① 11 USC s. 702 and s. 1104 (b) (2005). In case concerning a railroad it is the United States Trustee shall elect one person from five disinterested persons that are qualified and willing to serve as trustees in the case nominated by the Secretary of Transportation. 11 USC s. 1163.

② 11 USC s. 1105.

③ In small business cases, the United States Trustee is now playing more expanded role: monitoring the debtor during reorganization, holding an "initial debtor interview" before the first meeting of creditors, and most importantly moving for dismissal, convention, or appointment of a trustee or examiner under amended 11 USC s. 1112 (2005) when appropriate. 28 USC s. 586 (a) (2005).

④ W. D. Warren & D. J. Bussel, *Bankruptcy*, Foundation Press, New York, 6th ed., 2002, p. 596.

⑤ Commodity Futures Trading Commission v. Weintraub, 471 U. S. 343, 352 – 353 (1985).

⑥ 11 USC s. 343, 521 (2005).

⑦ 11 USC s. 1104 (c) (2005).

⑧ 11 USC s. 1106 (b) (2005).

⑨ Official Committee of Equity Security Holders v, Mabey 832 F. 2d 299 (4th Cir 1987).

果通过调查发现债务人公司破产之前有不当行为，就可以此为据要求法庭指定一名托管人。为保证调查员立场中立，不会因为希望随后被指定为托管人而故意夸大一些"事实"，在同一个案件中担任了调查员的人就不能在其后再担任托管人或他/她的任何雇佣人员（比如律师或会计师）。① 此外，第 1106 条第 b 款还规定了在例外的情况下，法庭有灵活处分的权力，可以剥夺 DIP 的一部分职能而让调查员去完成。近年，权力得到扩展的调查员凌驾于董事会之上来处理重整事务的情况越来越屡见不鲜。②

（普通）债权人委员会主要是用来平衡 DIP 在重整中的广泛权力，目的是要在协商重整计划和处理其他事务时保障债权人与其他相关人的利益。③ 作为重整程序的重要参加人，债权人委员会代表广大的无担保债权人参与重整计划的形成，并监督它的执行，还可以在符合条件的情况下要求指定一名托管人或调查员。④ 除了一些特别小和简单的案件，债权人委员会是必须成立的。⑤《破产法》第 1102 条规定，美国联邦托管人协会必须迅速指定一个债权人委员会，一般包括七名债权数额最大的无担保债权人。但是仅数额大并不保证这些债权人就一定能很好地履行代表职责。比较传统的观点是，债权人委员会的主要功能是防止内部人滥用权利，因此委员会的成员应当是全体无担保债权人这一整体的受托人（fiduciary），而不是仅代表其中的部分或某个债权人。⑥ 但经验证据显示，现实要比理论上复杂得多，因为委员会要代表的债权人利益之间本身就相互冲突，并非一个统一的整体。实践中常见即使是同一个委员会的成员间也会有完全不同的立场和观点。因此认定债权人委员会一定能够缓和各方冲突并很好地履

---

① 11 USC s. 321 (b), s. 327 (f).
② H. R. Miller & S. Y. Waisman, "Does Chapter 11 Reorganization Remain a Viable Option for Distressed Businesses for the Twenty-First Century?", *Am. Bankr. L. J.*, No. 78, 2004, p. 180.
③ 11 USC s. 1102 (2005).
④ 11 USC s. 1103 (c).
⑤ 11 USC s. 1102 (a) (3) (2005).
⑥ C. J. Tabb, *The Law of Bankruptcy*, Foundation, Westbury, 1997, p. 785.

行代表职责显然过于乐观,[①] 在个人利益牵涉其中的情况下要求同时能代表其他冲突方实际上是不符合信托原则的。[②] 给债权人委员会安排一些其他的功能,比如达成共识、协商沟通等,比起让他们承担信托责任更实际一些,也更能提高重整程序的效率。[③] 在单一物业的重整案件中,不论其标的有多大,由于往往只涉及一个重要的债权人,通常就是拥有担保物权的金融机构,(普通)债权人委员会就派不上什么用场了。[④]

在复杂的案件中,经美国联邦托管人协会或者破产法庭的指定,其他类别债权人或者股东也可以成立各自的委员会,[⑤] 目的是保证利益相关人能得到《破产法》第1102条第a款所规定的"充分的代表"(adequate representation)。[⑥] 而《破产法》第1103条则给予了各种委员会较为宽泛的授权。其中最核心的几项就是:参与重整计划的协商,向利益相关人提供解释和建议,召集会议、投票并向法庭报告投票结果。如果债务人企业提交重整计划的排他期(120天)已过而仍然没有提交计划,委员会可以提交一份自己的重整计划,然后召集会议并投票表决。委员会的另一项权力就是可以对公司高管层的可疑

[①] D. J. Bussel, "Coalition-Building Through Bankruptcy Creditor's Committees", *UCLA L. Rev.*, No. 43, 1996, p. 1548.

[②] D. J. Bussel, "Coalition-Building Through Bankruptcy Creditor's Committees", *UCLA L. Rev.*, No. 43, 1996, p. 1565. 11 USC s. 1102 (b) as amended by the BAPCPA 2005 requires the committee to provide its non-committee member constituents access to information, solicit and receive comments from them and be subject to court orders that compels any additional report or disclosure to be made to those constituents.

[③] D. J. Bussel, "Coalition-Building Through Bankruptcy Creditor's Committees", *UCLA L. Rev.*, No. 43, 1996, p. 1597. Given the self – interests seeking incentive of the DIP can be curbed effectively by other mechanisms rather than the creditors' committees, this argument is acceptable.

[④] D. J. Bussel, "Coalition – Building Through Bankruptcy Creditor's Committees", *UCLA L. Rev.*, No. 43, 1996, p. 1573.

[⑤] The definition of equity security is given in 11 USC s. 101 and according to 11 USC s. 1102 (b) (2), the committees of equity security holders are appropriate where the securities are publicly held and they may arguably have rights to substantial reorganization value.

[⑥] The court now is authorized to order the United States Trustee either to change the membership of an official committee, or to increase the number of members of a committee to include a creditor that is a small business concern as defined in section 3 (a) (1) of the Small Business Act (1953). 11 USC s. 1102 (a) (4) (2005).

行为展开初步的调查,① 并以调查结果为由要求指定正式的调查员或托管人,② 或者建议结束重整转入第 7 章的破产清算程序或采取其他的相应措施。③ 此外,根据《破产法》第 1109 条第 b 款,委员会还有权就与第 11 章重整有关的问题提起、参与诉讼或者应诉。如果公司原高管层拒绝就其担任 DIP 期间的不当或欺诈行为做出赔偿,委员会还可以参与或提起针对他/她们的相关诉讼。④

虽然委员会成员的直接花费可以得到补偿,但是对于他/她们付出的时间和精力却没有任何报酬;更不用说根据现行法律,担任成员还会因承担对其他债权人的信托责任而招致一些潜在的风险。⑤ 而且,债权人最后能得到多少受偿和其是否担任债权委员会成员并无太大关联,只在于其地位是否强势、手里是否有足够的谈判筹码。因此,对于机会主义者来说,最好是采取"搭便车"的策略,让别人去努力争取,自己只是跟随众人获得好处。这种动机进一步削弱了债权人担任委员会成员的动机。因此,实践中,债权人对担任委员会成员并不积极的情形也就很好理解了。

三 重整计划

大多数第 11 章重整程序的首要目标是制订并通过一份重整计划,如果债务人无法提交,或者提交的计划无法得到表决通过和法庭的批准,同时又没有其他人愿意提交一份新方案,那么案件就要终结并转入第 7 章的破产清算程序。⑥

---

① In the usual cases where no trustee or examiner is bothered, the unsecured creditors' committee is the only participant in the case that can carry out an investigation of the debtor's financial condition and of the debtor's chances for a successful reorganization. The courts generally prefer waiting for the results of the committee's investigation to appointing an examiner in the first instance.

② 11 USC s.1103 (c) (4) and s.1104 (2005).

③ 11 USC s.1103 (c) (4), 1104, 1121 (c), (d) (2005); C. J. Tabb, *The Law of Bankruptcy*, Foundation, Westbury, 1997, p. 786.

④ Phar-Mor, Inc. v. Coopers & Lybrand, 22 F. 3d 1228 (3d Cir. 1994).

⑤ J. B. Johnston, "The Bankruptcy Bargain", *Am. Bankr. L. J.*, No. 65, 1991, p. 271.

⑥ 11 USC s.1112 (b) (2) (2005).

(一) 重整计划的性质

重整计划本质上是债权人、债务人企业与股东之间的一个多方合同，可能同时也是向重整中的债务人企业继续投资的方案，因为重整计划通常涉及债转股安排。重整计划通常要对各种债权和股权按照其受偿顺序进行分类，区分出因债务人破产受损和未受损的层级或组别，然后向每个受损的层级或组别解释在重整计划草案中他们将受到何种待遇。债务人企业有 120 天的提出重整计划的排他期，[①] 如果在这期间无法完成提交，其他任何利益相关人都有权代替债务人提交一份自己的建议计划。[②] 如果某一个受损的债权人组别不接受该计划草案，重整计划就不能依照《破产法》第 1129 条第 a 款第 (8) 项之规定以正常方式获得法庭批准通过。但是只要符合法定条件，计划还是能得到法庭的强制批准通过。所谓的"强行通过"（cram down rule）指的是"全体一致通过重整计划"的一种法定例外。即虽然有一个或更多的债权组不同意重整计划，但只要该计划本身能达到严格的法定标准，那么对该债权组而言就是公平和无害的，因此为了其他债权组和债务人企业的利益，在计划制订者的请求下，法庭可以依照《破产法》第 1129 条第 b 款动用强裁权；如果达不到法定标准，则不能适用强行通过的规定。从这个角度，重整计划不是一种普通的民事合同，即使不同意其内容的当事人也可能受其约束，并不能完全地意思自治。[③]

(二) 债权、股权的分组投票问题

除了《破产法》第 507 条第 1 款、第 2 款、第 8 款所规定的法定优先权之外，对其他的债权和股权都必须按照受偿顺序进行分组，并以组为单位对重整计划进行讨论和投票表决（each class of claims or

---

[①] 11 USC s.1112 (b) (2) (2005). The period can be extended by showing the court proper causes. But the total period may not be extended beyond a date that is 18 months after the date of the order for relief. 11 USC s.1121 (d) (2005).

[②] 11 USC s.1121 (c) (2005) and s.1123 (a) specifies the mandatory terms of a plan and subsection (b) lists the permissive provisions.

[③] 11 USC s.1141 (a), (d) (1) (2005).

interests，其中 claims 是指各类债权，interests 是指各类股权)。重整计划的制订人也要制定分组方案，区分因债务人破产受到损害和未受损害的各个组别，对受损的组别要提出处理方案并公平对待同组内的所有参与者，反对任何歧视性待遇，除非是相对人自己同意接受比别人更差的待遇。①

依照《破产法》第 1126 条，对重整计划的投票表决必须以组为单位，禁止组内单独某一个债权人以"自己的受偿条件比别组成员差，尽管两组受偿序列相同"为由单独对计划提出反对意见。如果要对类似问题提出反对意见，必须以组为单位整体否决重整计划。

之前已经提到，法庭要批准一个重整计划，正常的情况下要求所有的利益受损的组别都依照《破产法》第 1129 条第 a 款的规定以多数决一致通过该计划。但如果在一个或多个分组内部没有形成有效的多数赞同意见，法院可以在提交计划方的要求下，依照"强制裁定"的标准批准该计划，并强迫该组别接受和执行重整计划。"强制裁定"的法定标准规定在《破产法》第 1129 条第 b 款，包括三方面的要求。②

（1）除了在部分组别内部没有得到多数赞同之外（第 1129 条第 a 款第 8 项），《破产法》第 1129 条第 a 款的其他要求都已经符合，其中有五项与分组问题密切相关：①符合 1986 年《破产法》的所有相关规定；②没有违反其他任何法律而且制订者完全出于善意；③即使反对该计划的组别根据计划也能比他们在破产清算中得到更好的清偿（the best interests test，"最佳利益标准"）；④如希望得到法庭批准，必须证明计划是可行的，即债务人企业不会很快又需要破产清算或启动另一次破产重整（feasibility test，"可

---

① 11 USC s. 1123 (2005). The different treatment between classes can only be permitted subject to the limits on classification, and prohibitions against unfair discrimination.

② L. J. Rusch, "Gerrymandering the Classification Issue in Chapter Eleven Reorganization", *U. Colo. L. Rev.*, No. 63, 1992, pp. 167 – 175; 11 USC s. 1129 (b) (1) (2005).

行性标准")；① ⑤该计划至少已经在一个利益受损的小组内获得了通过。

（2）重整计划中没有对受损且反对该计划的债权或股权分组规定任何不公平的歧视性待遇（"无不公平的歧视性待遇要求"，the no unfair discrimination requirement）。那些受偿顺序相同却被安排在不同组别中的债权人、股东应当得到同等的待遇，除非有很好的理由需要对他们区别对待。"无不公平的歧视性待遇要求"主要就是规定受偿顺序相同却被安排在不同组别中的债权人、股东应该以同样的方式接受相同比例的清偿。

（3）重整计划对所有受损且反对该计划的债权或股权分组都是公平公正的（"公平公正要求"，the fair and equitable requirement）。所谓的"公平公正"，对于不同的分组有不同的含义，具体见表4—1。

表4—1　　　　　不同的分组的"公平公正"的含义

	重整计划可以被认为是公平公正的
对于担保债权组而言	担保权始终有效，不论担保物本身是在债务人手中或流转到了其他人手中，最后的变现所得依然要按照担保协议规定的数额对担保债权进行清偿（"担保债权对应的经济利益"或"本金金额"标准，economic equivalent of its secured claim or principal-amount test）；* 而且，该组成员在计划执行完毕后得到的清偿数额经过折算其净现值以后不能少于计划生效当日变现担保物所能得到的受偿额（这条叫"净现值标准"，present value test）；或如果根据《破产法》第363条第k款必须出售该担保物，那担保权的效力就自动转移到变现所得的现金上，并依照《破产法》第1129条第b款（2）（A）（i）或（iii）从该现金所得中受偿；或该组的成员可以就其他的替代财产行使他们的担保权**

---

① "Generally, this requirement is satisfied at the confirmation hearing by the presentation of testimony, perhaps form investment bankers, other professionals, or management, regarding the projected earnings and cash flow of the reorganized debtor and the probability of successful operation in the outside world and fulfillment of the obligations called for in the plan. The feasibility of the plan has noting to do with the valuation of the debtor…" See R. F. Broude, "Cramdown and Chapter 11 of the Bankruptcy Code: The Settlement Imperative", *Bus. Law.*, No. 39, 1983, p. 448.

续表

	重整计划可以被认为是公平公正的
对于无担保债权组而言（含担保物价值不足以偿付全部债权的情形）	无担保债权能得到全额清偿或者没有清偿顺序在后的债权人或股东能得到任何的受偿（这条叫"绝对优先原则"，the absolute priority rule）***
对于股权组而言	①该组的成员在重整计划中可以就自己的股权收回或保留的金额不少于计划生效当日通过以下三种方式能获得的最高清偿数额：通过破产清算（固定清算优先权，fixed liquidation preference）能够得到的金额；通过固定回赎价格（fixed redemption price）变现能够得到的金额；股权变现的市场价值 ②没有清偿顺序在后的股东能得到任何的受偿或保留任何财产（"绝对优先原则"）****

注：*　In cases where ownership interests of the debtor are eliminated, those claims are deemed impaired and are treated as a nonconsenting class under 11 USC s. 1126 (g).

**　11 USC s. 1129 (b) (2) (2005).

***　11 USC s. 1129 (b) (2) (B) (2005).

****　11 USC s. 1129 (b) (2) (C) (2005).

接下来，对上述的部分标准做进一步的阐述。

首先，什么是"受到损害"（impaired）和"未受损害"（unimpaired）。

根据《破产法》第1124条，债权被认为是因债务人破产受到了侵害的，除非有如下情形：①重整计划丝毫没有改变该债权人依照法律、衡平规则或合同可以享有的任何权利，即该债权在最后受偿时无论是本金、利息、还款期限方面都没有受到影响，或担保物的形式和数量都毫无变化，或根据合同条款或适用的法律所享受的权利都没有变化；① ②重整计划保证了按时还款，无论是通过再次确认原合同中规定的还款期限的方式，还是根据法律的规定：依照合同虽然还未到期，但特别法规定在发生不能清偿的情形后未到期债务视为到期；② ③重整计划对该债权的本金和利息损失都做了充分的补偿，当然这种

---

① See D. G. Epstein, S. H. Nickles & J. J. White, *Bankruptcy*, West, ST. Paul, 1993, p. 770; 11 USC s. 1124 (1), (2) (D) (2005).

② 11 USC s. 1124 (2) (A), (B) (2005).

损失是因为债权人遵守合同或法律所造成的。①

如果根据《破产法》第 1124 条的规定某债权组并未受到损害，那么该组就没有对重整计划的投票权，当然也就无权反对了。一个未受损的组别被推定完全接受该重整计划，②因此对于该组也就没有所谓的依照《破产法》第 1129 条第 b 款，法院强制批准重整计划一说。

无疑，确定某类债权或股权是否在第 11 章重整中受损是非常关键的问题，这涉及利益相关人能否参与投票和能否得到《破产法》相关条文的保护，特别是能否得到"强裁规则"所确立的各种法定标准的保护。债权人企业希望把更多的组别认定为"未受损的"，因为法庭在动用强裁权的时候，反对重整计划的组别越少越好，这样"强裁规则"中的各种严格标准才更容易满足。相反，债权人或股东则希望自己被认定为"受损的"，这样他/她们可以得到各种法定标准和规则的保护。因此，认定是否"受损"就成了一种可以用在协议过程中讨价还价的武器或砝码。出于保护债权人实体权利的目的，《破产法》第 1124 条所说的"受损"应该取其广义，这样可以让更多的债权人参与重整计划的讨论和表决。因此，只要债权人有证据显示某种变化有可能影响其权益，就应当认定是受到了损害。③此外，还有学者甚至主张，债权人的各种可期待的利益，比如机会成本，都应当依据《破产法》第 1124 条第（2）款第（C）项计算在应补偿的损失之内。④

其次，担保物价值不足以偿付全部担保债权时，担保不足的部分能否划入独立的组别，以与普通的无担保债权相区别？

法律规定，在第 11 章重整中，只有实体权利相同的债权或股权才能被分配在同一表决组中。⑤一般而言，破产前与债务人之间法律

---

① 11 USC s. 1124 (2) (C) (2005); J. B. Johnston, "The Bankruptcy Bargain", Am. Bankr. L. J., No. 65, 1991, p. 277.

② 11 USC s. 1126 (f).

③ J. M. Gaynor, JR., "Impairment", Bankr. Dev. J., No. 3, 1986, p. 580.

④ Ibid., p. 598.

⑤ 11 USC s. 1122 (a).

关系相同的债权在破产中的实体权利肯定也是相同的。原则上，每个担保债权都应当算独立的一组，因为担保物不同或同一担保物上受偿顺序不同就意味着两者在破产前与债务人之间的法律关系是不同的。[1] 在担保物价值不足的情况下，债权可以被分成两部分：担保覆盖的部分[2]和无担保覆盖的部分（《破产法》第506条第a款）。当然债权人也可以依照《破产法》第1111条第b款第（2）项，选择放弃担保，把整个债权都当作无担保债权进行申报。[3] 如果担保不足的债权人选择将其债权分成有担保和无担保的两部分，那么接下来引起很多争论的问题就是，担保不足的部分能否划入独立的组别，以与普通的无担保债权相区别？反对的意见认为，所有的无担保债权本质上都是一样的，希望将担保不足的部分划入独立的组别目的只有一个，让重整计划至少能得到一个组的支持，法庭从而可以强制批准该计划。[4]

---

[1] L. J. Rusch, "Single Asset Cases and Chapter 11: The Classification Quandary", *Am. Bankr. Inst. L. Rev.*, No. 1, 1993, p. 47; J. C. Anderson, "Classification of Claims and Interests in Reorganization Cases under the New Bankruptcy Code", *Am. Bankr. L. J.*, No. 58, 1984, p. 101; D. G. Baird, T. H. Jackson & B. E. Adler, *Bankruptcy: Cases, Problems and Materials*, Foundation Press, New York, 3rd ed., 2001, p. 575; K. N. Klee, "All You Ever Wanted to Know About Cram Down Under the New Bankruptcy Code", *Am. Bankr. L. J.*, No. 53, 1979, p. 151.

[2] The value of the secured claim is determined by the value of the property (collateral) at the time of valuation. United Sav. Ass'n v. Timbers of Inwood Forest Assocs., 484 U. S. 365, 372 (1988).

[3] No all classes of secured claims are eligible to elect application of 11 USC s. 1111 (b) (2). "If the lien securing the claims is worthless or of inconsequential value, then the class is ineligible to make the election. (11 U. S. C. s 1111 (b) (1) (B)) This exception prevents the holder of a worthless lien from gaining undue leverage under 11 U. S. C. s 1129 (b) (2) (A)." see K. N. Klee, "All You Ever Wanted to Know About Cram Down Under the New Bankruptcy Code", *Am. Bankr. L. J.*, No. 53, 1979, p. 153 and footnote 126.

[4] P. E. Meltzer, "Disenfranchising the Dissenting Creditor Through Artificial Classification or Artificial Impairment", *Am. Bankr. L. J.*, No. 66, 1992, p. 281; L. J. Rusch, "Single Asset Cases and Chapter 11: The Classification Quandary", *Am. Bankr. Inst. L. Rev.*, No. 1, 1993, p. 43; J. C. Anderson, "Classification of Claims and Interests in Reorganization Cases under the New Bankruptcy Code", *Am. Bankr. L. J.*, No. 58, 1984, p. 99; W. Blair, "Classification of Unsecured Claims in Chapter 11 Reorganization", *Am. Bankr. L. J.*, No. 58, 1988, p. 131.

在分析了国会关于重整计划分组表决的立法原意、组别划分这一做法的历史渊源、相关法规的修改沿革以及现行立法的相关条文之后,①很难得出结论说债务人企业必须把担保不足的债权和其他普通无担保债权划分在一个组里,尽管两种债权在破产时性质上相似,②但两类债权人甚至两类债权之间还是有很大的差别,这种差别不是体现在破产分配的时候,而是体现在破产之前的相关权利方面,而且这种差异也是得到了第11章有关条文承认的。③因此,把这两种破产以外实质上并不相同的债权强迫放入一个投票组里的做法将混淆债权人在破产法以外原权利的性质。④

最后,担保不足的债权人在分组投票中的控制权。

不同类型的债权人有各自不同的利益、动机和风险偏好,这也影响了他们对债务人重整计划的态度。

> 有交易关系的债权人希望保留更多的客户或供应商,因此有可能在重整中接受债转股的建议;而金融机构只想收回现金。被侵权人不希望债务人还像现在一样继续经营;而其他的普通债务人可能各有各的打算。关键在于,如果投票组只能机械地按照破

---

① L. J. Rusch, "Gerrymandering the Classification Issue in Chapter Eleven Reorganization", *U. Colo. L. Rev.*, No. 63, 1992, p. 163; L. J. Rusch & B. A. Markell, "Clueless On Classification: Toward Removing Artificial Limits on Chapter 11 Claim Classification", *Bankr. Dev. J.*, No. 11, 1995, p. 1.

② "Section 1122 (b) explicitly permits the separate classification of all similar small claims or interests—sometimes called the 'administrative class.' But courts disagree on whether or under what circumstances claims that have the same legal entitlements must be put together. Again, must turn on the different relationships the claimholders have with the debtor." See D. G. Baird, T. H. Jackson & B. E. Adler, *Bankruptcy: Cases, Problems and Materials*, Foundation Press, New York, 3rd ed., 2001, p. 566.

③ 11 USC s. 502 (b) (1), 506 (a) and 103 (f) (2005). Once converted to a Chapter 7 (liquidation) case, the unsecured part of an undersecured claim is recoverable up to the proceeds of its collateral securing the loan, when recourse status for a nonrecourse lender is completely lost if the collateral is sold. K. N. Klee, "All You Ever Wanted to Know About Cram Down Under the New Bankruptcy Code", *Am. Bankr. L. J.*, No. 53, 1979, p. 161.

④ B. A. Markell, "Clueless On Classification: Toward Removing Artificial Limits on Chapter 11 Claim Classification", *Bankr. Dev. J.*, No. 11, 1995, p. 41.

产清偿顺序来划分，那么提交重整计划的人就没有任何调整余地了，也不一定能实现债务清偿的最大化。既然重整的目标优先于破产清算，那么这样僵硬的规定就没有意义。①

因此有必要思考一下，担保不足的债权人在什么情况下会选择放弃担保权而作为无担保债权人参与投票呢？理由之一就是，担保债权人可能希望控制重整的过程和结果。一旦放弃担保权，该债权人（通常是机构债权人）就可能成为最大的无担保债权人，如果该债权人同时拥有对债务人企业的多个担保权，那就能控制两个甚至以上的投票组，甚至控制整个重整。特别是当不可预测的市场原因将使担保物有可能迅速贬值的情况下，阻止重整计划的通过、尽早清算和受偿会更符合债权人的利益；②反之，当担保物有可能迅速增值或债务人企业重整成功的机会较大时，则促使重整计划通过，才能使自己能够得到更充分的受偿。无论哪种情形，前提都是必须能控制尽可能多的分组投票结果。当然这种通过分组控制投票的策略并不一定能得到法律上的允许。③

（三）重整计划的投票、修改和批准

重整计划和披露的相关声明在获得投票通过之后，下一步就是得到法庭批准，这也是第 11 章案件的最终目标。而法庭批准之前的聆讯（hearing）也就成了利益相关方反对该计划的最后机会。④ 在起草完重整计划之后，提案人必须准备一份披露声明，并根据《破产法》第 1125 条提交给所有适格的债权人和股东。该条第 b 款规定，提案人在通知法庭并经过聆讯而获得法庭做出"关于披露声明提供了充分信息"的决定之前，是不能召集投票的；该披露声明可以包含也可

---

① B. A. Markell, "Clueless On Classification: Toward Removing Artificial Limits on Chapter 11 Claim Classification", *Bankr. Dev. J.*, No. 11, 1995, p. 43.

② L. J. Rusch, "Gerrymandering the Classification Issue in Chapter Eleven Reorganizations", *U. Colo. L. Rev.*, No. 63, 1992, pp. 179 – 180.

③ Ibid., pp. 164 – 165.

④ 11 USC s. 1128.

以不包含对债务人及其资产的评估作价，但必须提供足以让相关方对计划做出适当判断的充分信息。[①] 在一些小型公司或依据《破产法》第1121条第e款选择被作为小型公司进行重整的案件中，程序上的负担可以稍稍减轻，对于披露声明可以使用有条件的批准。也就是在召集投票之后，法庭把对重整计划的聆讯和对披露声明的聆讯合二为一。[②] 实践中，即使一些企业没有选择被当作小型公司来重整，不少破产法庭依然通过非正式的方式来加速程序的进程，做法之一就是合并这两个聆讯程序，当然这样做的前提是案件必须事实清楚、没有争议。[③]

那些没有因债务人企业破产而受损的债权人分组（有的案件中甚至包括一些有优先权的股东分组）被认为必然接受了重整计划，[④] 因此不需要参与投票。[⑤] 而另一个极端，那些根据重整计划分配不到任何财产的组别则被认为必然反对该计划，因此也不需要参与投票。[⑥] 根据利益相关人的要求并经通知和聆讯，如果发现某相关人接受或反对重整计划并非出于善意，或者投票的召集或进行中有违反《破产法》或违反善意原则的地方，法庭可以取消他/她的投票资格。[⑦] 当然对于什么是"善意"，《破产法》没有继续阐述，而是留给法庭去裁量。债权人为保护自己的利益而购买他人手中的债权这一事实本身并不能证明其恶意或者别有用心（an ulterior motive），[⑧] 只要该行为只是为了保证能从债务人企业的财产中得到他/她应得的一

---

① "充分信息"的定义见 11 USC s. 1125（a）（1）（2005）。
② 11 USC s. 1125（f）（2005）.
③ D. G. Baird, T. H. Jackson & B. E. Adler, *Bankruptcy: Cases, Problems and Materials*, Foundation Press, New York, 3rd ed., 2001, p. 585; W. D. Warren & D. J. Bussel, *Bankruptcy*, Foundation Press, New York, 6th ed., 2002, p. 664.
④ 11 USC s. 1124（2005）.
⑤ 11 USC s. 1126（f）.
⑥ 11 USC s. 1126（g）.
⑦ 11 USC s. 1126（e）.
⑧ Figter, Ltd. v Teachers Insurance & Annuity Ass'n of Am. (In re Figer Ltd.), 118 F. 3d 635 (9th Cir. 1997), per Circuit Judge Fernandez.

份（没有不当获利）。① 另外，法庭对本来并非债权人而购买破产债权的现象非常敏感。一般来说，购买破产债权本身并不能直接证明存在恶意，因为近年金融衍生产品的发展使得不良资产交易变成了普遍现象。② 只有发现通过购买破产债权来阻碍重整、竞争企业通过收购破产债权来打击对手、企图违法地进行破产抵消或者债务人企业通过"内线"购买破产债权以促成重整计划的不当通过等情形，才是存在恶意的标志。③

在重整计划得到法庭批准之前进行必要的修改是很正常的事。提案人可以在法庭聆讯披露声明和召集投票表决之前自由提交一份重整计划的修改稿。④ 一旦计划获得批准，再想对其修改则相当困难，要遵守非常严格的限制条件甚至是不可能的（重整计划制订一旦"实质上圆满完成"，任何修改都是禁止的）。⑤ 如果根据《破产法》第1127条允许修改，那么需要提交关于修改内容的进一步披露。如果法庭发现批准后的修改并未使得债权人和股东（包括那些原计划反对者）的权利受损，那么推定之前同意原计划者也会接受修改后的计划。⑥ 一个修改是否为实质性的，是看该修改能否使那些原先投赞成票的人重新考虑他们的选择。⑦ 如果修改建议被否决，而债权人又不能继续执行原计划，那债务人企业将转入第7章程序进行破产清算。

---

① In re Gilbert, 104 B. R. 206, 217 (Bankr. W. D. Mo. 1989) from W. D. Warren & D. J. Bussel, 6th ed., 2002, above note 13, p. 674.

② C. J. Fortgang & T. M. Mayer, "Developments In Trading Claims: Participations and Disputed Claims", Cardozo L. Rev., No. 15, 1994, p. 733; C. J. Fortgang & T. M. Mayer, "Developments in Trading Claims and Taking Control Of Corporations in Chapter 11", Cardozo L. Rev., No. 13, 1993, p. 1. Federal Rules of Bankruptcy Procedure (2006) r. 3001 (e) allows the claims trading without court approval.

③ Figter, Ltd. v Teachers Insurance & Annuity Ass'n of Am. (In re Figer Ltd.), 118 F. 3d 635 (9th Cir. 1997), per Circuit Judge Fernandez.

④ 11 USC s. 1127 (a) (2005).

⑤ 11 USC s. 1127 (b) (2005)。"实质上圆满完成"的定义见11 USC s. 1101 (2)。

⑥ Federal Rules of Bankruptcy Procedure (2006) r. 3019.

⑦ In re American Solar King Corp., 90 B. R. 808 (Bankr W. D. Tex. 1988) from W. D. Warren & D. J. Bussel, 6th ed., 2002, above note 13, p. 764.

对于各债权投票组而言，《破产法》第1126条第c款规定，如果债权数额占全组总额2/3以上，同时赞成人数占全组总人数一半以上表示同意，并且不是根据第e款进行的代表投票，那就意味着该重整计划在该组获得通过。对于各股权投票组，《破产法》第1126条第d款规定，股权数额占全组总额2/3以上投票赞成，就意味着重整计划通过。一个通过了的计划能得到法庭的批准，还必须满足可行性标准。也就是说，重整之后的一定时间内不会再出现债务人破产清算或再次重整的情形。[1] 如前所述，法庭批准有两种情形：一种是正常批准，也就是所有投票组一致同意重整计划，《破产法》第1129条第a款的所有法定要求都能达到；另一种是非正常的"强制批准"，也就是有一个或以上的投票组反对重整计划，但《破产法》第1129条第a款的所有法定要求除第8项的"一致同意"标准之外都能达到，法庭可以强制裁定通过该计划。[2] 但是依照重整计划，如果有至少一组的债权人（a class of claims）会受到损害，那么至少要有其中一组的受损债务人是同意了该重整计划的，否则法院不能强制批准该计划。[3]

重整计划获得批准之后，法定的延缓偿债期（在此期间，债权人的个别追索行动必须冻结，所以也叫"自动冻结"或"自动中止"期，automatic stay）也随之结束。[4] 债务人企业之前所负担的所有债权和股权都被重整计划中的条款所取代。[5] 根据《破产法》第1141条，重整计划的批准产生以下法律后果。

（1）重整计划的条款约束所有各方，无论其债权或股权是否受到损害，也不论其投票时是赞成还是反对该计划。[6] 重整计划的法定约束力是第11章程序和其他非正式重整活动最大的区别。

---

[1] 11 USC s.1129（a）（11）（2005）.
[2] 11 USC s.1129（a）（8），（b）（2005）.
[3] 11 USC s.1129（a）（10）（2005）.
[4] 11 USC s.362（c）（2005）.
[5] 11 USC s.1141（2005）.
[6] 11 USC s.1141（a）（2005）.

(2) 批准的效力及于债务人企业所有的财产,除非重整计划中明确将其排除在外。

(3) 批准之后,计划所覆盖的所有财产再无任何债权或股权的负担,可以自由买卖没有任何权属争议,除非重整计划另有规定。

(4) 批准之后,债务人企业从批准之前的所有债务中解脱,而其股东或一般合伙人的原有股权也随之终结,除了以下三种例外情形:第一种例外是依据《破产法》第523条,存在对个人债权人的"不可撤销之债"(non-dischargeable debt)的情形,尤其是根据2005年BAPCPA法案进行修改之后。① 第二种例外是当该计划是为破产清算而非重整目标而制订时,或者债务人企业违反重整计划自行终止营业时,或者债务人企业违反《破产法》第727条第a款规定的禁止义务时,都会导致重整计划的违反和失效,因此它所包含的债务撤销承诺也将失效。② 第三种例外是在终结第11章程序并得到债务免除裁定之后,债务人企业书面放弃对自己的债务免除。③

破产法庭对重整计划的执行、修改,对计划如何解释而引起的争议等问题仅有非排他的管辖权。④ 在计划批准之后,债务人企业因违反重整计划等事由也可以在其他法庭起诉或应诉。⑤

(四) 关于"强裁规则"的问题:财产估值、最佳利益标准、公平合理要求、绝对优先原则和新价值例外

"强裁规则"是美国《破产法》第11章赋予法庭的特殊工具。但与想象中不同,根据经验证据显示,该规则只在极少的重整案件中被使用。⑥ 实际上,"强制批准规则"更多地被用作事先的威胁手段,

---

① 11 USC s.1141 (d) (2) (2005).
② 11 USC s.1141 (d) (3) (2005).
③ 11 USC s.1141 (d) (4) (2005).
④ 11 USC s.1142; 28 USC s.1334 (b).
⑤ In re Paradise Valley Country Club, 31 B. R. 613 (D. Colo. 1983); W. D. Warren & D. J. Bussel, *Bankruptcy*, Foundation Press, New York, 6th ed., 2002, p.761.
⑥ E. G. Coogan, "Confirmation of a Plan under the Bankruptcy Code", *Case W. Res. L. Rev.*, No.32, 1982, p.301.

逼迫各投票组能自愿接受重整计划，而并非当作一个真的大棒来挥舞。① 通常，债权人投票组可能会对股东组做出适当让步，不会一定坚持最理想的结果，因为时间对破产财产的价值可能影响巨大。如果拖延了重整，最后还是会在"强裁规则"下接受重整计划，那样反而更得不偿失。

1. 财产估值

破产财产的估值（Valuation）由专业的拍卖人员或其他经过认证的专家做出，通常要经过对债务人各种财产的调查，评估和计算计划内收益、现金流、应收款、库存、设备等指标而得出，最后作为证据材料提交给法庭。估值这种工具，是通过一些基本事实，运用假设和猜想来形成一个最后结论的计算推导过程。② 由于重整中的企业一般通过重整中的继续贷款（debtor - in - possession financing，一个通常只对原机构债权人开放的市场）来获得资金，很少会通过完全公开的资本市场来融资。因此第 11 章中的财产估值不大可能得到来自外部的监督，所以比一般的财产估值更加复杂、不透明和不准确。通常的说法是，破产中的财产评估作价不是精确的科学，只是一种模拟化的计算，充其量是"有一些根据的推测"。③

一个经验研究分析了债务人企业重整之后在公开市场上出售的价格和通过重整计划中估计的现金流所计算出来的估值之间的关系，发现基于现金流所做的估值是非常不精确的。④ 该研究还试图发现这种不精确的真正原因，可能的解释有以下几种：（1）由于破产程序的

---

① R. F. Broude, "Cramdown and Chapter 11 of the Bankruptcy Code: The Settlement Imperative", *Bus. Law.*, No. 39, 1983, p. 441; K. N. Klee, "All You Ever Wanted to Know About Cram Down Under the New Bankruptcy Code", *Am. Bankr. L. J.*, No. 53, 1979, p. 133; K. N. Klee, "Cram Down II", *Am. Bankr. L. J.*, No. 64, 1990, p. 229.

② In re Crowthers McCall Pattern, Inc., 120 B. R. 279 (Bankr. S. D. N. Y. 1990) per Bankruptcy Judge Howard C. Buschman III from D. G. Baird, T. H. Jackson & B. E. Adler, *Bankruptcy: Cases, Problems and Materials*, Foundation Press, New York, 3rd ed., 2001, p. 615.

③ S. C. Gilson, E. S. Hotchkiss & R. S. Ruback, "Valuation of Bankrupt Firms" (2000) 13 Rev. Financ. Stud. 43, p. 44.

④ Ibid..

司法性质，相较市场条件更无法保证所获信息的质量和数量；[①]（2）估值时故意扭曲现金流的数量。由于估值有非常重要的财富效果，因此利益相关人有强烈的动机来操纵这一过程，正是这种有目的的扭曲造成了估值结果的严重不准确。

估值影响最终的财产分配和相关的受偿。对债务人企业的财产做较低的估值可以增加受偿顺序在前的债权人的利益，因为他们可以从中获益。因此受偿顺序在前的债权人有动机低估破产企业的现金流预期，这样可以从重整中得到更多受偿。而受偿顺序在后的债权人和一些优先股股东则有相反的动机，他们希望能高估企业的价值，这样才能增加他们这个等级的收益。不论是哪个等级都有扭曲估值的动机，这一理论解释了导致对现金流估值不准的部分主观原因。因为估值过程总是受到相互竞争的各人利益、参与者不同的谈判地位和能力等诸多因素的影响，难以保证结果的绝对客观公正。[②]

通常，有四大因素会影响估值过程并能引起系统性的错误（错误不是由于个案中的偶然性因素引起的）：（1）利益竞争各方不同的谈判地位和能力。如上所述，受偿顺序在后的债权人和优先股股东等希望高估企业的价值而受偿顺序在前的债权人却希望低估，就看谁对评估过程能施加更大的影响。（2）公司高管层的股东地位。如果他们在公司破产前就是重要股东，那么他们的利益取向无疑偏向受偿顺序在后的债权人和优先股股东，如果他们有可能在重整之后保持股东资格或成为新股东，那么他们容易偏向受偿顺序在前的债权人。

[①] "With the inability to capitalize on superior information about further cash flows through an acquisition or open market transactions, potential market participants have substantially less incentive to collect information about the bankrupt firm or to reality test management forecasts." S. C. Gilson, E. S. Hotchkiss & R. S. Ruback, "Valuation of Bankrupt Firms" (2000) 13 Rev. Financ. Stud. 43, pp. 45–46.

[②] S. C. Gilson, E. S. Hotchkiss & R. S. Ruback, "Valuation of Bankrupt Firms" (2000) 13 Rev. Financ. Stud. 43, pp. 45–46.

(3) 有无外来的竞拍者。如果对破产企业有其他的一个或多个公司希望收购,那么对其估值通常会取其最高的可能。(4) 破产企业高管层不同的重整动机,如果他们希望能在现在的位置上尽量多停留一阵,那么通常会主张一个更高的估值。[①] 破产分配其实是一个"零和博弈",在资不抵债的前提下,一些人的受益就必然意味着另一些人的损失。此外,无论专业估值人员的主观目的如何,他们在评估时采用的技术和标准也会影响结果的精确性;特别是在评估那些无法显示在资产负债表中的财产,诸如专利技术、商业秘密和其他无形资产时(如果是在中国,还包括上市公司的壳资源等),或者在计算需要减扣的相关费用以及计算重整企业的股票价值的时候,评估态度和方法都对结果有很大的影响。

而当法庭要"强裁批准"一个重整计划的时候,就一定要进行以下各种评估:首先,根据最大利益原则,需要做一个清算价值的评估;其次,要判断各类债权人是否足额受偿,需要做一个对所接受对价的价值评估;再次,当涉及"绝对优先原则"或要清除某一个债权或股权等级的时候,相关的评估都是必不可少的。[②] 因此,实践中,启动昂贵而耗时的资产评估往往是一方在期望得到更优厚待遇时用来胁迫他人让步的一种手段。

2. 最佳利益标准

在真正动用《破产法》第 1129 条第 b 款"强裁批准"的案件中,重整计划必须符合该条第 a 款中的所有条件,除了全部投票组一致同意这点之外。在这些规定中,第 7 项的"最佳利益标准"(the best interests test)旨在保护那些反对重整计划的组内成员的基本利益。所有的成员都关心自己在重整中的利益,而在同一组别中采取的

---

① S. C. Gilson, E. S. Hotchkiss & R. S. Ruback, "Valuation of Bankrupt Firms" (2000) 13 Rev. Financ. Stud. 43, pp. 45, 67–69.

② R. F. Broude, "Cramdown and Chapter 11 of the Bankruptcy Code: The Settlement Imperative", Bus. Law., No. 39, 1983, pp. 448–453; K. N. Klee, "All You Ever Wanted to Know about Cram Down Under the New Bankruptcy Code", Am. Bankr. L. J., No. 53, 1979, p. 145.

是权利多数决，也就是说权利占少数的成员被权利占多数的成员给"代理"了。① 但这不等于，那些权利少数派的利益就可以被完全忽略。"最佳利益标准"就是通过司法机关来决定这些少数派可以接受的最低限度。根据规定，每一个受损组别中的债权人根据重整计划所能得到的受偿或保留的财产不能少于在"强裁批准"那一天他们通过破产清算所能得到或保留的财产数额（一个评估推算得出的数值）。② 如果"最佳利益标准"不能被满足，重整计划就不能被"强裁批准"。当然，利益相关人可以自己决定放弃适用这一标准。③

3. 公平合理要求

《破产法》第1129条第b款第2项规定的"公平合理要求"（the fair and equitable requirement）是在法庭动用强裁权时用来保护反对重整计划的投票组的整体利益的。根据规定，不同类别的投票组（担保、无担保债权以及股东）适用不同的"公平合理"标准。各个组别的具体标准见表4—1，简言之就是对于反对重整计划的担保债权人组，必须保证该计划不会涉及其担保物，或其变现的价值必须得到充分保全并完全用于清偿；④ 而对于反对重整计划的无担保债权人或股东组，除非他/她们能足额受偿，否则任何受偿序列在后的组别都不得从重整计划中获得任何清偿。⑤ 这一标准意味着重整计划必须严格遵守破产法及其他法律设定的受偿还债顺序，除非当事人同意，否

---

① 11 USC s. 1126 (c), (d).

② The liquidation analysis is mentioned in D. G. Epstein, S. H. Nickles & J. J. White, *Bankruptcy*, West, ST. Paul, 1992, p. 761. As noted above, the hypothetical Chapter 7 valuation under this test is strikingly imprecise and complex specifically because: (1) it involves a valuation of off-balance sheet intangible assets, patents and trade secrets for instance; (2) the liquidation value analysis will have to take into account the increase of post petition unsecured claims which would inevitably occur in Chapter 7; and (3) it must deduct the expenses of the liquidation and it is too difficult to predict the amount of administrative expenses that usually will be ballooning from the filing to the end of the case. R. F. Broude, "Cramdown and Chapter 11 of the Bankruptcy Code: The Settlement Imperative", *Bus. Law.*, No. 39, 1983, pp. 448–449.

③ 11 USC s. 1129 (a) (7) (2005).

④ 11 USC s. 1129 (b) (2) (A) (2005).

⑤ 11 USC s. 1129 (b) (2) (B), (C) (2005).

则不得稍加改动。①

当然"公平合理要求"并不是那么直白的规定，字面上的含义只是该标准的一部分而已，只有把字面以外的部分也包括进来，我们才能完全读懂该规定的全部内涵。根据学者们的阐释，那些字面以外的内容至少包括以下一些衍生含义：（1）没有任何受偿序列在前的组别能从受偿中获得额外好处，最多也只能以全额清偿为限（不能超额受偿）；（2）如果一个受偿在前的组别损失了其优先地位，一定要得到相应补偿；（3）本规则不允许发行"无价值的证券"（worthless securities）；（4）本规则亦不允许为保留现任公司高管而免费发行重整证券（the gratis issuance of reorganization securities to preserve continuity of management）；（5）"新价值例外"（the new value exception）在破产法规中得以继续存在和发展。②

4. 绝对优先原则和新价值例外

"新价值例外"（the new value exception）一直被认为是绝对优先规则下的一个特例，它允许重整企业的股东通过注入新的资金来换取或保留重整之后新公司一定数量的股权，尽管反对重整的债权人组别根据重整计划有的还未获得全额受偿。"新价值例外"一般可以追溯到在1978年《破产法》修改之前由美国最高法院在1939年判决的 Case v. Los Angles Lumber Products Co. ③一案。该案中，道格拉斯法官曾说：

> ……股东可以参与破产债务人的重整计划……很多时候，原股东向公司注入新钱对重整成功是非常关键的。只要这种需要存在，而原股东又可以投入新的资金，那么他们就可以获得相应回报，这没有什么可反对的。

---

① C. J. Tabb, *The Law of Bankruptcy*, Foundation, Westbury, 1997, p. 840.
② K. N. Klee, "Cram Down II", *Am. Bankr. L. J.*, No. 64, 1990, pp. 229, 841.
③ 308 U. S. 106 (1939). It is the first major absolute priority case in which the Supreme Court interpreted the statue, section 77B of Bankrupt Act (The precursor of Chapter X, Chandler Act 1938).

而"绝对优先规则"第一次出现是规定在1978年《破产法》第1129条第(b)(2)(B)(ii)项中,其中并没有规定或允许"新价值例外"。况且,从第1129条的条文本身或其立法过程都很难从中推导出国会对这个问题的态度或者是否知道 Los Angles Lumber 一案的判决结果。最高法院在 Norwest Bank Worthington v. Ahlers① 一案中再次强调,即使国会在订立第11章条文时真的希望保留 Los Angles Lumber 一案所确立的绝对优先的例外情形,当然是否果真如此还值得商榷,但至少有一点是明确的,股东对将来会投入劳力、经验以及专业技能所做的保证由于是无形、不能转让和不能强制执行的,因此不能依照 Los Angles Lumber 一案中的规则确认为金钱或金钱的等价物。② Ahlers 一案的判决并没有解决在1978年《破产法》颁布之后,"新价值例外"是否依然有效,能否作为"绝对优先原则"的一个法律承认的例外情形而继续存在的问题。司法和学术界对这个问题进行了不少阐述和发挥,其中最著名的有以下三种观点。③

第一,伊斯特布鲁克法官在 Kham & Nate's Shoes No. 2, Inc. v. First Bank④ 一案中的观点。

不论"新价值例外"在1978年《破产法》颁布之后是否依然有效,仅仅保证将注入新的资金肯定是不够的,因为这种保证在本质上也是无形、不能转让和不能强制执行的。股东一旦撤销其承诺或处分相关财产,就会使得该承诺一钱不值。⑤ 巡回法院的伊斯特布鲁克法官认为,股票或股票期权都可以被认定为第1129条第(b)(2)(B)(ii)项下所说的"财产",即使公司净资产已经为负也是如此。在他审理的 First Bank 一案中,重整计划中的相关交易涉及"给予债务人

---

① 485 U. S. 197 (1988).

② See ibid, per Justice White and footnote 18.

③ W. D. Warren & D. J. Bussel, *Bankruptcy*, Foundation Press, New York, 6th ed., 2002, pp. 734 – 739.

④ 908 F. 2d 1351 (7th Cir. 1990).

⑤ Kham & Nate's Shoes No. 2 v. First Bank 908 F. 2d 1351, 1360 (7th Cir. 1990) per Circuit Judge Easterbrook.

企业的合伙人一种无成本的股票期权",当他们之后认为承诺向公司注入新资金的风险不大,小于通过购买重整之后的公司股份所能获得的利益时,可以选择兑现期权。但这一交易违反了第1129条第(b)(2)(B)(ii)项,因为这里是给予股东(受偿顺序在后的投票组)保留某种公司"财产"的权利,而此时受偿顺序在前的债权人投票组还没有足额受偿,因此该交易违反了"绝对优先规则",同时又不构成适格的"新价值例外"。

第二,莱恩哈特法官在 Re Bonner Mall Partnership[①] 一案中的观点。

在巡回法院的莱恩哈特法官看来"新价值例外"(或者叫"新钱例外")根本就不是"绝对优先原则"的一种例外情形,而是一种配套原则或推论(a corollary principle),因为它只是简单地描摹了"绝对优先规则"本身的适用边界。[②] 国会没有明确地把"新价值例外"规定在"绝对优先原则"之中并不是意图消灭这一规则。[③]

> 破产企业的原股东提供的价值必须满足五个条件:(1)新的;(2)实质性的;(3)金钱或其等价物;(4)对重整成功至关重要;(5)与其将接受的价值或利益等价。许多法庭都认为,只要建议的重整计划能同时满足所有这些要求,那它就是一个适格的新价值例外,并不会违反《破产法》第1129条第(b)(2)(B)(ii)项的规定。因为这样的一个重整计划,不会使原股东基于其原有股东权益享受任何财产好处,它只是允许原股东基于实质性的、必要的和公平的新资金投入、参与重整并分享其成果而已。

---

① 2 F. 3d 899 (9th Cir. 1993).

② Re Bonner Mall Partnership 2 F. 3d 899 (9th Cir. 1993) per Circuit Judge Reinhardt and he prefers to call the "new money exception" something like the "new capital-infusion doctrine" or "the scrutinize old equity participation rule" as other commentator has suggested.

③ "Where the text of the Code does not unambiguously abrogate pre-Code practice, courts should presume that Congress intended it to continue unless the legislative history dictates a contrary result." See Re Bonner Mall Partnership 2 F. 3d 899 (9th Cir. 1993) per Circuit Judge Reinhardt.

而且在吸引新价值的交易中，一种排他的机会（比如股票期权），即使被假设成为"财产"，也是应当允许的，只要这种排他的参与是公司重整所必需的并且是为所有人的最佳利益而从事的。最后，审理该案的法庭认为，"新价值例外"与第11章程序的整体框架是完全吻合的。只要运用合理，可以同时服务于重整政策的多重目标：既实现成功的企业再建，又最大化破产企业的财产价值。

第三，市场途径。

伊斯特布鲁克法官与莱恩哈特法官的观点之间的核心差异之一是应当由谁来决定是否允许公司的原股东参与重整公司的新资金注入。前者认为债权人作为公司此时真正的剩余价值持有者，应当有权做这个决定。后者则认为，只要能满足一定的客观标准，应该由法庭来决定是否允许"新价值例外"。

另一些法官和学者则认为，是否允许"新价值例外"，应当由市场方式来决定，而且不应当给予公司原股东排他的参与权利。[①] 马克尔教授就是这种观点的代表，他认为批准重整计划的过程类似于对重整公司进行拍卖，只不过是通过提交重整计划的方式来进行投标。因此法庭的角色就是严格审查该计划，看各个投票组根据该计划都能获得多少对价，确认谁是公司最终的新所有人，并决定谁能中标。即使公司原股东的参与不能直接增加债权人的利益，也可通过以下途径间接增加其受偿：增加投标者之间的竞争，以及提高所有投标者信息披露的数量和质量。[②] 然而，赋予债务人企业提交重整计划的120天排他期的做法无疑消灭了其他的竞争投标者，因而在一些案件中也就阻碍了债权人利益的最大化。所以一些学者建议这120天的期限应该被

---

① B. A. Markell, "Owners, Auctions, and Absolute Priority in Bankruptcy Reorganizations", *Stan. L. Rev.*, No. 44, 1991, p. 69; K. N. Klee, "Cram Down II", *Am. Bankr. L. J.*, No. 64, 1990, p. 229; Bank of America Nat'l Trust & Sav. Ass'n v. 203 North LaSalle Street Partnership, 526 U. S. 434 (1999).

② B. A. Markell, "Owners, Auctions, and Absolute Priority in Bankruptcy Reorganizations", *Stan. L. Rev.*, No. 44, 1991, p. 111.

缩短或者在一定条件下被取消。只要有人提出一个新的竞争方案，没有理由不可以在两者之间进行选择。①

这个市场决定一切的进路，得到司法部门的积极响应。美国最高法院在 Bank of America Nat'l Trust & Sav. Ass'. n v. 203 North LaSalle Street Partnership② 一案中再次触及了新价值问题，该案否定了公司原股东参与新价值交易的机会，原因是该投入新钱的机会在重整计划中被排他地给了原股东，而没有考虑任何其他的参与者。法庭认为，如果批准这样一个计划将给予公司原股东某种基于其特殊身份才能享受到的财产权，即排他的购买机会。这也是《破产法》第1129条第（b）（2）（B）（ii）项中的立法用语所反对的。③ 法条中所说的"基于"（on account of）什么原因或身份，其实是有多重含义的。Re Bonner Mall Partnership④ 一案中认为"基于"可以理解为"用……换取"（in exchange for），那只是若干种可能解释中的一种，只能在个案中适用，未必能放之四海而皆准。当然法庭也不会完全禁止公司原股东通过重整计划保留一定的股份，即使有一点稍稍偏离绝对优先原则而没有得到全体投票组一致同意，但在一定的条件下出于现实的考虑并非不能通融；法庭所反对的是他们排他的参与权，不让其他的竞争者进入，因为市场比法庭更适合决定由谁来作为新钱的提供者。⑤

（五）重整期间的继续经营问题

《破产法》第1107条第 a 款和第1108条赋予了 DIP 或托管人在

---

① B. A. Markell, "Owners, Auctions, and Absolute Priority in Bankruptcy Reorganizations", *Stan. L. Rev.*, No. 44, 1991, pp. 118 – 119.

② 526 U. S. 434 (1999); W. D. Warren & D. J. Bussel, *Bankruptcy*, Foundation Press, New York, 6th ed., 2002, p. 758.

③ The first one is "in exchange for" as proposed by the court in *Re Bonner*; the second one is the more common understanding, "because of", which emphasis a causal relationship between holding the prior claim or interest and receiving or retaining property; the three but most unlikely one is to leave "on account of" as a redundancy by reading the subsection 1129 (b) (2) (B) (ii) as a blanket prohibition.

④ 2 F. 3d 899 (9th Cir. 1993).

⑤ R. K. Rasmussen, "Debtor's Choice: A Menu Approach to Corporate Bankruptcy", *Tex. L. Rev.*, No. 71, 1992, p. 78.

重整期间继续经营以及重组公司营业的各种必要权力。其中 DIP 在经营中使用、出售或出租企业财产的权力被具体规定在第 363 条。如果某项交易不是正常经营范围之内的，DIP 必须先通知法庭和全体债权人后进行听证，在获得法庭批准之后才能交易。① 如果该交易是正常范围之内的，通常 DIP 不需要得到法庭批准，除了一种例外，那就是凡是设立"现金抵押"（cash collateral，即由现金、流通票据、产权文件、证券、存款账户或其他现金等价物构成的担保物）必须得到留置权人（lienholder）的同意或者法庭的批准。② 这是因为"现金抵押"很容易被债务人企业挪作他用，因此对于债权人来说风险较高。根据《破产法》第 363 条第 c 款第 4 项，DIP 对它占有、保管以及控制下的"现金抵押"都必须建立独立账户分别保存，以及为担保债权人的利益提供相应的充分保护。③

虽然有上述的规定，但实践中，DIP 从事正常经营以外的交易时，法庭的听证也并非一定要真的举行。因为法条所规定"必须在通知之后举行听证"依照《破产法》第 102 条第（1）（A）项，指的是在具体案件中根据需要，如果法庭觉得"必须"举行，才需要通知和听证。④ 破产规则采取的是不告不理的方式，只要在通知债权人和法庭之后没有债权人对使用、出售或出租企业财产的建议提出反对，那么法庭听证就不必举行了。⑤ 此外，担保债权人的利益得到了《破产法》第 363 条第 e 款的保护，债务人企业如果希望使用、出售或出租担保财产的话需要对债权人提供充足的保护。⑥ 而无担保债权

---

① 11 USC s. 363（b）(2005).

② 11 USC s. 363（c）(2) – (4)(2005). Hereinto s. 363（c）(3) provides a specialized hearing procedure that enables the DIP to obtain emergency relief in compelling cases, and meanwhile, protects the interests of the secured creditor.

③ 11 USC s. 361, s. 363（e）(2005).

④ 11 USC s. 102（1）(B) provides that the courts can authorize an act without an actual hearing if such notice is given properly and if (1) such a hearing is not requested timely by a party in interest; or (2) there is insufficient time for a hearing to be commenced before such act must be done, and the court authorizes such act.

⑤ Federal Rules of Bankruptcy Procedure (2006) r. 6004.

⑥ 11 USC s. 361 provides what constitutes adequate protection.

人对破产财产的利益则得到了《破产法》第 1112 条第 b 款的保护,一旦破产企业出现无法解决的实质性的连续损失,法庭就可以停止重整将案件转入第 7 章的清算程序。

公司的财产可以通过重整计划出售[①],也可以通过《破产法》第 363 条规定的方式自由出售。后者的主要步骤如下。[②]

(1) 在债务人企业与购买者之间达成有条件的购买协议,但这些协议中部分内容是不真实的(一种伪装);

(2) 出售过程听证;

(3) 通常 20 天的公告期,希望有人出更高的价或能够举行拍卖;

(4) 出售批准的听证;

(5) 一旦购买协议中商定的条件得到满足,出售就完成了。

与第 11 章重整计划中的出售相比,根据第 363 条的方式出售更加快捷和省钱。其优点包括:首先,没有债权人投票的程序;其次,购买者可以完全不受债权人之间权属争议的影响;[③] 再次,第 363 条只处理财产出售问题,如有其他内容的问题可能需转换程序。[④]

原则上,在第 11 章的重整中,《破产法》第 363 条并不自动授权债务人可以自由出售企业的全部或大部分财产。[⑤] 但当案件的具体情况显示有此必要时,法庭将批准债务人利用第 363 条出售企业财

---

① 11 USC s. 1123 (a) (5) (D), (b) (4) (2005).

② R. Tett, "The Unsung Hero of Chapter 11" (Autumn) *Recovery*, 2003, p. 19.

③ "On a s363 sale, creditors' rights are unaffected, save that the assets are converted into cash to which the creditors' interests attach. It is left to a later date for the creditors to argue over how that cash is divided up." R. Tett, "The Unsung Hero of Chapter 11" (Autumn) *Recovery*, 2003, p. 20.

④ "US case law has shown that a s363 sale can be rejected if it includes elements that should be in a C11 plan, such as general releases for the officers and directors."

⑤ "As a matter of legislative intent, to endow section 363 with the purpose of or a potential for a total reorganization would nullify, at debtor's option, the major protections and standards of chapter 11 of the Code." See In re the White Motor Credit Co., 14. B. R. 584 (Bankr. N. D. Ohio 1981) per Bankruptcy Judge Schlachet.

产。① 而此时，法庭也会密切关注该出售过程，以确保相比重整计划中可能有的待遇利益相关各方的权利不致受损。因为优点较多，通过《破产法》第 363 条自由出售企业财产的做法近年来日益受到欢迎。

第二节 困扰第 11 章程序的各种问题以及 2005 年 BAPCPA 通过前的种种改革建议

在 2005 年 BAPCPA 法案颁布之前，《破产法》第 11 章程序被认为不尽如人意。批评者通常指责第 11 章程序过于冗长、昂贵和效率低下。② 此外，还有批评认为，第 11 章给予债务人企业过多的控制权，已经超过了必要的限度；一些不正当的财产再分配发生在第 11 章程序中；它使得债务人企业的高管和那些破产专业从业人员有机会谋求非法的目标；第 11 章程序经常被滥用。③

一 关于"高管层不良动机"的假设以及破产重整的直接和间接成本问题

对第 11 章程序最著名的攻击就是布拉德利（Bradley）和罗森茨维格（Rosenzweig）教授提出的：它激发"高管层不良动机"的观

---

① C. J. Tabb, *The Law of Bankruptcy*, Foundation, Westbury, 1997, p. 805; footnotes 8, 9.

② M. Bradley & M. Rosenzweig, "The Untenable Case for Chapter 11", *Yale L. J.*, No. 101, 1992, p. 1043; B. E. Adler, "Financial and Political Theories of American Corporate Bankruptcy", *Stan. L. Rev.*, No. 45, 1992, p. 311; J. W. Bowers, "Rehabilitation, Redistribution or Dissipation: The Evidence for Choosing Among Bankruptcy Hypotheses", *Wash. U. L. Q.*, No. 72, 1994, p. 955; J. W. Bowers, "Whither What Hits the Fan?: Murphy's Law, Bankruptcy Theory, and the Elementary Economics of Loss Distribution", *Ga. L. Rev.*, No. 26, 1991, p. 27; D. G. Baird, "The Uneasy Case for Corporate Reorganizations", *JLS*, No. 15, 1986, p. 127; M. J. White, "Does Chapter 11 Save Economically Inefficient Firms?", *Wash. U. L. Q.*, No. 72, 1994, p. 1319.

③ C. J. Tabb, "The Future of Chapter 11", *S. C. L. Rev.*, No. 44, 1993, p. 800.

点。① 该理论认为，"债务人在位"（DIP）制度更适合被看作"这样一种机制，它允许债务人的高管层为了自己的利益任意删改公司与债权人和其他利益相关人之间的合同"从而最终损害社会和公司参加者的整体利益。布拉德利和罗森茨维格教授断言，只要公司高管能选择债权融资的比例，他们就可以保持不充足的流动资金，从而变成"支付不能"和"资不抵债"，而第11章重整制度就给了他们充分的保护和足够的动机去这么做。因此，公司破产更可能是由内部的原因而不是外部的原因而引起的，这一点与其他学者一般认为的大相径庭。②

DIP 制度如同一把双刃剑，允许公司的原高管继续经营债务人企业可以保证公司在重整期间正常的运营，但同时也增加了原高管损害他人利益而自肥的道德风险。常见的侵害债权人的做法有：在无盈利的情况下向股东进行分红，用流动性低的资产替换流动性高的资产，用各种手段比如改变债权结构或继续借债来稀释原有债权，以及从事高风险投资或反过来投资不足等。③ 根据布拉德利和罗森茨维格教授的观点，破产和重整的成本包括破产程序的净成本以及一些难以琢磨的"邻近破产"成本（near default costs）。其中，破产程序的净成本包括：（1）破产/重整程序自身的直接花费，比如诉讼费和支付给律师、会计师、财务专家的各种费用；④（2）由于启动破产程序而不能把全部资源和全副精力投入正常运营的各种损失（机会成本）。⑤

进入财务危机状态后，公司所有者必须对将来如何处置公司的财产做出决断：是在现在的模式下继续经营，还是换一种经营方式，又

---

① M. Bradley & M. Rosenzweig, "The Untenable Case for Chapter 11", *Yale L. J.*, No. 101, 1992, p. 1043.

② Ibid., pp. 1046–1048.

③ R. K. Rasmussen, "The Ex Ante Effects of Bankruptcy Reform on Investment Incentives", *Wash. U. L. Q*, No. 72, 1994, pp. 1168–1171.

④ M. Bradley & M. Rosenzweig, "The Untenable Case for Chapter 11", *Yale L. J.*, No. 101, 1992, p. 1050 and footnote 23.

⑤ R. K. Rasmussen, "The Ex Ante Effects of Bankruptcy Reform on Investment Incentives", *Wash. U. L. Q*, No. 72, 1994, p. 1160.

或者干脆解散企业。根据布拉德利和罗森茨维格教授，第11章重整程序通常促使债务人企业对其未来做出错误决定，而且这种误导不是发生在个别案例中，而是一种系统性的误导。① 所谓的"临近破产"的各种成本，就是指这些由高管层不正确的决定所引起的成本，而这些成本被认为是法庭干预下的公司重整程序所造成的社会成本浪费中最主要的部分。② 易言之，"临近破产"成本就是公司临界破产状态时发生的各种代理成本的增加部分（代理问题普遍存在，只是破产前后企业内部的代理成本比正常情况下更高）。③ 当公司正常时，投资项目的成本和收益都归属于公司股东，他们是此时的剩余价值所有者。可当公司资不抵债的时候，在法理上债权人就成了公司的剩余价值所有者。而此时的财务困难也使得公司原高管层的角色变得十分模糊。债权人、股东、公司高管之间的交互关系以及彼此忠实义务情况依个案有所不同。

财务困难中的债务人企业通常会采取各种策略来自救，但客观上可能造成公司的财产继续减少。最常见的自救策略是方向相反的两种操作：一是用高风险、低流动性的资产替代低风险、高流动性的资产，通常是从事高风险高回报的投资项目。因为即使失败，此时的公司股东在公司中已经没有任何剩余利益可以再失去。另一种方式就是完全不进行任何投资，即使该项目本身可以产生积极的净现值的现金流，而且风险可以接受。但由于投资产生的收益都将用于偿还债务，所以公司股东、高管没有动力去冒任何新的风险或承担任何额外的负担。④ 根据逻辑和经验，当公司刚刚出现财务困难，资不抵债还

---

① M. Bradley & M. Rosenzweig, "The Untenable Case for Chapter 11", *Yale L. J.*, No. 101, 1992, p. 1078.

② Ibid., p. 1052.

③ M. Bradley & M. Rosenzweig, "The Untenable Case for Chapter 11", *Yale L. J.*, No. 101, 1992, p. 1052; M. C. Jensen & W. H. Meckling, "Theory of the Firm: Management Behavior, Agency Costs and Ownership Structure", *JFE*, No. 3, 1976, p. 333.

④ M. Bradley & M. Rosenzweig, "The Untenable Case for Chapter 11", *Yale L. J.*, No. 101, 1992, pp. 1052–1053; C. W. Smith & J. B. Warner, "On Financial Contracting", *JFE*, No. 7, 1979, pp. 118–119.

不严重的时候，高管层可能更倾向采取第一种过度投资的"财产替代方式"，目的是通过任何可能的投资项目挽回败局，如同我们所知的在"赌徒心态"控制下急于翻本的各种行为。而一旦公司泥足深陷、回天乏术，高管层则更倾向采取后一种消极的做法，停止任何投资，目的是避免因此承担个人责任。因此，高管层和大股东投资的热情与公司资不抵债的程度可能成反比。① 当然不同的个案和不同的个人心态使得这种关联并不十分稳定和牢固，但学术界广泛承认这两种行为倾向确实很容易在重整过程中发生。② 出现财务困难的企业持续经营得越久，从事过度投资或过少投资等行为的风险就越大。

重整制度的批评者们还认为，在第 11 章程序中，通过法庭监督下的协商对破产企业财产进行估值效率低下，没有通过市场方式进行估值来得准确、高效。③ 通过协商、诉讼以及评估，法庭监督下的重整程序会有意无意地在利益相关人之间制造分歧，使得他们在破产中的所得偏离了破产前的原始状态。通过各式各样的要挟手段（holdout strategy），受偿顺序在后的阶层极力拖延重整协商的进度，目的是为了在重整计划中多分一杯羹。④ 此外，成本巨大以及最后新的资本结构却依然效率低下是法庭监督下的重整程序固有的另外两大缺陷。⑤

---

① R. K. Rasmussen, "The Ex Ante Effects of Bankruptcy Reform on Investment Incentives", *Wash. U. L. Q*, No. 72, 1994, p. 1171.

② R. K. Rasmussen, "The Ex Ante Effects of Bankruptcy Reform on Investment Incentives", *Wash. U. L. Q*, No. 72, 1994, p. 1171; M. C. Jensen & W. H. Meckling, "Theory of the Firm: Management Behavior, Agency Costs and Ownership Structure", *JFE*, No. 3, 1976, p. 305.

③ "Even in a world of imperfect markets, it seems doubtful that courts have a comparative advantage over capital market agents in determining the intrinsic value of corporations and their equity claims. Judicial intervention is warranted only if there are significant information asymmetries, transactions costs, or ambiguous property rights." See M. Bradley & M. Rosenzweig, "The Untenable Case for Chapter 11", *Yale L. J.*, No. 101, 1992, p. 1054 from I. Ayres & R. Gertner, "Strategic Contractual Inefficiency and the Optional Choice of Legal Rules", *Yale L. J.*, No. 101, 1992, p. 733.

④ B. E. Adler, "Financial and Political Theories of American Corporate Bankruptcy", *Stan. L. Rev.*, No. 45, 1992.

⑤ L. A. Bebchuk, "A New Approach to Corporate Reorganizations", *HLR*, No. 101, 1988, p. 780.

二 对第 11 章重整程序的改革建议

学者们对第 11 章程序提出了各种改革建议,从比较温和的微调式的方案到用新的程序完全取代现行模式,等等,不一而足。具体包括:采取破产拍卖的方案;自动取消受偿顺序在后的阶层的方案;[1] 有选择地停止个别追偿的方案;[2] 执行预先计划的破产程序的方案;[3] 以及完全取消破产程序,让债务人企业自己进行财产分配和债务清偿的方案等。[4] 这些方案中,用破产拍卖取代现行破产程序的建议最为流行。

贝尔德教授首先建议,第 11 章程序应当被强制性的拍卖程序所取代,因为如果能将债务人企业的财产快速变卖,那如何处置破产财产的问题就能与如何在利益相关人之间分配作为两个彼此独立的问题来解决。[5] 拍卖程序只是要求将破产财产出售给出价最高的竞拍者。

---

[1] M. Bradley & M. Rosenzweig, "The Untenable Case for Chapter 11", *Yale. L. J.*, No. 101, 1992, p. 1043; L. A. Bebchuk, "A New Approach to Corporate Reorganizations", *HLR*, No. 101, 1988, p. 775; B. E. Adler, "A World without Debt", *Wash. U. L. Q.*, No. 72, 1994, p. 811; B. E. Adler, "Financial and Political Theories of American Corporate Bankruptcy", *Stan. L. Rev*, No. 45, 1992.

[2] D. G. Baird & R. C. Picker, "A Simple Noncooperative Bargaining Model of Corporate Reorganizations", *JLS*, No. 20, 1991.

[3] A. Schwartz, "Bankruptcy Workouts and Debt Contracts", *JLE*, No. 36, 1993; R. K. Rasmussen, "The Ex Ante Effects of Bankruptcy Reform on Investment Incentives", *Wash. U. L. Q*, No. 72, 1994; R. K. Rasmussen, "Debtor's Choice: A Menu Approach to Corporate Bankruptcy", *Tex. L. Rev.*, No. 71, 1992.

[4] J. W. Bowers, "Whither What Hits the Fan?: Murphy's Law, Bankruptcy Theory, and the Elementary Economics of Loss Distribution", *Ga. L. Rev.*, No. 26, 1991; J. W. Bowers, "Groping and Coping in the Shadow of Murphy's Law: Bankruptcy Theory and the Elementary Economics of Failure", *Mich. L. Rev.*, No. 8, 1990; J. W. Bowers, "Rehabilitation, Redistribution or Dissipation: The Evidence for Choosing Among Bankruptcy Hypotheses", *Wash. U. L. Q.*, No. 72, 1994.

[5] D. G. Baird, "The Uneasy Case for Corporate Reorganizations", *JLS*, No. 15, 1986; D. G. Baird, "Revisiting Auctions in Chapter 11", *JLE*, No. 36, 1993. Professor Adler also agrees with the auction proposal presented by Professor Baird. B. E. Adler, "Bankruptcy and Risk Allocation", *Cornell. L. Rev.*, No. 77, 1992. Professor Roe proposed a partial auction regime under which the reorganization value of a public insolvent company would be extrapolated by the sale price of a slice, 10% for instance, of the new common stock of the firm into the open market. M. J. Roe, "Bankruptcy and Debt: A New Model for Corporate Reorganization", *Colum. L. Rev.*, Vol. 83, No. 3, 1983.

之后就由法庭根据非破产法律规范下的原始权利状态将拍卖所得分配给各利益相关人。支持拍卖程序的主要理由是该方式通过广泛竞拍，能真实地反映破产财产的市场价值。投标者的报价比司法程序下的评估作价更能客观地反映破产企业的运营价值。① 第二个重要理由就是拍卖比第11章程序更加经济快捷，因此能节省程序本身的直接成本，同时因为费时较短能降低各种的"邻近破产"成本。

但是，不像期望的那样，由于各种原因，拍卖并不总是能运行良好。一般认为，在市场驱动的强制拍卖中，全体债权人能得到更好的清偿以实现他们的利益最大化，但这一预期也往往与事实不符。对那些大型上市公司而言，期望通过进入破产后在短期内举行的拍卖活动来实现其运营价值是不现实的；② 如果希望通过立即出售和迅速出手来解决问题，往往会使资产变现遭受巨大的损失。拍卖程序的首要障碍是可能缺乏潜在的竞拍者，特别是收购大型上市公司，一时间要筹集足够的资金完成如此庞大的项目，能做到的企业寥寥无几；特别是如果不景气是行业范围的甚至是国际性的时候，各个企业自保尚且有难度，更不要奢谈对外扩张。③

即使是在一个竞争激烈的市场中，拍卖也并非那么简单的事情。其总成本除了程序本身的直接成本之外，更多的花费是潜在的，主要是为搜集和分析相关资料、设计合理的报价和公司资本结构所付出的种种费用。这些间接成本的花费可能在拍卖总成本中占有相当大的比例，但由于缺乏经验研究的证实，因此，该部分成本被很多学者严重

---

① "The judicial solution thereby mimics the market, attempting to reach an idealized value of the bankrupt that the court believes would arise if a perfect market were at work. Both the bankruptcy bargain and the litigation mechanisms are slow, costly, and often unpredictable." See M. J. Roe, "Bankruptcy and Debt: A New Model for Corporate Reorganization", *Colum. L. Rev.*, Vol. 83, No. 3, 1983, p. 530.

② "Consistent with this view, when there was a sale of all or most of the assets of a firm in our study, it commonly occurred more than a year after filing." See L. M. LoPucki & W. C. Whitford, "Corporate Governance in the Bankruptcy Reorganization of Large, Publicly Held Companies", *U. Pa. L. Rev.*, No. 141, 1993, p. 760.

③ P. Aghion, O. Hart & J. Moore, "The Economics of Bankruptcy Reform", *J. L. Econ. & Org.*, No. 8, 1992, p. 528.

忽略或低估了。

此外更重要的是拍卖程序"赢者全赢，输者全输"的这种游戏规则将使许多潜在的竞拍者因惧怕风险望而却步。① 这些潜在的竞拍者无论是因为获取准确资料评估拍卖企业的资产价值的确有难度，还是完全因为故意，通常都有一种系统性的尽量压低报价的倾向，目的就是利益最大化，同时补偿为参加竞拍而付出的成本和承担的风险。② 因此，实践中，为了吸引更多的买家参与，拍卖方通常会与竞拍者签署合同承诺将支付一种所谓"分手费"（breakup fee）或"损失费"（topping fee）。一旦竞拍者最终败给他人、铩羽而归，则可依照合同补偿其用来参与拍卖活动所付出的各种花费及损失。③ 这种做法固然可以吸引更多的竞拍者参与拍卖，有利于抬高竞价，但客观上也大大增加了拍卖活动的成本。

如果用拍卖程序代替协商程序，另一个主要的缺陷是失去了灵活性。特别是如果不良资产拍卖市场本身也存在问题时，协商就不可避免了。④ 而现行的重整体制是按照有利协商解决问题的框架来设计的，而且主要依赖司法的监督。只要安排得当，法律专家能有效地解决协商中的拖延现象和各种不当行为，强制信息披露。对于拍卖程序中发生的私下协商眼下还没有有效的手段来加速程序的进程或防止道德风险的滋生。

---

① D. A. Skeel, Jr., "Markets, Courts, and the Brave New World of Bankruptcy Theory", *Wis. L. Rev.*, 1993, p. 479.

② "Potential purchasers will need to develop a business plan for the company before they can estimate the level of profitability the reorganized company could achieve. They may need to obtain financing for the purchase and perhaps pay a commitment fee for that financing. An outsider will not incur these costs unless it has reason to believe that it can buy the assets at a price sufficiently below their going concern value (hereinafter called the 'differential') to cover both the costs of preparing a bid and the risk that it will not be accepted. There is reason to believe that the size of this differential is substantial." See L. M. LoPucki & W. C. Whitford, "Corporate Governance in the Bankruptcy Reorganization of Large, Publicly Held Companies", *U. Pa. L. Rev.*, No. 141, 1993, p. 762.

③ L. M. LoPucki & W. C. Whitford, "Corporate Governance in the Bankruptcy Reorganization of Large, Publicly Held Companies", *U. Pa. L. Rev.*, No. 141, 1993, p. 762.

④ K. A. Kordana & E. A. Posner, "A Positive Theory of Chapter 11", *N. Y. U. L. Rev.*, No. 74, 1999, p. 162.

三 支持法庭监督的重整程序的一些证据

(一) 布拉德利和罗森茨维格教授在方法论上的一些错误

布拉德利和罗森茨维格教授对"高管层不良动机"的假设是值得怀疑的,也受到许多学者的批评。① 这些批评并不局限于对其结论本身,更主要的是针对他们研究中所选用的样本以及方法,即他们搜集和分析经验材料的方法上,还有其他在经验研究和理论推导中所犯的错误等,这些原本都是可以小心谨慎加以避免的。

对于公司高管层来说,正常情况下破产总是他们极力避免的情形。也许今天的公司高管们比过去更能接受第11章重整作为公司再生的机会。但是,并不像布拉德利和罗森茨维格教授想象的那样,高管并不会因为第11章重整给予他们一定的保护,就会变得希望或者欢迎破产程序因而肆无忌惮地从事高风险的商业活动。② 这种推论既违反常识又与事实严重不符。

一个经验研究显示,在陷入财务困难的上市公司中,一旦出现不能偿还到期债务、资不抵债或进行私下财务重组的情形,公司高管被撤换的概率每年高达52%,几乎是正常年份(包括当年没有赢利但尚未进入破产状态的情形)撤换率的3倍之多。③ 担保债权人,通常是贷款银行等金融机构,是最有可能提出撤换建议的人。④ 而高管从这些失败的公司辞职之后在接下来的几年内都不太可能被其他上市公司继续聘用。因此可以肯定,不但是公司自身要承担巨大的直接和间

---

① E. Warren, "The Untenable Case for Repeal of Chapter 11", *Yale L. J.*, No. 102, 1992; D. R. Korobkin, "The Unwarranted Case against Corporate Reorganization: A Reply to Bradley and Rosenzweig", *Iowa L. Rev.*, No. 78, 1993; L. M. LoPucki, "Strange Visions in a Strange World: A Reply to Professors Bradley and Rosenzweig", *Mich. L. Rev.*, No. 91, 1992.

② E. Warren, "The Untenable Case for Repeal of Chapter 11", *Yale L. J.*, No. 102, 1992, pp. 451–52.

③ S. C. Gilson, "Management Turnover and Financial Distress", *JFE*, No. 25, 1989, p. 243. The corresponding turnover rate of solvent but highly unprofitable firms is only 19%, see p. 242.

④ "Direct intervention by bank lenders accounts for 21% of all management changes in financially distressed firms." S. C. Gilson, "Management Turnover and Financial Distress", *JFE*, No. 25, 1989, p. 241.

接损失，公司高管对企业失败同样需要承担极大的个人损失。①

（二）第 11 章重整程序的直接成本

虽然反对者一直批评第 11 章重整程序的直接和间接成本都太高，但根据一些经验研究所提供的数据，却发现结论恰恰相反。一个较早的研究发现，重整程序的直接和间接成本占到破产前三年左右公司总资产平均值的 11%—17%，其中直接成本约占 6%。② 而另一个较晚近的经验研究为第 11 章重整的直接成本提供了更全面和带有普遍意义结论，那就是美国现行重整程序的直接成本其实并不算高。③

> 从对全体债权人所能达到的效果而言，本研究发现大型公司在第 11 章程序的花费还是相对较低的。在中等的重整案件中，直接成本大概占分配给债权人的全部资产的 4.7%，或者换一个算法，占破产申请时债务人全部账面资产的 3.5%。从对无担保债权人的最终清偿效果来看，第 11 章程序的成本略高。在中等重整案件中，直接成本约占分配给无担保债权人的全部破产财产的 17.9%，占破产申请时债务人全部账面无担保总资产的 8.5%。④

与之前的一些看法相反，重整时间的长短对直接成本的影响非常微弱。⑤ 除了一个例外的案件，没有任何证据显示重整成本与破产企

---

① S. C. Gilson, "Management Turnover and Financial Distress", *JFE*, No. 25, 1989, p. 254. According to speculation, the loss in personal earnings amounted to a present value of about $ 1.3 million for each manager.

② E. I. Altman, "A Further Empirical Investigation of the Bankruptcy Cost Question", *J. Fin.*, No. 39, 1984, p. 1077. The author identifies indirect costs as abnormal profits to the debtors. "Indirect Costs = Abnormal Profits (Losses) = Analyst Earnings Estimates-Actual Earnings", see p. 1078.

③ S. J. Lubben, "The Direct Costs of Corporate Reorganization: An Empirical Examination of Professional Fees in Large Chapter 11 Cases", *Am. Bankr. L. J.*, No. 74, 2000.

④ Ibid., p. 662.

⑤ Ibid., p. 663; "For both attorneys' fees and total costs, there was a positive relationship between time in reorganization and bankruptcy costs. However, the relationship was weak, only approaching conventional levels of statistical significance."

业的大小之间有所谓的规模效应。① 但是，担保债权的数额却被发现与重整成本有一定的关联。

> 担保债权对无担保债权的比例越高，重整成本占总分配财产的比例就越低。但如果重整成本用其占分配给无担保债权人的变现总额的比例来计算，看到的是相反的结果，也就是重整成本的占比随担保债权数额增加而增加。所有这些发现说明，担保债权降低了整个第11章重整程序的成本；但与担保债权人相比，无担保债权人承担的重整成本远高于按其债权份额所应当承担的。因此，可以得知担保债权人能够把程序费用转移给无担保债权人。虽然相比担保债权的存在所能降低的重整总成本，这种成本转移的效果不算大，但债权人之间成本转移的现象确实存在。②

另一个较近的经验研究选取了1994年进入重整程序的大型公司作为样本，再次检验了重整程序的直接成本，主要是支付给各种中介服务的费用以及诉讼费之类，结果发现与其他重要的公司交易活动相比，第11章程序的直接成本其实是微小的。③ 根据该研究所分析的数据，第11章重整的直接成本平均占公司总资产的0.87%，如果不

---

① "A scale effect describes a situation where, as firms grow in size, the direct costs of bankruptcy decrease as a percentage of firm size." and "A scale effect existed only for attorney's fees standardized by nonsecured distributions. No relationship between costs and firm size existed for the other cost measures." S. J. Lubben, "The Direct Costs of Corporate Reorganization: An Empirical Examination of Professional Fees in Large Chapter 11 Cases", *Am. Bankr. L. J.*, No. 74, 2000, pp. 654, 656.

② S. J. Lubben, "The Direct Costs of Corporate Reorganization: An Empirical Examination of Professional Fees in Large Chapter 11 Cases", *Am. Bankr. L. J.*, No. 74, 2000, p. 661.

③ S. J. Lubben, "The Direct Costs of Corporate Reorganization: An Empirical Examination of Professional Fees in Large Chapter 11 Cases", *Am. Bankr. L. J.*, No. 74, 2000, p. 511; the direct costs here refer to "the judicially allowed fees and expenses of the debtor's attorneys, turnaround professionals, accountants, and investment bankers during the course of these twenty-two cases. Expenses incurred by the creditors' committee, and other court appointed committees, with respect to the same group of professionals are also examined, as under the Bankruptcy Code the debtor is required to bear these expenses. Finally, the cost associated with the bankruptcy court system itself should be considered." See pp. 525 – 526.

算那些经过预装式重整的案件，该数字也只为1.20%。① 与其他非破产的交易相比，包括法庭之外的私下重整，如果要实现同样规模的资产结构调整，第11章下所需要支付的直接费用无论如何都是非常适中的。② 大部分直接成本都是支付给各种中介服务的费用，无论重整程序有无法庭参与，这部分费用都是必不可少的。而与第11章重整有关那些间接成本也主要是跟公司出现财务危机有关，不论利用何种程序来解决，这些成本通常也是必然会发生的。③ 因此，认为第11章程序下的破产重整比别的程序成本更高，没有得到直接经验证据的支持。

（三）法庭干预重整的必要性

一个"完美"的市场在对破产财产进行估值和分配的时候肯定是高效的，但是"完美"的司法系统，如果有这种东西的话，在这些方面也应该能表现不错。可惜的是，在真实的世界中，我们很少看见完美的市场存在。在市场能正常运行之前，至少以下障碍需要排除，即对各种权利的争议。正如斯克尔教授所说：

> 尽管法庭不适合做任何商业判断，但在破产程序中，他们还是有一个重要角色可以扮演。司法系统最适合去发现那些带有不正当目的行为，而现在的破产法典也正是按照这个功能来塑造法庭的角色。④

此外，作为一种高度灵活的程序，第11章可以用来实现很多目的，它也曾经被用作多种完全不同的用途，债务重整其实只是这些用途中的一种而已。其他一些常见用途还有：提供另一种破产清算方式，创造性

---

① S. J. Lubben, "The Direct Costs of Corporate Reorganization: An Empirical Examination of Professional Fees in Large Chapter 11 Cases", *Am. Bankr. L. J.*, No. 74, 2000, p. 513.
② Ibid., pp. 540–542.
③ Ibid., pp. 545–546.
④ See D. A. Skeel, Jr., "Markets, Courts, and the Brave New World of Bankruptcy Theory", *Wis. L. Rev.*, 1993, p. 505.

地被使用，以及用来解决一些可能转化成政治问题的经济问题。①

毫无疑问，几乎所有的大型重整案件中都会涉及部分财产的清算。学术界和实务界广泛承认："真正有意义的区分不是破产重整还是清算之间的区别，而是在多大程度上进行清算（100%还是部分破产清算——译者注）的区别。"② 通过有策略地包装财产，组合成不同的资产包来进行破产清算的方式比快速而随意地零星出售能产生更高的变现回报。③ 打包出售有用的资产和业务单元可能需要较长的时间来梳理、组合和寻找适合的买主。这一点上，第11章提供了一个有利的法律框架和债务冻结期，使得分类打包出售资产更容易实现。而法庭主导下的重整还有另外一个优点，那就是异常灵活，在立法还没有制定更进一步细则的时候，通过法庭的审核和批准，可以有一些创造性的破产实践，同时又不会偏离现有立法太远。④

第11章程序的另一个目标就是通过创造性地使用破产程序，处理或化解各种棘手的问题，防止不必要地危及公司的将来或公众的福祉。这些特殊的场合包括：发生了大规模侵权事件的时候，⑤ 引人注目的重大案件处理，与环保有关的公众利益案件，集体协商案件，以及其他的特殊案件。⑥ 根据最新的资料显示，越来越多的债务人公司之所以进入正式破产程序，就是为了寻求一种带有更多综合管理和利益平衡性质的更加行政性的解决方案，而避免非黑即白的司法裁决对公司造成过度的影响。

---

① W. C. Whitford, "What's Right about Chapter 11", *Wash. U. L. Q.*, No. 72, 1994, pp. 1392 – 1402.

② W. C. Whitford, "What's Right about Chapter 11", *Wash. U. L. Q.*, No. 72, 1994, p. 1392 and L. M. LoPucki & W. C. Whitford, "Patterns in the Reorganization of Large, Publicly Held Companies", *Cornell L. Rev.*, No. 78, 1993, pp. 605 – 606.

③ W. C. Whitford, "What's Right about Chapter 11", *Wash. U. L. Q.*, No. 72, 1994, p. 1405.

④ Ibid., pp. 1405 – 1406.

⑤ D. A. Skeel, Jr., *Debt's Dominion: A History of Bankruptcy Law in America*, Princeton University Press, Princeton, 2001, pp. 217 – 221.

⑥ W. C. Whitford, "What's Right about Chapter 11", *Wash. U. L. Q.*, No. 72, 1994, p. 1395.

（美国）破产法庭系统现在大约每年处理2500万个案件。其中不少案件本来是应该在州或者联邦的其他系统的法庭提起和处理的，但他们选择了破产法庭，因为破产法庭处理案件更像一个行政程序而非司法程序。破产法系统与其他的法律系统在功能上有许多交互的地方，但它可以用更平和的方式解决在其他系统中只能用诉讼方法解决的法律问题，即使这种替代作用十分微妙。[1]

如果没有对个别清偿行为的冻结和阻止，债权人可以毫无忌惮地申请执行已到期的债务。越来越多的大型重整案件显示单纯依靠私下协议根本无法解决债权人之间的复杂问题。[2] 如果没有法庭的干预，试图对债权人进行合理分类并选出合适的代表几乎是难以想象的。破产法庭评估各种财产，但更重要的，它们评估各种争议，而市场却没有后一种功能。[3] 因此把市场和法庭这两种完全异质的体系放在一块比较成本和效率本身就不合理也不公平。至于由公司高管层的行为所造成的各种低效率和代理成本问题也并不只在法庭干预的程序中才有，而是一种普遍现象，与整体法律环境甚至人性中的某些东西有关。更有效的公司治理手段，更合理的高管层问责制度和工资福利体系，以及更发达的高管层人力资源市场都是解决高管层问题的合理救济手段。单纯废除现有的公司重整制度，似乎不会带来任何实质性的好处。[4]

---

[1] E. Warren, "Vanishing Trials: The New Age of American Law", *Am. Bankr. L. J.*, No. 79, 2005, p. 942. "Bankruptcy is essentially the non-litigation approach to the resolution of unmet legal obligations. Perhaps the most significant way in which bankruptcy cases differ from typical lawsuits is that the majority of such bankruptcy cases are largely administrative events." See p. 918.

[2] H. R. Miller & S. Y. Waisman, "Does Chapter 11 Reorganization Remain a Viable Option for Distressed Businesses for the Twenty-First Century?", *Am. Bankr. L. J.*, No. 78, 2004, p. 196.

[3] F. H. Easterbrook, "Is Corporate Bankruptcy Efficient?", *JFE*, No. 27, 1990, p. 416.

[4] W. C. Whitford, "What's Right about Chapter 11", *Wash. U. L. Q.*, No. 72, 1994, p. 1384; D. R. Korobkin, "The Unwarranted Case against Corporate Reorganization: A Reply to Bradley and Rosenzweig", *Iowa L. Rev.*, No. 78, 1993, p. 707.

第三节 2005年颁布的《防止滥用破产及消费者保护法案》与专门适用于小型公司的重整程序

实践中按照规模,公司大致可以分成三类:(1)总资产少于400万美元的小型公司,占全部第11章重整案件的80%左右。[①] 而其中90%以上的重整都是失败的,他们无法从第11章程序中顺利走出。对这些企业,尽快进行破产清算可能是更好的处理方法。[②] 这些小型公司虽然数量众多,但从经济重要性的角度来说却较低,其总资产和总债务只占全部进入第11章重整程序的企业资产和债务总数的5%左右。(2)股权集中的大型公司,这类公司的确可能有值得拯救的营运价值。而公司高管(同时也是公司大股东)特殊的个人作用通常对公司的继续经营起着至关重要的作用。(3)上市公司,是公司重整舞台真正的主角。这类公司数量较少,但无论是资产总数还是所涉及的债务总数,这些大型上市公司都比前两类公司的总和还多。[③]

如上所述,普遍认可的一个观点就是,这种对各种不同类型公司重整"一视同仁"的方式,如同1978年《破产法》的立法者所采取的做法,已经被证明是不合理的了。传统的第11章程序就是为大型公司重整而设计的,不可避免的烦琐程序必然会造成社会资源的浪费、成本的消耗以及时间上久拖不决,这些对于中小型公司的重整而言,都是应当尽力避免的。[④] 考虑到资本和债务重组的规模以及难度,时间和费用上的负

[①] E. Warren & J. L. Westbrook, "Financial Characteristics of Businesses in Bankruptcy", *Am. Bankr. L. J.*, No. 73, 1999, pp. 543 – 544, footnotes 80 – 82.

[②] D. G. Baird, "Revisiting Auctions in Chapter 11", *JLE*, No. 36, 1993, pp. 636 – 637.

[③] D. G. Baird, "Revisiting Auctions in Chapter 11", *JLE*, No. 36, 1993, p. 637.

[④] "On that run, 93% of the cases fell below the $5 million cap", and "More than 90% of the current Chapter 11 cases would be classified as small business cases. In many districts, 100% of a year's caseload would consist of 'small businesses.' 'Small business bankruptcy' would become the standard bankruptcy form, with a special relaxation of the rules for big business bankruptcies." E. Warren & J. L. Westbrook, "Financial Characteristics of Businesses in Bankruptcy", *Am. Bankr. L. J.*, No. 73, 1999, pp. 543 – 544, 500 – 501.

第四章 美国《破产法》第 11 章的重整程序

担对于上述第二、第三类公司而言可能还是比较合理的。但是对于第一类的小型公司来说，则明显负担过重，而这类企业却占了重整案件的绝大多数。因此，应当为大多数中小型企业设计一种独立的更为便捷的重整程序，以降低相应的费用和程序的复杂程度。意识到这点之后，自 20 世纪 80 年代以来，美国国会付出了不懈的努力希望重塑第 11 章。主要的途径就是希望能创造出一种崭新的、完全独立的《破产法》第 10 章程序（这是当年的想法）。① 事实上，一些破产法官已经在他们自己办理的小型案件中开启了一些快速通道，新程序只是规范化这些实践中的做法，② 同时带来一些微调式的改进。③

2005 年 4 月 14 日，第 109 界美国国会通过了新的法案，并由时任的布什总统于 4 月 20 日签署生效。这就是 2005 年《防止滥用破产及消费者保护法案》（*The Bankruptcy Abuse Prevention and Consumer Protection Act of 2005*，缩写为 BAPCPA2005），④ 它给美国联邦《破产法》带来了自 1978 年法典颁布以来最大的改变。法案中半数以上的条文是关于商业破产的，据预测这些改变将给商业领域带来许多重大的触动。⑤

法案第 4 章的 B 部分叫作"小企业破产规则"（"Small Business

---

① In the 1992 congressional session, the Senate passed a bill that aimed to create a new, entirely separate "Chapter 10" of the Code, applicable only to small business reorganization cases. S. 1985, 102d Cong (1992); S. REP. No. 279 (1992) The Senate bill was introduced twice, in 1992 and 1993, however, failed to attract necessary support in the House because the prevailing beliefs that the needed reforms could be achieved simply by amending Chapter 11 itself. B. A. Blum, "The Goals and Process of Reorganizing Small Businesses in Bankruptcy", *J. Small & Emerging Bus. L.*, No. 4, 2000.

② 11 USC s. 101 (51) (C), 1102 (a) (3), 1121 (e), and 1125 (f). The 1994 amendments to the Bankruptcy Code 1978 introduced a "fast-track" Chapter 11 procedure that permits qualified small business debtor to elect an expedited process to go through Chapter 11. The Bankruptcy Reform Act of 1994 (Pub. L. No. 103 - 394 S 217, 108 Stat. 4106).

③ Bankruptcy experts presented many reform proposals ranging from depending on the perfect flexibility of Chapter 11, creating specialized case management procedures of bankruptcy courts; to amending the current Chapter 11 to make it easier or harder for small business (including introducing some more novel mechanisms, federal workout proceeding and plan facilitators and so on). K. M. Gebbia-Pinetti, "Small Business Reorganization and the SABRE Proposals", *Fordham J. Corp. & Fin. L.*, No. 7, 2001, pp. 257 – 261.

④ Pub. L. No. 109 - 8, 119 Stat. 23. Hereinafter called the BAPCPA 2005. Most provisions apply to cases commenced on or after 17 October 2005.

⑤ R. Levin & A. Ranney-Marinelli, "The Creeping Repeal of Chapter 11: The Significant Business Provisions of the Bankruptcy Abuse Prevention and Consumer Protection Act of 2005", *Am. Bankr. L. J.*, No. 79, 2005, p. 603.

Bankruptcy Provisions"），就是用来改进之前的《破产法》第11章程序，使之更加有效，特别是使小型重整案件花费更少、耗时更短（见表4—2）。① 小企业破产规则几乎全盘采用了美国联邦破产审查委员会1997年报告中所提出的建议，该委员会依据1994年《破产改革法》的规定而成立。② 不同于1994年《破产改革法》规定的对第11章程序的"快速通道"（fast-track）可以选择适用，2005年的小企业破产规则对适格的小型企业是强迫适用的。

表4—2　　2005年BAPCPA与修订后《破产法》的比较

2005年BAPCPA的小企业破产规则	修订后的《破产法》和《联邦司法法》（Judicial Code）条文［分别被引证为11 USC s_（2005）和28 USC s_（2005）］
第431条：对信息披露声明和重整计划有更灵活的规定	《破产法》第1125条：使制作信息披露声明和重整计划对于所有重整案件而言都更灵活，而对于小企业破产案件则更加简便易行
第432条：定义	《破产法》第101条（51D）：一个"小企业"债务人现在被定义为这样一种从事商业和经营活动的企业，它们所负担的担保和无担保债务（不是对内部人、关联方承担的，也不是非或有的），以破产程序开始之日为准，少于200万美元，同时还未成立债权人委员会的情形下。根据经验证据估计，200万美元债务的标准将把绝大多数的第11章重整案件归入小企业破产规则的范围下*
第433条：标准化的信息披露声明和重整计划样本	根据指令，美国司法会议（the Judicial Conference of the United States）就信息披露声明和重整计划公布了官方的标准格式样本。之所以要公布这些标准格式样本，是为了保障实践中在小企业破产案件中实现各方利益平衡，满足：①法庭有理由而提出的需要，或向托管人、债权人及其他利益相关人提供更为充分的信息；②能实现债务人方更加经济和简便的要求。虽然使用标准化的样本不是强制性的，但由于适格的小型企业数目众多，因此能节省下来的费用总数也将是非常显著的**

---

① T. E. Carlson & J. F. Hayes, "The Small Business Provisions of the 2005 Bankruptcy Amendments", *Am. Bankr. L. J.*, No. 79, 2005, p. 645.

② National Bankruptcy Review Commission, Bankruptcy: The Next Twenty Years, E. Warren, Rep., 1997, pp. 609-660, http://govinfo.library.unt.edu/nbrc/. 该报告的第二章就是关于小企业（破产）的建议。

续表

2005 年 BAPCPA 的小企业破产规则	修订后的《破产法》和《联邦司法法》（Judicial Code）条文［分别被引证为 11 USC s_ （2005）和 28 USC s_ （2005）］
第 434 条：统一的全国性的报告义务	第 308 条：2005 年的这次修正增加了小企业需要披露的信息数量，该条规定了小企业债务人需要履行补充的报告义务（supplemental reporting requirements），也就是说根据规定，它们要填写定期的财务及其他事务报告，其中必须包含必要的财务信息
第 436 条：小企业债务人的其他义务	第 1116 条：小企业债务人被要求承担一些其他的额外义务，当然这些义务有可能成为一种负担而无法满足。另外，不能承担这些额外的义务将被看成重整不可能成功的标志，意味着该企业应当转入破产清算、终结破产程序；或者指定一名托管人或调查员
第 437 条：提交和通过重整计划的严格期限	第 1121 条第 e 款：2005 年的这次修正首次规定了小企业债务人提交和通过重整计划的法定期限。债务人有排他的权利在法庭做出受理裁定后最初的 180 天里提交一个重整计划，该期限长于标准第 11 章重整案件中 120 天的标准。经过申请和法庭聆讯，或者法庭觉得有必要的话，这个期限还可以被延长。与标准的第 11 章程序不同，对于小企业来说，延长期限的次数是没有限制的。但一般来说，如果要提交的话，债务人必须在裁定重整 300 天内提交一份通过了的重整计划和一份信息披露声明。这个总期限一般不能延长，除非债务人满足了法律规定的其他要求，否则，超过期限将成为案件转入破产清算或终结破产程序的理由
第 438 条：法庭批准重整计划的严格期限	第 1129 条第 e 款：除非期限得到宽延，否则法庭必须在债务人提交重整计划后 45 天内批准，只要该计划符合《破产法》的规定
第 439 条：托管人协会扮演更重要的角色	《联邦司法法》第 586 条第 a 款：托管人协会将承担严密的监督责任。因小企业破产案件中通常没有债权人委员会，因此对重整过程的监督责任将由托管人协会一力承担。在小企业破产案件中，第一次债权人会议之前，＊＊＊托管人协会要召集"与债务人的初次面谈"（an "initial debtor interview"），主要调查债务人是否具有继续赢利的能力、监督其活动、甄别那些难以重整成功的案件以及加速案件的管理和进程。托管人协会的最重要的职责是根据修改后的《破产法》第 1112 条，在适当时候将公司转入破产清算、终结破产程序或指定具体的托管人或调查员，等等＊＊＊＊

续表

2005 年 BAPCPA 的小企业破产规则	修订后的《破产法》和《联邦司法法》(Judicial Code) 条文 [分别被引证为 11 USC s_ (2005) 和 28 USC s_ (2005)]
第 441 条：破产申请和自动冻结债权人个别追偿的相关条款	362 条：在自愿申请破产的案件中，当出现以下情形，债权人的个别追偿行动不会被自动冻结：(1) 本案的债务人同时是另一个在审理中的小企业破产案件的债务人时；(2) 本案的债务人是一个刚刚终结破产或通过了一个重整计划后两年之内再次提起破产申请的小企业；(3) 本案的债务人收购了一个适格小企业几乎全部的财产或营业，除非该债务人企业能证明收购是出于善意。 该条款不适用于下列情形：(1) 非自愿的破产申请案件，且债务人与提出破产申请的债权人之间并无共谋；(2) 自愿申请的破产案件，债务人能够证明：(a) 债权人是在债务人已经提出破产申请后由于后者无法预见的原因和不能控制的情况才再次提出破产申请的；(b) 对于本案，法庭有可能将在合理的期限内批准一个可行的计划，而且并非用于清算目的

注：* 国家破产评价委员会在 1997 年的报告中统计：如果用 500 万美元债务作为标准，85% 进入第 11 章的公司将被包括其中。National Bankruptcy Review Commission, Bankruptcy: The Next Twenty Years, E. Warren, Rep., 1997, p. 632, http://govinfo.library.unt.edu/nbrc/.

** 根据国家破产评价委员会的结论，传统第 11 章程序高收费的原因主要是来自从头起草那些披露声明和计划草案，National Bankruptcy Review Commission, Bankruptcy: The Next Twenty Years, E. Warren, Rep., 1997, pp. 635 - 637, http://govinfo.library.unt.edu/nbrc/。2005 年的修正案赋予法院广泛的权力，可以有条件地批准披露声明，以及将决定披露是否充分和是否批准重整计划这两个聆讯合二为一。法院还可以选择：(1) 批准一个标准格式的披露声明 [11 USC s. 1125 (f) (2) (2005)]；(2) 当重整计划本身信息披露已经充分，因此免于提交专门的披露声明 [(f) (1)]。

*** 11 USC s. 341 (2005) and 28 USC s. 586 (a) (7) (A) (2005).

**** "The 'other obligations' the debtor should be informed of include the duty to create a debtor-in-possession bank account, and the duty to obtain current insurance for the debtor's business. The United States Trustee, in her or his discretion, also may visit the premises of the small business debtor, ascertain the state of the debtor's books and record, and verify that the debtor has filed its tax returns.... The special duties of the United States Trustee in small business cases would cease once a committee were appointed, unless the court later determined that the committee was not sufficiently active. The United States Trustee may have an important role even in those cases, because the initial debtor interview and site visit may occur early in the case, before the committee is appointed." See T. E. Carlson & J. F. Hayes, "The Small Business Provisions of the 2005 Bankruptcy Amendments", Am. Bankr. L. J., No. 79, 2005, p. 687.

总之，通过规定债务人提交和通过重整计划的严格期限、统一的财务信息报告义务以及赋予托管人协会新的角色等手段，小企业破产规则旨在对债务人的重整活动加强必要的监督，以此过滤出那些没有真正前途、不适宜重整的企业。另外，有真正重整成功潜力的债务人企业则将从标准化的信息披露声明和重整计划样本、更长的提交重整计划的排他期限、法庭通过合并聆讯一次性解决多种问题以及其他类似的简化操作规定中获益。对于他们而言，小企业破产重整程序将花费更少、手续更简便，效率却会更高。[①]

[①] T. E. Carlson & J. F. Hayes, "The Small Business Provisions of the 2005 Bankruptcy Amendments", *Am. Bankr. L. J.*, No. 79, 2005, p. 678.

第五章

英国、美国破产重整制度比较

如果没有合适的背景,光从表面上比较英美两国的企业破产重整制度可能是毫无结果的。必须从不同法域的法律文化、制度背景和经济环境等多重角度出发,才能得出有意义的比较结论。

本章试图从重整时期公司治理的特殊问题这一角度来展开比较。无论从广义还是狭义的角度来看,破产重整法与公司治理问题都有着千丝万缕的联系。[①] 与其他情形下的公司治理问题有所不同,破产背景下的治理模式更加独特:债权人作为公司治理的重要参与人,粉墨登场;同时,高管层的代理问题越发严重,而且开始偏离股东利益;债权代理问题在这两种力量的影响下,越发难以琢磨,充满了变数。

美国《破产法》第11章和英国的破产管理程序是全世界企业破产重整领域最经典的两种模式。[②] 其他新兴国家无不以其作为立法蓝本。两者之中,英国破产管理程序被认为更倾向于保护债权人利益,而美国《破产法》第11章则被认为更倾向于债务人企业的利益。[③] 两者代表当前世界破产拯救文化的两极,一些技术环节的细节设计导致了其

[①] 根据卡德伯里的定义,狭义上,公司治理决定公司不同参与方的利益关系,因此,公司治理就意味着公司如何被管理和控制。易言之,公司治理研究的是如何在经济和社会目标之间、个人和公共目标之间实现一种平衡。The Cadbury Committee Report, *Financial Aspects of Corporate Governance*, Gee, London, 1992, para. 2.5。

[②] D. Hahn, "Concentrated Ownership and Control of Corporate Reorganizations", *JCLS*, No. 4, 2004, p. 117.

[③] A. Belcher, *Corporate Rescue: A Conceptual Approach to Insolvency Law*, Sweet & Maxwell, London, 1997, p. 13.

差异性。①

但并非所有的制度差异都值得我们关注和研究,也并非所有的差异都符合我们从公司治理角度出发而设立的研究目标。以下经过精心挑选的这几点是本章的讨论重点:(1)谁来进行破产重整期间的企业管理;(2)重整期间公司有无继续融资的可能及其手段;(3)正式和非正式重整程序之间的关系和互动。

第一节 债务人在位 vs. 管理人在位

关于重整过程中原债务人的高管层是否应该在位的问题,一直是引起争议的。在英国破产管理制度中,公司一旦进入重整程序,原董事会就必须交出控制权,由指定的专业破产管理人全权负责企业的经营(当然他可以聘请原企业的董事和高管管理具体事务)。这种模式被称为"管理人在位"(practitioner-in-possession,PIP),不同于美国《破产法》第11章"债务人在位"(debtor-in-possession,DIP,即原董事会在破产重整期间仍然保有决策权)的安排。但仅仅关注管理人或原董事会角色的表面差异,而忽视了他们在公司实际治理中所起到的作用,仍然是过于简单的观察方式。实际上,对一个成功的重整而言,谁来管理重整过程本身并不是那么重要。重整程序不仅涉及的事务众多,所涉人物也是十分复杂的。② 每一个程序和参与者都是实现企业再生的一种要素。一般性地讨论管理人或债务人在位哪种体制更好意义不大,而是要看在具体的要素集群和背景条件的约束下,哪一种管理模式能更好地协调各种要素以实现重整目标。因此,不妨把重整法律的制定和实施过程看成是

---

① J. R. Franks & W. N. Torous, "Lessons from a Comparison of U. S. and U. K. Insolvency Codes" and M. J. White, "The Costs of Corporate Bankruptcies: A U. S. – European Comparison", in J. S. Bhandari & L. A. Weiss (ed) *Corporate Bankruptcy: Economic and Legal Perspectives*, CUP, Oxford, 1996.

② 事务方面至少包括:收集信息、正常商业经营判断、财务或重组策略设计、重整计划的制订与表决等。而人物方面至少包括:原高管/破产专业人员(如管理人)、原股东、各类债权人、法官、新投资者(重组方)等,在有些国家(比如中国)甚至还包括政府,以及可能对重整过程施加这种或那种影响的其他主体(如工会)。V. Finch, "Control and Co-ordination in Corporate Rescue", *Legal Studies*, Vol. 25, No. 3, 2005, pp. 375 – 376。

集体无意识下各方角力的结果而不全然是立法者主观上选择的结果,两国迥异的重整文化决定于以下因素。

> 对企业家精神和风险承担所持的不同态度;在鼓励企业尽早拯救问题上关于是采取胡萝卜还是大棒政策还是折中方案所做的不同选择;关于重整程序性质和目标的不同观点;路径依赖和社会历史环境对法律制度不断加重的牵引力;以及两国资本市场特别是证券市场的本质差异。①

这里没有哪一个因素可以单独解释英美两国重整制度方面的差异,也没有哪一种方法可以简单地改变一国根深蒂固的传统观念和前见(proactive preference)。

正常情况下,高管层主要对股东利益负责。在破产情形下,债权人成为剩余价值的所有者,其他利益相关人也从幕后走到了台前。在重整过程中,各集团的利益可能彼此分歧甚至冲突。因此,决策层(可能是破产管理人,也可能是美国破产重整中原高管层被保留的情形)的角色除了日常经营管理,还将代表利益各方主持破产损失的分摊。②

现实中,高管层可能有的两种行为模式,都可以在真实的重整案件中找到实例。第一种模式是,高管层继续维护股东利益;或者采取第二种模式,更倾向于维护债权人利益。两种情形都真实存在,因各案有所不同,很难说哪种模式不符合事实。③ 高管层的这种态度上的多重可能再次说明了重整程序的复杂、多面性,究其本质是利益的冲突和纠结使然:究竟是追求一个低风险、低回报的财产清算或变卖,还是追求一个高风险却可能创造新价值的企业再生,对不同的利益相

---

① G. McCormack, "Control and Corporate Rescue", *draft*, *forthcoming ICLQ*, Vol. 56, July 2007, pp. 45 – 46.

② R. T. Nimmer & R. B. Feinberg, "Chapter 11 Business Governance: Fiduciary Duties, Business Judgment, Trustees and Exclusivity", *Bankr. Dev. J.*, No. 6, 1989, p. 12.

③ L. M. LoPucki & W. C. Whitford, "Corporate Governance in the Bankruptcy Reorganization of Large, Publicly Held Companies", *U. Pa. L. Rev.*, No. 141, 1993, pp. 675, 797.

关人来说是有差别的,因此各方也千方百计去控制或影响重整的过程和结果,归根到底是为了己方多一些财产回报。

一 分散持股公司中高管层行为的双重可能性

(一) 股东的影响力递减:主角退居幕后

在分散持股的公司中(上市公司等大型股份公司),股东人数众多且分散,而经营控制权掌握在少数核心的管理团队手中,造成控制权和所有权分离、管理者强而所有者弱的事实。此种情形下的公司高管层,利益较为中立,分散的股东缺乏控制他们的有效手段,因此他们不必随时讨好股东才能保住自己的职位。此时忠于股东利益与其说是个人的利益偏好,不如说是遵守法律的理性选择。[1] 股东对高管层本来就不强的控制权在重整程序中被进一步弱化。由于资不抵债的事实,公司理论上已不再属于股东,因此破产前本就有限的股东控制手段在破产申请受理后则更失其效。

首先,破产前的雇佣合同因破产程序的开始变得无效,因此无法约束高管层为股东的利益继续服务。破产后新签的聘用合同也许能激励高管层继续效力,但却是为了债权人而非原股东的利益。[2]

其次,即使有控股股东的存在,可以通过召集股东会罢免现任董事的职务,但此种能力在破产重整程序中难以施展。[3] 在美国《破产法》第 11 章的重整过程中,无论是股东还是债权人,如果要替换现任高管层,只有唯一的途径:申请指定一个受托管理人(a trustee)。[4] 但根据经验证据,托管人通常会在被指定后"抑制股东和地位劣后的债权人而更多地照顾优先债权人的利益"。[5] 因此,就算是要替换现任高管层,那也是债权人动机更充分,而非股东。

---

[1] D. Hahn, "Concentrated Ownership and Control of Corporate Reorganizations", *JCLS*, No. 4, 2004, p. 132.

[2] L. M. LoPucki & W. C. Whitford, "Corporate Governance in the Bankruptcy Reorganization of Large, Publicly Held Companies", *U. Pa. L. Rev.*, No. 141, 1993, p. 720.

[3] Ibid., p. 698.

[4] Ibid., p. 710.

[5] Ibid., p. 700.

在公司重整的背景下,即使高管层作为债务人企业的代理人被保留,但如果根据破产法,要求高管层忠于债务人而非原股东的利益,高管层没有什么理由会拒绝这种角色转换。如果重整计划最后通过了,与债权人合作愉快的人被保留职位的机会肯定更大。① 因此,在持股分散的大型公司,由于没有控制股东的存在,高管层比较强势和独立,他们更有可能放弃股东而选择与债权人合作,制订更有利于后者的重整计划。

(二) 债权人的影响力递增:曾经被忽略的一方走到了台前

据说在出台美国破产法的年代(1978年前后),重整程序的设计中夹杂了很多社会因素的考虑,比如希望通过重整来保护投资大众的利益、保存工作机会等。时至今日,情形已然改变,重整程序的重心几乎完全偏移到了最大化债权人的受偿上。② 这种改变是如何悄然发生的呢?有一种说法就是强势的债权人(银行等大债权人)把现行制度中许可的一些重要合同作为撬动公司治理杠杆的工具来使用,最终实现了这种利益中心的结构性偏移。

这些工具中,最重要的就是重整期间的再融资(DIP financing)协议。关于这种协议的使用细节会在下一节详述。这里想强调的是整个美式重整的过程和结果都可能被这种再融资协议重新塑造。现在越来越多的情形是,再融资协议中的借款人,通常就是部分原债权人,如银行等大债权人。他们正是利用自己的双重身份和再融资协议中的一些重要条款,重塑了公司重整期间的治理结构。③

第二种工具,"胡萝卜加大棒"政策组合中的胡萝卜,也就是许诺

---

① D. Hahn, "Concentrated Ownership and Control of Corporate Reorganizations", *JCLS*, No. 4, 2004, p. 132.

② "Whereas the debtor and its manager seemed to dominate bankruptcy only a few years ago, Chapter 11 now has a distinctively creditor-oriented cast. Chapter 11 no longer functions like an anti-takeover device for managers; it has become, instead, the most important new frontier in the market for corporate control, complete with asset sales and faster cases." See D. A. Skeel, JR., "Creditors' Ball: The 'New' New Corporate Governance in Chapter 11", *U. Pa. L. Rev.*, No. 152, 2004, p. 918.

③ Ibid..

公司原高管层一些与经营挂钩的个人补偿（performance – based compensation packages），以换取他们在重整期间和重整计划执行期间的合作与忠诚。① 在没有破产的情形下，除了正常工资，这些高管还可以依照个人退休计划，从公司处获得额外的经济补偿（比如金降落伞条款、② 遣散费③或公司花红等形式），就是为了克服代理问题同时降低高管的个人风险。④ 这些破产前有效的个人退休计划和补偿条款在破产程序中是没有优先权（administrative priority）的，当然如果这些计划和条款被债权人认可，并得到破产法庭的批准，就有了优先受偿的权利。⑤ 这一点可以被债权人大加利用。除了承认先前的个人退休计划和补偿条款，如有必要，债权人甚至还会跟高管们签订新的合同，只要他们能尽快完成重整，就将得到一笔不菲的奖金，而且数额可以根据重整成功的时间进行调整，重整越快奖金越高。⑥ 除了与速度有关的"表现奖励"，常见的还有与绩效有关的奖励政策，也就是奖金的多少决定于破产财产变卖的价格，价格越高，奖金越高。通过给予高管一

---

① D. A. Skeel, JR., "Creditors' Ball: The 'New' New Corporate Governance in Chapter 11", *U. Pa. L. Rev.*, No. 152, 2004, p. 919; G. W. Kuney, "Hajacking Chapter 11", *Emory Bankr. Dev. J.*, No. 21, 2005, p. 105.

② "A golden parachute agreement provides an employee with a specific payment or benefit upon a change in control of the company and subsequent termination of employment." see G. W. Kuney, "Hajacking Chapter 11", *Emory Bankr. Dev. J.*, No. 21, 2005, p. 82.

③ "Severance packages differ from golden parachutes in that the beneficiary-employee's payment under the agreement depends on the circumstances of the person's termination rather than being triggered by a change in control or management. Typically, the beneficiary receives nothing under a severance package if the employee is terminated for cause-including bad faith-or for voluntary separation from the debtor." G. W. Kuney, "Hajacking Chapter 11", *Emory Bankr. Dev. J.*, No. 21, 2005, p. 83.

④ G. W. Kuney, "Hajacking Chapter 11", *Emory Bankr. Dev. J.*, No. 21, 2005, pp. 81 – 90.

⑤ "Although s503 (b) (1) (A) does not specifically provide that employee severance may be an administrative expense, severance payments arising from postpetition transactions may nonetheless obtain this priority status if these payments are actual and necessary costs of preserving the debtor's estate." G. W. Kuney, "Hajacking Chapter 11", *Emory Bankr. Dev. J.*, No. 21, 2005, pp. 78 – 79 and In re Chrystal Apparel, Inc., 220 B. R. 816, 834, Bankr. S. D. N. Y. 1988.

⑥ Including lump sum bonuses, stock and stock options or most commonly performance-based compensation. In the three of them, a performance-based bonus is perhaps the most effective and desirable type of retention bonus for beneficiary-employees have a greater incentive to work hard for the benefit of the estate. In some cases, the retention plan will combine one type with another. G. W. Kuney, "Hajacking Chapter 11", *Emory Bankr. Dev. J.*, No. 21, 2005, pp. 86 – 89.

部分变价所得，债权人就可以最大化其最终的受偿。①

通过上述两类合同的使用，机构债权人（银行等）加强了对重整过程的实际控制。高管层也因"被引诱"或"被胁迫"站到了债权人这边，并在处理破产企业财产时尽量优先满足大债权人的要求。② 因此，原企业股东和普通债权人的利益就被边缘化了，保留企业的运营价值在很多情况下成了一句空话。

除了通过合同控制高管层，即使是指定更为中立的专业破产管理人员，机构债权人也占尽了优势，能够对重整过程施加重大的影响③。虽然美式重整中通常不需要指定托管人，但现在的实践是，机构债权人往往抛开破产法规定，自行指定一个首席重组官（Chief Restructuring Officer，CRO），并在重整案件中扮演核心的角色。④ 这种 CRO 的指定程序及其功能如下。

> 在主债权人的建议下，债务人企业同意指定一个 CRO。CRO 被授予行政决策权并能直接进入债务人企业的治理机构。而负责指定的债权人能够直接授意 CRO。CRO 有权私下接触该债权人，就重整计划的起草和执行接受他的指示。在一些观察者看来，CRO 就是一个实质上的受托管理人。而指定这样一个 CRO 能够使重整程序的性质发生戏剧性的改变。在不少案件中，这种指定成功地剥夺了在位高管层的决策权，并把对重整管理的控制权转移到了第三方手中，这里说的案件，包括通过《破产

---

① D. A. Skeel, JR., "Creditors' Ball: The 'New' New Corporate Governance in Chapter 11", *U. Pa. L. Rev.*, No. 152, 2004, p. 928.

② "Directors are now more likely to respond, for instance, to creditors' not – so – subtle threat that 'sooner or later we'll own the company and we're not going to re – elect you so you should get out now.'" D. A. Skeel, JR., "Creditors' Ball: The 'New' New Corporate Governance in Chapter 11", *U. Pa. L. Rev.*, No. 152, 2004, p. 921.

③ H. R. Miller & S. Y. Waisman, "Does Chapter 11 Reorganization Remain a Viable Option for Distressed Businesses for the Twenty – First Century?", *Am. Bankr. L. J.*, No. 78, 2004, p. 186.

④ Under the Bankruptcy Code, the methods to creditors to displace management were appointment of an examiner or appointment or election of a trustee. 11 USC s. 1104 (2005).

法》第 11 章进行的正式重整和不通过第 11 章的私下重整。①

当然这些控制工具的使用成本都很昂贵。协商各种合同文本、条款和奖金计划既烦琐又复杂。指定一个 CRO 或受托管理人更要支付高昂的费用。雇用新的管理者或指定专业管理人让他们熟悉情况直至能有效处理各种问题的过程将被证明既漫长又让人感觉挫败。② 债务人企业的营业越复杂,用来熟悉情况的期限就越长,而此期间重整进展只能相对缓慢。因此,从债权人的角度需要做一个权衡,究竟是利用这些控制工具来争取原高管层的合作还是指定一个专业管理人来实现对重整过程的控制。对于主债权人(其债权在债务人所欠债务中占有较大份额),特别是分散持股公司的主要担保债权人,利用在位的原高管层对重整中的企业进行控制通常更便宜、更有效。③

仅仅赋予公司剩余价值所有者以决策权并不必然能消除融资过程中的代理成本问题,尽管这个建议听起来有理。实际上大多数大型上市公司进入财务危机状态后,却被发现没有单一结构的剩余价值所有者。④ 比如,无担保的债权人仅仅是边际意义上的剩余价值所有者。公司在资不抵债的临界状态下(总资产和总债务大致相等),普通债权人既可能得到足额偿付(此时,股东是剩余价值所有人),又可能得到不足额偿付(此时,普通债权人自己就是剩余价值所有人),也可能根本得不到任何偿付(此时,担保和优先债权人才是剩余价值所有人),最后的结果根据个案的差别有所不同。一般情况下,即便是个案中的剩余价值所有者,即便参加了债权人委员会,因缺乏有效的谈判筹码或控制手段,普通债权人

---

① See H. R. Miller & S. Y. Waisman, "Does Chapter 11 Reorganization Remain a Viable Option for Distressed Businesses for the Twenty-First Century?", *Am. Bankr. L. J.*, No. 78, 2004, pp. 186 – 187.

② D. A. Skeel, JR., "Creditors' Ball: The 'New' New Corporate Governance in Chapter 11", *U. Pa. L. Rev.*, No. 152, 2004, p. 927.

③ J. L. Westbrook, "The Control of Wealth in Bankruptcy", *Tex. L. Rev.*, No. 82, 2004, pp. 813, 810, 816.

④ G. G. Triantis, "A Theory of the Regulation of Debtor-in-Possession Financing", *Vand. L. Rev.*, No. 46, 1993, p. 916; L. M. LoPucki, "The Nature of the Bankrupt Firm: A Reply to Baird and Rasmussen's The End of Bankruptcy", *Stan. L. Rev.*, No. 56, 2003, pp. 662 – 663.

的利益诉求也难以得到有效表达。① 所有可能的参加者中，利益最能得到体现的是主债权人（特别是银行等机构债权人），即便他们不是个案中的剩余价值所有人，但能对重整过程施加有效的影响，甚至获得实际控制权。如果他们能为真正的剩余价值所有人服务，无疑是最好的结果，也是制度设计时应尽量促成的。如果他们只为了自己的利益而行事，则对真正的剩余价值所有人有可能造成侵害（比如尽早拍卖担保物而优先受偿，因此阻挠可能的重整），这就是制度要尽量防止的后果。

二 集中持股的公司

与分散持股的公司不同，在集中持股的公司中，高管层与大股东联系紧密，或自己就是大股东之一。这种情形下的公司高管层利益与股东利益高度一致，既不受法律规范的严格约束又不受经理人市场的影响。② 用专业而中立的破产管理人来取代他们在重整案件中的决策地位是比较合适的，能有效避免对公司失败负有个人责任的高管层成员损害债权人利益而自肥的道德风险。③ 这里说的道德风险包括但不限于以下两种情形：其一是在具体的破产财产分配或重整计划设计和执行中，系统性地偏离法律规定的绝对优先原则。④ 其二是股东可能存在动机用债权人的钱来"赌博"，即通过指示高管层尽量延长重整期间或从事高风险的投资项目来寻求企业"翻身"的机会。如果因此断言由专业管理人控制重整过程的模式更适合集中持股的公司，正如某些学者支持的，⑤ 却也是过于简单的推理。

---

① The lack of financial incentive, the ill-sorted qualification of the members of creditors' committees, as well as the ill-suited form of committee for its functions of investigation and collaboration result in its ineffectiveness as a governance authority. L. M. LoPucki, "The Debtor in Full Control-Systems Failure under Chapter 11 of the Bankruptcy Code? (2nd Installment)", *Am. Bankr. L. J.*, No. 57, 1983, pp. 251–252.

② D. Hahn, "Concentrated Ownership and Control of Corporate Reorganizations", *JCLS*, No. 4, 2004, p. 132.

③ Ibid., p. 133.

④ D. A. Skeel, Jr., "Creditors' Ball: The 'New' New Corporate Governance in Chapter 11", *U. Pa. L. Rev.*, No. 152, 2004, p. 934.

⑤ D. Hahn, "Concentrated Ownership and Control of Corporate Reorganizations", *JCLS*, No. 4, 2004.

企业管理涉及的内容十分庞杂而综合，既有财务、营销、生产管理、产品设计开发，还有人事管理等许多方面。[①] 财务管理上的问题当然可能是企业陷入困境的原因之一，但其他方面的原因，甚至包括经济的周期性规律，都可能是造成企业失败的原因。一般来说，一个正常的管理人员不会故意希望自己的企业倒闭；如果经营真的失败了，可能是管理人员能力欠缺或重大失误所致，但更可能是由客观因素而非主观故意造成的。因此如果要保证重整成功，需要两类专家的参与：破产程序方面的专家和企业经营方面的专家。专业的破产管理人是前一种专家，他们主要是从财务管理方面对企业的债务进行重新安排，期望能比原高管层提供更专业的服务。但是如果造成企业失败的深层原因不是单纯的财务问题，专业破产管理人还能够发挥作用吗？[②] 且不说专业破产管理人的专业技能和经验是否足够，单说他为熟悉某个企业的业务所需的时间、成本、精力都将是巨大和难以支付的，如果回报不够理想，他可能因缺乏动力而产生懈怠。此外被取代的原企业高管层也可能因不满被取代而拖延、对抗，种种问题都将阻挠破产管理人充分发挥作用以实现真正的企业拯救，而只能完成清产偿债这类"简单任务"。

世界上没有完美的制度，因此一般性地怀疑债务人原高管层的能力和动机是不合理的。因为在良好的法制和社会信用环境下，没有理由认为专业管理人的道德和能力会普遍比原企业高管更高、更值得信赖、立场更中立或更能代表债权人利益。这也就是为什么美国式的破产重整一直采取"债务人在位"的原因。因为根据经验材料：

> 较小的第11章重整案件无疑占了全部重整案件的绝大多数，在这些中小型案件中，企业原高管层通常都是在位的。因为对这些中小企业而言，经营者就是企业本身，企业的主要价值，除了有形财产也

[①] V. Finch, "Control and Co-ordination in Corporate Rescue", *Legal Studies*, Vol. 25, No. 3, 2005, p. 385.

[②] A typical illusion is to overvalue the enthusiasm and capability of the professionals. IPs' duty is to collect information, negotiate with creditors, propose an appropriate plan, provide financially reasonable proposals and report what he observed honestly (including the necessary to improve management).

都全在于经营者自身。同时，这些企业除了经营者，没有更多的股东。他们通常也处于债权人的控制之下，如果不能偿付全部债务或得不到债权人的债务减让的话，就必将失去他们苦心经营的企业。①

如果社会整体法制和信用环境比较差，原企业高管利用破产重整损人肥己的道德风险存在的概率过高，则专业而中立的管理人在位就更合理一些。有鉴于此，中国新《企业破产法》采取了一种折中模式，规定正常情况下由管理人负责重整管理，但在法院批准的情况下，企业也可以申请自行管理，管理人仅负责监督，就是考虑了特殊案件中，企业自行管理更有利于实现真正重整的可能。②

三 管理行为如何影响重整结果

即使是在英国的破产管理程序中，被指定的专业管理人和公司原高管层之间也并不是不能共存，后者还可能保留职务和一定的职能。③ 而在美国，与经典教科书中规定的相反，公司原高管在重整期间被撤换的比例远高于法院指定受托人的比例。在那些多出来的案件中，是债权人主动要求撤换了丧失信誉的原高管们，这种情形在大型上市公司的重整中司空见惯。④ 为什么在美国，高管层的撤换频率如此之高。要明白其中缘由，必须首先明白公司的管理行为从哪些方面能影响重整的过程及其结果。那就是重整程序的启动、速度、对于风险的态度以及对"重整还是拍卖"的选择等方面，这些不仅是单纯的商业判断，也会严重影响企业的最终命运以及利益各方的损失分摊。

---

① N. Martin, "Common-Law Bankruptcy Systems: Similarities and Differences", *Am. Bankr. Inst. L. Rev.*, No. 11, 2003, p. 391.

② 《中华人民共和国企业破产法》第73条。

③ "In appropriate circumstances there is no reason why directors should not remain in full control of the company under the supervision of the administrator where this best achieves the purpose for which the administration order was made." But it is unclear what sort of circumstances can be regarded as appropriate. D. Prentice, F. Oditah, & N. Segal, "Administration: Part II of the Insolvency Act 1986", in J. S. Ziegel (ed) *Current Developments in International and Comparative Corporate Insolvency Law*, Clarendon Press, Oxford, 1994, p. 85.

④ L. M. LoPucki & G. G. Triantis, "A Systems Approach to Comparing U.S. and Canadian Reorganization of Financially Distressed Companies", *Harv. Int*, No. 35, 1994, p. 305.

(一) 重整期间的长短

重整期间就是法院允许债务人企业受到破产法保护（免受个别债权人骚扰）的重整程序期间，一旦通过重整计划或转入清算程序，该期间即告结束。这个期间的长度对破产各方的利益牵涉甚大。据说，在美国《破产法》第 11 章的重整案件中，债权人最后能受偿的份额随着以下要素的增加而减少：

①公司财产的挥发性（随时间推移而逐渐消耗减少的性质，笔者根据自己的理解所加，本段其他括号内的解释皆同）；②重整程序制造"财务危机成本"的能力（因破产的负面消息对企业经营的影响，如潜在客户和供应商的减少等）；③重整期间的长度；④股东享有排他的重整计划提案权的期间之长度；⑤清算对企业财产价值损失的影响（比如成套设备如果拆开零散出售的话，实际售价肯定远远低于财产账面价值）；⑥公司的资产负债比率（负债越多，夺回企业的概率越小，扩大债权人损失而自肥的道德风险越高，比如更严重的浪费、损耗和加速折旧等行为）。①

也就是说，由于债务人企业的财产有可变性，比如随着时间的推移某种商品或财产（比如房地产）的市场情况好转，通过推迟或阻止重整计划的通过而拖延一段时间，在破产边缘的企业就有可能获得转机。但这种理论上的可能却是一个极小概率事件，更可能的结果是，公司会因为继续营业的损耗和折旧导致财产进一步减少，最终进一步侵蚀债权人应得的利益。因此，对于股东而言，最好的策略可能是拖延，因为他们不会失去更多，而债权人却会。

(二) 是否敢于承担必要的风险是能够影响债权人最终受偿额的另一个重要因素

控制重整过程之所以重要，就在于在对未来不可确知的情况下，

---

① L. A. Bebchuk & H. F. Chang, "Bargaining and the Division of Value in Corporate Reorganization", *JLEO*, No. 8, 1992, p. 256.

是否重整以及如何重整与其说是一个理性的判断，不如说是一个对错各半的选择，如何抉择可能并没有充分的客观理由，更取决于主观上对风险程度的臆断和承担风险的意愿。① 在正常的企业经营中，利益各方都分担部分风险。股东希望公司从事高风险高回报投资项目的动机并不太强烈，债权人就更希望企业从事稳健保守的投资。随着企业走向资不抵债的边缘，这种情形发生了变化。债权人还是希望稳健的经营，因为债务超过资产的时候，企业实际上已经是属于债权人的了，继续扩大的只会是债权不能足额偿付的损失。股东和高管层的风险偏好可能越来越强烈，甚至有不惜孤注一掷、铤而走险的"翻本"冲动，因为此时的赌注是债权人的利益：赢了，债权人的利息并不增加一分，股东却可重新拥有公司；输了，减少的是债权的偿付，股东和高管的利益却不会继续减少（资不抵债，意味着此时所有者权益已经为零；有限责任，股东仅以出资为限对公司债务承担责任，所有者权益不会为负）。②

非股东身份的高管层承担风险的意愿主要受企业财务状况和保住现有职位之可能性的影响：公司越是面临财务困难，高管层越倾向从事高风险高回报的投资，只有这样才可能尽快扭转局面。反之，公司状况越好，高管层越不愿意承担过多风险，尽管这样做能增加股东收益，万一投资失败反而危及自己在公司中的地位，因此多一事不如少一事。③ 当然有时候，出于某些特殊理由，情况正好反过来。因此，在破产程序中用专业管理人替代原高管层的做法既给了后者一定的压力促使他们更加勤谨地工作，同时又增加了他们在公司财务状况出现

---

① J. L. Westbrook "The Control of Wealth in Bankruptcy", *Tex. L. Rev.*, No. 82, 2004, p. 805.

② "The root of the problem of governing the reorganizing company lies in the separating of the possibility of future gain from the risk of future loss." Creditors bear most of the risk of future loss and reap disproportionately little of the benefit from future gain, and on the other side, shareholders are in the positively opposite position. See M. J. White, "The Costs of Corporate Bankruptcies: A U.S. – European Comparison", in J. S. Bhandari & L. A. Weiss (ed) *Corporate Bankruptcy: Economic and Legal Perspectives*, CUP, Oxford, 1996, p. 479.

③ L. M. LoPucki & W. C. Whitford, "Corporate Governance in the Bankruptcy Reorganization of Large, Publicly Held Companies", *U. Pa. L. Rev.*, No. 141, 1993, p. 684.

危机后到正式破产申请前从事不当投资的动机。如果在重整中保留他们职位的话,则对上述的正反两种动机都有减弱的可能。① 此外,如果高管人员意识到根据法律规定,一旦申请进入破产重整,他将立即失去自己的职位,那最合理的反应就是尽量晚一点提出申请并且期望通过此阶段的高风险投资创造奇迹挽回败局。因此如果希望重整程序尽早开始(重整成功率当然也更高),对原高管层更温和些的政策更有利一点。正常情况下,无论是哪种类型的公司,要重整成功都必须得到债权人的支持,因此高管层没有理由会故意采取行动激怒债权人,所以在债权人能有效监督(通过破产管理人或债权人委员会)重整过程的前提下,让原高管人员继续在位,并不必然会产生不良后果。

(三) 重整还是单纯的财产变卖

并不是所有的破产企业都值得拯救,有的企业就应该被尽早清算,问题就在于如何鉴别。要对不同的企业进行区分就不能不考虑究竟是谁在控制重整的过程。

一个清算案件必然要牵涉清算专家,一般的工商行政管理人员并不具备相应的能力和经验。因此指定专门的破产管理人负责清算工作已经成为各国破产清算程序的共同选择。但涉及挽救企业的运营,至少是保留其核心业务,破产重整程序就不完全一样了。要实现企业全部或部分核心业务的拯救,至少要涉及现有财产权益的调整,现有股权、债权结构甚至公司整体组织架构的相应改变。笔者所说的重整计划也至少包含两部分内容,一部分是债权债务的财务重组计划,另一部分是生产经营上的产业调整计划。②

在耗时日久的多轮协商过程中,重整企业的生产必须继续,这样才能在重整计划通过之后保留比较完整的营业。此时的企业管理

---

① M. J. White, "The Costs of Corporate Bankruptcies: A U. S. – European Comparison", in J. S. Bhandari & L. A. Weiss (ed) *Corporate Bankruptcy: Economic and Legal Perspectives*, CUP, Oxford, 1996, p. 485.

② L. M. LoPucki & W. C. Whitford, "Corporate Governance in the Bankruptcy Reorganization of Large, Publicly Held Companies", *U. Pa. L. Rev.*, No. 141, 1993, p. 679.

行为颇为复杂,除了要保持甚至发展新的市场,还要与原供应商继续保持良好的关系,进行新的项目融资,审查未履行完毕的各类合同,决定企业员工的去留和续聘,以及处理公司部分财产甚至非核心业务等事宜。① 无疑,面对公司如此复杂的局面,在处理具体问题时原公司高管享有更大的信息优势。这一点至少在相当长的时间内破产管理人是难以比拟的。所以如果不能给企业原高管提供比较满意的安排,他们可能不但不提供必要的合作和协助,甚至会以手中的专有信息为筹码讨价还价,从谈判中获取不正当利益。②

破产管理制度通常被视为典型的英式重整程序,地位等同于美国《破产法》第11章。但实际上两者大不相同,在英式破产管理制度中,即使是企业拍卖也被视为是重整成功的经典方式之一,而在美国财产拍卖根本不是传统意义上的重整。③ 因此,根据经验材料显示,大多数英国破产管理程序最后都是通过将部分或完整的企业资产拍卖的方式完成的(相当于并购)。在美国,多数企业通过重整最后还是

---

① D. Hahn, "Concentrated Ownership and Control of Corporate Reorganizations", *JCLS*, No. 4, 2004, p. 145.

② "The dependence of the business upon the continuing services of the shareholder-manager is the primary bargaining leverage used to accomplish this feat. The dependence may result from the need to maintain personal relations with suppliers, customers, and key employees, the need for unique services that only the shareholder-manager can provide, or from the shareholder-manager's willingness to work for less than the economy generally pays for such effect." Therefore, particular managers of small companies are usually more important to the companies' survival than the mangers of large companies are. See L. M. LoPucki & W. C. Whitford, "Bargaining over Equity's Share in the Bankruptcy Reorganizations of Large, Publicly Held Companies", *U. Pa. L. Rev.*, No. 139, 1990, p. 149. But under UK Administration, the threat of resignation or some other menaces from managers will prove to be hollow. The English management-displacing system prescribes a range of mechanisms designed to force managers' cooperation after they are displaced. D. Prentice, F. Oditah, & N. Segal, "Administration: Part II of the Insolvency Act 1986", in J. S. Ziegel (ed) *Current Developments in International and Comparative Corporate Insolvency Law*, Clarendon Press, Oxford, 1994, pp. 85 – 86. Section 235 and 236 of the Companies Act 1986 Act, the Companies Directors Disqualification Act 1986.

③ See N. Martin, "Common – Law Bankruptcy Systems: Similarities and Differences", *Am. Bankr. Inst. L. Rev.*, No. 11, 2003, pp. 396 – 397.

保留了原法人资格。① 目前还不清楚这种差异与两国不同的重整管理模式之间的差异究竟有多大的关联，但理论上，一个原公司高管通常比一个对公司毫无任何感情可言的专业破产管理人来说，更希望能尽量保留企业实体并获得新生，而不仅仅是完成财产的合理出售，因为前者更符合情感或名誉上的需要，也更有利于经理人未来的职业生涯。

（四）尽早启动重整

有学者认为，提高重整成功率的关键在于鼓励公司高管层及早发现问题从而及早寻求适当的建议，比如咨询专门的顾问或银行等机构债权人。② 英国改革前的旧破产管理制度因其无效和使用率低而备受批评，其中重要原因就在于它常常"虽然来了但总是来迟一步"。③

美国《破产法》第 11 章在这方面明显要做得好一些，因为美式重整允许公司的原高管层在位，还允许他们在制订重整计划的时候与债权人"讨价还价"。通过这种胡萝卜政策，鼓励了公司尽早提起破产申请。英国旧破产管理制度则采取大棒政策，对怠于提起破产申请而导致债权人受损的公司高层给予处罚。也就是通过规制不当交易行为（wrongful trading）或取消公司高管任职资格（disqualification）等方式来抵消高管们不愿主动启动破产管理程序的

---

① "While one can liquidate a company in a chapter 11, pursuant to a going concern sale, American bankruptcy attorneys still see this as liquidation, not reorganization. This certainly is not the traditional use of chapter 11. Chapter 11 contemplates that the company will restructure its debts, but will not sell its assets to another owner or company. Existing management may stay in place or maybe creditors will receive the company's stock as a distribution on account of their claims in a plan. Just selling the company to someone else, while permitted, has been considered a non-contemplated use of chapter 11." N. Martin, "Common - Law Bankruptcy Systems: Similarities and Differences", *Am. Bankr. Inst. L. Rev.*, No. 11, 2003, footnote 176, p. 396.

② BBA, *Response to the Report by the Review Group on Company Rescue and Business Reconstruction Mechanisms* (02 March 2001), http://www.bba.org.uk/bba/jsp/polopoly.jsp?d=155&a=527.

③ V. Finch, *Corporate Insolvency Law: Perspectives and Principles*, CUP, Cambridge, 2002, p. 285.

"动机缺乏"（disincentives）。① 但大棒政策的威慑效果却是微乎其微的，因为一种惩罚制度是否有效取决于两个要素：惩罚的强度和惩罚的频率。② 自从两种规制手段诞生以来，英国此类案件胜诉的实例寥寥无几。两种规制手段所带来的负效应，即对健康的企业家精神（比如鼓励冒险、进取和创新等冲动）的戕害反倒是令人不得不防。③ 因此，如果要达到目的，立法者最好是引诱而不是胁迫高管层尽早提出破产申请。

债权人是另一类适格的破产申请人，而且他们有足够的动机去尽早发现债务人公司的财务困难并采取相应的行动。④ 其中最有可能这么做的，是公司的主债权人，通常是贷款银行等机构债权人。但遗憾的是，实践中，机构投资者似乎并不热衷于及早启动一个集体行动的破产程序，理由如下：

> 首先，一旦发现债务人企业的财务困境，银行倾向于采取自己的方式和手段来处理。因为在公司贷款谈判中占据有利的地位，银行可以在事先通过追加担保物或提供保证人等方式保障贷款的安全。其次，贷款银行同时可能就是债务人企业的存款行或开户行，因此通过监控存款账户，能即时了解企业的资金状况和流向，甚至有权根据贷款合同中的条款，控制贷款的发放和存款的支出。此外，即使银行已经察觉了企业的财务危机，但只要有

---

① IA 1986, s. 214 and Company Directors Disqualification Act 1986. Liabilities against wrongful trading only arise where the company goes into insolvent liquidation in the sense that its assets exceed its liabilities [s 214 (6)]. Potential liability under this section will provide directors with an incentive to seek protection when a company is in financial difficulties, and one way of doing this is to place the company into administration.

② M. J. White, "The Costs of Corporate Bankruptcies: A U. S. - European Comparison", in J. S. Bhandari & L. A. Weiss (ed) *Corporate Bankruptcy: Economic and Legal Perspectives*, CUP, Cambridge, 1996, p. 470.

③ V. Finch, "Control and Co - ordination in Corporate Rescue", *Legal Studies*, Vol. 25, No. 3, 2005, p. 392.

④ Von C. Jungmann, "Corporate Reorganization - An Alternative Approach", *ZVgIRWiss*, No. 104, 2005.

任何可能，公司高管层都会尽量按时支付对银行的到期债务，避免拖欠，银行也因此投桃报李，继续保持沉默，不会主动干预公司的经营运作。公司对银行（通常也是担保债权人）的安抚政策越成功，银行不作为或放弃对公司采取必要行动的可能性就越大。①

因此，实践中观察到的是银行更倾向于采用担保物权的方式来保护自己的贷款安全，这远比辛苦搜集和分析企业的财务信息，尽早发现破产端倪，提出重整这种烦琐而曲折的途径方便、可靠得多。② 也就是说，只有在用尽非破产法的方式仍然无法奏效的情况下，债权人不得已才会依靠破产法手段来保护自己的利益。否则，依赖合同法、物权法等方式保护债权效率更高、更经济，也更可靠。

为了调和种种相互冲突的政策考虑，学者们提出了一些所谓的"共同决策的控制模式"（co-determination models of control）：推荐给集中持股公司的是一种叫作"整合式的共决控制模式"（an integrated co-determination model of control）；另一种"两分式的共决控制模式"（a bifurcated co-determination model）则被认为同时适用于集中和分散持股公司。③ 这里所谓的共同决策指的是对于重整过程，公司原高管层和指定的专业破产管理人都有一定的控制权，依照两者职能分工和权限上的差异，各细分类别（子模式）的特征如表5—1。

---

① See D. Hahn, "Concentrated Ownership and Control of Corporate Reorganizations", *JCLS*, No. 4, 2004, pp. 142–143.

② V. Finch, "Control and Co-ordination in Corporate Rescue", *Legal Studies*, Vol. 25, No. 3, 2005, p. 384.

③ D. Hahn, "Concentrated Ownership and Control of Corporate Reorganizations", *JCLS*, No. 4, 2004; E. S. Adams, "Governance in Chapter 11 Reorganizations: Reducing Costs, Improving Results", *B. U. L. Rev.*, No. 73, 1993.

表 5—1　　共同决策控制模式下高管层和指定专业破产
管理人员的差异

	整合式的共决控制模式	两分式的共决控制模式
公司原高管层的角色	负责提出重整申请，指定的破产管理人并不取代原高管	保留排他的经营权，仍然负责所有的投资和财务决策
被指定的专业破产管理人的角色	重整开始后，管理人被指定并进入破产企业的董事会，可以对董事会决议行使一票否决权，对于经理层的日常经营管理行为（无须提交董事会议决的事项），不得干预	管理人有排他的协商决策权，专司对债权人的谈判，并负责起草重整计划。如果管理人认为债务人企业不值得拯救，他有排他的决定权，得随时将案件转入破产清算程序
区别	公司的原高管层和被指定的管理人共享对公司方方面面的控制权，没有明确的职能分工	被指定的管理人专门负责重整计划的协商和起草，但不得插手公司的业务经营和财务决策。经营相关事务由公司的原高管层全权负责

资料来源：D. Hahn, "Concentrated Ownership and Control of Corporate Reorganizations", *JCLS*, No. 4, 2004; E. S. Adams, "Governance in Chapter 11 Reorganizations: Reducing Costs, Improving Results", *B. U. L. Rev.*, No. 73, 1993.

这种共同决策的控制模式并不是只停留在理论的建议阶段，一些国家的立法例已经开始付诸实施了，比如丹麦的"暂停支付程序"（the Suspension of Payments Procedure），也就是丹麦式的企业破产重整程序。在丹麦的这种程序中，尽管必须指定一个暂停支付的受托人（a suspension trustee），但他的角色只是一个监督者和债权人利益的代表，公司的原高管层不但保留还必须继续履行管理职能。[①] 类似的立法建议还可见于国际货币基金组织1999年的相关报告中，该报告的公布旨在提高各成员国内破产法律体系的水平，使之更有序和高效。[②]

这种共决控制模式的好处是明显的：能更好地代表破产利益各

[①] "Instead, as Dutch lawyers will tell you, the suspension trustee and the board of directors function as two captains of one ship. Management cannot act without the involvement of the trustee and vice versa." N. Segal, "An Overview of Recent Developments and Future Prospects in the United Kingdom", in J. S. Ziegel (ed) *Current Developments in International and Comparative Corporate Insolvency Law*, Clarendon Press, Oxford, 1994, pp. 11 – 12.

[②] IMF Legal Department, "Orderly and Effective Insolvency Procedures: Key Issues" (1999), www.imf.org/external/pubs/ft/orderly/index.htm; P. Brierley & G. Vlieghe "Corporate Workouts, the London Approach and Financial Stability", *FSR*, 1999, p. 171.

方,能有效地监督重整过程,能鼓励尽早提出重整申请。[①] 但是为这些好处需要付出的代价也是很高的。最主要的就是这种双重决策模式将造成利益各方新的冲突和争夺。[②]

共决控制模式的主要目的之一就是鼓励公司高管层尽早提出重整申请。单就这一目的而言,共决模式的有效性却值得怀疑。因为尽管与管理人分享决策权,比被完全取代要好一些,但吸引力似乎仍嫌不够。大多数集中持股的公司中,管理者就是大股东,他们习惯了掌控公司的大小事务,尽可能不与他人分享管理权。如果不能满足,他们宁可拖延,不到万不得已绝不会交出一半管理权给外人。因此推断他们在共决控制模式下会自愿提早启动破产申请并不一定合理。

应该说不论是 DIP 还是 PIP,依个案不同各有利弊。一般地说,哪种管理模式更好恐怕都有失偏颇,把这两种模式简单相加也未必能解决问题。本书在这里尝试提出一种新的思路,即设计债权人和债务人企业之间的一场"触发赛跑"(race to trigger)。这场"赛跑"的规则就是,当企业临近破产边缘,公司的高管层有责任尽早提出破产重整申请,如果不及时主动申请,反而让债权人的破产申请抢得先机,那重整过程的管理权就落到了指定的专业破产管理人手中;反之,如果债务人主动申请在先,那就保留公司原高管层的职权,管理重整过程,随后指定的破产管理人只是作为债权人代表行使监督的职能。而债务人企业在申请破产之前,无须通知任何债权人包括担保债权人。这场"赛跑"的好处就是,债权人和债务人谁也无法事先确定地知道对方的意图和动作,当然也无从知悉最后谁会掌控重整程序。他们能做的只有关注企业的财务状况,在第一时间提出适格的破

[①] D. Hahn, "Concentrated Ownership and Control of Corporate Reorganizations", *JCLS*, No. 4, 2004, pp. 149 – 152.

[②] "First, one of the fallibilities of shared authority and collective decision-making is human miscommunication. The flow of information between the various decision-makers is suspectible to errors, miscommunication and hence distortion. Secondly, between management and the trustee, the former enjoys superior access to information concerning the debtor. Because the two decision-makers represent different interest groups, management has an incentive to withhold information from the other representative (the trustee), undermine the latter's effective decision-making and thus tip the scale of power and risk taking in favor of its own constituency, the equityholders." D. Hahn, "Concentrated Ownership and Control of Corporate Reorganizations", *JCLS*, No. 4, 2004, p. 152.

产申请，争取把重整主动权掌握在己方手中。

这个设计的核心价值在于给了债务人企业一个或者"胡萝卜"，或者"大棒"的政策：赢得了赛跑，作为奖励就能在重整期间继续控制公司；输掉了赛跑，作为怠于行动的惩罚，就是失去了重整期间的控制权。反之，债权人也是如此，不论出于何种目的，只要希望在破产期间控制全局，就必须尽早提出破产申请，这样，机构债权人也就更有动机加强财务监督和信息收集，不能再事不关己高高挂起了。因此，申请赛跑能最大化债权人、债务人尽早重整的主观意愿。这也符合国际货币基金组织在1999年报告中所得出的结论。①

可能有人不禁要问，这场赛跑是否意味着债权人能通过破产申请的提起随意驱逐债务人企业的原高管层？这种担心不无道理，因此，为防止滥用，债权人提起破产申请必须有一定的证据，符合一定的标准，比如出现拖欠到期债务，或者规定须由一定数量（三人以上）的无担保债权人联合申请。② 依照目前的司法实践，美国《破产法》第11章下的重整案件多因债务人企业主动申请而启动，而英国破产管理制度下的案件则多由担保债权人的申请而触发。因此，如果申请赛跑的相关规定能沿着美国《破产法》第11章的方向进行设计，那恶意申请的数量应该能得到有效控制。③

总之，重整申请的"触发赛跑"是一种比较单纯的设计，只是用来鼓励尽早启动破产重整，未考虑其他的方面可能产生的影响。当

---

① Corporate restructuring proceedings (at the pre-insolvency stage) should be capable of being initiated by either debtor or creditor; evidence of inability to pay debts should be required in the latter case, but not in the former case, to encourage early restructuring designed to avert insolvency. IMF Legal Department, "Orderly and Effective Insolvency Procedures: Key Issues" (1999), www.imf.org/external/pubs/ft/orderly/index.htm.

② 11 USC s. 301 and s. 303 (b).

③ "U. S. bankruptcy law discourages involuntary bankruptcy filings by requiring that three or more creditors together initiate an involuntary bankruptcy petition. Creditors bear the burden of proving that the firm is not paying its bills generally and managers may dispute their claims and file countersuits for damages. As a result, only about 2 to 3 percent of chapter 11 bankruptcy filings are involuntary during the period 1980 – 1982." So creditors are most likely to use bankruptcy petition as a threat rather than a real weapon. See M. J. White, "The Costs of Corporate Bankruptcies: A U.S. – European Comparison", in J. S. Bhandari & L. A. Weiss (ed) *Corporate Bankruptcy: Economic and Legal Perspectives*, CUP, Cambridge, 1996, p. 469.

然这个设计比起共决控制模式来说,成本增加方面只会更少不会更多。其主要理念就是,想要达到任何合理的目标或结果,立法者都最好是"引诱而不要强迫"。①

第二节 重整期间的继续融资

一 美国《破产法》第 11 章中的继续融资机制

继续融资是如此重要,但也成了困扰几乎所有公司破产重整案件的头号难题。在公司陷入财务困境的消息公开之后,寻找新的投资者将变得异常艰难。破产前签订的但尚未履行完毕的合同在破产案件被受理之后有很多都将被撤销或终止履行,如不能提供担保的话。其中一些合同可能包含对债务人企业有利的条款,撤销或终止这样的合同对破产相关各方都将是不利的。② 如果想做大破产财产这块蛋糕,最终有利破产各方,债务人企业有权选择在重整过程中继续履行部分合同。③ 但根据美国现行法律,所有破产前签订的合同中,贷款协议不能继续履行,这恰恰又是对债务人企业最重要的协议。除非债权人主动同意在破产案件受理后继续提供贷款,否则破产前的融资协议一律无效。④

考虑到重整期间资金的重要性,债务人企业得通过一种叫作超级优先权的机制来继续融资。⑤ 继续融资如可行,能为处于财务困境的公司注入新的资金和活力,从而大大降低公司最终被清盘的可能性。⑥ 如此,则

---

① O. M. Brupbacher, "Functional Analysis of Corporate Rescue Procedures: A Proposal from an Anglo-Swiss Perspective", *JCLS*, 2005, p. 137; J. M. Black, "New Institutionalism and Naturalism in Socio-Legal Analysis: Institutionalist Approaches to Regulatory Decision Making", *Law and Policy*, No. 19, 1997, pp. 74 – 80.

② L. A. Bebchuk, "A New Approach to Corporate Reorganizations", *HLR*, No. 101, 1998, pp. 782 – 783.

③ The DIP can choose to reinstate some favorable contracts and the parties whose contracts with the company are reinstated are prohibited from voicing to the reorganization plan simply because they are categorized into "unimpaired" class under s. 1124 (D).

④ 11 USC s. 365 (c).

⑤ 11 USC s. 364.

⑥ M. Carapeto, "Does Debtor-In-Possession Financing Add Value?" (15 Jan 2003) Case Business School working paper, http://207.36.165.114/Denver/Papers/DIPPaper.pdf.

公司的各类债权人,优先权的、担保权的甚至普通债权人,都能一体受惠。因此,重整期间的继续融资是一种能创造新价值、有益公司存续的机制。美国现行法中的重整继续融资机制就规定在《破产法》著名的第363条之中。该条赋予破产中发生的各种债务若干不同等级的优先地位。

(1) 管理优先权(administrative priority,类似于我国的破产费用和共益债权)。第364条第(a)款赋予新债权人一种自动的管理优先权。根据美国《破产法》第503条第(b)款第(1)项,管理费用在美国享有优先权,根据第364条第(a)款、第(b)款产生的债务可被视为管理费用。其中第364条第(a)款是管理人员在重整中因正常经营而负担的无担保债权,能于重整过程中从破产财产中随时足额受偿。要证明某项交易是正常经营的业务,法院得从纵向和横向两个角度来综合考量。所谓纵向角度是看就债务人公司过去的业务而言,当下的这笔交易是否正常;所谓横向角度是看债务人公司所处之行业背景,该交易对同行业的类似企业而言是否正常。① 如果这个债务负担不是因正常经营业务而引起,法院在公告和听证之后,得判定该项债务是"保持破产财团"的"实际的和必需的"成本和费用,因此符合第364条第(b)款而同样可享有管理优先权。

(2) 超级优先权(superpriority)。管理优先权固然方便,但并不足以保证最后能实际受偿,比如企业的担保债权过多因此破产财产过少的情形下。② 第364条第(c)款第(1)项规定了一种先于管理优先权受偿的"超级优先权"(比其他管理费用更加优先)。但其缺点也是一样,如果企业没有足够的未设担保的破产财产,则超级优先权

---

① M. Carapeto, "Does Debtor-In-Possession Financing Add Value?" (15 Jan 2003) Case Business School working paper, http: //207.36.165.114/Denver/Papers/DIPPaper.pdf, p.791. "The following activities are not usually included within the realm of the ordinary course of business: serving debt, purchasing capital assets, purchasing abnormally large amounts of supplies, or advancing funds to assist in the liquidation of the business. This leaves everyday expenses such as rent, utilities, and just enough pencils to get the job done." See B. A. Henoch, "Postpetition Financing: Is There Life after Debt?", *Bankr. Dev. J.*, No.8, 1991, p.586.

② If the total amount of administrative expenses exceeds the value of the estate's unencumbered assets, normal priority expense treatment for a Chapter 11 loan will entitle the lender only to a pro rata share of those assets. J. U. Schorer & D. S. Curry, "Chapter 11 Lending: An Overview of the Process", *The Secured Lender*, Vol.47, No.2, 1991, pp.15-16.

也不能保证实际受偿。

(3)"新担保"贷款(Non-priming liens)。除了"超级"优先权,第364条第(c)款在其第(2)、第(3)项再设立一个新的等级,债务人企业得就企业尚未设置担保的其他破产财产上设立担保,或在担保有余(财产价值超过第一次担保债权额的部分)的财产上设立第二次担保,受偿时仅劣后于第一次担保。这种新担保并不会影响破产前已经存在的担保债权,而且也不受未来变化的影响。重整失败转入《破产法》第7章的清算程序时,新担保依然有效。这对新债权人来说无疑提供了较充分的保护。[1] 只是法院同意设定这种新担保的条件略为苛刻,必须使法院确信:①如果要获得新的贷款,仅靠前述管理优先权或"超级"优先权,不足以取信新债权人;②重整企业确实急需资金;③新贷款将用于合理的目的;④所需贷款确实符合全体债权人的最大利益。四点都满足时,法院才会批准。

(4)"优先担保"贷款(Priming liens)。第364条第(d)款规定,在公告通知和听证之后,法院得授权债务人企业在已经设立了担保的财产上设立更优先或同样优先(在财产变现价值不足以足额支付两个债权时,按比例平均分配)的新担保以获得贷款。这种后来者居上的担保无疑会损害破产前已成立的担保债权的利益。因此,必须使法院确信只有在连第364条第(c)款第(2)、第(3)项规定的新担保贷款都无法吸引新债权人发放贷款时,同时对破产前的担保已经提供了有效保护的前提下,"优先担保"贷款才能获得批准。[2] 尽管条件苛刻,但据统计,实践中大多数重整中的继续融资都是通过第364条第(c)款和第(d)款的新担保、优先担保贷款实现的。[3]

此外,以上继续贷款协议的法律效力还得到了特别保护,即使第

---

[1] The superpriority, in contrast, will not always survive in all cases of dismissal or conversion. C. J. Tabb, *The Law of Bankruptcy*, Foundation, Westbury, 1997, p. 792.

[2] The concept of adequate protection is dealt with in section 361. C. J. Tabb, *The Law of Bankruptcy*, Foundation, Westbury, 1997, pp. 794-95; J. U. Schorer & D. S. Curry, "Chapter 11 Lending: An Overview of the Process", *The Secured Lender*, Vol. 47, No. 2, 1991, p. 16.

[3] S. Dahiya, K. John, M. Puri & G. Ramirez "Debtor-in-possession Financing and Bankruptcy Resolution: Empirical Evidence", *JFE*, No. 69, 2003, p. 263.

三方对依照第 364 条提供贷款或设立担保不满,提起撤销或修改协议的诉讼,在判决未做出前,不影响协议的继续执行,只要贷款人是出于善意,不论他知道或不知道协议正面临诉讼的事实,此期间发放的贷款都有效并按协议条款处理,除非法院专门裁定在审理期间必须中止贷款。①

理论上可以把潜在的继续贷款人分成三类:第一类,破产前债权已得到充分担保(担保物变现的款项超过债权额)的债权人;第二类;破产前债权未得到担保或未得到充分担保的债权人;第三类,新债权人,通常是银行。② 他们愿意继续贷款的不同动机如表 5—2。

表 5—2　　　　　　潜在贷款人愿意继续贷款的动机

潜在的贷款人	各自的贷款动机
破产前债权已获充分担保的债权人	(1) 保证担保物的价值不致减少 (2) 继续贷款作为一种防御手段以保护破产前的贷款能完全收回 (3) 阻止新债权人的出现,以防止债权人之间目标和利益的冲突
破产前债权未获担保或未获充分担保的债权人	希望利用提供新贷款的机会对之前未获担保或未充分担保的债权设置补充担保(cross-collateralize)
新债权人	(1) 对于希望寻找低风险高收益的金融机构而言,提供重整期间的继续贷款可能是一个好选择。选择重整而非清算的企业中,本来就大都有不错的核心业务,信用风险也相对较低 (2) 一旦企业重整成功,意味着银行多了一个新客户 (3) 单纯为了利润:银行向重整企业收取的贷款利率比正常利率高出 2—5 个百分点。除此,相关的手续费也高得多

资料来源:B. A. Henoch, "Postpetition Financing: Is There Life after Debt?", *Bankr. Dev. J.*, No. 8, 1991, p. 578; J. U. Schorer & D. S. Curry, "Chapter 11 Lending: An Overview of the Process", *The Secured Lender*, Vol. 47, No. 2, 1991.

只有在重整可能成功的前提下,才能获得继续贷款。通常,一个企业的规模以及有无能产生正现金流的核心业务是判断某企业能否重整成功的重要标志。资产负债率和未被抵押的破产财产的多少则是判

---

① 11 USC s. 364 (e). If the financing order is stayed, the lender will not advance funds, and thus incurs no risk.

② B. A. Henoch, "Postpetition Financing: Is There Life after Debt?", *Bankr. Dev. J.*, No. 8, 1991, p. 578.

断可否对某企业提供继续贷款的两大指标。[①] 即使企业重整确定能获成功，依然要对所需贷款的数量和用途做出精确估算。[②] 作为原则，企业最好在重整申请之前就预先安排好继续贷款的事宜。

这样做的话，能保证企业重整期间有可靠的现金来源并能尽快得到法院的认可。在实践中，这种贷款方案与重整申请同时提交的做法被称为"高枕无忧的申请"。该做法也同时向业界传递了这样一个信号：本企业将继续营业，重整会顺利展开并获得成功。[③]

在许多案件中，试图找到新的债权人被证明是非常困难或要付出巨大代价的。因此，只要有可能，公司最终都会找回老债权人。[④] 但对于负债率比较高的公司而言，引进新债权人好处更多：高管层能保留相对较多的控制权，有更多的余地与老债权人们讨价还价，最重要的是防止老债权人以不继续贷款为由相要挟。[⑤] 因此，尽管代价会稍高，如果能找到新的继续贷款人，对企业参与谈判来说肯定是利大于弊的。

在银行看来，重整期间的继续贷款虽然非常专业、非常复杂，但

[①] D. D. Moore, "How to Finance a Debtor in Possession", *Commercial Lending Review*, 1991, pp. 8 – 10, this conclusion is affirmed by an empirical study in S. Dahiya, K. John, M. Puri & G. Ramirez "Debtor-in-possession Financing and Bankruptcy Resolution: Empirical Evidence", *JFE*, No. 69, 2003, p. 266.

[②] Three elements must also be taken into account: (1) the need and likely availability of trade credit after filing; (2) in determining the potential effect of Chapter 11 on post-petition collections, the accounts receivable; and (3) the current level and mix of inventory. M. C. Rohman & M. A. Policano, "Financing Chapter 11 Companies in the 1990s", *Journal of Applied Corporate Finance*, Vol. 3, No. 2, 1990, p. 99.

[③] M. C. Rohman & M. A. Policano, "Financing Chapter 11 Companies in the 1990s", *Journal of Applied Corporate Finance*, Vol. 3, No. 2, 1990, p. 99.

[④] Ibid., pp. 99 – 100.

[⑤] These concessions typically include waiving all prepetition claims against the banks; stipulating that the banks security interests are valid and perfected and cross-collateralizing the banks prepetition debt with post-petition collateral. M. C. Rohman & M. A. Policano, "Financing Chapter 11 Companies in the 1990s", *Journal of Applied Corporate Finance*, Vol. 3, No. 2, 1990, pp. 99 – 100.

确是低风险高收益的业务。越来越多的银行开始寻找向重整企业提供继续贷款的投资机会。以至于一些企业在《破产法》第11章的程序中比在其他情况下,甚至比未破产时更容易获得贷款。①

除了利润,银行热衷于提供重整继续贷款的另一个重要原因就是能因此获得对企业的控制权。在越来越多的个案中,作为条件之一,贷款人期望寻求《破产法》第364条规定以外的其他利益和保护。其一,针对债务人企业对资金的使用,继续贷款合同普遍包含一些限制性条款。② 其二,在破产托管人的配合下,贷款人设计了一系列"标准"或"不那么标准"的严格条款,在第364条提供的保护之外作为对贷款合同的补充保护。这些补充保护包括但不限于:(1)债务人企业的积极义务:须定期披露公司信息和财务状况,以便于贷款人监督。③ (2)债务人企业的消极义务:限制资本支出、资产处理和融资等企业经营活动;保护贷款人的担保物和优先权;禁止改变企业的现有管理、控制或所有权结构。④ (3)某些非标准条款在个案中得到了破产法官的批准,但不能保证在所有的案件中都能得到支持。其中一些条款的合法性颇受争议,比如利用提供新贷款的机会对之前未获担保或未获充分担保的债权设置担保,等等。⑤ 其目的是为破产前的无担保债权进行补充担保,对继续贷款人有利而损害了其他无担

---

① J. U. Schorer & D. S. Curry, "Chapter 11 Lending: An Overview of the Process", *The Secured Lender*, Vol. 47, No. 2, 1991, pp. 10, 13; J. J. White "Death and Resurrection of Secured Credit", *Am. Bankr. Inst. L. Rev.*, No. 12, 2004, footnote 143; D. A. Skeel, JR., "Creditors' Ball: The 'New' New Corporate Governance in Chapter 11", *U. Pa. L. Rev.*, No. 152, 2004, p. 925.

② "Normally, the lenders require that the debtor use the proceeds specifically as working capital, for general corporate purposes, allowed operating expenses, or a specific real estate development or acquisition." See G. W. Kuney, "Hajacking Chapter 11", *Emory Bankr. Dev. J.*, No. 21, 2005, p. 51. It is reported that 90% of DIP loans impose explicit restrictions on the debtor's operating activities. D. A. Skeel Jr., "Creditors' Ball: The 'New' New Corporate Governance in Chapter 11", *U Pa L. Rev*, No. 152, 2003, p. 929.

③ G. W. Kuney, "Hajacking Chapter 11", *Emory Bankr. Dev. J.*, No. 21, 2005, p. 52.

④ Ibid., pp. 53 – 56.

⑤ Ibid., pp. 57 – 58.

债权人的利益。①

总之，不论这些条款的具体内容，大都产生了这样一个结果，即提高了贷款人对债务人企业行为的控制程度。正如学者们观察到的：

> 违反这些条款将被视为根本违约，如同到期不能偿还贷款一样严重，不管这些条款听起来多么不合理，比如允许贷款人可以不受破产程序的影响立即实现对担保物的执行，可以开始起算违约利率和违约金，单方决定停止贷款的继续发放等。这些条款的总体效果就是使继续贷款人得以几乎完全控制债务人企业的重整过程。②

无疑，贷款人贷款肯定不是出于良心的考虑。他们利用继续贷款的协议及其条款"正填补着公司治理特殊时期的权利真空，削弱着正式法律原则所确定的债务人企业在重整中的权威地位"。③ 在越来越多的《破产法》第 11 章重整案件中，继续贷款已不仅是一种融资手段，也是一种重要的控制手段。

> 打着对破产重整继续贷款的幌子，银行得以解除债务人企业的全部武装。债务人再不能有效地保护自己的利益，故为银行所驱使，任由他们驾驭着重整程序，以各种方式抢在其他债权人前面下手。继续贷款协议把重整从一个旨在兼顾全体债权人和股东利益的程序转变成一个仅服务于银行和大股东利益的程序。它践踏了破产法的众多条款。④

---

① 这种补充担保的合法性问题已经被争论了很多年。J. Bohm "The Legal Justification for the Proper Use of Cross-Collateralization Clauses in Chapter 11 Bankruptcy Cases", *Am. Bankr. L. J.*, No. 59, 1985; C. J. Tabb "Lender Preference Clauses and the Destruction of Appealability and Finality: Resolving a Chapter 11 Dilemma", *Ohio St. L. J.*, No. 50, 1989; C. J. Tabb "Emergency Preferential Orders in Bankruptcy Reorganizations", *Am. Bankr. L. J.*, No. 65, 1991。

② G. W. Kuney, "Hajacking Chapter 11", *Emory Bankr. Dev. J.*, No. 21, 2005, pp. 54 – 56。

③ G. McCormack, "Super-priority new financing and corporate rescue", *Journal of Business Law*, 2007, p. 701。

④ In re Tenny Village Co., (1989) 104 B. R. 562, 568 (Bankr. D. N. H. 1989)，转引自 G. McCormack, "Super-priority new financing and corporate rescue", *Journal of Business Law*, 2007, p. 701。

尽管理论上面临诸多批评和怀疑，但最近的一个实证研究还是肯定了继续融资行为对重整成功的积极意义。①研究者发现，没有证据显示继续贷款会增加系统性的过度投资；重整中能获得继续贷款的企业重整成功的概率更高、重整期更短（无论最终能否通过重整计划都能尽快做出决策）。如果继续贷款是由旧的债权人所提供，那重整程序可能耗时更短。②对这一现象，一个非常可信的解释就是：旧债权人与债务人企业的利害关系更紧密，因此"尽早结束重整程序的动机更充分，无论是成功重整还是转入清算，都会更有效率"③。此外，他们在信息方面的比较优势以及对债务人企业的有效控制手段等都赋予了他们尽快结束重整程序的可能。

二 英国破产管理程序中继续融资的可能性

由于浮动抵押（floating charges）的盛行，以至于期望在英国通过对自由财产（未设担保或担保有余的财产）追加担保来吸引新贷款的方式，虽然理论上并无障碍，但现实中却因自由财产的缺乏而不大可行。在旧破产管理程序中，新贷款所受待遇如下：

> 在CVA（公司自愿安排）程序中，新贷款通常被当作新的无担保债权来处理，但不受自愿安排协议条款的约束。如无协议条款的特别限制，也可以就自由财产设定新担保。如果同时指定了一位破产管理人，他所贷之新款是优先于浮动抵押的。而在破产管理接收程序中，接管人能够以承担个人责任的方式继续贷款，当然该行为会受其（指他定的）任职合同的保护和赔偿。实践中，这些新贷款是先于优先债权和浮动抵押受偿的。④

---

① S. Dahiya, K. John, M. Puri & G. Ramirez "Debtor-in-possession Financing and Bankruptcy Resolution: Empirical Evidence", *JFE*, No. 69, 2003.

② Ibid., p. 262.

③ Ibid..

④ See D. Milman & D. E. M. Mond, *Security and Corporate Rescue*, Hodgsons, Manchester, 1999, pp. 27–28.

面对这种含糊、缺乏规范甚至有一点混乱的做法,英国财政部和贸易工业部联合成立的审查委员会在综合考虑英国破产实践基本原则的基础上,就改善破产拯救中的继续融资问题,提出两项建议。

建议一就是限制对公司的应收账款设定固定抵押(fixed charge),所有的浮动抵押都必须在破产程序开始之日确定附着于某具体财产上,这样公司所有的应收账款(含破产当日确定下来的和之后发生的),都能被用于在重整期间为继续贷款提供担保。①

建议二则更加激进,主张引进美式的超级优先权。

> 实践中,给予或法庭批准使用超级优先权融资的权利,只要能够符合相关标准。其中最主要的是:
> —— 该贷款能有效提升重整企业的整体价值,增加全体债权人的受偿;
> —— 每个债权人的利益都能得到保护,最终受偿不会因企业得到继续贷款而有所减少;
> —— 法院此时应享有重要的自由裁量权,而批准使用超级优先权融资的标准也应该一定程度上取决于个案的情形……②

当然要引进美式超级优先权贷款体制的话,需要很多的前提条件,比如建立有充足资源和技术保障的专业破产法庭系统、相关法律的配套、

---

① Insolvency Service, *A Review of Company Rescue and Business Reconstruction Mechanisms*, DTI, London, May 2000, para. 132. It has been argued that fixed charges over debtor's book debts upheld in Siebe Gorman & Co Ltd. v Barclays Bank Ltd. [1979] 2 Lloyd's Rep. 142 "blurred the clear-cut distinction between fixed and floating charges, and encouraged the growth of highly artificial forms of security" and gave fixed charge holders a windfall in the same way as in holding a floating charge. D. Milman & D. E. M. Mond, *Security and Corporate Rescue*, Hodgsons, Manchester, 1999, p. 13; V. Finch, "Security, Insolvency and Risk: Who Pays the Price", *Mod. L. Rev.*, Vol. 62, No. 5, 1999. The recent case Re Spectrum Plus Ltd. (In Liquidation), [2004] EWHC 9 (Ch) has held that judgment in Siebe is inconsistent with the decision in Re Brumark Investments Ltd., Agnew v Commissioner of Inland Revenue [2001] 2 AC 710 and overruled it. R. Gregory "Charges on Book Debts-Widening the Spectrum of Uncertainties", *Sweet & Maxwell's Company Law Newsletter*, 2004.

② See Insolvency Service, *A Review of Company Rescue and Business Reconstruction Mechanisms*, DTI, London, May 2000, para. 136.

完善而现代化的担保法体系等,否则即使引进了也难以发挥作用。①

美式重整的诸多要素也的确不是那么好模仿的,它产生的历史条件很多是由不可复制的偶然因素造就。② 单纯想模仿其中某一环节是难以成功的。因此,英国 2002 年《企业法》在重整期间的继续贷款方面没有任何实质性改进,至少从法条本身而言没有明示的改动,也就不足为奇了。其实在议会的立法讨论阶段,法案起草者曾经建议在破产管理程序中建立类似超级优先权一类的继续贷款体系。③ 但这一建议最后未获通过,因为立法者坚信:要不要继续借款给重整中的公司,是一个纯粹的商业判断,最好留给资金市场自己去决定,而不是由政府来越俎代庖。④

总的来说,和一般情况下"先到先得"的优先权规则不同,美国《破产法》第 11 章第 364 条所确立的继续贷款安排体现的是一种"后到先得"的优先权体系。无论是"先到先得"还是"后到先得"的规则,都会影响重整期间的投资决定。"先到先得"的规则下,由于继续贷款的债权人得不到补偿,重整企业缺乏继续融资的可能,不得不放弃一些有利可图的投资项目,造成投资不足的问题(underinvestment problem)。"后到先得"的规则下,重整企业却有过度投资(投资于风险过高或净现值为负的项目)的动机,会给破产前的债权人造成损失。更重要的是,本质上作为一种"插队"机制,⑤"后到先得"的规则将稀释或驱逐破产前债权人的担保物权,在英国,主要是各种浮动担保。因此立法者必须

---

① Insolvency Service, *A Review of Company Rescue and Business Reconstruction Mechanisms*, DTI, London, May 2000, para. 137.

② David A. Skeel, Jr., "The Past, Present and Future of Debtor-In-Possession Financing", *Cardozo L. Rev.*, Vol. 25, No. 5, 2004.

③ House of Lords parliamentary debates for 29th July 2002 and the discussion in S. Davies (ed) *Insolvency and the Enterprise Act 2002*, Jordans, Bristol, 2002, pp. 20 – 26.

④ G. McCormack, "Super-priority new financing and corporate rescue", *Journal of Business Law*, 2007, p. 701.

⑤ The queue jumping mechanisms consist of (1) quasi security interests (functionally equivalent to a security) in the forms of sale arrangements such as retention of title clauses, hire purchase agreements, and sale and lease back deals etc, J. Spencer, "The Commercial Realities of Reservation of Title Clauses", *JBL*, 1989; A. Hicks, "Retention of Title-Latest Developments", *JBL*, 1992; A. Belcher & W. Beglan "Jumping the Queue", *JBL*, 1997; (2) equitable priority rights such as Quistclose trust, J. Ulph, "Equitable Propriety Rights in Insolvency: The Ebbing Tide?", *JBL*, 1996; and (3) statutory superpriority devices in both pre-petition financing such as PMSI and post-petition financing.

第五章 英国、美国破产重整制度比较

做一权衡,究竟是选择通过建立超级优先权体系使重整企业获得新贷款从而降低破产清算的发生概率,还是选择更好地保护破产前的债权人,防止其权益受到稀释。如特里安蒂斯(Triantis)教授所建议的,一种可行的平衡方案就是:让"后到先得"的优先规则只适用于具体的投资项目。① 也就是说,向重整企业提供贷款的新"债权人"只能享受"受限制的优先权",即只能从自己资助的具体项目或财产中优先受偿,而不能及于重整企业的其他投资或财产。② 比如英国的"货款担保权"(Purchase Money Security Interests, PMSI)就是一种典型的有限优先权。它的最大优点就是非常合理,通常不会损害其他债权人(包括担保债权人和普通债权人)的利益。③ 特里安蒂斯教授建议的这种适用于具体项目和财产的"后到先得"的优先权在原理上与 PMSI 并无二致。这种与项目融资相配套的有限优先权把重整中的继续贷款人变成了一个监督者,是否提供继续贷款取决于要从事的投资项目是否合理,因为这是贷款人最终受偿的唯一保证。如此,这种项目融资方式就能内化投资成本,实现决策者"风险自担"。

尽管英国 2002 年《企业法》并未明确规定重整中的继续贷款问题,但仔细阅读修改后的《破产法》,可以认为它暗示了一些新的做法。根据新法,破产管理人可以代表公司借钱和设定新的担保物权。④ 而对于管理人签订的新合同,新法也专门规定了如何进行债务偿还。⑤ 把这些规定集

---

① G. Triantis, "Law and Economics of Debtor-In-Possession Financing" (31 Mar 1999) as prepared for the Corporate Law Policy Directorate, p. 6, http://strategis.ic.gc.ca/pics/cl/deb_finan_form.pdf.

② "Project financing of this sort mimics the alternative of selling the opportunity to a new, separately financed firm. …The ability of the parties to carve out the efficient later-in-time priority, however, depends on the ease with which the C2's (postpetition creditor's) priority can be linked to the value created by its contribution."

③ V. Finch, Security, "Insolvency and Risk: Who Pays the Price", *Mod. L. Rev.*, Vol. 62, No. 5, 1999; G. McCormack, "Rewriting the English Law of Personal Property Securities and Article 9 of the US Uniform Commercial Code", *Co. Law.*, Vol. 24, No. 3, 2003; J. de Lacy, "The Purchase Money Security Interest: A Company Charge Conundrum?" *LMCLQ*, 1991; J. Jeremie, "Gone In An Instant – The Death of 'Scintilla Temporis' and the Growth of a Purchase-Money Security Interest In Real Property Law", *JBL*, 1994; Insolvency Service, *A Review of Company Rescue and Business Reconstruction Mechanisms*, DTI, London, May 2000, para. 128.

④ IA 1986, Sch. 1, para. 3.

⑤ IA 1986, Sch. B1, para. 99.

中起来，可以推导出管理人在破产管理程序中引发的新合同义务可以依照以下的顺序享受优先权。

  贷款债务（"A"）优先于破产费用（"B"），"B"又优先于浮动担保（"C"）。所有的这些债务都从同一堆财产中受偿，就是破产管理人在其任命被终止前所掌控的破产企业的所有财产。①

  也就是说，修订后的1986年《破产法》第19条和Sch. B1第99段经过解读"可以理解为允许破产管理程序中的继续贷款优先于破产前已经存在的浮动担保受偿"。② 这种方式，在专家看来，方便又灵活，能兼顾对破产前担保债权人的保护和重整企业的再融资需要。③

  如前所述，美国背景下的重整期间再融资已经变成了机构债权人手中的一种重要工具，用来控制公司的重整管理，甚至不惜损害普通债权人和中小股东而把相关利益转移给担保债权人。据估计，在这一方面英国的情形将有所不同。因为破产管理程序本身就要求用管理人取代公司的原高管层。因此浮动担保债权人可以不经法院直接指定一名破产管理人或他信赖的其他人来掌管破产企业，而无须通过继续贷款合同等间接方式来控制重整过程。④

  有的学者认为，作为一种担保物权，权利人看重浮动担保的实际上并非其优先权的价值，而是它作为一种控制权的价值。考虑到浮动担保在英国法律实践中被广泛接受的程度，及其较低的平均受偿比例，这一判断不无道理。⑤ 因此在英国担保物权体系中，优先于浮动担保但劣后于固定担保受偿的地位对新债权人而言在很多情形下并无

---

  ① See G. McCormack, "Super-priority new financing and corporate rescue", *Journal of Business Law*, 2007, p.701. IA 1986, Sch. B1, para. 99 (3), (4), para. 70.
  ② Ibid. .
  ③ Ibid. .
  ④ G. McCormack, "Super-priority new financing and corporate rescue", *Journal of Business Law*, 2007, p.701. IA 1986, Sch. B1, para. 99 (3), (4), para. 70.
  ⑤ R. J. Mokal, "The Floating Charge – An Elegy", in S. Worthington (ed) *Commercial Law and Commercial Practice*, Hart, Oxford, 2003, p.481.

多少吸引力。另外，浮动担保债权人，通常是银行等机构债权人，也不愿意让新债权人加入队列并排在他们前头受偿。因此，最可能的结果就是，如果认为破产企业值得拯救，浮动担保债权人自己会主动担当破产重整中的继续贷款人。根据美国的经验材料，在大多数案件中，最可能的重整期间的继续贷款人通常就是公司的原机构债权人之一。[1] 以此推测，有理由相信企业的主要贷款银行，[2] 在英国法律环境中通常就是浮动担保债权人，应该是最有可能和最合适的重整继续贷款人。

近年，欧洲不良资产交易呈现出增长势头，英国的银行不良债权交易也更加普遍，这一切，都源自美国金融市场的实践和对欧洲金融领域的巨大影响。[3] 不良债权投资者不仅仅关注债券或银行债，也对通过股权等方式改造公司的资本结构颇有兴趣。[4] 更进一步，一种叫作"整体经营解决方式"的做法也得到了发展，即投资银行的不良资产收购部门通过一定的折扣价格整体收购某公司的全部而不是一部分业务。[5] 此类不良资产处理方式的发展无疑是一件很有意义的事情。即便如此，必须清楚的是，无论多发达的重整继续贷款体制，都不能让没有前途的营业起死回生。再融资的确重要，但绝不是重整成功的唯一保障。[6]

---

[1] D. A. Skeel, Jr., "The Past, Present and Future of Debtor-In-Possession Financing", *Cardozo L. Rev.*, Vol. 25, No. 5, 2004.

[2] A relatively small number of creditors whose hands a firm's debt finance was concentrated in for the purpose of reducing their total monitoring and decision-making costs. J. Armour & S. Frisby, "Rethinking Receivership", *OJLS*, Vol. 21, No. 1, 2001.

[3] M. Fuller "The Distressed Debt Market – A Major Force that's Here to Stay", *Recovery*, 2006, p. 15.

[4] 这样的好处是不仅可以在金融市场上获得直接的回报，更重要的是可以在产品和销售市场上获得特殊的战略利益，以达到消灭潜在竞争对手，夺取对方已占领市场份额的目的。S. Granger, "Understanding the Distressed Investor", *Recovery*, 2006, pp. 20 – 21.

[5] M. Fuller "The Distressed Debt Market – A Major Force that's Here to Stay", *Recovery*, 2006, p. 16.

[6] See D. A. Skeel, Jr., "The Past, Present and Future of Debtor-In-Possession Financing", *Cardozo L. Rev.*, Vol. 25, No. 5, 2004, p. 1934.

第三节 私下重整和预装式重整的崛起

一 私下重整如何可行？

一般来讲，企业重整可以通过以下三个渠道进行：正式的破产重整程序；私下（非正式）的重整，完全没有司法参与或仅维持最低限度的司法参与；纯粹的市场方式（各种形式的资产拍卖等）。① 应该说，即使是最正式的破产程序，其目的也是要模仿完美的市场行为：对破产企业做一个最合理、准确的估值。不过由于真实市场存在失灵的问题，因此希望通过法律和程序来克服这些负面因素。② 实际上，不论是正式的还是非正式的重整都可能是低效、昂贵和结果不可预测的。两者的工作原理在理论上并无不同。

无论在正式的还是非正式的重整中，都要进行债务的重组。减少利息或本金的支付，延长还款期限，或进行债转股操作。说两者有什么区别的话，就在于如果是通过破产程序完成的，会得到司法的监督和保障。③

根据经验证据，一般认为，债务负担重（资产负债率高）的企业比债务负担相对较轻（资产负债率低）的企业更倾向于私下的重整。④ 之所以选择非正式重整，是因为它能提供一些实际的方便和好处。正

---

① J. McConnell & H. Servaes, "The Economics of Pre-packaged Bankruptcy", in J. S. Bhandari & L. A. Weiss (ed) *Corporate Bankruptcy: Economic and Legal Perspectives*, CUP, Cambridge, 1996, p. 322.

② M. J. Roe, "Bankruptcy and Debt: A New Model for Corporate Reorganization", *Colum. L. Rev.*, Vol. 83, No. 3, 1983, p. 530.

③ See S. C. Gilson, "Managing Default: Some Evidence on How Firms Choose between Workouts and Chapter 11", in J. S. Bhandari & L. A. Weiss (ed) *Corporate Bankruptcy: Economic and Legal Perspectives*, CUP, Cambridge, 1996, p. 308.

④ When a highly leveraged company misses an interest payment, management is forced to take corrective action much sooner than otherwise, thus leaving more of the company's operating value intact. M. Jensen "Corporate Control and the Politics of Finance", *Journal of Applied Corporate Finance*, Vol. 4, No. 2, 1991, p. 309.

式的破产重整程序，有一些缺点，也有一些相应的优点足以抵消其不足。这也是为什么通过《破产法》第 11 章进行重整现在仍是美国众多公司的首选策略。究竟采取正式的还是非正式的重整，主要看个案的具体情况，没有证据支持破产公司对某一种方案显示出系统性偏好。①正式和非正式重整的支持者都能从表 5—3 中找到各自的理由。

表 5—3　　　　　　　　选择正式和非正式重整的理由

选择非正式重整的理由	选择《破产法》第 11 章的理由
相比而言，进入《破产法》第 11 章程序意味着公司更有可能会失去一些商业机会。而私下的重整则更加保密，对公司声誉的影响也更轻；公司的运营价值（going - concern value）越高，就越倾向于采取私下重整方式。因为有可能在破产法规定之外，通过谈判获得更多的利益；如果公司面临的是部分债务不能履行，而不是全面的债务问题，那私下的重整（仅与部分债权人进行协商即可）可能耗时更少。而在《破产法》第 11 章下，公司必须跟全体债权人谈判。因此，在私下重整中付给各种专业人士（律师、会计师）的费用也相对少些*	比较容易获得重整期间的继续贷款（DIP financing）；在正式重整过程中，破产申请受理之前的无担保之债将停止计算利息；法律将给予自动停止偿债的保护，重整期间公司不会受到债权人的骚扰，公司的正常经营更容易得到维持；由于法庭有强制通过重整计划的权利，即使达不成全体同意的投票结果也不一定意味着协议失败；在正式的破产重整程序中，公司能获得一些税务上的优惠**

注：* S. C. Gilson, "Managing Default: Some Evidence on How Firms Choose between Workouts and Chapter 11", in J. S. Bhandari & & L. A. Weiss (ed) *Corporate Bankruptcy: Economic and Legal Perspectives*, CUP, Cambridge, 1996, pp. 313, 310.

** "In most prepackaged filings the borrower continues to have access to its existing credit lines, which obviates the need to obtain DIP financing." see S. Dahiya, K. John, M. Puri & G. Ramirez "Debtor - in - possession Financing and Bankruptcy Resolution: Empirical Evidence", *JFC*, No. 69, 2003, pp. 269 - 270; 11 USC s. 502; Under Chapter 11, acceptance of the plan requires an affirmative vote by only a majority (one-half in number, and representing two-thirds in value) of the claimholders in each class whose claims are impaired. By contrast, a workout cannot pass without the consent of all who participate, thus increasing the incidence of creditor holdouts. J. R. Franks & W. N. Torous, "Lessons from a Comparison of U. S. and U. K. Insolvency Codes", in J. S. Bhandari & L. A. Weiss (ed) *Corporate Bankruptcy: Economic and Legal Perspectives*, CUP, Cambridge, 1996, p. 458; Workouts can have adverse tax effects. Debt forgiveness is fully taxable in workouts but not in chapter 11 reorganizations. J. McConnell & H. Servaes, "The Economics of Pre-packaged Bankruptcy", in J. S. Bhandari & L. A. Weiss (ed) *Corporate Bankruptcy: Economic and Legal Perspectives*, CUP, Cambridge, 1996, p. 325.

---

① S. C. Gilson, "Managing Default: Some Evidence on How Firms Choose between Workouts and Chapter 11", in J. S. Bhandari & L. A. Weiss (ed) *Corporate Bankruptcy: Economic and Legal Perspectives*, CUP, Cambridge, 1996, p. 319.

尽管有许多好处，但私下重整的最大问题就是面对众多的债权人和他们各自不同的特点而缺乏有效的协调手段。① 通过停止偿还贷款及利息，债务人企业也许可以把贷款人拉到谈判桌上并试图达成协议。但是用这种方式对付贸易债权人（供货商、分销商之类的）并试图说服他们参与公司的重整计划就未必能够成功，因为根本没有办法阻止他们采取诸如停止发货等手段来保护自己的利益，如果债务人没有可以用来提供担保的其他自由财产，而这些保护手段对困难中的企业而言，结果通常是致命的。正如经验材料所显示的，是债权人—债权人之间的而不是债务人—债权人之间的矛盾，才是需要花费最多时间、精力和金钱去解决的问题。② 当其他条件不变，债权人集体行动的难度将随着涉及人数的增加而翻倍，由此产生的交易费用也是如此，这是非正式重整难以克服的成本障碍。如果一个公司有多个主贷款银行，而这些银行又分布世界各地，那么希望它们之间能在私下重整中达成集体行动的协议可能是非常困难的。

尽管难度不小，但因为以下的原因，实践中非正式重整还是被经常用到。

首先，债权人在私下重整中有可能控制协商的过程和结果，而在破产程序中就不一定能做到。其次，债权人也会意识到，如果启动正式破产程序，债务人企业的财产价值可能要打上折扣。因此，当公司陷入财务困境，从商业角度考虑，集体债务问题最好私下解决。再次，私下重整中，公司原高管层仍然完全掌管着

---

① H. DeAngelo, L. Rosen, et al., "Bankruptcies, Workouts, and Turnarounds: A Roundtable Discussion", *Journal of Applied Corporate Finance*, Vol. 4, No. 2, 1991, p. 59.

② "At least 80% of the negotiations that take place in a workout are those that take place among the lending groups, and not with the borrowers at all." H. DeAngelo, L. Rosen, et al., "Bankruptcies, Workouts, and Turnarounds: A Roundtable Discussion", *Journal of Applied Corporate Finance*, Vol. 4, No. 2, 1991, p. 39.

公司，这比在正式破产程序中或多或少要被剥夺部分控制权要更好一些。①

据观察，当公司债务集中于少量性质相同的债务人时，解决财务危机花费的成本少于公司债权被各种异质债权人分散持有的情形。② 因此，律师在破产重整中的重要工作之一就是尽力简化和缩小债权人的队列，通过提高债权数额的要求，让尽可能少的人参与重整过程。③ 对于重整而言，最大的障碍莫过于机构债权人（银行）的短视行为：不愿意接受债转股安排或急于收回更多的现金。④ 较多地依赖银行贷款而不是债券融资的企业，特别是与某个主银行保持了非常紧密联系的企业，通常会倾向于私下的重整。因为这种情况下，银行更容易接受长期的安排，而不会一门心思地只想着被欠的一元钱能立马收回几成，因此私下达成债务重组和继续贷款协议的概率将大大增加。⑤

二 预装式的重整

美国的破产实践近来有一个新趋势：预装式的重整被越来越多地使用。所谓"预装式"，是指公司在提起破产重整申请的同时也提交一份已经起草好的，并已获得了担保债权人非正式同意的重整

---

① D. Prentice, F. Oditah & N. Segal, "Administration: Part II of the Insolvency Act 1986", in J. S. Ziegel (ed) *Current Developments in International and Comparative Corporate Insolvency Law*, Clarendon Press, Oxford, 1994, pp. 65 – 66.

② T. Hoshi, A. Kashyap & D. Scharfstein, "The Role of Banks in Reducing the Costs of Financial Distress in Japan", in J. S. Bhandari & L. A. Weiss (ed) *Corporate Bankruptcy: Economic and Legal Perspectives*, CUP, Cambridge, 1996, pp. 535, 532.

③ H. DeAngelo, L. Rosen, et al., "Bankruptcies, Workouts, and Turnarounds: A Roundtable Discussion", *Journal of Applied Corporate Finance*, Vol. 4, No. 2, 1991, p. 37.

④ Ibid., p. 36.

⑤ The main bank is the bank who "provides debt financing to the firm, owns some of its equity and may even place bank executives in top management positions", H. DeAngelo, L. Rosen, et al., "Bankruptcies, Workouts, and Turnarounds: A Roundtable Discussion", *Journal of Applied Corporate Finance*, Vol. 4, No. 2, 1991, p. 37; S. C. Gilson, K. John & L. Lang, "Troubled Debt Restructurings: An Empirical Study of Firms in Default", *JFE*, No. 27, 1990.

计划书。① 实践中，对这个预先起草的重整计划的投票在破产申请之前或之后都可以进行。② 该计划的通过标准和正常情形一样：在某一债权人分组之内，人数半数以上，所代表债权占本组总债权数量2/3以上的债权人同意就意味着该组批准了计划草案。在破产申请前就已经完成了投票的预重整案件中，破产申请书和重整计划同时递交到法庭，除非发现有程序或实质上的错误可能导致投票出现问题，否则没有必要再进行其他协商，法院可以径直对重整计划做出裁决。

理论上讲，预装式重整融合了正式与非正式重整的许多优点，因此，只要公司在破产申请之前向债权人充分披露了它的财务状况，重整过程将进展得更快且花费更少。③ 如果债权人一致同意了预先协商的这个重整计划，那就无须进入正式的破产程序，可以成功地进行私下重整。但实际上总有一些不太合作的债权人存在，因此需要破产法庭来强制通过这个重整计划。在存在"钉子户"的情形下，预装式重整比起完全私下的重整就显现出它的优越性，通过最后的司法干预，可使之前私下重整的成果得以合法实现。④ 精心的事先安排无疑会缩短重整程序的时间，进而增加债务人企业重整成功的概率。另一个好处就是，私下重整无法享受的税收优惠在预装式重整中也可以享受。

---

① See S. C. Gilson, "Managing Default: Some Evidence on How Firms Choose between Workouts and Chapter 11", in J. S. Bhandari & L. A. Weiss (ed) *Corporate Bankruptcy: Economic and Legal Perspectives*, CUP, Cambridge, 1996, p. 321. Section 1125 (g) and 341 (e) as amended by the BAPCPA 2005 further encourages prepackaged plans by (1) permitting solicitation of acceptances of such a plan to continue after the filing of a bankruptcy petition, and (2) permitting the court on the request of a party in interest to order that a s 341 meeting (the meeting of creditors or equity security holders) not be held if the debtor has filed such a prepackaged plan.

② E. Tashjian, R. C. Lease & J. J. McConnell, "Prepacks an Empirical Analysis of Prepackaged Bankruptcies", *JFE*, No. 40, 1996, p. 138.

③ "By most measures, including the time spent in reorganization, the direct fees as a percent of pre-distress assets, the recovery rates by creditors, and the incidence of violations of absolute priority of claimholders, we find that prepacks lie between out-of-court restructurings and traditional Chapter 11 bankruptcies." E. Tashjian, R. C. Lease & J. J. McConnell, "Prepacks an Empirical Analysis of Prepackaged Bankruptcies", *JFE*, No. 40, 1996, p. 135.

④ T. J. Salerno & C. D. Hansen, "A Prepackaged Bankruptcy Strategy", *The Journal of Business Strategy*, 1991, p. 38.

但预装式重整也不是无所不能的，在处理复杂、争议繁多、涉及众多债权人集团且彼此利益分歧较大的案件时，预装式重整就很难发挥作用了。① 以下四个要素被认为是保证预装式重整顺利成功所必不可少的。

高管层能够现实评价和衡量公司面临的财务危机及其前景，高管层愿意并有能力支付进行预装式重整所必需的各种专业人员费用，制定一个可行的重整策略和商业方案并能得到大多数债权人和股东的支持，能说服某一类或某一部分债权人同意就预装式重整进行协商。②

不可否认，预装式重整也有许多缺点。它并不总能在任何情形下都同时有利于债务人企业和债权人。③ 债务人企业选择预装式而不是普通重整是要冒一定风险的。例如，如果法庭发现公司提交的披露声明（disclosure statement）在某些方面不够充分的话，债务人企业就必须修改并重交，同时重新征集对预装计划的意见，造成计划通过的严重拖延，这样一来，预装的意义就不大了。④ 还有一种情况就是债务人企业在协商预装计划时可能遗漏了某重要一方，以致该方无法参与计划的制订，其利益也就无法体现在预装计划中；或者没有召集有投票权的某方参与投票，如果是这样，那债务人企业必须给予他们第

---

① J. McConnell, & H. Servaes, "The Economics of Pre-packaged Bankruptcy", in J. S. Bhandari & L. A. Weiss (ed) *Corporate Bankruptcy: Economic and Legal Perspectives*, CUP, Cambridge, 1996, p. 323.

② See T. J. Salerno & C. D. Hansen, "A Prepackaged Bankruptcy Strategy", *The Journal of Business Strategy*, 1991, p. 39.

③ The drawbacks of prepackaged bankruptcies includes: "disclosures to the voters may not have been adequate or accurate; proper voting procedures may not have been followed; a plan may contain provisions that violate public policy." See T. Eisenberg & L. M. LoPucki, "Shopping for Judges: An Empirical Analysis of Venue Choice in Large Chapter 11 Reorganizations", *Cornell L. Rev.*, No. 84, 1999, p. 996.

④ 11 USC s. 1125 (b). "Adequate information" is defined in 11 USC s. 1125 (a) (1).

二次机会，否则，被忽略的对方可以通过上诉来推翻预装计划，这将导致计划通过的拖延甚至根本无法通过。① 这些风险将抵消预装式重整的部分甚至全部优点。

　　破产法的特征之一就是相同地位的债权人必须得到相同的待遇。② 但在某些预装式重整案件中，这一原则并未得到严格遵守。③ 在传统的《破产法》第11章程序中，债务人企业的所有协商都是公开的，接受法院、各类债权人、委员会及其代表的审查。在预装式的重整中，协商通常是秘密进行的，债务人企业几乎可以任意挑选协商的对象。为了让预装计划能得到足够多的赞成票，经过挑选，债务人企业往往给某一类债权人更优惠的待遇，这种做法并不合法，但却能有效地换来对方的支持。真正进行谈判的人实际上是参与重整的各方律师，但债权人一方的律师并不对所有的债权人都承担相同的受信义务。如果代表比较多的债权人（但不是所有的债权人都支付律师费，有一些可能是"搭便车"的）的话，那这个律师某种程度上就掌握了谈判的实际控制权，他有各种能力、手段去为真正雇用自己的债权人去争取最好的待遇并决定投票的最终方向，甚至不惜牺牲其他债权人的利益。④

　　一些实证研究指出，预装式或预先协商过的重整案件比那些没有预先协商过的案件更容易发生"挑选法庭"和"再次重整"的问题。⑤ 所谓"挑选法庭"指的是在主要办公场所（通常是注册地）以外的地点启动破产申请。⑥ 美国近几十年中，先是纽约然后现在是特拉华州的破产法庭，成了众多公司愿意选择进行破产申请的地方。

---

　　① M. D. Plevin, R. T. Ebert & L. A. Epley, "Pre–packaged Asbestos Bankruptcies: A Flawed Solution", *Tex. L. Rev.*, No. 44, 2003, pp. 888 – 889.

　　② 11 USC s. 1123 (a) (4).

　　③ M. D. Plevin, R. T. Ebert & L. A. Epley, "Pre-packaged Asbestos Bankruptcies: A Flawed Solution", *Tex. L. Rev.*, No. 44, 2003, p. 913.

　　④ Ibid., pp. 915, 911.

　　⑤ T. Eisenberg & L. M. LoPucki, "Shopping for Judges: An Empirical Analysis of Venue Choice in Large Chapter11 Reorganizations", *Cornell L. Rev.*, No. 84, 1999, pp. 976 – 977.

　　⑥ Ibid., p. 975.

有学者认为，让特拉华州的法庭成为公司破产的首选可以最大化社会福利，因为特拉华州的破产法庭处理预装式重整案件效率最高也最为专业。① 但这种推论并不一定是事实。一个实证研究显示，特拉华州的破产法庭在处理预装式重整案件时不比其他州的法庭更快，案件结果也并不更有确定性。② 在伊诗贝格和洛普基教授看来，之所以众多公司热衷于选择特拉华州的破产法庭，哪怕这样做会因为不在公司主要办公场所的城市开庭而带来不便，究其原因是为了挑选更"宽松"的法官（to shop for judges）。

> 虽然破产法律和程序是全美统一的，但每个城市的法庭处理案件总会有所不同，正是觉察到这个区别，才引发了对法庭的挑选。因此，关于挑选的原因中，最让人不安恐怕又是最正确的那个理由就是：债务人公司过去选择纽约而今天选择特拉华州，主要是为了选择当地的某些法官或为了避开自己本地的一些法官。③

困扰预装式重整的另一个问题就是较高的再次重整率。再次重整就意味着第一次重整失败了，为此付出的高额成本和巨大努力都付诸东流，因此破产法典原则上反对再次重整的做法。洛普基和卡琳教授在最近的一个调查中发现，近一半的再次重整都是经过了预先协商的案子，即债权人在申请重整前都征得了债权人的同意。④ 在时间就是金钱的口号鼓舞下，债务人企业和主要债权人匆匆拟就一个双方同意的预装计划，其主要内容常常有利计划参与者而忽略甚至不惜损害其他

---

① D. A. Skeel, Jr., "Bankruptcy Judges and Bankruptcy Venue: Some Thoughts on Delaware", *Del. L. Rev.*, No. 1, 1998.

② L. M. LoPucki & S. D. Kalin, "The Failure of Public Company Bankruptcies in Delaware and New York: Empirical Evidence of a 'Race to the Bottom'", *Vand. L. Rev.*, No. 54, 2001, p. 264.

③ See T. Eisenberg & L. M. LoPucki, "Shopping for Judges: An Empirical Analysis of Venue Choice in Large Chapter 11 Reorganizations", *Cornell L. Rev.*, No. 84, 1999, p. 1002.

④ L. M. LoPucki & S. D. Kalin, "The Failure of Public Company Bankruptcies in Delaware and New York: Empirical Evidence of a 'Race to the Bottom'", *Vand. L. Rev*, No. 54, 2001, p. 236.

债权人的利益,只是为了尽快能从第11章程序中摆脱出来。① 这样的预装重整计划摆到破产法庭面前,法官们通常会发觉他们很难从这个计划本身判断它是否可行,当然也没有理由拒绝批准该计划。从这个角度来看,预装式重整案件出现较高的再次重整率也就不难理解了。

在预装式重整中,另一个核心的角色就是破产法庭了,它们有在部分债权人不同意的情况下强制批准重整计划的权力。为了提高本法庭破产申请的数量(法庭之间也存在对案源的竞争),法庭之间有可能通过适用更宽松的计划批准标准来吸引"客户"。特拉华州破产法庭之所以成为处理破产案件的首选,部分原因就在于它们更愿意批准走过场式的重整(no-questions-asked reorganizations)。难怪有学者认为,超乎寻常的再次重整发生率,其直接原因就是破产法庭之间的竞争,后果则是巨大的社会资源浪费。②

在美国,预装式重整还是要遵守《破产法》第11章的基本要求,当然允许走一些便捷程序。判断债务人的信息披露是否正确、充分以及重整计划是否符合破产法典的要求仍然是法院的职责。在英国预装式的破产管理程序中,法院则几乎没有任何重要职责,既不需要批准重整计划,又不需要监督破产管理人的任何活动,直到重整计划生效。当然需要清楚的是,英式的预装式重整安排通常采用MBO(管理者买断)的方式,而不是传统意义上的公司重整。③

三 英国预装式的破产管理程序

英国的破产立法中是看不见预装式重整的影子的。④ 根据2002

---

① G. W. Kuney, "Misinterpreting Bankruptcy Code Section 363 (f) and Undermining the Chapter 11 Process", *Am. Bankr. L. J.*, No. 76, 2002, pp. 282 – 283.

② L. M. LoPucki & S. D. Kalin, "The Failure of Public Company Bankruptcies in Delaware and New York: Empirical Evidence of a 'Race to the Bottom'", *Vand. L. Rev* 231, No. 54, 2001, pp. 237, 264.

③ P. Walton, "Pre-packaged Administrations: Trick or Treat?", *ININT*, Vol. 19, No. 8, 2006, p. 114.

④ The prepack may be defined as a process in which a troubled company and its creditors conclude an agreement before an officer holder-either an administrator or an administrative receiver-is appointed. V. Finch, "Pre-Packaged Administrations: Bargains in the Shadow of Insolvency or Shadowy Bargains", *JBL*, 2006, pp. 568 – 569.

年《企业法》颁布之前的 Re T & D Industries plc & Another 一案，① 破产管理人有权在征得债权人同意之前卖出属于破产企业的财产，这是修改前的《破产法》第 14 条和第 17 条允许的。同样的条文在经过 2002 年《企业法》的修改后该如何理解呢？Re Transbus International Ltd. 案②回答了这个问题：尽管法条前后的措辞稍有不同，但破产管理人在获得债权人同意之前的较短时间内能处理公司财产的权利仍然是不变的。破产管理人的这种对破产企业财产的提前处理并不同于预装式的重整。其关键差别就在于：预装式重整中，公司财产处理的决定是在指定破产管理人之前就做出的。易言之，在下定决心卖掉公司前，股东们并没有让破产管理人参与的打算。③

如前所述，尽管英式的预装式重整没有什么法律文件可资援引，但近年来预装式的破产管理程序还是得到了蓬勃发展。预装式破产管理程序最大的好处就是速度，在管理人被指定之前，很多安排已经完成。因此，预装式重整非常适合以提供服务为主要业务的企业或者以声誉和知识产权为重要财产的公司。这些公司的价值会因为启动破产程序而迅速消失，速度是拯救它们的不二法门。④ 这是 20 世纪 80 年代以来预装式重整在英国得到较大发展的主要原因，以至于现在有一半的英国破产管理程序都是经过预先安排的。这也极大地模糊了正式和非正式重整之间的界限。⑤

2002 年《企业法》颁布以来，预装式重整安排的使用更加频繁了。⑥ 这不是因为《企业法》中有什么鼓励使用预装式重整安排的意图，当然也没有限制使用的意图，而是因为《企业法》带来的改革举措中，特别是引入新式的破产管理程序，即不需要法庭令也可以进

---

① [2000] 1 All ER 333, [2000] 1 WLR 646, [2000] 1 BCLC 471.
② [2004] EWHC 932 (Ch), [2004] BCC 401.
③ See P. Walton, "Pre – packaged Administrations: Trick or Treat?", *ININT*, Vol. 19, No. 8, 2006, p. 115.
④ M. Ellis, "The Thin Line in the Sand-Pre-packs and Phoenixes", *Recovery*, 2006, p. 3.
⑤ See V. Finch, "Pre – Packaged Administrations: Bargains in the Shadow of Insolvency or Shadowy Bargains", *JBL*, 2006, p. 569.
⑥ S. Mason, "Pre-packs from the Valuer's Perspective", *Recovery*, 2006, p. 19.

入的破产管理程序,以及更简便的退出渠道等,使得预装式重整安排在实践中更易于操作了。[1]

在预装式重整安排中,担保债权人通常享有较高的控制权,因此他们会认为这比正式的破产程序能提供更好的保护。[2] 一些学者认为,预装式重整安排实际上所起的作用就是让强有力的大债权人得以规避法律精心设计的利益平衡举措。[3] 因此在预装式重整安排中,市场规则并没有得到充分遵守,企业有可能被贱卖,部分利益相关人可能对破产企业的资产变卖一无所知或者被完全排除在秘密协商之外。[4]

如前所述,英国的预装式重整安排通常都会涉及一个非常敏感的做法:把破产企业卖给公司的高管层或者其他有关联的人。从纯商业角度看,这样的买卖也许并无不妥,但多少留下一点瓜田李下的嫌疑。[5] 很大程度上,这种做法还会引起是否属于"凤凰公司"(欺诈破产,然后公司的财产、业务甚至人员换一个新的外壳继续经营,损害的只是部分债权人的利益)的猜测,这也就是为什么预装式重整安排在英国尽管被广泛使用,但名声却不怎么好。如果破产企业确实只有一个买家,就是公司的原高管层,那 MBO 本身就是非常正常的做法,并不是滥用预装式重整安排。[6] 问题就是总不免有那么几个"烂苹果"

---

[1] D. Flynn, "Pre‐pack Administrations – A Regulatory Perspective", *Recovery*, 2006, p. 3.

[2] P. Walton, "Pre‐packaged Administrations: Trick or Treat?", *ININT*, Vol. 19, No. 8, 2006, p. 116.

[3] See V. Finch, "Pre‐Packaged Administrations: Bargains in the Shadow of Insolvency or Shadowy Bargains", *JBL*, 2006, p. 568.

[4] S. Davies QC, "Pre‐pack—He Who pays the Piper Calls the Tune", *Recovery*, 2006, p. 16.

[5] P. Walton, "Pre-packaged Administrations: Trick or Treat?", *ININT*, p. 114.

[6] "But often the management are prepared to pay a higher price because it's their job and their livelihood, and they'll pay a premium for that. And they know the business better, the risks in the business, and therefore they have, if you like, discounted the risks that others would say that they have to take into account." See S. Frisby, "Report On Insolvency Outcomes" as presented to the Insolvency Service (University of Nottingham, 2006), http://www.insolvency.gov.uk/insolvencyprofessionandlegislation/research/corpdocs/InsolvencyOutcomes.pdf, visit on Oct, 29, 2006, p. 71.

存在。① 只不过这少数的几个"烂苹果"留给大家的印象十分的坏，那就是预装式重整安排的频繁使用不过是提升了内部交易人、律师等专业人士以及担保债权人的利益，却损害了其他债权人和利益相关者的利益，而且这一印象非常深刻、难以消除。

在预装式破产管理程序中，破产管理人扮演了一个重要的角色。作为公司的代理人，他/她有义务和权利来拯救公司，如果可能的话。但如果在被指定为破产管理人之前，该专业人士已经参与了预装式重整安排并且受到协议的束缚，② 一定要把企业卖给原高管层，那么他/她的独立、客观性就必然会因潜在或现实的义务冲突而受损。③ 为了避免以上情形，防止权利滥用的指责，破产管理人在考虑摆在面前的预装式重整计划时必须说明：（1）在目前的情形下，拯救这个公司已经没有合理的可能，唯一正确的做法就是尽快出售公司；（2）这个预装式重整计划对全体债权人来说，已经是最好的选择了。④

预装式破产管理程序中另一个不可或缺的角色就是专业的财产估值人员。在英国，对财产、设备和股票都是由作为皇家特许测量师学会（Royal Institution of Chartered Surveyors，RICS）成员的事务所来估值的。在执行业务时，估值人员必须严格遵守俗称"红宝书"的RICS评价与估值标准手册。⑤ 根据"红宝书"的操作指南，在预装式重整中评估某一财产，依照的是它的市场价值，而不是所谓的继续

---

① V. Finch, "Pre-Packaged Administrations: Bargains in the Shadow of Insolvency or Shadowy Bargains", *JBL*, 2006, p. 568.

② 指定参与制订预装式重整计划的专业人士为稍后的破产管理人肯定是有很多好处的，比如节省费用和缩短熟悉情况的时间等。

③ P. Walton, "Pre-packaged Administrations: Trick or Treat?", *ININT*, Vol. 19, No. 8, 2006, p. 116.

④ Factors which he must consider carefully include: (1) whether the rapid introduction of a purchaser may ensure continuity of customer and supplier relationship; (2) whether the value of the assets and business will be lost rapidly without a quick sale; (3) whether the immediate introduction of a new employer can secure the continued employment of those key employees; and (4) whether a protracted insolvency procedure would cause a regulator to withdraw essential licenses from the business? A. Lockerbie & P. Godfrey, "Pre-packaged Administration-the Legal Framework", *Recovery*, 2006, p. 22.

⑤ S. Mason, "Pre-packs from the Valuer's Perspective", *Recovery*, 2006, p. 19.

营业（going concern）价值或清算（force sale）价值。① 可以这么说，预装式重整更多的是一种实践，而不是一种法律框架。一直没有相关法律条文来规范是因为立法者至今还没意识到市场需要与立法安排之间存在真空地带，当然也就没有或无法采取任何行动。② 为了让预装式重整成为一种公平的程序而不至于被滥用，从专业人员的执业规则以及立法改革两方面进行有效的规制就是完全必要的了。③

但是过度的控制绝非万灵药。如果针对目前的预装式或非正式破产程序制定太多的法规，会在一定程度上增加重整的复杂性和相关费用，这会抵消掉预装式或非正式重整的许多优点。④ 有学者认为2002年《企业法》允许破产管理人自动转变为破产清算人（破产管理程序失败转入破产清算程序时）的规定是一个败笔。⑤ 理由是作为破产程序的最后一道防线，独立的破产清算人或者官方任命的破产接收人有义务监督破产企业之前的行为，尤其是破产管理人和公司前高管层在任期内的职务行为，特别是对他们在预装式破产管理程序中的行为有合理怀疑的情况下。因此自动的转变是有问题的，合理的做法应当是必须征得无担保债权人的同意或法院的批准，在对他们之前的行为没有疑义的情况下，破产管理人才能转变为破产清算人。这一小小的程序改动能使预装式破产管理程序变得更加合理。

---

① "Market value is defined as 'the estimated amount for which a property or asset should exchange on the date of valuation between a willing buyer and a willing seller in an arms length transaction after proper marketing wherein the parties had each acted knowledgably, prudently and without compulsion'." S. Mason, "Pre-packs from the Valuer's Perspective", *Recovery*, 2006, p. 20.

② S. Davies QC, "Pre-pack – He Who pays the Piper Calls the Tune", *Recovery*, 2006, p. 17.

③ A. Lockerbie & P. Godfrey, "Pre-packaged Administration-the Legal Framework", *Recovery*; M. Chapman, "The Insolvency Service's View of Regulation", *Recovery*; V. Finch, "Pre-Packaged Administrations: Bargains in the Shadow of Insolvency or Shadowy Bargains", *JBL*, 2006.

④ V. Finch, "Pre-Packaged Administrations: Bargains in the Shadow of Insolvency or Shadowy Bargains", *JBL*, 2006, p. 587.

⑤ A. Bloom & S. Harris "Pre-packaged Administrations What Should Be Done Given the Current Disquiet", *INNIT*, Vol. 19, No. 8, 2006.

四 美国公司破产的"私下解决"现象

据观察,20世纪80年代以来,公司破产不走正式的破产程序而是通过私下协商解决已经成为美国一个新的经济现象。① 90年代初的一个实证研究显示,在当时的美国,陷入财务危机的上市公司中有近一半是通过私下协商实现了企业重组的。② 但是这股抛开法定破产程序自行重组的风潮被一股非市场力量主导的法律变革给终止了。这场变革的力量来自政治领域,从法律的角度看,其中的很多做法都是非常盲目甚至是误导性的,包括:增加法定的银行存款准备金的要求打击了金融机构向困难企业提供再贷款的热情,修改税法使得在《破产法》第11章以外进行的私下债务减让都不能再获得免税优惠,甚至制定了新版的破产法庭细则,等等。③ 自此,陷入财务困境的大型公司纷纷求助于《破产法》第11章,数量之多前所未有,代价就是它们为此所支付的成本远比在私下重整中花费的高。近年来的证据显示,沉寂一时的非正式重整又再次得到人们的青睐。④

对于大多数陷入财务困境的企业来说,即使进入了《破产法》第11章程序,即使公司能够作为继续营业的实体被收购,经典意义上的公司破产重整还是越来越不常见。⑤ 今天,即使是进入了第11章程序的债务人企业,也可以通过重整计划或者根本不需要什么计划

---

① M. C. Jensen, "Corporate Control and the Politics of Finance", *Journal of Applied Corporate Finance*, Vol. 4, No. 2, 1991.

② S. C. Gilson, K. John & L. Lang, "Troubled Debt Restructurings: An Empirical Study of Private Reorganization of Firms in Default", *JFE*, No. 27, 1990.

③ D. Chew, J. Tabas, et al., "University of Rochester Roundtable on Preserving Value in Chapter 11", *Journal of Applied Corporate Finance*, Vol. 16, No. 2-3, 2004, p. 10.

④ Of the half a million firms that will fail this year, only 10000 will file for Chapter 11, half of what we saw a decade ago. 2001 Bankruptcy Yearbook & Almanac 9 reported 23, 989 Chapter 11 filings in 1991 and 9884 in 2000. D. G. Baird & R. K. Rasmussen, "The End of Bankruptcy", *Stan. L. Rev*, No. 55, 2002, pp. 754-756.

⑤ "Today, the Chapter 11 of a large firm is an auction of the assets followed by litigation over the proceeds." D. G. Baird & R. K. Rasmussen, "The End of Bankruptcy", *Stan. L. Rev*, No. 55, 2002, p. 754.

而是依照破产法典第363条直接出售公司的全部财产。① 所不同的地方在于，前一种出售方式更加传统，必须依照重整计划，而该计划是在全体债权人的参与和法院的监督下通过协商制订的，能够较好地保证出售的公平和公正。只是其代价比较大，要经历较长的时间并花费甚巨。相比，通过破产法典第363条出售财产甚至是整个公司，就便宜得多也方便得多。所以，实践中越来越多的债务人和债权人，特别是提供了继续贷款的债权人，开始对后一种方式趋之若鹜。②

有趣的是，破产法典第363条的"无计划出售"方式能够流行起来，完全是出于司法解释对于本来意思非常直白的立法原文［特别是对第363条第（f）款］的误读。③ 这种错误理解的后果就是把《破产法》第11章从一个以重整计划为核心的程序（至少国会在起草法典的时候是这样希望的），变成了一个不受产权纠纷困扰可以自由变卖公司财产的程序，在这个程序中依然是依靠担保物权而不是合同来降低不动产在破产时的受偿风险。④ 但是这种自由出售的方式在它现在的这种状况下，是有损于因继受而获得债权的人、无担保债权人和行动迟缓的政府债权人（税务机关等）的利益的。⑤ 因此，有学

---

① G. W. Kuney, "Misinterpreting Bankruptcy Code Section 363 (f) and Undermining the Chapter 11 Process", *Am. Bankr. L. J.*, No. 76, 2002, p. 236.

② G. W. Kuney, "Hajacking Chapter 11" (2005) 21 Emory Bankr. Dev. J. 19, pp. 107 - 108, and reference to Chapter 4, section 4. 2. 3. 5.

③ "Bankruptcy courts, however, have chosen not to follow the plain meaning of s 363 (f), but instead to interpret that subsection's words 'any interest' to mean 'any claim or interest' so as to give the debtor or trustee the same power to sell prior to plan confirmation as that under a confirmed plan, and to strip off liens, claims and other interests in the process. This is a drastic change from the original focus of Chapter 11: the plan process rather than quick sales." See G. W. Kuney, "Misinterpreting Bankruptcy Code Section 363 (f) and Undermining the Chapter 11 Process", *Am. Bankr. L. J.*, No. 76, 2002, pp. 236 - 237.

④ G. W. Kuney, "Let's Make it Official: Adding an Explicit Preplan Sale Process as An Alternative Exit from Bankruptcy", *Hous. L. Rev.*, No. 40, 2004, p. 1266.

⑤ "When a debtor's business is sold preplan, these creditors lose the specific protection of s1129, including the best-interests-of-creditors test, the requirement that there be at least one consenting impaired class, and the absolute priority rule. Employees with collective bargaining agreements lose the protections specifically enacted for them in general, and retirees lose the protections enacted for their benefit and specifically included in the plan confirmation process." See G. W. Kuney, "Misinterpreting Bankruptcy Code Section 363 (f) and Undermining the Chapter 11 Process", *Am. Bankr. L. J.*, No. 76, 2002, pp. 278 - 280.

者建议应当对第363条的自由出售程序建立全国统一的标准化的操作规程，以尽量消除对各种利益相关人的损害。① 经过规范化改造之后，第363条的自由出售方式将与通过重整计划出售的方式相平行，在过程、实质和效果等方面都成为第11章的标准程序之一，更好地满足对法律程序确定性、可预见性和程序公正的要求，更好地保护参与各方。②

近年的实践中，还出现了一种为了债权人利益进行的私下安排（Assignment for the Benefit of Creditors，ABC）。该做法一定程度上替代了正式的破产程序，在美国加州的高科技企业重整中大行其道。对这一现象，一个合理的解释就是加州的法律比其他州的法律更适宜运用和发展ABC这样的做法。③ 另一个解释就是，加州新兴的高科技企业通常资本结构相对简单，正式的破产重整程序反而不适合它们。这些企业通常都接受风险投资，公司董事会就掌握在风险投资机构手中。④ 因此，一旦风投机构决定继续投资，公司自然能偿还债务，也就自然无须进入破产程序。反之，也就没有任何重整的必要，公司可以直接破产清算了事。

五 英国的"伦敦方式"（the London Approach）

作为一个公理，人们经常反复强调，美国的破产法对债务人企业比较友好，而大西洋彼岸的英国破产法对债权人利益保护更周到。这

---

① Conversion to Chapter 7, dismissal, and plan confirmation are all covered specifically by the statute and under the supervision of a nationwide body of authority. Only the nonplan sale method of effectuating a reorganization or exiting from Chapter 11 is now occupying nationwide under a variety of locally developed procedure and without clear statutory or national rule-based authorization and guidance. G. W. Kuney, "Let's Make it Official: Adding An Explicit Preplan Sale Process as An Alternative Exit from Bankruptcy", *Hous. L. Rev.*, No. 40, 2004, pp. 1288, 1304 – 1305.

② G. W. Kuney, "Let's Make it Official: Adding An Explicit Preplan Sale Process as An Alternative Exit from Bankruptcy", *Hous. L. Rev.*, No. 40, 2004, pp. 1304 – 1305; for detail proposals see pp. 1289, 1297 – 1298.

③ R. J. Mann, "An Empirical Investigation of Liquidation Choices of Failed High Tech Firms", *Wash. U. L. Q.*, No. 82, 2004, p. 1377.

④ Ibid., p. 1431.

一结论，主要来自一个简单的事实：在英国的破产管理程序中，公司原高管层必须交出管理权；而在美国的《破产法》第 11 章程序中，管理人可以保留在位。但这是一个有误导嫌疑的结论，至少是过于简化了，它过于强调立法条文本身，而没有把两国非正式重整程序的实践考虑在内。① 据观察：

> 很明显，英国的公众公司并非依赖某一主银行的资金。如果需要进行债务融资，它们通常是向银行团贷款。这是因为银行必须遵守金融法规，单笔贷款的最高额度必须与各自的银行准备金保持在法定的比例以内；另一个目的就是希望分散投资风险，不能把所有的鸡蛋都放在一个篮子里。即使是通过银行贷款，债权人的数量也还是远少于债券发行时的情形。与之相应的结果是，英国大型上市公司的债务集中程度远高于以发行债券为主要融债手段的美国。②

这一商业习惯的结果就是，英国大型公司私下重整的动机更强烈。自从 20 世纪 70 年代以来，英格兰银行开始发展一套被称为"伦敦方式"的规则，其核心目的是为英国公司的私下重整提供多方的贷款支持。③ 在这套规则下，第一阶段，贷款银行会组成一个联盟，达成一个停止向债务人公司催债的私下协议；这个停止协议长达数月，并足以防止某一债权人的单独行动。同时，银行团会指定一个会

---

① G. McCormack, "Control and Corporate Rescue", *draft, forthcoming ICLQ*, 2006, pp. 1, 37.

② J. Armour, B. R. Cheffins & D. A. Skeel, Jr., "Corporate Ownership Structure and the Evolution of Bankruptcy Law: Lessons from the United Kingdom", *Vand. L. Rev.*, No. 55, 2002, p. 1757.

③ The London Approach has been described as "(A) non statutory and informal framework introduced with the support of the Bank of England for dealing with temporary support operations mounted by banks and other lenders to a company or group in financial difficulties, pending a possible restructuring." See BBA, Description of the London Approach, unpublished memo (1996), p. 1 from J. Armour and S. Deakin, "Norms in Private Insolvency: The 'London Approach' to the Resolution of Financial Distress" (2001) 1 J. C. L. S. 21, 31.

计师组成的团队，调查公司的财务状况并对公司未来的前景做出一份独立的评估报告。报告稍后会进入集体决策阶段，主债权人们会一起讨论公司是否值得拯救，并就如何处置达成共识。① 如果结论是公司的经营无法再继续下去，不值得再得到继续支持，那么正式的破产程序就会随之展开。反之，重整就将进入第二阶段，尽快协商一份私下重整计划并迅速开始执行。这一阶段一般由某一债权人银行牵头，通常就是债权数额最大的那家，主要负责协调拯救进度和与各方沟通。那份重整计划通常包括公司高管层的更换、财产处理方案，或者整个企业实体的易手等内容。为了保证重整计划的执行，银行团会用一些贷款安排作为条件，比如更长期的贷款合同、利息减让、延期还款、继续贷款以及债转股协议，等等。不仅启动是秘密的，"伦敦方式"的全过程都是在保密的状态下完成的。核心的参与者会签订一份保密协议，而一般的商业债权人、雇员和中小股东们则对重整的发展和细节一无所知。②

最值得注意的是，在"伦敦方式"中，公司的原高管层也是在位的。因为银行债权人对重整是否继续有完全的话语权，可以随时启动正式破产程序进行制约。对继续贷款的需要保证了公司的原高管层听命于债权人的指令。这与破产法条文如何规定似乎没有必然联系。私下重整期间对债务人企业的继续贷款将获得超级优先权，先于所有之前成立的无担保债权受偿。③

通常来讲，由于无法阻止债权人的追偿行为，实践中私下重整比较难于进行。但这一障碍不应该被过分夸大。如果安排合理，"伦敦方式"可以保障更充分的债务清偿率，即使没有法定的延缓偿债期，债权人也不会随意私自行动。私下订立的《停止个别追偿协议》会

---

① "To facilitate these discussions, a co-ordinating or lead bank may be designated, and a steering committee of creditors formed. The latter provides a forum to which some decisions can be delegated by the key funders of the company." See P. Brierley & G. Vlieghe, "Corporate Workouts, the London Approach and Financial Stability", *Financial Stability Review*, 1999, p. 174.

② J. Armour & S. Deakin, "Norms in Private Insolvency: The 'London Approach' to the Resolution of Financial Distress", *JCLS*, No. 1, 2001, p. 37.

③ Ibid., p. 39.

在债务人企业与主债权人团体之间达成,并发挥作用。[1] 因为需要步调一致,私下重整的参与方如果是由人数较少、性质相同的银行团体组成,而不是由一大堆五花八门的各色债权人组成(非金融机构的债权人也夹杂其中),那么"伦敦方式"的成功率会大大提高。由于目前"伦敦方式"产生和存在的市场环境相比过去发生了一些变化,因此,不少专家提出建议,希望能改革该程序,比如把全体同意变成多数同意就可以进行重整等。[2]

经验证据显示,非正式重整在英国扮演着越来越重要的角色,而这些私下重整中,公司的原高管层通常都是被保留在位的。[3] 尽管"伦敦方式"还不足以和美国《破产法》第11章相提并论,但却很好地证明了,英美两国破产实践的差异远没有立法上的大,光把注意力放在法律条文上,显然并不能得出真相。

随着越来越多的重整私下展开,新的参与者也出现了,这也成就了一个新的职业。不少个人和机构协助银行和公司进行重整,他们有各式各样的头衔,常见的有重组专家、公司医生、商业拯救人士、风险咨询专家、解决方案提供者、独立的运营稽查员、债务管理公司、贷款顾问和资金管理者,等等。[4] 这些重整专家可以帮助陷入财务困

---

[1] K. Baird & A. Gallagher, "Queens Moat Houses an Anatomy of a Refinancing", *Practical Law for Companies Active in the UK*, No. 2, 2005, p. 23.

[2] "Since the recession in the early 1990s, three key developments in the financing of large UK firms have injected further pressures into negotiations between creditors of financially distressed firms. First, the pace of 'globalisation' in financial markets has intensified during the 1990s. Secondly, large UK corporates are making more frequent use of disintermediated debt finance, in particular bond issues. Thirdly, markets for distressed corporate debt, including the trading of participations in syndicated bank loans, have developed in London." See J. Armour & S. Deakin, "Norms in Private Insolvency: The 'London Approach' to the Resolution of Financial Distress", *JCLS*, No. 1, 2001, p. 48.

[3] "On average 3.65% of U.S. corporations went into bankruptcy proceedings during any given year during the 1990s. The equivalent figure for Britain was only 1.85% …. A more plausible explanation is that financially distressed companies in the U.S. are more likely to initiate formal bankruptcy proceedings than their British counterparts." see J. Armour, B. R. Cheffins & D. A. Skeel, Jr., "Corporate Ownership Structure and the Evolution of Bankruptcy Law: Lessons from the United Kingdom", *Vand. L. Rev.*, No. 55, 2002, p. 1755.

[4] V. Finch, "Doctoring in the Shadows of Insolvency", *JBL*, 2005, p. 691.

难的企业审查它的经营状况;评价高管层的能力;提供管理和债务重组方面的咨询;和各利益相关方就重整计划或拯救方案进行协商;设计财务方案,提供继续贷款和危机管理等方面的建议;等等。① 由于这些重整专家不像专业的破产管理人或受托人一样接受全面的规制,他们在专业资质、责任能力、公正性和工作效率等方面多少还存在各种问题。无疑有必要对他们加强管理,让他们能遵守各项法规和操作规程,使各种重整服务规范化。② 只是需要注意,由于公司需要的重整服务内容多种多样、五花八门,且不同规模的公司需要的服务档次也差别很大,如何定义各种类型和档次服务之间的界限就成了一个重要的问题,因此"一刀切"的规范化管理可能无法令人满意。③

事实上,非正式的破产重整程序难以对所有的债权人都提供相同的保护,这一点法定破产程序做得更好一些。而且实践中也难以保证所有的重整专家们在进行私下协商时都能通盘考虑所有人的利益而不带任何倾向性。一方面这是需要改进的地方;另一方面,这些缺点也许正是企业选择私下而非正式重整,或者私下重整能够流行起来的真正原因。为了规制这些问题,把法定重整程序的规则强制推行到目前的私下重整或预装式重整领域也并不一定是一个好办法。

> 首先,这会增加非正式重整的复杂性,也使其成本大大增加。其次,这会使得预装式重整不再有吸引力,使得公司在其声誉和市场地位还未彻底丧失之前提早行动的动机更加削弱。……再次,即使增加了规制,不一定就能解决所有问题,对改善预装式重整决策过程而言可能效果有限,反而激发了新的规避手段和增加了法律的不确定性。④ 最后,作为原则须知,正式的破产重整制度实际上是为其他的债务处理方式的发生和发展设置了一个

---

① V. Finch, "Doctoring in the Shadows of Insolvency", *JBL*, 2005, p. 706.
② M. Chapman, "The Insolvency Service's View of Regulation", *Recovery*, 2005, p. 24.
③ V. Finch, "Doctoring in the Shadows of Insolvency", *JBL*, 2005, p. 708.
④ V. Finch, "Pre-Packaged Administrations: Bargains in the Shadow of Insolvency or Shadowy Bargains", *JBL*, 2005, p. 587.

"语境"或背景。任何私下的债务重组安排其实都是在正式破产法律的阴影下所做出的。所有私下重整都被法定重整程序的标准与规则所制约和影响。陷入财务困境的债务人企业正是以可随时转入法定程序相威胁,才能使强硬的债权人稍稍合作一点,反之亦然。①

从这个意义上,私下重整在有些案件中也许会稍稍地偏移法定程序所指定的方向一点点,但只是一点点,不会太多,否则私下协商会无法达成,因为人人都清楚法律为各自的利益都设置了何种底线。因此,制定一部良好而公正的破产法律规范是绝对必要的。其意义不在于法律颁布后申请正式重整的案件增长了多少,甚至也不在于多少公司通过法定重整获得了新生,尽管这些指标的增长是立法者所希望看到的。正是因为有了一部良法所提供的指引与坐标,私下的重整比以前更积极、更规范,也更频繁了。因此,一部坏的破产法将伤害的决不仅仅是它自身的"消费者",也必然伤害那些"消费"私下重整程序的人。

---

① D. Chew, J. Tabas, et al., "University of Rochester Roundtable on Preserving Value in Chapter 11", *Journal of Applied Corporate Finance*, Vol. 16, No. 2-3, 2004, p. 14.

第六章

中国企业破产重整制度的实行情况、问题及改进建议

第一节 新《破产法》实施以来破产案件的数量、真实情况及其原因

1997年亚洲金融风暴之后，作为应对危机的措施之一，亚洲和世界各国纷纷引进破产重整程序，希望给暂时出现财务危机的企业以再生的机会。我国也于2006年新修订的《企业破产法》中引进破产重整制度。但是对于中国的经济社会生活和法制环境而言，这是一种非常异质的制度，既没有相关法律的配套与衔接，又没有必要制度的支撑辅助。这样的引进必然带来一系列的问题与真空。新《企业破产法》颁布实施五年的实践证明，新法的实施情况并不理想。虽然中国国家统计局每年有上千万个数据，但却没有破产数据。因此我们对中国每年真正有多少企业退出市场、有多少企业进入破产程序，并无官方的信息来源。最具权威的民间信息来源要数北京思源兼并与破产咨询事务所的破产数据库（据称是当时中国唯一的破产数据库，但随着创立者曹思源先生2014年的病逝，该数据库似乎也销声匿迹了），表6—1是该数据库2011年1月5日更新的数据。

表6—1 中国各省级地区企业破产案件立案统计（1995—2010）

（地区排列以历年破产案件总数为序） 单位：件

序号		1995—2010	1995	1996	1997	1998	1999	2000	2001	2002	2003	2004	2005	2006	2007	2008	2009	2010
	总计	74937	2344	6233	4515	6148	4591	7528	8939	6463	6380	4953	3419	2857	3207	2955	2432	1973
1	山东	10923	429	770	670	1039	735	1306	1208	1025	950	810	425	369	473	350	176	188
2	河北	7375	182	862	526	506	342	590	1013	740	632	557	291	194	297	276	236	131
3	江苏	7166	150	442	414	711	519	980	1007	723	540	253	355	207	274	218	224	149
4	河南	4919	108	248	265	296	234	319	434	410	514	529	266	319	347	297	164	169
5	湖北	4425	85	128	113	192	173	665	785	457	474	391	268	194	158	170	105	67
6	湖南	4091	117	717	171	210	105	265	524	480	521	399	131	146	158	66	40	41
7	黑龙江	3098	588	535	449	288	136	225	173	70	141	107	83	69	46	72	74	42
8	吉林	3061	111	371	181	313	159	157	221	156	156	85	218	203	102	271	319	38
9	四川	3022	81	104	181	405	308	478	465	234	242	179	84	48	47	75	42	49
10	浙江	3017	55	146	149	401	548	556	517	223	145	59	31	33	35	42	41	36
11	辽宁	2978	41	603	139	190	173	119	198	185	282	221	159	133	174	106	123	132
12	广东	2543	19	27	58	121	125	264	368	198	183	166	247	176	163	153	175	100
13	内蒙古	2492	39	241	389	520	250	269	212	138	109	127	63	52	40	15	12	16
14	山西	2378	52	298	122	136	67	109	225	195	167	169	106	104	120	103	136	269
15	安徽	2175	41	247	161	85	102	155	270	233	258	165	148	45	78	75	70	42
16	江西	1761	18	62	48	74	6	142	257	298	220	114	66	72	73	71	96	88
17	天津	1606	23	40	48	117	85	85	128	100	166	151	97	143	150	119	65	89
18	北京	1328	1	13	21	52	96	288	240	135	91	30	34	46	51	49	95	86
19	新疆	1062	26	23	36	106	120	146	118	89	79	69	44	36	57	34	42	37
20	甘肃	908	22	43	95	56	29	59	97	64	63	70	51	69	100	50	19	21
21	陕西	874	18	39	54	81	31	37	37	35	60	68	46	36	74	133	60	65
22	重庆	844	20	46	44	46	26	61	120	101	113	63	51	49	19	40	20	25
23	上海	838	39	81	55	54	45	64	74	60	54	45	58	37	47	38	38	49
24	福建	453	43	61	34	35	6	36	64	30	46	21	8	10	9	12	6	2
25	广西	444	15	24	26	54	14	35	61	33	50	39	21	16	10	25	7	14
26	云南	399	7	26	28	24	31	18	29	16	60	36	35	12	35	31	9	2
27	贵州	273	10	22	16	15	8	35	33	11	13	12	10	8	22	44	10	4
28	宁夏	271	3	5	9	9	20	47	31	17	33	10	10	16	27	7	22	5
29	海南	125	0	7	1	2	7	1	8	16	5	15	8	9	7	6	9	3	12
30	青海	52	1	2	1	4	6	9	5	0	3	0	0	7	4	2	3	5
31	西藏	36	0	0	0	1	5	1	9	2	0	0	4	1	11	2	0	0

资料来源：北京思源兼并与破产咨询事务所·破产数据库制作：http：//www.caosy.com/list.asp? type_ no=02.00。

把 1989—2009 年的全国破产案件数量做成一个统计图（见图 6—1），能得到一个"山"字形的折线图。

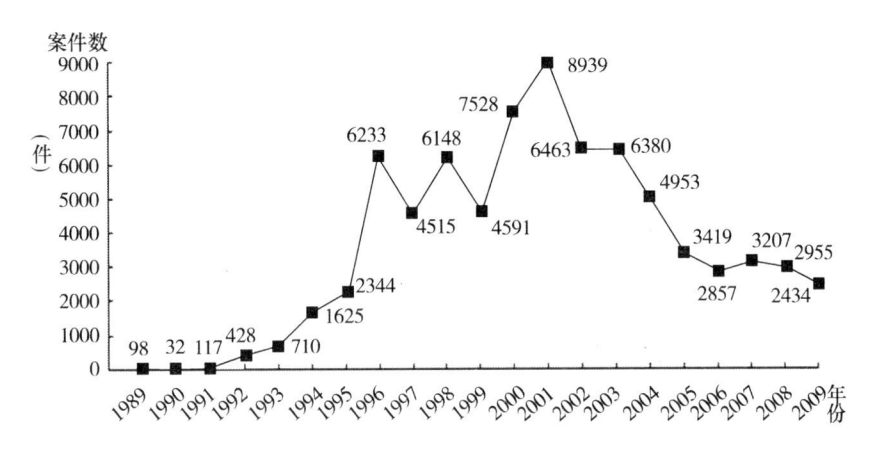

图 6—1 中国企业破产立案统计（1989—2009）

当然其他口径的统计结果在具体数值上可能会有一些出入，但反映的总体趋势却是完全一致的。据《21 世纪经济报道》2014 年 9 月的一篇报道统计，从 2003 年至 2013 年这 11 年间的全国法院审结破产案件数量的走势情况也是呈明显的逐年递减规律（除 2005 年外）（见表 6—2），这跟中国整体经济实力不断上升的宏观走势正好相反。[①]

表 6—2　　　　2003—2013 年全国法院审结破产案件数量

年份	2003	2004	2005	2006	2007	2008	2009	2010	2011	2012	2013
破产案数（件）	6795	5777	3436	4755	4200	3749	3573	3567	2531	2100	1998

对这些数据的解读是，破产立案最多的 2001 年是国企改革工作重点由治标转向治本转变的年份，大量国有企业纷纷破产倒闭，相当于清理

---

① 王峰、李伊琳：《部分民企"跑路"与破产的法律选择》，《21 世纪经济报道》2014 年 9 月 4 日；马剑：《2003—2012 年人民法院审理破产案件的统计分析》，《法制咨询》2014 年第 3 期。

一批历史积累的包袱,而之后的年份,随着国企政策性破产数量的锐减,全国法院审理的破产案件自 2003 年以来,以超过 12% 的比例逐年下降。2013 年以前,除了河南、天津破产案件稍有增长,其他地区均为下降,其中宁夏、湖南、河北、青海的年均降幅甚至在 20% 以上。2013 年全国法院受理的破产案件只有 1998 件。作为中国经济最为繁荣的城市上海,每年受理的破产案件还不到 100 件。2003 年到 2012 年,江苏省共有 4194 家企业依法宣告破产,位列全国第一,排名第十位的河南省则只有 1940 起破产案件,而排名前十的地区占据了全国破产案件总数的 70%。2013 年之前,在申请破产企业中,国有企业和集体企业占绝大多数,而 2013 年以后申请破产的企业中,民营企业的占比增加(至少在部分地区比如温州市情况如此)。①

也就是说,目前每年 3000 件左右企业破产(包括金融危机的影响)是一个较为稳定的数字。我国中小微企业占企业总数的 99.7%,其中,小、微型企业占到企业总数的 97.3%。据统计,我国中小微企业的平均寿命仅为 2.9 年,每年有近 100 万家中小微企业倒闭,占全部中小微企业数量的 2.38%。② 这两组数字说明,目前中国绝大多数中小微企业退出市场根本不会通过破产程序。试举一例,据工商部门统计,民营企业较为发达的温州于 2007 年至 2012 年共注销企业 22481 家,被吊销营业执照的企业 25213 家。与此相对应,这六年间温州全市法院受理企业破产案件的数量仅为 51 件。仅 2011 年,温州就发生了 228 起企业主"跑路"事件,是六年间破产案件总和的 4 倍以上。也就是说,许多民营企业家宁肯跳楼、跑路也不愿意走破产之路。③

在经济总量最为接近的美国,即使在经济最繁荣的 20 世纪 90 年代,其企业破产案件(《破产法》第 7 章下申请的)都在每年 2 万—4 万件之

---

① "最高法院的调研报告显示,2003 年到 2012 年全国审结的 40483 起破产案中,国有企业占 55.75%、集体企业占 25.67%。这与 20 世纪 90 年代末,随着国企改革的进行,大批亏损国企被政策性破产有关。……但这一情况在民营企业主'跑路潮'爆发的 2013 年开始改变。"见王峰、李伊琳《部分民企"跑路"与破产的法律选择》,《21 世纪经济报道》2014 年 9 月 4 日。
② 王政:《中小微企业占企业总数 99.7%》,《人民日报》2012 年 5 月 31 日 第 2 版。
③ 徐建新主编:《破产案件简化审理程序探究》,人民法院出版社 2015 年版,第 1 页。

第六章 中国企业破产重整制度的实行情况、问题及改进建议

间,进入《破产法》第11章的重整案件也都在每年1000件左右;次贷危机之后,企业破产的数量略有增加,升至每年5万—6万件,2014年企业破产的数量降至不到3万件。① 数据显示,美国有2000多万家企业(包括法人和非法人企业),② 中国的企业数量应该不少于这个数量。③ 也就是说,正常情况下,中国每年退出市场的企业中,应当有2万以上通过破产程序终结才相对正常。

据最高人民法院统计:全国有500多万家公司制或法人制企业时,每年平均有80万家企业退出市场,但其中只有不到0.3%申请破产清偿,而进入破产重整最终继续存续的更是凤毛麟角。④ 2008年以来,在次贷危机冲击大量企业倒闭的背景下,部分地区法院受理破产及重整案似乎有所增加,真正重整成功的例子依然寥寥可数。⑤ 据国家发改委中小企业司统计,2008年上半年全国就有6.7万家中小企业倒闭。其中,2008年1—10月广东全省有15661家中小企业关

---

① Administrative Office of the U. S. Courts, http://www.uscourts.gov/uscourts/Statistics/BankruptcyStatistics/BankruptcyFilings/2015/0315_ f2.pdf.

② 《美国中小企业融资结构与模式》(http://www.cnpre.com/info/news/index.php?modules = show&id = 10203)。

③ 赛迪顾问发布的研究报告《2013年中国中小企业管理健康度蓝皮书》显示:截至2012年底,中国有4200多万家中小企业,占全国企业数量的99.8%,中小企业创造的最终产品和服务占国民生产总值的58.5%。http://weidu.baidu.com/view/fcca9b865022aaea998f0fd1.html?re = view. 但估计这里所说的中小企业应该是包括个体户的。全国工商总局《2011年市场主体统计分析》给出的数字是:截至2011年底,全国实有企业1253.12万户(含分支机构,下同),比上年底增长10.26%。内资企业实有1208.47万户,比上年底增长10.67%。其中私营企业967.68万户,增长14.45%。外商投资企业44.65万户,增长0.28%。个体工商户实有3756.47万户,比上年底增长8.79%。农民专业合作社实有52.17万户,比上年底增长37.62%。见全国工商总局官网(http://www.saic.gov.cn/zwgk/tjzl/zhtj/bgt/201204/t20120426_ 125839.html)。

④ 吴晓锋、王峰:《最高法副院长:法院审破产案亟需研究6大新问题》(http://politics.people.com.cn/GB/1026/7325464.html);郭爱娣:《最高人民法院:破产法修订两年实施情况不理想》(http://news.cctv.com/china/20090621/100434.shtml)。

⑤ 据江苏高院统计显示,从2008年下半年起,江苏全省法院受理的与宏观经济形势变化关联程度较高的企业破产案件达178件,比上半年高出25%。从企业类型上看,破产企业多为受能源、原材料价格和市场需求波动影响较大的劳动密集型、资源能耗密集型企业。其中,涉及金融债权的企业是2007年的5.3倍,涉及企业职工23.5万人,同比超过250%。丁国锋:《破产案数量骤升 破产容易重整难》(http://www.gudonglawyer.org.cn/ShowArticle.shtml?ID=200952215273868523.htm)。

闭，思源破产数据库显示的是广东全年只有153起破产案件。也就是说倒闭企业中，只有不到1%是经过破产程序。据李曙光教授的估计，全国每年有75万—80万家企业退出市场，其中注销的企业约37万家，被吊销的企业约39万家，注销的企业中大部分解决了债务问题，但被吊销的企业估计有90%没有清算债务。① 当然以上不同来源的数据之间，多少有一些出入，但反映的事实却是在目前的中国，企业倒闭容易破产难。

为何会出现这种现象，原因是多重的，② 包括司法体制、文化等

---

① 王峰、李伊琳：《部分民企"跑路"与破产的法律选择》，《21世纪经济报道》2014年9月4日。

② 有观点认为主要原因之一是对于企业来说，破产程序成本较高，不破产成本低。首先是破产程序过于烦琐冗长，没有简易程序。其次对于不破产的企业及其负责人员，过去缺乏有效的处罚。比如过去不按时进行工商年检的企业会被吊销营业执照，因此对于企业和企业主来说，能享受"被吊销"的待遇，反倒可以省却了清算、破产的时间、精力、费用，等等。当然随着商事登记改革的深入，用黑名单制度代替过去的吊照处罚，同时各种不清算责任随着《公司法》司法解释的颁布而逐步确立，因此，不破产成本事实上是在日益增加而并非降低，但这无法解释为何破产案件的数量却不断降低。另一种观点认为，中国企业不愿意进入破产程序，是因为破产文化没有建立，债权人不能接受债务免责的观点。一个企业的债权人形形色色，有银行、小贷公司，还有私人借贷，很多债权人会威胁欠债老板，不还钱就砍人。因此企业主宁可选择跑路躲债，也不愿意进入正式的破产程序。这种情况现实中一定会存在，但是无法获得数据证明有多大比例的企业是因为这个原因而不进入破产程序。还有一种观点，相对而言是最有说服力的，那就是唐应茂教授提出的：在中国由于有过于发达的民事执行程序，大量的破产案件实际上是进入了执行程序，这导致破产案件的数量很少，执行程序的效果也长期不好，执行法官白忙活一阵，什么也讨不回来，因为实际上很多案件中早已没有财产可以执行了（无产可执、无产可破）。（唐应茂：《法院执行为什么难——转型国家中的政府、市场与法院》，北大出版社2009年版。）反之，法院也因为受理破产案件会增加额外的工作量，比如可能要承担信访、就业等工作，因此，无论是债权人、债务人还是法院都有一种非合谋性的共识，那就是执行程序比破产程序好。总之，简化破产程序，实现"执破衔接"可能是中国目前司法领域相对比较现实的选择。"据报道，浙江省高级法院已经申报最高法院，指定温州市两级法院结合金融综合改革的实际，开展企业破产案件简易审试点。温州中院为此出台了《关于试行简化破产案件审理程序的会议纪要》。据报道，瓯海区法院仅用时40天，即审结了温州市雅尔达鞋业公司破产清算案件，建德区法院在42天内审结了雪虹家纺有限公司破产重整案件。温州中院还出台了《关于执行程序和破产程序衔接的会议纪要》，对执行过程中发现符合破产清算条件且挽救无望的企业，及时终结执行，纳入破产程序。2014年，温州两级法院通过"执破衔接"共受理98件破产案件，已审结58件；温州中院的一份数据显示，温州法院每年以企业为被执行人而执行不能的案件数量为1000多件。（王峰、李伊琳：《部分民企"跑路"与破产的法律选择》，《21世纪经济报道》2014年9月4日。）

第六章　中国企业破产重整制度的实行情况、问题及改进建议

方方面面，其中不少原因颇有中国特色。① 目前最为全面的分析见徐建新主编的《破产案件简化审理程序探究》一书中的第一章所列：（1）来自债权人（债权人不愿意与其他债权人分享破产财产宁可选择执行程序、债权人受偿率低、破产费用高、破产程序时间过长。② 作为主要债权人的银行另有实现债权的途径、③ 破产法倾向于保护债务人等）；（2）来自债

---

① "破产程序实践中遇到的难题：一是配套制度不健全。如破产企业税务减免及核销、工商注销登记、银行对于不良资产的核销和破产、重整企业的信用等级评定等方面均存在法院相关破产裁定尚不能完全适用的问题，并建议要积极争取党委政府的大力支持，建立破产工作领导小组，或者参照外国经验设立破产管理局，以统筹协调企业破产审判的相关工作。二是文化障碍。由于法律意义上的破产尚未被广大群众所接受，所以只要提到破产，往往受到人们的排斥，仿佛是过街老鼠，人们唯恐避之不及，因而建议在修改破产法时，可以考虑我国的文化传统，借鉴日本等国家和地区的经验，将破产重整和破产和解从破产法中分离出来，单独制定法律，以突出对企业的挽救和保护。"见徐建新主编《破产案件简化审理程序探究》，人民法院出版社2015年版，第10页。

② "根据银监会《贷款风险分类指引》以及各家商业银行的不良贷款分类标准，企业进入破产程序后，贷款就属于不良。商业银行对债权清收处置具有强烈的时效性追求，如一些商业银行总行规定，对小企业贷款不良率连续三个月超过3%的分支机构，应实行业务控制。而破产程序复杂、周期长、成本高，往往需要两三年时间，这对于要面对监管部门严格资产质量考核的商业银行来说是无法忍受的。"见徐建新主编《破产案件简化审理程序探究》，人民法院出版社2015年版，第34页。

③ "银行一般都是企业的头号债权人，根据浙江高院的统计，在破产案件中，银行债权一般占企业所有债权的比例约为30%，案件的处理结果对银行具有重要利害关系。尽管银行的债权比例高，但银行一般不会主动申请企业破产，主要原因有以下方面：1. 担心被追究责任。由于受目前的银行管理体制约束，如果贷款出现损失，相关责任人员可能会被追究责任，因此银行尽可能通过其他途径（如贷款展期）而不是申请债务人破产来解决问题。2. 银行债权一般都有担保人。银行普遍在企业贷款时让企业主或其他人提供担保，企业资不抵债时企业主或其他担保人仍要承担担保责任。如广发银行在向企业发放贷款时，无论是否已经提供抵押，一律要求法定代表人及其配偶提供连带责任保证，这就造成银行普遍缺乏申请企业破产的积极性。3. 启动破产程序存在一些不利因素。如破产程序时间久，造成收回贷款速度明显变慢，新增利息、逾期利息均视为不良贷款的一部分。4. 银行的表决权受到内部限制。在债权人会议中，银行的表决权受到内部程序约束，无法匹配《企业破产法》的规定。这一点在破产重整案件中较为明显。重整程序定位于挽救企业，需要由债权人会议表决通过。根据《企业破产法》的规定，债权人会议存在时间限制以及次数限制，而参加会议的银行往往是银行地方分支机构，在债权数额较大时若对这一事项进行表决还需要层层报批。如根据《贷款通则》第37条'未经国务院批准，贷款人不得豁免贷款'的规定以及中国人民银行办公厅《关于商业银行借款合同项下债权转让有关问题的批复》（银办函〔2001〕648号）'未经许可，商业银行不得将其债权转让给非金融企业'的规定，银行即使在主观上愿意通过债务的减免或者转让等方式支持企业破产重整，但在法律与政策层面上也是困难重重。进入司法重整的企业对银行贷款迫切希望通过展期或者借新还旧的方式进行资金周转，但各家银行出于审慎经营的考虑，对破产企业贷款周转有严格要求。比如，某商业银行规定，属于'已进入破产预案的企业'的情况的，不得办理贷款借新还旧。因此，在现有的银行政策规定下，破产企业要进行贷款周转的想法是基本上不可能实现的。"见徐建新主编《破产案件简化审理程序探究》，人民法院出版社2015年版，第12—13页。

务人（企业主认为破产是一件"丢面子"的事情、企业主担心破产后被追究责任、① 缺乏破产所必需的费用）；（3）来自政府（企业破产影响地方政府税收、破产企业职工安置成为政府沉重负担、企业破产影响地方政府政绩、维稳压力大、地方政府对法院是否受理破产案件的影响大）；（4）来自法院（案多人少的困难阻止破产案件进入法院、破产案件难办、② 法官考核机制不合理）。从以上四方面的各种因素进行了全景式分析。

其中一般学者考虑较少的就是从法院的角度，其实也是拒绝破产案件的。根据最高法院的统计，2012 年，我国法院受理案件总量为 13242945 件，其中破产案件立案 2100 多件，约占 0.0160%。2010 年 7 月到 2013 年 6 月期间，全国法院共计审结 7739 件破产案件，平均每年审结 2579 件，而全国共有 3284 个中级人民法院和基层法院可以受理破产案件，平均每个法院实际审理的破产案件不到一件。与全国每年受理的 600 多万件民事案件相比，破产案件完全可以忽略不计。③ 在太平洋的另一边，美国有专业破产法院共计 90 个，325 个破产法官，每年约审理 150 万件破产案件（其中企业破产案 6 万件以上），人均办案数为 4615 件（其中企业破产案 185 件）。我国破产案件在全部案件中的占比与美国联邦法院相差 4000 多倍。单从数量论，我国全国法院一年的破产案件总量相当于美国一个法官半年的办案数量。④

这 4000 多倍的差距肯定不能解释为中国的法官比美国法官素质差

---

① 近年来国内许多企业破产案例，往往都有企业负责人被追究刑事责任的现象。比如广东国际信托投资公司破产案中的总经理黄炎田、广东爱多电器有限公司破产案中的总经理胡志标、三鹿集团破产案中的董事长田文华等。虽然破产和刑责之间并没有逻辑关系，但是这些案例的客观存在会让企业主产生种种错误的联想并极力避免进入破产程序。另外，由于小微企业普遍存在融资难问题，它们向银行或民间资本贷款时，贷款方往往要求企业主及其家庭成员提供连带担保，导致了"有限责任无限化"，因此申请破产对企业主自身毫无好处，好死不如赖活着。即申请破产，企业虽能退出市场，但是债务并不消灭，反而转嫁到提供担保的企业主及其家庭成员身上。陈蓦：《小微企业破产案件简易审理探讨——以建德法院审理的相关案件为样本》，《法院调研》2013 年第 2 期。
② 法官对破产案件的审理普遍有畏难情绪、职工妥善安置成为影响法院办案效果的重要因素、管理人工作效率不高、和解与重整的适用概率非常低、无产可破案件难处理。
③ 徐建新主编：《破产案件简化审理程序探究》，人民法院出版社 2015 年版，第 34 页。
④ 同上书，第 37 页。

或效率低下,而是说明:(1)案件数量和法院的司法配置是蛋和鸡的问题,案件数量越少,投入破产案件的司法资源也就越少,导致处理破产案件的能力和专业化程度越低,破产程序越发不好用,破产案件就更少,然后形成恶性循环,使得破产法沦为一纸空文;(2)破产案件在中国牵涉的非法律问题过多,并非法院的专业领域或特长,比如无产可破的问题、管理人工作效率或素质的问题、最让人头疼的职工安置问题,等等;(3)从微观的角度,由于破产案件数量少,又没有专业破产法庭,因此法院的管理上也没有考虑破产案件的特殊性并为办案法官设计合理的考核机制。程序法与实体法并重是企业破产法的一个重要特点,审理破产案件所涉及的实体法问题,不仅可能涵盖实体法的全部问题,而且还涉及许多破产法中独特的实体问题(如破产抵消、无效、撤销制度等);破产程序,也远比一般民事诉讼案件要复杂得多。破产案件在工作量、工作性质、案件流程上与普通民商事案件存在明显差异,这在客观上决定了对破产案件的绩效考评和审判管理都应区别于普通民商事案件。但《企业破产法》施行以来,全国绝大多数法院对于企业破产案件仍然按照一般案件进行审限管理和绩效考核,不利于发挥受理、承办企业破产案件法院和法官的积极性,导致很多法院、法官拒绝受理和审理企业破产案件。[①] 这是因为:

第一,办案数量折抵计算不合理。破产案件比一般民商事案件要复杂难办得多,要花费更多时间、精力,相当于很多件民商事案件的工作量,而一个大型企业如证券公司的破产甚至超过几百件普通案件的工作量,但在绩效考核时往往是以一般案件为基础折量计算(例如温州中院提出的折算方法是一件无产可破案

[①] 最高法院民二庭张勇健庭长提出,之所以大量破产案件没有进入司法程序,除了社会各方对企业破产法作用认识不足、债权人利益驱动、国有金融机构债权人绩效考评机制、社会维稳顾虑,以及诉讼费用收取等原因外,法院内部案件审限管理和绩效考评工作办法未考虑企业破产案件的特殊性,也是形成这一局面的重要原因。《最高法院民二庭组织召开全国部分法院关于企业破产案件审限管理和绩效考评工作论证会》(http://www.court.gov.cn/spyw/mssp/201106/t20110613_116333.htm)。

件折算为四件二审商事案件，一件有产可破案件折算为八件二审商事案件，一件破产重整案件折算为 15 件二审商事案件）。工作业绩得不到合理评价。第二，审限和结案率的考核规定不合理。破产案件的审理周期比一般民商事案件长得多，大型企业复杂的破产案件往往要 3—5 年甚至更长的时间才能审结。现在大多数法院仍将破产案件的审限和结案率纳入一般民商事案件中进行考核，那些到了年底仍不能结案的破产案件也被列为未结案的范围，这必然会影响审理法官甚至整个审判庭的工作业绩，从而也会打击其受理破产案件的积极性。①

为让破产程序发挥其应有的正常作用，一些法院进行了非常积极的探索，其中温州经验最为值得称道。温州是中国民营经济和民间金融最为发达的地区，但自 2008 年金融危机以来，特别是在进入 2011 年之后，温州因民间借贷引发局部金融风波，民营经济出现了非常严重的滑坡，一度频频出现企业资金链断裂、企业主逃债出走现象。为应对企业倒闭潮这一危机，降低经营失败带来的震荡和影响，积极利用破产程序是非常重要的选择。温州法院大胆开拓，努力转变社会公众对"破产"的种种偏见，为此所做出的尝试有：全市法院打开大门受理破产案件，院长一把手做客电视台、走进网络直播间宣传破产保护理念，策划破产宣传方案、召开媒体恳谈会，争取政府和新闻媒体的全方位支持，开展"百名法官进企业"活动，组织帮扶法官深入风险企业调研，面向企业发放破产宣传手册，搭建银企合作平台，推动各地建立破产审判基金，不断优化破产审判工作环境，等等。② 2013 年上半年，温州两级法院共受理破产案件 196 件，是 2012 年全年受理的破产案件数量的 28 倍，占到全省总数（228 件）的 86%；审结破字号破产案件 24 件，约占全省总数（28 件）的 85.7%。无论是受理还是审结的案件数量

---

① 徐建新主编：《破产案件简化审理程序探究》，人民法院出版社 2015 年版，第 28 页。
② 余焕华、孟焕良：《摸着石头探出的"司法破产之路"——浙江省温州市两级法院破产审判工作纪实》，《中国法院报》2013 年 8 月 13 日。

第六章 中国企业破产重整制度的实行情况、问题及改进建议

都呈现出前所未有的大幅度增长。①

在法官人员编制没有改变的前提下,之所以破产案件的审理能上升如此之快,得益于破产简化审理程序的先试先行。2012年3月28日,国务院批准实施《浙江省温州市金融综合改革试验区总体方案》,拉开了温州金融改革的大幕,而简化破产案件审理程序作为重点突破性课题,也被纳入了温州金融改革的大局。2012年10月,最高人民法院授权温州法院先行先试,简化破产案件审理程序,为全国法院提供经验借鉴。为此,温州中院将破产审判简化审理机制列为2013年度十大重点项目之一,并确定辖区鹿城、瑞安、乐清三家基层法院作为破产案件简化审理程序的试点,积极探索建立高效便捷的破产清算和市场退出机制。2013年4月16日,温州中院召开破产审判工作专题新闻发布会,全面总结了前期试点经验,发布《关于试行简化破产案件审理程序的会议纪要》。②并于2014年提交了针对《企业破产法》以及破产案件简化审理程序的立法建议稿和司法解释建议稿。在破产重整方面,出现了眼镜业巨擘信泰集团关联企业合并重整、③百年老字号海鹤

---

① 与之形成鲜明对比的是2007年至2012年,全市法院共受理破产案件51件,其中2012年受理27件。

② 《会议纪要》规定,凡事实清楚、债权债务关系明确、争议不大且同时具备下列情形之一的破产案件,均可试行简化审理程序:债务人资产和债权人人数均较少的;破产财产可能不足以支付全部破产费用的;申请人、被申请人及其他主要破产参与人协商一致同意简化审理程序的;债务人与全体债权人就债权债务的处理自行达成协议的。同时,《会议纪要》明确了审限要求,规定对试行简化审理程序案件一般在裁定受理后六个月内审结;对其中无任何财产且可以向债务人或其负责人、股东直接送达相关文书的破产案件,一般在裁定受理后三个月内审结。此外,《会议纪要》还为破产案件在诉讼费交纳上打开"便捷之门",即试行简化审理程序的破产案件,在依法计算受理费的基础上再减半收取;对于无任何财产可供分配的破产案件甚可以免收受理费。

③ 曾经引发温州老板"跑路潮"的眼镜业巨鳄胡福林和他执掌的信泰集团一度是温州企业界关注的焦点。2013年6月26日,瓯海法院依法裁定批准浙江信泰集团有限公司等五家关联企业重整计划并终结重整程序。2012年10月12日,信泰集团五家关联企业以资不抵债、不能清偿到期债务为由,申请破产重整,到现如今合并重整成功,用时仅八个月。五家企业债权人共申报债权42.9亿元,裁定确认债权24.5亿元,涉及债权人616人,职工2000多名,对外投资公司16家,是温州目前受理的涉及人数最多、资金最大的企业合并重整案。法院通过综合运用"营业重整+债务重整+股权重整的方案"模式,最终使"温州民间借贷风波第一案"司法重整获得成功,部分债权人获得100%清偿。

药业合并重整等成功的经典案例，为更多身陷经营困局却苦苦支撑的企业提供了司法重整的范本。

当然除了温州，深圳中院公司清算和破产庭近年的受案也有所增加，特别是 2015 年。据统计，2015 年，市中院新收破产案件 131 件，同比增长 104.7%，审理 283 件，涉及资产 97.23 亿元，审结 82 件，同比上升 26.2%，审理的破产案件总量约占全省的 40%。这应该跟深圳最早拥有全国目前仍然唯一的专业破产法庭有关，也跟该城市繁荣的经济、金融环境和创业文化不无关系。① 因此，从学术研究的典型意义上讲，重要性低于温州经验。

第二节 重整案件的真实面目

当然分析企业不选择破产程序的原因，并非本书的主旨。本书的主要目的还是要从这些极为有限的破产案件中，梳理出重整案件的真实面目。

一 重整的主要适用者、受益者和受损者

经过考察，发现重整程序的利用情况，也并不理想：一些应当通过重整获得再生的企业，因没有及时进入该程序而最终惨遭肢解，比如著名的三鹿企业；一些进入了重整程序的公司也因为种种原因，最终失败，

---

① 2016 年 1 月 21 日，深圳市中级人民法院召开新闻发布会，宣布该院破产信息公开平台开始上线试运行，案件当事人可凭身份证或手机号查询案件进展。此举在全国属首创。在公开栏目方面，该平台主要设置"破产公告"、"破产案件信息"、"破产法律法规"、"破产案件审理制度"和"破产管理人管理制度"五个栏目。其中，"破产公告"、"破产法律法规"、"破产案件审理制度"和"破产管理人管理制度"栏目针对当事人、社会公众及法院内部均予以公开；"破产案件信息"栏目根据公开对象的不同而对公开的内容予以区分。在该平台正式运行后，社会公众将可查询破产案件受理、指定管理人、驳回破产申请、宣告破产、终结破产程序等情况；除上述信息外，当事人还将可查询债权表确认、重整计划、和解协议、破产财产分配等情况。深圳中院下一步将对平台进行优化升级，并将全市法院公司清算案件信息纳入公开范围。

如东星航空。① 事实上，并不是中国企业对破产重整程序的需要不迫切，从当年轰动一时的郑百文重组就已经看出我国企业对破产重整法律框架的强烈需求。也不是重整程序不能带来好处，根据法院的统计，一个重整计划的成功实施对相关各方的好处是显而易见的：一是各类债权人在重整状况下获得的受偿率比在破产清算状况下获得的受偿率都有较大的提高，普通债权人的受偿率从17.58%提高到21.95%；② 二是避免了大型企业破产清算可能对地方经济产生的不良影响；三是有利于社会稳定，使得数量众多的员工和家庭免受破产影响。

但目前的重整现状，一方面是次贷危机以来，由于诸多方面的原因，民营制造企业大量倒闭，正式的破产重整法律程序很难得到利用；另一方面，破产重整正日益成为上市公司保壳扭亏的一种重要手段，但这种利用方式偏离了破产重整程序的本意。因为设计重整程序的本意不是给借壳上市的战略投资者们提供在证券市场上炒作题材、攫取利益的机会，而在于尽量挽救和保留那些具有营运价值（going-concern value）但暂时陷入财务困境的企业。那么，为何会出现这种一半是海水一半是火焰的局面？热衷于重整的中国企业主要是哪一类型？隐藏在这种中国式重整背后的真正动力又是什么？要真正建立一个科学高效的企业破产重整程序又需要哪些方面的进一步努力呢？

截至2015年8月，全国已有至少45家上市公司进行重整。另据《人民法院报》的公告进行的初步统计，至2012年全国进行重整的非上市公司已有将近260家。③ 如浙江建德市雪虹家纺有限公司破产重整案，从2013年7月25日受理到9月5日裁定通过重整计划，仅用42天。其他较为著名的非上市公司重整案还有苏州雅新破产重整

---

① 其中三鹿破产详情见后文。关于东星航空的重整内幕有几种不同版本的说法。见余胜海《破解东星航空破产迷局》（http://club.ebusinessreview.cn/blogArticle-56669.html）；《兰世立"赌掉"东星航空 公司破产清算内幕披露》（http://news.sohu.com/20110330/n280051553.shtml）；姚冬琴：《汪潮涌：迷失东星》（http://finance.sina.com.cn/roll/20090907/23576717855.shtml）。

② 孔博：《广东企业破产重整第一案宣判》（http://news.qq.com/a/20080308/002230.htm）。

③ 郑志斌、张婷：《公司重整：角色与规则》，北京大学出版社2013年版，第1页。

案（国内首个将《企业破产法》重整制度运用于大型非上市外资企业）、①无锡尚德公司破产重整、浙江直立汽配有限公司破产重整、河南南阳红棉棉业集团有限及其子公司的破产重整、广东湛江嘉粤集团破产重整、陕西秦岭水泥集团公司破产重整案件等。一些学者指出，重整程序尤其适合房地产企业的破产案件，因为房地产企业的破产案件具有以下一些特点。

第一，房地产企业尤其是开发商主要是因资金链断裂，不能清偿到期债务而破产，但其资产的实际价值并不一定不足以清偿全部债务，如果能缓解支付困难，解决不动产变现的实际障碍，可能会避免破产清算。第二，房地产企业财产变现受市场因素影响较大。房市变化、区域环境影响以及政策因素等均可能导致不动产的变现价值不确定，以破产清算程序中拍卖、变卖的方式对不动产进行变现，可能不利于实现不动产价值的最大化。第三，房地产企业的破产清算往往是无财产担保债权人受偿比例最低的破产案件。以开发项目及所占土地使用权向银行抵押贷款取得部分建设资金，是房地产开发商采用较多的资金运作模式。一旦开发商破产，银行在破产清算程序中就可以抵押财产优先受偿，而无财产担保的其他债权人的债权受清偿的比例很低。第四，房地产企业的破产可能影响相关行业企业的正常经营。开发商在建设过程中与建筑材料供应方、建筑设备出租方、房屋设施安装方、装饰工程承揽方等形成较为复杂的债权债务关系，开发商的破产会造成这些债权人的经营困难，影响相关行业的稳定。对于从事包租经营的房地产企业，破产清算程序的进行必然影响商业承租人的正常经营，经营环境的破产会严重影响商业秩序的稳定。第五，房地产企业破产可能影响社会秩序的稳定。房地产企业破产必然涉及对个人购房者群体利益的保护，这不仅在案件审理中涉

---

① 苏州市吴中区人民法院：《苏州雅新破产重整案件审理实务与启示》，载《破产法论坛》第4辑，法律出版社2010年版，第259页。

第六章 中国企业破产重整制度的实行情况、问题及改进建议

及复杂的法律问题，还可能对社会秩序的稳定产生不利影响，爆发群体性事件。目前已出现因房地产包租经营企业破产，影响200余名个人业主债权人的利益而发生多次群访事件的案例。①

到本书完成之日，上市公司进入破产程序的几乎无一例外都是选择重整。表6—3列举了从2007年6月至2015年8月，我国深、沪两市进入破产重整程序的45家上市公司的一些基本情况。

表6—3 我国深、沪两市进入破产重整程序的45家上市公司情况

序号	重整的上市公司及其证券代码	裁定受理重整日期	普通债权大致规模（亿元）	普通债权的清偿比例（概数）和方式
1	*ST天颐 600703	2007.08.13	6.99	总清偿比例约为10.62%
2	S*ST天发 000670	2007.08.13	9.24	总清偿比例约为21%
3	S*ST海纳 000925	2007.09.14	5.4248（本金4.5229）	现金清偿债权本金25.35%
4	*ST沧化 600722	2007.11.16	50.92	50万元以上（不含50万元）大额普通债权清偿14.28%；50万元以下（含50万元）小额普通债权30%
5	S*ST兰宝 000631	2007.11.16	17.4	22%
6	S*ST朝华 000688	2007.11.16		本金的现金清偿率10%；剩余90%本金债权及利息等债权，可向公司的资产承债式收购方主张
7	*ST宝硕 600155	2008.01.03	46.60	10万元以下（含10万元）部分的债权，按100%比例清偿；10万元以上（不含10万元）部分的债权，先按13%的比例清偿，然后将出资人让渡的流通股股票按债权比例进行分配
8	S*ST北亚 600705	2008.01.28	17.09	19%（后因特殊的资产增值，实际清偿100%）
9	S*ST华龙 600242	2008.03.10	不详	13%
10	S*ST星美 000892	2008.03.11	12.29	30%
11	S*ST长岭 000561	2008.05.14	11.43	18%

---

① 孙小平、姚明：《房地产企业破产重整案件审理实务初探》，载《破产法论坛》第4辑，法律出版社2010年版，第220页。

续表

序号	重整的上市公司及其证券代码	裁定受理重整日期	普通债权大致规模（亿元）	普通债权的清偿比例（概数）和方式
12	*ST 华源 600094	2008.09.27	17.96	普通债权的受偿方案包括两部分：一是以华源股份出资人让渡的股票按债权比例进行分配。以华源股份股票停牌前一日的收盘价格4.37元作为测算依据，每100元债权受偿3.3股华源股份A股，普通债权清偿比例为14.42%。二是华源股份可处置资产的变现资金，在按照《企业破产法》的规定，支付完重整费用、职工债权、税款债权后，仍有剩余的，剩余资金向普通债权人按比例分配：实际偿还1.09%
13	*ST 九发 600180	2008.09.28	18.93	10万元以下部分的债权全额予以清偿，10万元以上（不含10万元）部分20.48%
14	S*ST 鑫安 000719	2008.11.07	4.24	200万以下（不含200万元）的债权清偿比例为25.81%，其他普通债权按17.05%比例清偿
15	*ST 帝贤B 200160	2008.11.10	13.34	3%
16	*ST 北生 600556	2008.11.27	10.4	5万元以下部分的债权全额清偿，5万元以上（不含5万元）部分的债权通过资本公积金转增股份提高清偿比例，清偿比例可达到约50.44%
17	S*ST 新太 600728	2009.03.17	3.2	10万元以下部分100%；超出10万元部分（不含10万元）不低于21.77%
18	*ST 丹化 000498	2009.05.13	5.5	5万元以下（含5万元）部分100%；5万元以上部分21.3%
19	*ST 秦岭 600217	2009.08.23	11.8	普通债权人每100元债权额将有20%得到现金清偿并且另外获得5.2股出资人让渡的股权。清偿比例50%以内
20	*ST 夏新 600057（现已更名为象屿股份）	2009.09.15	21.6	1万元以下（含1万元）部分100%；1万元以上至10万以下（含10万元）部分50%；10万元以上部分15.62%
21	S*ST 光明 000587	2009.11.09	3.8	3万元以下（含3万元）部分100%；3万元以上部分18%；3万元以下的小额普通债权100%

第六章　中国企业破产重整制度的实行情况、问题及改进建议

续表

序号	重整的上市公司及其证券代码	裁定受理重整日期	普通债权大致规模（亿元）	普通债权的清偿比例（概数）和方式
22	*ST 深泰 000034	2009.11.20	1.3	20.33%
23	*ST 偏转 000697	2009.12.03	以"不能清偿到期债务，且有明显丧失清偿能力之可能"而进入破产重整程序的，重整时，资产总额 4.16 亿元，负债总额仅为 6720.57 万元，账上现金及等价物余额为 4901 万元。资产负债率仅为 16.17%	因重整较早，100% 清偿
24	*ST 锦化 000818	2010.03.19	2.4	9 万元以下（含 9 万元）部分：100%；9 万元以上部分 5%
25	*ST 得亨 600699（现已更名为均胜电子）	2010.04.13	不详	41.85%
26	*ST 盛润 A　000030	2010.05.06	20.6	职工债权、小额债权获得了全额清偿；普通债权人 100 元债权获 3.4353 股出资人让渡的股权可以获得的清偿比例为 30.05%
27	*ST 创智 000787	2010.08.23	2.4	不超过 800 万元（含 800 万元）部分，选择现金 50%；选择股票每 100 元债权约分得 6 股。超过 800 万元以上的部分 15.58%（每 100 元债权约分得 3.3286 股）
28	*ST 源发 600757	2010.08.30	11	75.94%
29	*ST 广夏 000557	2010.09.16	2.09	100 万元以下部分（含 100 万元）清偿比例为 100%；100 万元以上至 1000 万元以下部分（含 1000 万元）清偿比例为 70%；1000 万元以上部分清偿比例为 50%；税务债权豁免或缓征
30	*ST 方向 000757	2010.12.07	17 亿元人民币以及 1900 万美元	19.68%
31	*ST 金顶 600678	2011.09.23	不详	20 万元以下（含 20 万元）部分 100%；20 万元以上部分 18%

续表

序号	重整的上市公司及其证券代码	裁定受理重整日期	普通债权大致规模（亿元）	普通债权的清偿比例（概数）和方式
32	*ST 科健 000035	2011.10.17	29.7（不含未确认或未申报的债权）	大额债权组清偿率约为 35.25%（现金 13.77%，同时每 100 元债权受偿 1.909 股股份），小额债权组约为 50%（现金 28.52%，同时每 100 元债权受偿 1.909 股股份）
33	*ST 钛白 002145	2011.11.30	普通债权组设小额债权组后，普通债权金额为 1.6 亿元，清偿率 41.69%；小额债权组的债权金额合计为 7100 万元，清偿率 70%	
34	*ST 宏盛 600817	2011.12.22	人民币 4.79（不含未申报的债权），美元 0.07	依据出资人权益调整方案转增部分股份由管理人以不低于 4.30 元/股的价格进行处置或按比例分配给符合条件的普通债权人用于提高清偿比例至 12%
35	*ST 石岘 600462	2011.12.30	不详	2 万元以下部分（含 2 万元）清偿比例为 100%，每家债权人超过 2 万元部分清偿比例为 10%
36	*ST 海龙 000677	2012.05.18	45	5 万元以下（含 5 万元）部分 100%；5 万元以上部分（不含 5 万元）40%
37	*ST 金城 000820	2012.05.22	12.6	10 万元以下（含 10 万元）部分 100%；10 万元以上部分 5%
38	*ST 中基 000972	2012.10.19	36.6	4 万元以下（含 4 万元）部分 100%；4 万元以上部分 53.86%
39	*ST 中华 A 000017/ *ST 中华 B 200017	2012.10.25	15.6	假设资产均按照评估价值处置，资产处置受偿率为 24.36%；股票按照停牌价折算，让渡股份受偿率 6.31%，普通债权受偿率合计为 30.67%
40	*ST 锌业 000751	2013.01.31	59.5	15 万元以下（含 15 万元）部分 100%；超过 15 万元以上的部分 5%

第六章　中国企业破产重整制度的实行情况、问题及改进建议

续表

序号	重整的上市公司及其证券代码	裁定受理重整日期	普通债权大致规模（亿元）	普通债权的清偿比例（概数）和方式
41	*ST 中达 600074（现已更名为保千里）	2013.04.26	不详	29.6%
42	*ST 贤成 600381	2013.06.18	8.1	5000元以下（含5000元）部分100%；超过5000元部分3%
43	*ST 凤凰 000520	2013.11.26	45.7	20万元以下（含20万元）部分100%；超过20万元以上的部分每100元普通债权分得约4.6股长航凤凰股票，清偿比例约11.64%
44	*ST 超日 002506（现已更名为协鑫集成）	2014.06.22	50.9	20万元以下（含20万元）部分全额受偿，超过20万元部分按照20%的比例受偿
45	*ST 霞客 002015	2014.11.19	11.3（含已确认和诉讼未决的）	10万元以下（含10万元）的部分100%受偿；超过10万元的部分按60.24%受偿

注：*ST 金顶一案中，法院完全无视债权人会议的反对，在未作任何调查分析的情况下动用强裁权批准通过重整方案，严重损害了债权人的利益。金顶案的详细情况见胡燕《上市公司破产重整财务与会计问题研究》，经济科学出版社2015年版，第33、158—180页，其中法院强裁情节见第172—173页。

资料来源：部分内容由笔者整理，数据来源于巨潮咨询网、上海证券交易所、深圳证券交易所官方网站；部分内容来源于丁燕《上市公司破产重整计划法律问题研究》，法律出版社2014年版；北京市德恒律师事务所破产重整业务团队：《上市公司破产重整中债权人利益保护——重整清偿率的现状与反思》，载《破产法论坛》第4辑，法律出版社2010年版，第231页；姚伟：《破产重整"局中局"另类资本玩家的深奥财技揭秘》（http://www.chinainsol.org/show.aspx?id=3599&cid=6）。

除此之外，*ST 新亿（600145）、*ST 云网（002306）等公司也因为经营和债务问题有可能在未来申请进入破产重整。

二　普通债权人权益与股东权益之间的博弈

从表6—3数据中可以看出，上市公司的重整中，普通债权人的损失是比较巨大的。本来这也是一种正常的现象，各国破产重整中普通债权人的受偿比例也都不高。但问题是中国二级市场上的重整有一些特殊性，使得重组方或新老大股东能得到较大收益，而以普通债权

人及中小股东的损失为代价。也就是说在上市公司的破产重整中，有一些特殊的原因，能堂而皇之地实现"不公平"的利益分配。

首先，在确定普通债权清偿率时，所谓的"最大利益原则"应当如何理解？根据《企业破产法》第87条的原文就是"按照重整计划草案，普通债权所获得的清偿比例，不低于其在重整计划草案被提请批准时依照破产清算程序所能获得的清偿比例"。但法律仅仅规定"不低于"，未明确重整程序中的债权清偿率应比清算程序中的债权清偿率高多少合适，于是在实务中就可能演变为高2个百分点，如*ST帝贤B重整案。*ST帝贤B清算债权清偿率约为1%，管理人为符合强制批准的要求，人为提高2%，使重整债权清偿率约为3%。这种做法是否可取？为此，有学者提出为保护债权人的利益，我国《企业破产法》未来修订时，应规定重整程序中的债权清偿率比清算程序中的债权清偿率高出的幅度，同时允许当事人结合重整债务人的实际情况确定具体比率。① 也就是说，要给重整收益设定一个下限，如果不能满足这个下限可否认定为重整成功的可能性过低，或者该公司从商业角度没有重整价值？应该说这一建议有一定的理论合理性，但是否能够通过立法设定某一具体的数值或者数值区间还值得进一步研究。

其次，就是对出资人权益的调整，还大有商榷的余地。既然已经进入了破产程序，是否还存在股东利益保护的问题。这个问题在中外的立法例中都已经有了非常明确的答案，那就是有。因为进入破产，甚至有资不抵债的预期，仍然不等于真的资不抵债了，就算账面上资不抵债了，但是实际上还是可能有一些剩余价值无法体现在资产负债表的资产一栏中。这些剩余价值还是有一个所有权归属和最终分配的问题。资产价值有所谓资产的清算价值和营运价值的差别，这种差别的客观存在也是重整制度合理性的基石之一，当然营运价值究竟该如何计算，本身可能没有明确答案，而且这种价值随着技术进步在很多企业中正大幅减少也是个不争的事实。

在英美国家具体的重整计划中，股东权益的调整依据不同情形可

---

① 丁燕：《上市公司破产重整计划法律问题研究》，法律出版社2014年版，第70页。

能存在以下几种常见的处理方式。①

（1）当已确定资不抵债，公司股东不存在权益的时候，股东无权在重整后的所有权结构中保留份额，但如前所述，如果公司还有一些剩余价值无法体现在资产负债表的资产一栏中，那么情况就比较复杂了。

（2）如果公司还有价值，不同意重整方案的股东有权要求公司以公平价格回购其股份，此时要考虑现实情况来确定价格。

（3）在英美的大部分案件中，在庭外和解时，如果原股东注入新的资金，可以保留30%—60%的股份。如果股东不注资的话，可能只保留5%，给予这5%是为了使股东能够得到一点甜头，从而投票通过这个方案。

（4）另外一种做法是在股东没有权益的情况下，原有的债权人进行债转股，拥有公司100%的普通股，这时给原股东一个认股期权，在公司价值回升时，原股东可以买回一定数量的股份。这些做法主要考虑的是，有些情况下，债权人和债务人对公司的价值可能有不同的判断，给债务人股东一定的权益，可以使其更好地支持重整计划。

（一）股东权益为什么成为众矢之的

也就是说，现实中股东权利似乎无法与资产负债表严格一致，总是有一些理由给公司的原股东一点甜头。在我国当前的社会经济背景下，允许公司原有股东继续持有重整后公司的股权，临时性的"合法"理由似乎更为充分些。其一，原股东的留任可以为上市公司及其既有债权人带来收益。其具体的表现形式既包括原有股东为公司经营提供管理与智力支持，也包括原有股东为公司有效寻找适格的重组方并注入充分的资产以用于偿债。② 总之，实践中由于相比作为外部权利人的债权人，公司原股东对企业更为熟悉，也具有较深厚的感情，因此愿意尽其所能努力协助公司摆脱困境。若将公司原有股东的股权完全剥夺，

---

① 贺丹：《上市公司重整中的股东权益》，载《破产法论坛》第1辑，法律出版社2008年版，第117—118页。

② 例如，在长岭股份（000561）的重组中，作为大股东的宝鸡市国资委就协助引入了有较强资信的重组方陕西烽火通信集团有限公司，使长岭股份恢复了持续经营能力，实现了公司的良性发展。又如，在银广夏重整计划中，公司的前股东宁夏回族自治区国资委为公司引入了宁东铁路作为重组方，后者拟投入"不低于人民币40亿元的优质资产"。

必将彻底削弱原股东从事此项工作的动力,降低重整成功的可能。其二,上市公司的"壳资源"长期被认为是一项特殊财产,既不见于上市公司的资产负债表,也不属于公司的债权人,而是"专属于"公司原有股东,因此在重整中需要有某种形式的变现。

严格说来,债权人的异议或不满并非单纯针对重整清偿率,而是针对债权不能清偿的背后原因。实践中上市公司的破产固然有公司经营不善、市场剧烈变化等外部原因,但更多的情形是上市公司大股东、实际控制人违规侵犯公司的财产权,通过关联交易、对外提供担保等手段掏空公司财产,并最终造成公司财产的巨额损失。也就是说,债权人对清偿比例的不满本质上是对大股东侵吞公司财产的行为未受惩处的结果不满,是对公司法关于刺破公司面纱等债权人保护制度未能实施的现实不满。现行的做法表面上看是将债权人的破产清偿率从清算程序中的零或较低比例提高到较高比例,但本质上是以破产重整程序之名,行逃避股东责任之实。①

表6—3的45件上市公司重整案件中,38家调整了出资人权益,占比84%;7家未调整出资人权益,占比约16%。② 出资人权益调整方式包括出资人让渡股份、缩股、资本公积金转增股份、送股(仅限于股权分置改革时使用,并不普遍)等。而在未调整出资人权益的七家上市公司中,只有三家(S*ST天发、*ST帝贤B和*ST偏转)在重整前的所有者权益为正值,其他四家均为负值(资不抵债)。从公司法理论的角度,除非在重整计划中,对普通债权人能进行100%的清偿(如在*ST偏转的案例中),否则股东权益都应当进行调整。在实际的重整案件中,确实存在股东不削减权益而损害债权人利益的情形,尽管比例未必很高。比如*ST帝贤B重整案,因为公司大股东——财务投资人不愿意削减权益,自然

---

① 许德风:《破产法论:解释与功能比较的视角》,北京大学出版社2015年版,第478—479页。

② 未调整股权的是S*ST天发、S*ST海纳、*ST兰宝、S*ST朝华、S*ST华龙、*ST帝贤B和*ST偏转。

也无法说服中小股东削减权益,最终所有股东均未削减权益,以至于偿债比例很低,普通债权人的受偿率只有3%。当然这种情形主要出现在破产重整实施的早期,主要是2007年和2008年,之后实施重整的上市公司均对出资人权益进行了调整,操作日益规范。①

其中2013年年底前进入重整的43家上市公司重整计划中的股权调整方式统计见表6—4。

表6—4　2013年年底前进入重整的43家上市公司重整计划中股权调整方式

股东权益的调整方式	上市公司名称
股东让渡股份	20家:沧州化工、宝硕股份、星美联合、长岭股份、九发股份、鑫安科技、新太科技、秦岭水泥、夏新电子、光明家具、深泰股份、辽源得亨、盛润股份、创智股份、华源发展、银广夏、四川金顶、山东海龙、金城股份、中华股份
资本公积金转增股份	6家:北生药业、锦化氯碱、宏盛科技、新疆中基、中达股份、长航凤凰
资本公积金转增股份+让渡股份	5家:丹东化纤、方向光电、科健股份、延边石岘、锌业股份
送股+缩股	1家:北亚实业
先缩股再让渡	2家:华源股份、贤成矿业
其他	2家:天颐科技、中核钛白

资料来源:丁燕:《上市公司重整中股东权益调整的法律分析》,《东方论坛》2014年第3期。

现行的公司法中没有关于类别股的规定,而上市公司实践中确实存在类别股(如果以经典理论和定义为参照,或者叫"准类别股"能避免更多争议)问题,比如流通股和非流通股就是具有中国特色的分类法,但这种分类在现实中却经常具有重大的意义。由于缺乏理论上的支持,中国上市公司特殊的类别股问题一直是证券法和公司法中的一个盲点,也在实践中引发了不少的问题,比如重组中的差别股东待遇、表决权的行使,等等。2006年修订的《破产法》继续回避了上市公司中的(准)类别股问题。现行《破产法》规定的重整制度侧重债权调整的内容,主要依赖与债权人会议达成延期或减免还债

---

① 丁燕:《上市公司破产重整计划法律问题研究》,法律出版社2014年版,第79页。

协议的方式，减轻财务负担，对于公司内部的股权结构调整问题，未予足够重视。《破产法》第 85 条规定：重整计划草案涉及出资人权益调整事项的，应当设出资人组，对该事项进行表决。但该条过于原则，对如何调整、表决等具体事项均未作规定，可操作性不强。因此实践中，上市公司重整案件中股东权益调整一事（调整的范围、调整方式、表决程序、执行等方面）一直缺乏明确的标准和依据，缺乏有效约束，在具体操作上存在很大的随意性，侵害中小股东利益的事情时有发生，同时也带来了一些理论上的争议。

在调整了出资人权益的上市公司中，除少数例外，一般都是按照不同的股东类型规定不同的让渡比例。如区分大股东（或控股股东）和中小股东、流通股股东和非流通股股东。大股东（或控股股东）多为非流通股股东，其让渡股份比例一般较高。例如，*ST 夏新控股股东让渡 100%、S*ST 长岭第一大股东让渡 80%、*ST 鑫安第一大股东让渡 70% 等。中小股东多为流通股股东，让渡比例较低，多在 10%—25% 之间。之所以出现这样的局面，主要是由于我国公司治理中股权过于集中和历史上股权分置等特殊原因所致。① 如大股东在事实上对公司陷入财务困境负有主要责任（如普遍存在大股东占款现象），因此就有义务多让渡一部分股份。② 但问题就是这个主要责任

---

① 这是因为：（1）流通股价格与非（或者限售）流通股价格不同。（2）流通股股东与非（或者限售）流通股股东承受能力不同：非（或者限售）流通股股东一般为法人股股东，而流通股股东一般为自然人。而且流通股股东人数众多，如果强制流通股股东让渡股票比例过大，也有可能影响社会稳定。（3）对上市公司进入困境所负责任不同：非（或者限售）流通股股东一般为上市公司的大股东，而流通股股东一般为中小股东。因此，流通股与非（或者限售）流通股可以区别对待，流通股股东让渡比例可以低于非（或者限售）流通股股东让渡的比例。见白月《上市公司重整中法院裁定股东让渡股票之理论分析》，载《破产法论坛》第 2 辑，法律出版社 2009 年版，第 51—56 页。

② 例如，按照浙江海纳破产重整计划的说明，公司破产的原因是"浙江海纳原实际控制人利用控制地位，违法违规挪用公司资金 2.51 亿元（本金），并为其控制的其他关联企业借款及欠款提供连带责任保证担保 3.95 亿元（本金），使浙江海纳资产质量严重下降，负债金额急剧增加，已严重资不抵债，且不能清偿到期债务呈连续状态"。见《浙江海纳科技股份有限公司重整计划草案》（2007 年 10 月 24 日）。而在偿债安排中，公司实际控制人深圳市大地投资发展有限公司仅提供约 1.1 亿元的资金用于偿债，并按照《破产法》的规定（第 94 条），通过破产程序永久性地减免了剩余的债务，普通破产债权人只能得到 25.35% 的清偿。总之，债权清偿比例过低通常只是债权人不满或异议的表面原因，其根本原因还在于公司（股东或实际控制人）违规转移财产的行为能得到有效的追究。许德风：《破产法论：解释与功能比较的视角》，北京大学出版社 2015 年版，第 479 页。

与让渡比例之间应当如何计量或换算。① 流通股股东和非流通股股东的让渡比例不同，主要是由于我国长期存在股权分置现象，非流通股股东和流通股股东购买股份时价格不同（同股不同价），非流通股股东购买价格偏低。因此在进行出资人权益调整时，对于尚未进行股权分置改革的上市公司，必须考虑非流通股股东和流通股股东之间根本利益的不同，尽量不调整流通股股东的股份，或者调整比例较小。例如，S*ST星美仅全体非流通股股东让渡50%的股权，流通股股东不让渡。S*ST鑫安前三大股东分别让渡70%、67%、50%，流通股股东仅让渡15%。

应该说这些安排是现实合理的，但是却很难通过《破产法》立法的修改或细化形成一般性的法律规范。因为"同股同价、同股同权、同股同利"本来就是《公司法》、《证券法》上的一般原则或公理；大股东或实际控制人不得利用其控制地位损害公司、其他股东和债权人利益也是《公司法》上的基本原则。正是对这些一般性原则的违反在先，才会有破产程序中不得不通过个案特殊调整的必要性在后。既然每个案子对原则性规定违反的方式和程度千差万别，破产法中也就难以通过原则性的规定加以调整，否则无异于对《公司法》诸原则的同义反复，从立法的角度，没有任何实质性意义。因为非原则性规定的个案调整方法，本是司法的长项，却是统一的规范性立法的短板；所以立法论的建议实际上可能是一种循环论证。

出资人权益与债权人权益之间的矛盾，本来是有绝对优先原则可以遵循的，即债权人利益应当优先于股东利益得到受偿。但根据统计数据，中小股东权益削减比例一般为10%—25%；普通债权清偿率一般为10%—30%，则其权益削减比例为70%—90%，故普

---

① 实践中对持股比例多少可以采用超额累进的调整方式，即以持有的股份份额一定比例为标准，分不同的区间规定不同的让渡比例。持有股份较多的部分让渡比例高，较少的部分让渡比例低。如*ST宝硕的重整计划规定，持股1万股以下部分，让渡比例为10%；1万股以上5万股以下部分，让渡比例为20%；5万股以上300万股以下部分，让渡比例为30%；300万股以上部分，让渡比例为40%。

通债权人权益削减比例显著高于中小股东权益削减比例，这显然有违绝对优先权原则。对于绝对优先原则是否规定在我国立法中，学者间有重大争议。

（二）中国破产法真的缺少"绝对优先原则"吗？

美国1978年《破产法》明确规定了绝对优先原则，作为重整计划被强制批准的核心要件之一，即该重整计划对于所有的异议组别而言必须是公平、公正的（"公平、公正要求"）[11 U.S.C. 1129（b）]（见表6—5）。何为公平、公正呢？

表6—5　　美国1978年《破产法》"公平、公正要求"

对于异议的无担保债权组而言		对于异议的股权组而言	
重整计划的清偿必须满足下列两者之一			
（1）全额清偿	（2）任何数额的清偿，但前提是受偿位阶低于该组的其他组别（包括各种股权组别）没有得到任何清偿 (the holder of any claim or interest that is junior to the claims of such class will not receive or retain under the plan on account of such junior claim or interest any property)。 实质是要求异议的债权组必须绝对优先于所有的股权组受偿	（i）清算价值和回赎价值两者中数额较高的一种或者相当于其权益价值的清偿（优先股股东可以通过不同的途径获得清偿，最常见的为在公司进入清算程序时可获得的清偿价值和在公司依约履行回赎义务时可获得的清偿价值，且不同途径获得清偿的数额可能不一样。破产重整法规定按照其中数额较高的一种为标准进行清偿。此外，在某些特定案件中，依据特定的优先股发行合同以及相关法律的规定，可能需要通过清算或者回赎以外的其他特定方式计价和变现。此时，破产重整法仍然要保证在该类优先股股东获得其权益价值以后，普通股股东才能获得清偿。）	（ii）任何数额的清偿，前提条件是受偿位阶低于该组的其他组别没有得到任何清偿。 实质是要求异议的优先股股东必须绝对优先于普通股股东受偿
11 U.S.C. 1129 (b) (B)		11 U.S.C. 1129 (b) (C)	

因此，所谓公平、公正的核心内容就是重整计划在价值分配时必须符合"绝对优先原则"，即对于一个异议无担保债权组或者股权组而言，如果受偿（或"优先"）位阶低于该组的某一组别获得了任何清偿，则该异议组必须获得全额清偿。

也就是全额清偿或者绝对优先两大标准。

该原则仅针对异议组别，自愿同意的组别不受此限。

第六章　中国企业破产重整制度的实行情况、问题及改进建议

这一原则无疑体现了美国破产法对债权人利益的严格保护，中国《破产法》中是否（有意或无意）遗漏了绝对优先原则，是否存在对债权人利益保护的重大漏洞，则是一个至今仍在争论中的话题。有学者认为中国《破产法》没有关于绝对优先原则的规定，进而将导致我国破产重整程序出现不公允的财产分配，特别是有利于股东而侵害债权人，甚至引发对重整程序的滥用。[①] 但事实真是如此吗？

笔者认为《破产法》第 87 条第 2 款第（一）、第（二）、第（五）项确实是体现了绝对优先原则，只不过有些内容并非通过明示的方式表述而已。第 87 条规定的是中国法院强制批准重整计划的标准，第 2 款全文如下：

> 未通过重整计划草案的表决组拒绝再次表决或者再次表决仍未通过重整计划草案，但重整计划草案符合下列条件的，债务人或者管理人可以申请人民法院批准重整计划草案：
>
> （一）按照重整计划草案，本法第八十二条第一款第一项所列债权就该特定财产将获得全额清偿，其因延期清偿所受的损失将得到公平补偿，并且其担保权未受到实质性损害，或者该表决组已经通过重整计划草案；
>
> （二）按照重整计划草案，本法第八十二条第一款第二项、第三项所列债权将获得全额清偿，或者相应表决组已经通过重整计划草案；
>
> （三）按照重整计划草案，普通债权所获得的清偿比例，不低于其在重整计划草案被提请批准时依照破产清算程序所能获得的清偿比例，或者该表决组已经通过重整计划草案；
>
> （四）重整计划草案对出资人权益的调整公平、公正，或者

[①] 任永青：《绝对优先原则与我国破产法的缺失》，《河北法学》2011 年第 29 卷第 10 期；李志强：《关于我国破产重整计划批准制度的思考——以债权人利益保护为中心》，《北方法学》2008 年第 3 期；贺丹：《公司重整中的价值分配：法律原则、现实偏离与制度纠正——基于中国上市公司重整实证样本的研究》，载《破产法论坛》第 8 辑，法律出版社 2013 年版，第 269 页。

出资人组已经通过重整计划草案；

（五）重整计划草案公平对待同一表决组的成员，并且所规定的债权清偿顺序不违反本法第一百一十三条的规定；

（六）债务人的经营方案具有可行性。

应该说，该强裁标准就是从美国法引进过来的，因此该第 2 款的所有项目，都能从美国《破产法》原文中找到对应的出处，比如第（三）项就是美国法上的"最佳利益标准"（the best interests test）；第（六）项就是美国法上的"可行性标准"（feasibility test）。[1] 第（一）、第（二）项实际上规定了担保债权、劳动债权、税款等三项优先债权必须全额受偿或该组别通过了重整计划，法院才可以动用强裁权，相当于 11 U. S. C. 1129（b）（B）、（C）中的全额清偿这一条件。而第（四）和第（五）项实际上是规定了 11 U. S. C. 1129（b）（B）、（C）中"绝对优先"的要求，即受偿位阶低于该组的其他组别没有得到任何清偿。

当然有人会反驳：第（四）项只说"重整计划草案对出资人权益的调整公平、公正"，并无提到绝对优先的问题。但什么是出资人权益调整的公平、公正呢？为什么不直接提优先股要先于普通股受偿呢？真正原因在于现行中国《公司法》。因为不同于美国法，现行中国《公司法》中对股权分类（类别股问题）没有明确的规定，对能否设立优先股采取了沉默的态度，实践中公司当然可以根据自身需要设立多层级的优先股。但由于《公司法》法条没有明文规定，因此，破产法也就不可能自行规定优先股的相关内容，重整计划的强裁标准中就只能笼统规定对出资人权益的调整必须公平、公正，这公平公正四个字自然就包括优先股要先于普通股受偿，否则如何能算公平、公正呢？或者说如果不是这样的话，那优先股、普通股该如何定义呢？

而第（五）项规定才是争议最大的，但该项规定其实是一句话

---

[1] 11 U. S. C. 1129（b）（2005）.

第六章 中国企业破产重整制度的实行情况、问题及改进建议

表达了两层意思,等于把美国法上的两个标准放在了同一句话中(见表6—6)。

表6—6 《破产法》第87条第2款第（五）项含义

前半句"重整计划草案公平对待同一表决组的成员"	后半句"并且所规定的债权清偿顺序不违反本法第一百一十三条的规定"
等同于美国破产法第1123条规定的"无不公平的歧视性待遇要求"（the no unfair discrimination requirement）	绝对优先的要求
"无不公平的歧视性待遇要求"是规定受偿顺序相同却被安排在相同或不同分组中的债权人、股东应该以同样的方式接受相同比例的清偿	债权清偿顺序不违反本法第一百一十三条的规定。 第一百一十三条 破产财产在优先清偿破产费用和共益债务后,依照下列顺序清偿: （一）破产人所欠职工的工资和医疗、伤残补助、抚恤费用,所欠的应当划入职工个人账户的基本养老保险、基本医疗保险费用,以及法律、行政法规规定应当支付给职工的补偿金; （二）破产人欠缴的除前项规定以外的社会保险费用和破产人所欠税款; （三）普通破产债权。 破产财产不足以清偿同一顺序的清偿要求的,按照比例分配。 破产企业的董事、监事和高级管理人员的工资按照该企业职工的平均工资计算
因为美国重整计划的表决组别可以分得非常细,因此,一个受偿序列的人可以被分入不同的表决组,因此就要规定只要受偿顺序相同,不论分入何组都要得到公平对待（受到相同比例的清偿）	债权清偿序列是明确的,而且不必再单独说明债权必须绝对优先于股权分组。 因为债权绝对优先于股权本来就是决定在"债权"和"股权"的定义中的,不然如何区分股权和债权呢?固定收益肯定不是债、股权的区分方式,因为优先股就是收取固定收益的;除了在公司破产和解散时分配剩余财产的顺序之外,跟债权没有其他区别。美国法条文也是分别在规定债权和股权待遇两个独立条文中说如果"受偿位阶低于该组"的某一组别获得了任何清偿,则该异议组必须获得全额清偿,并未说所有债权组别必须优先于所有股权组别,因为这是公理,不言自明

因此，结论就是中国的破产法中的确有绝对优先原则，否则就将有四大疑问根本无法解释。

第一，中国的立法抄自美国，为什么抄漏了？

重整程序本来就是美国破产法的首创（见本书第四章），强裁制度又是重整程序的首创。在中国《企业破产法》的移植过程中，特别是其重整计划的强制批准部分，完全就是美国立法的翻版，相似程度非常高，除了文字、术语上的差异，从立法思想、价值取向到具体制度设计无不有着很深的美国烙印。就是这样一个师宗美国的立法，涉及法院强制裁定权在中国的首次引进，将深刻影响重整各方利益引发无数争论的重要条文，居然把最关键的原则给抄漏了。果真如此，实在不吝于一个莫大的黑色幽默：难道中国立法者连照抄的能力都没有吗？如果是这样，只有两种可能：故意抄漏的和无意抄漏的。前者涉及动机，颇有阴谋论的味道，好像立法者在立法之初就为偏袒股东利益预留了缺口。后者无疑是对立法者智力水平和工作态度的否定。但是对一部在起草过程中九易其稿的法律，无故怀疑中国立法者的动机或能力显然都是不明智的，除非有绝对充分的证据。

第二，美国重整法中的默认原则与"新价值例外"。

美国学者认为，绝对优先原则还有一个默认的、美国现行破产法没有明文规定的内容，即任何一个高位组别都不能获得高于全额的清偿。这就保证了如果重整价值在全额清偿所有债权人和优先股股东后还有剩余，普通股股东可以取得剩余价值。但是为什么美国法没有把这个推论规定在立法中，但学者们认为这是非常明确无误的呢？因为这是常识和公理，用一般民法原则（诚信和不当得利等）就可以得出，没有必要白纸黑字写下来。那债权必须优先于股权受偿这个原则难道就不是常识和公理了吗？

即使在美国，所谓绝对优先也是有例外的，那就是"新价值例外"（the new value exception），一直被认为是绝对优先规则下的一个特例，它允许重整企业的股东通过注入新的资金来换取或保留重整之后新公司一定数量的股权，尽管反对重整的债权人组别根据重整计划

第六章 中国企业破产重整制度的实行情况、问题及改进建议

有的还未获得全额受偿。① 因此一见到股东有受偿而债权人没有足额受偿，就认定必然是违反了绝对优先的推论是不正确的，首先必须排除个案中存在"新价值例外"；如果只是观察到某个案件债权人未足额受偿，股东还有部分股权，而不进一步考察保留股权的理由，则容易导致错误的结论。"新价值例外"即使在美国也有不少争议，特别是新价值的财产形式问题（除了公认的货币，对"注入"其他种类的新价值还是有很大分歧的），因此只是以案例法的形式存在，并未规定于法条中。②

第三，否则债权和股权的定义必须改写。

绝对优先原则最核心的内容是不是用于处理普通债权组和股权组之间受偿顺序的问题呢？并认为中国破产法由于缺少这一明确规定，将造成对重整制度的滥用，长远来看甚至将对中国证券市场发展造成不利影响。笔者认为这样的理解过于简单化了。为了减少法条中的冗余信息，立法用语，尤其是中国的立法用语，通常采取尽量简省的原则。因此，司法实践中在分析立法用语的时候，不能过于拘泥于法律中出现的字眼，而应该推敲使用这些字眼当时的语境，用抽象的原则而不是僵死的固定表达去涵盖层出不穷的新行为或新现象。这一点在民商法领域显得尤为重要，因为经济和社会生活、人际交互的复杂性使得任何考虑周全的立法用语都难以涵盖所有的可能性，出现"法无明文规定"的空白或漏洞现象似乎是不可避免的，在这种情况下，需要更多地借助逻辑的强大推论功能，帮助我们"从已知的制定法条文中，从明示的规则中推敲和挖掘出'隐含意思'，从而'提供制定法所省略的东西'以填补法律空白或漏洞"。③

如前所述，这两组的受偿顺序是在"债权"和"股权"的定义中就

---

① 详见本书第四章第一节第四部分对美式"强裁制度"，包括对财产估值、最佳利益标准、公平合理要求、绝对优先原则和新价值例外等问题的论述。
② 当然理论上新价值例外问题也可以简化处理，就是在处理原股东的新价值投入的问题时，将其视作新投资人。所以新价值例外与新投资人入股参与重整的问题，没有本质上的区别。
③ 孙培福、黄春燕：《法律方法中的逻辑真谛》，《齐鲁学刊》2012年第226期，第94页。

已经确定下来的,不需要通过此处的条文来解决。比如我们说"人和动物的区别"这个短语,我们说的其实是人和除了人之外的其他动物的区别,否则这个短语就毫无任何意义。我们说股权,就意味着破产清偿必须要排在所有的债权人之后,不论是多优先的优先股与多劣后的劣后债,都必须满足这一定义,否则债权和股权的含义就必须重新界定。因此,破产重整法的任务不在于确定受偿时谁先谁后,而是在于确定,这种受偿顺序在重整程序中能否受到调整以及如何调整。而且即使《破产法》中未规定过债权绝对优先于股权的原则,也不等于中国其他的立法中没有规定过该原则,《公司法》第 186 条规定:

> 清算组在清理公司财产、编制资产负债表和财产清单后,应当制定清算方案,并报股东会、股东大会或者人民法院确认。
> 公司财产在分别支付清算费用、职工的工资、社会保险费用和法定补偿金,缴纳所欠税款,清偿公司债务后的剩余财产,有限责任公司按照股东的出资比例分配,股份有限公司按照股东持有的股份比例分配。
> 清算期间,公司存续,但不得开展与清算无关的经营活动。公司财产在未依照前款规定清偿前,不得分配给股东。

其中的第三款如果不是绝对优先原则,那又是什么呢?

因此笔者认为绝对优先原则,强调的不应该是具体组别之间谁更优先的问题,这个问题应当且已经由其他法条或者合同解决了,而是强调:除非全额受偿,法定的或者合同约定的受偿序列非经当事人自愿同意,在重整计划中不得(通过强制裁定)改变,法定或约定优先受偿的必须优先受偿这一原则。甚至在对于股权内部的类别而言,更强调的是约定的优先序列必须遵守的问题。因为对于各种类别股、债券以及其他各种复杂的证券而言,破产受偿的序列主要是在发行合同(这类合同的共同点就是都特别约定了具有普遍效力的清偿顺序)而不是法律中规定的,这类发行合同具有很强的公信力,其约定是得到相关法律和其他当事人的普遍认可的。因此,破产重整法不得打破当事人之间特别约定的具有普遍效力的清偿顺序。只有这样理解绝对优先原则，公司、证券、合同、破产等相关法律之间的法条空白才能被弥补，破产制度才能与公司资本市场对接，才能消弭资本安排与破产程序之间可能有的冲突。因为在美国破产法的基础理论中，对破产程序给合同、债权带来什么样的改变，学术界有过长期的争论。目前看来，没有改变是不可能的。从债务到期的角度看，破产程序无疑是改变了所有合同的事先约定；从债务数量的角度看，破产程序只偿还普通债权的本金而不再偿还利息；从实现方式的角度看，破产程序的启动限制了担保债权人行动的自由。唯一不能改变的是受偿序列，因此，绝对优先原则实际上设定了破产重整法对各类融资合同的影响力的底线，那就是重整程序不得改变重整前各种融资合同已经确定下来的受偿顺序，除非当事人自愿接受劣后受偿。

但是在中国证券市场退出机制不完善、上市公司退市还较为罕见的前提下，如果严格地遵循绝对优先原则，可能会带来法律之外的经济和社会风险。这种担忧有可能是立法者拒绝将绝对优先原则明确写入《破产法》的主要考虑因素。

如果我们把控股股东、非流通股股东或者限售股股东统称为大股东，把非控股的流通股股东统称为小股东，则大小股东在重整计划如何处理其股权的问题上，有三种选择，各种选择及其后果如表6—7所示。

表6—7　　　　　　各类股东股权处理选择及其后果

大股东依法彻底放弃股权	小股东依法彻底放弃股权	大股东彻底放弃股权收益	中小股东保留部分股权	大股东股份让渡的比例大于小股东，但都保留部分股权
在股票没有退市的情况下，全部股份易手，广大散户要接受所谓血本无归的投资结果		重整计划的批准权实际上落在中小股东手中，这会使重整序变得尴尬和困难，因为中小股东习惯了搭便车，也缺乏重组方（新投资人）可能需要的资源		这是现实中大多数重整采用的方式。其缺点是，对于普通债权人组而言，可能是不合理的。这种差别待遇的合理性源自两种可能：一是笼统地因为"控股股东对上市公司的重组负有更大的责任"；二是由于大股东占款无法追回，因此在重整中剥夺其股份抵偿占款*

续表

大股东依法彻底放弃股权	小股东依法彻底放弃股权	大股东彻底放弃股权收益	中小股东保留部分股权	大股东股份让渡的比例大于小股东，但都保留部分股权
证券市场的"维稳"，可能是上市公司重整中不得不面对的一个现实问题。** 因为在这个 ST 重组成风、投资者尚未学会真正自担风险的市场，中小股东脆弱的承受力和可能出现的过激反应就像悬挂在立法者头上的达摩克利斯之剑。股市的不成熟和不规范既然是任何人无法回避的社会环境，也构成了立法必须和只能依赖的现实路径，不先激活证券退市的功能，单独期望一部破产法能单兵冒进，扭转乾坤是不现实的		对不同债权人的不同处理（差别待遇）简直就是中国破产制度中的"基本国情"。原则就是：欠公家的债没有欠私人的债重要，为了维稳目标而挖社会主义墙脚可以得到道德宽恕，颇有劫富济贫的神圣感。而法的价值（普遍和无差别的适用，法律面前人人平等）时常要屈服于其他的价值***		

注：* 丹东化纤、九发股份、银广夏都在重整过程中发现大股东及关联方对上市公司有严重的资金占用问题。如通过起诉无法追回全部占款，则可采用以股抵债的方式，大笔剥夺控股股东及关联方的股份抵偿占款。例如，丹东化纤重整计划调减控股股东丹化集团所持丹东化纤股份的 40%，而其他股东所持股份未作调减。见郑志斌、张婷《公司重整：角色与规则》，北京大学出版社 2013 年版，第 531 页。这种占款不能归还的行为，在很多情形下，严格来讲更像公司资本制度修改前的"抽逃出资"行为。对于抽逃的出资，比如大股东用向公司借款的方式来抽逃，肯定是不能采取所谓以股抵债的，否则等同于公司回购自己的股份，但实践中往往就这么操作了。

** 由于中国股市的退出机制从未启动过，因此，投资者的投机心态在各种 ST 重组案中表现得越发明显。上市公司永不退市因为上市公司重整（组）从不失败已经成了一个不断自我复制的神话。

*** 从三鹿破产案中就非常清楚地可以看到这一点。

这也许是许多破产庭法官在强制裁定某些重整计划时的一些集体无意识。他们并不是不明白法律怎样才算是公平，只是他们要考虑更多的问题，以至于忽略甚至忘记了法官最重要的立场。笔者认为，重整中的公平待遇主要不是立法疏漏的问题，而是司法、法律解释、适

第六章　中国企业破产重整制度的实行情况、问题及改进建议

用的问题，甚至是法律环境的问题。因为在 45 家重整上市公司中，33 家上市公司的重整计划获得了债权人会议的通过。只有 12 家上市公司的重整计划并未获得债权人组的通过，是由法院强制批准的。也就是说如果债权人组普遍觉得重整计划不合理，应该反对得更加激烈，不但需要动用强裁的案件比例会更高于此，而且法院在强裁时的压力也会更大。但是债权人更多的是选择自愿而平静地接受重整计划，如果他们真心地认为重整计划不公平，至少可以更激烈地表达自己的不满。

（三）重整价值再分配与债权人利益保护的方法

之所以学者们认为债权人利益没有得到足够的保护，主要是因为普通债权人只是参与了公司清算价值的分配，没有或较少参与重整价值的分配。强裁规则（第 87 条第 3 项）规定："按照重整计划草案，普通债权所获得的清偿比例，不低于其在重整计划草案被提请批准时依照破产清算程序所能获得的清偿比例。"（按照美国法，该原则简称最佳利益原则，the best interests rule）在中国，要证明重整计划对债权人的清偿幅度大于其在清算情况下所能获得的清偿比例非常容易，这与评估机构的诚信和能力关系不大，是因为这两种情形用以计算的价值标准完全不同：重整价值是以重整成功后企业复牌时的股票（预期）市值作为计算基础，而清算价值是以公司现存的剩余净资产的变现价值作为计算基础。一个是资本市场的评估方式，另一个是财产市场（准确地说是不良资产市场）的评估方式。

1. 非上市公司重整中，绝对优先原则的功能很大程度上被最大利益原则取代了

对于非上市公司而言，公司的价值主要是要看资产负债表，特别是净资产的数量；对于上市公司而言，重要的不是资产负债表，而是股票市值，因为除了净资产，投资者们可能更关注公司的毛利率、净利率、成长性等指标。因此，如果重整的是一家非上市公司，则从逻辑上，高于清算所得（满足最佳利益原则）和绝对优先一般是共存的，违反了绝对优先，也肯定低于清算所得，

反之亦然。① 可能出现的复杂情形就是，重整时公司虽然账面资产数量不少，但是资产的质量不好，变现有问题。即账面上净资产≥负债，但是无法通过清算实现，因此实际清算价值小于负债，清算价值不能足额偿付所有的债务。虽然清算价值小于总债务，但是只要所有的清算价值都用来偿债，股东实际上也是没有任何剩余价值分配可言的，因此符合清算标准还是与绝对优先没有任何矛盾。但是如果出现以下几种情形，则问题就变得复杂了。

其一，如果资产处理过程出现问题，导致实际利益回流公司原股东，即公司利益输送或关联交易问题在破产领域的体现，比如清算的资产被股东的关联方用很低的价格买走等。这是现实中可能出现的情形，此时的问题是清算价值不真实，但是并不是绝对优先原则能够解决的，因为实质上的利益回流并不违背表面上的绝对优先，在不公允关联交易的情况下，股东看似并没有得到任何分配。因此，跟公司法中的情形一样，破产中的利益输送也只能通过关联交易的审查和追究机制来克服，不可能通过分配规则避免。

其二，如果某账面资产无法变现或对债权人而言没有价值但对于原公司却有价值（比如不可转让的许可证，如公司不破产，则该财产有价值；如果公司破产，由于不可转让，则没有价值），这种情况下，清算价值这一标准失灵，只有重整成功才能最大限度地实现公司资产的账面价值。此时遵守绝对优先原则，就意味着实现完全的债转股，债权人成为公司重整成功收益和失败风险的最大承担者，这是绝对优先原则在清算价值原则之外能够独立填补的一块空白。因此，在完全不用考虑股东利益（因为没有广大股民和政治风险）以及股东配合的情形下，遵循绝对优先原则不仅在法律上必需，而且现实中

---

① 因为如果公司真的发生了资不抵债，那净资产的清算价值一定小于总债务，清算价值也就必然不能足额偿付所有的债务，此时，清算程序所能变现出来的价值都是属于债权人的，股东是没有任何剩余价值分配可言的。因此，在资不抵债的情况下"不低于其在重整计划草案被提请批准时依照破产清算程序所能获得的清偿比例"就等于债权人分光全部财产，股东没有得到任何分配。如果是资产等于或大于负债时的重整，债权人应能足额受偿，因此也就不涉及是否绝对优先的问题。

可行。

2. 上市公司的重整中，出现了一个重整价值的再分配问题

由于中国证券市场的投机特点，上市公司重整是一件非常有利可图的事情，常常可以通过恶炒 ST 股而获益丰厚。因此上市公司的清算价值与重整后的市值基本没有稳定的正相关关系，甚至与新投入资产的实际价值也没有稳定的正相关关系。重整后市值－（原公司清算价值＋重整中新投入资产）＝ 一个巨大的充满随机性的重整价值空间。

在目前的中国，谁有资格又是按照什么样的原则来分配这块重整价值的大蛋糕呢？

从现有的案例来看，这里分配原则不是按照重整前的融资合同确定的受偿序列（绝对优先原则），也不是按照对公司本身的贡献，而是按照对保留公司证券市场主体资格的贡献来进行分配的。

首先，与非上市公司最大的区别是，上市公司存在一些资产负债表上未能体现的资产，壳资源（上市资格）是其代表，当然还可能包括一些其他的重要资源（各种其他资格、许可证、特许经营权以及渠道等）。这些资源从使用甚至所有权的角度属于公司，从财产来源的角度可能来自控制股东或非流通股股东们的特殊贡献，但是控制或非流通股股东在使公司得到这些资产的时候，其贡献并没有折算成出资而享受应有的分红，至少在账面上未曾有过。有学者建议在破产时应将这类资格、许可证、特许经营权等都视为债务人财产用来偿债。① 但即便如此，还会有一个如何补偿控制或非流通股股东之前所做贡献的问题，特别是这些资产的价值所对应的历史分红。这个折算不但可能缺乏明确具体的数字，而且无法摆到台面上进行讨论。因为这是中国证券市场上的特殊国情催生出来的非常独特的问题，不包含在任何教科书的公式里。

其次，与之类似的，重整过程中为了保壳成功，控制或非流通股

---

① 贺丹：《公司重整中的价值分配：法律原则、现实偏离与制度纠正——基于中国上市公司重整实证样本的研究》，载《破产法论坛》第 8 辑，法律出版社 2013 年版，第 269 页。

股东通常也要付出大量的劳动,从各地为了上市公司重整成功而成立的形形色色的重整机构和保壳小组以及方方面面动用的资源、人脉、渠道、影响力和所做的协调工作来看,这种软性资产的投入很难被认定为法律可接受的"新价值",但没有这些投入,事实上也不可能有最终成功的重整。学者可以怀疑这种重整本身的价值和意义,但是不能怀疑为重整成功这件事所需要花费的精力和代价。因此,某种程度补偿控制或非流通股股东,通过保留部分股权的方式,换取这些资源的继续投入与共享,也成为重整这个游戏中所有参与人都能够接受的一种共识。

比如,仅在法院受理上市公司重整前,就可能涉及以下多重特殊前置程序:(1)受案法院召开听证会;(2)逐级报最高人民法院批准;(3)争得中国证监会的同意;(4)获得地方政府的支持等。现将《破产法》及其司法解释没有规定,但实践中早已普遍采取的特殊程序整理如表6—8所示。

表6—8 《破产法》及司法解释没有规定但实践中普遍采取的特殊程序

	法院		证监会	地方政府
	受案法院	上级法院		
受案前	召开听证会:在选择申请重整还是清算问题上有异议的,需进行听证*	鉴于上市公司破产重整案件较为敏感,不仅涉及企业职工和二级市场众多投资者的利益安排,还涉及与地方政府和证券监管机构的沟通协调。因此,目前人民法院在裁定受理上市公司破产重整申请前,应当将相关材料逐级报送最高人民法院审查	申请重整的,需由上市公司住所地省级人民政府向证券监督管理部门通报情况材料以及获得证券监督管理部门的批准意见**	申请上市公司破产重整的,除提交《企业破产法》第8条规定的材料外,还应当提交关于上市公司具有重整可行性的报告、上市公司住所地省级人民政府向证券监督管理部门的通报情况材料以及证券监督管理部门的意见、上市公司住所地人民政府出具的维稳预案等。上市公司自行申请破产重整的,还应当提交切实可行的职工安置方案

第六章 中国企业破产重整制度的实行情况、问题及改进建议

续表

	法院		证监会	地方政府
	受案法院	上级法院		
受案后	报备要求：鉴于上市公司破产重整案件涉及的法律关系复杂，利益主体众多，社会影响较大，人民法院对于审判实践中发现的新情况、新问题，要及时上报。上级人民法院要加强对此类案件的监督指导，加强调查研究，及时总结审判经验，确保依法妥善审理好此类案件	会商程序：重整计划草案涉及证监会行政许可事项的，受案法院应通过最高院启动与证监会的会商机制。即由最高院将有关材料函送证监会，证监会安排并购重整专家咨询委员会对会商案件进行研究。并购重整专家咨询委员会应当按照与并购重整审核委员会相同的审核标准，对提起会商的行政许可事项进行研究并出具专家咨询意见。人民法院应当参考专家咨询意见，做出是否批准重整计划草案的裁定	并购重整审核：法院裁定批准重整计划后，重整计划内容涉及证券监管机构并购重整行政许可事项的，上市公司应当按照相关规定履行行政许可核准程序。重整计划草案提交出资人组表决且经法院裁定批准后，上市公司无须再行召开股东大会，可以直接向证监会提交出资人组表决结果及法院裁定书，以申请并购重整许可申请。并购重整审核委员会审核工作应当充分考虑并购重整专家咨询委员会提交的专家咨询意见。并购重整申请事项获得证监会行政许可后，应当在重整计划的执行期限内实施完成	职工安置方案与（必要时）维稳预案的实施执行

注：* 债权人提出重整申请，上市公司在法律规定的时间内提出异议，或者债权人、上市公司、出资人分别向人民法院提出破产清算申请和重整申请的，人民法院应当组织召开听证会。人民法院召开听证会的，应当于听证会召开前通知申请人、被申请人，并送达相关申请材料。公司债权人、出资人、实际控制人等利害关系人申请参加听证的，人民法院应当予以准许。人民法院应当就申请人是否具备申请资格、上市公司是否已经发生重整事由、上市公司是否具有重整可行性等内容进行听证。但总的来说，目前对听证程序的性质，是咨询还是法定前置程序没有定论。具体问题有：（1）什么是听证程序？有观点认为类似于咨询，有观点认为是法定要件，必须取得相关方同意，否则不能受理。（2）如果多方主体都要求参加听证，人数特别多，法院是否可以指定某些代表参加，这对于其他人是否公平？（3）参加听证的债权人中多数是大额债权人或者金融机构，享有担保权，故支持债务人重整的动力不足，其意见是否能够代表债权人的整体利益？（4）听证应该按照什么程序进行？（5）听证中出现意见不一致的情况，法院按照怎样的标准判断是否应当受理？

破产重整制度的比较研究

这些问题有待进一步研究解决。

** 由于各个公司的实际情况不同,证监会各部门研究会签的时间一定有所差异,有时甚至还需要多轮沟通和解答,时间较长,需要重整的上市公司往往面临被暂停上市或者终止上市的风险,留给重整的时间非常短,因此法院不一定要等到证监会有了书面的正式复函才能受理申请。为缩短时间,避免重整的有利时机稍纵即逝,最好在取得证监会的初步答复后,在等待正式回函的同时,报最高人民法院批准后先行受理,如果证监会正式书面答复最后是不同意,再裁定驳回受理不迟。

资料来源:最高院《关于审理上市公司破产重整案件工作座谈会纪要》(法〔2012〕261号)第4条第1款、第2款、第3款,第3条第2款,第8条,第9条第1款、第2款。郑志斌、张婷:《公司重整:角色与规则》,北京大学出版社2013年版,第18、19页。

由于无论是壳资源还是为保壳所投入的"软资产"都不能体现在资产负债表中,因此破产分配时该如何处理反倒成了一个问题。这种权利人和价格都不十分明确的灰色产权本身是合法的,且其价值必须依附于公司法人外壳,对于公司的继续存续和重整成功是不可或缺的,并可在重整后的复牌中体现出来。因此这是一种"或有资产",不能计算在公司的清算价值而只能计算在重整价值之中。如果通过立法将这些本来属于原股东的财产全部分配给债权人,反而会导致或有资产得以实现的可能性彻底消失。法律无法涉足现实中的模糊地带,是因为许多的要素无法在公开场合堂而皇之地拿到台面上讨论,也难以锱铢必较地计算出来,因此,事实上的公平只能听凭"运用之妙存乎一心",模糊问题模糊处理。① 违反共识(或者集体无意识)的人,不但不会被认为是法治的维护者,反而会被认为是秩序(潜规则)的破坏者。法律在这种情况下模糊好过清楚,错解强于正解。希望通过明确破产立法就能立竿见影地解决这种不公平是不现实的,因为产生问题特别是导致各种模糊性(包括行政权力对经济资源的影响、资本市场准入标准的歧视性待遇等)的根源没有消除,因此

---

① 如果重整失败,这个壳资源就会丧失,如果重整成功,壳资源才能实现。所以,股东有重整成功的动机,壳资源的价值对于新投资方肯定大于对于原股东,因此新投资方也有重整成功的动机。而对于债权人,只要没有更好的选择,重整就是最好的选择,而且债权人是无法确定和控制清算价值实际应该是多少的。与其接受清算价值变现过程中可能出现的财产二次缩水风险,不如接受重整方案中相对可靠的受偿方案。

第六章　中国企业破产重整制度的实行情况、问题及改进建议

不公平不会消失，只会通过另一种形式更曲折地表现出来。①

美国2000年以来的重整案件中，采用给予债权人期权（权证）或者可转换债券等方式让债权人来分享重整后的价值，以克服对上市公司价值评估不确定的弊病。②但是这样的商业安排能够顺利达成的前提就是债权人组有足够的谈判筹码。技术上如何保障债权人能从重整（其实是复牌）价值中获得更多的好处呢？与其通过规定债权必须优先于股权（这实际上是一个公理），不如提高法院的强裁标准。美国2005年《破产法》第1129条第（a）款第（10）项规定的强裁标准是：至少有一组"利益受损"（impaired）的债权人组（a class of claims）同意了该重整计划，否则法院不能强制批准该计划（最低限度接受原则）。那就应该是普通债权组（或至少某一普通债权组）同意该重整计划，法院才能强制批准该计划。根据中国《破产法》第87条规定"部分表决组未通过重整计划草案的，债务人或者管理

---

①　"目前重整程序中，股东特别是控制股东对于重整程序的控制是导致重整程序作出股东至上分配的原因之一。这种股东控制的形成因素来自于三个方面：第一，目前的上市公司重整过程还不能说是一个完全的司法控制的过程，地方政府在重整过程中发挥十分重要的作用。很多上市公司重整过程中，地方政府都成立保壳领导小组之类的协调机构。在法院受理上市公司重整所要求的文件中，地方政府的维稳方案是其中不可或缺的项目……在此种情况下，地方政府不可避免地会出现维护股东利益的倾向。第二，现有的重整融资模式导致了对股东权益的强调。目前由于进入重整程序的都是经营不善的ST类公司，公司自身缺乏依靠自身力量恢复赢利能力和持续上市资格的能力，因而新的资金和资产的进入成为影响重整成功的一种重要方式。在现有的上市公司重整中，有些重组方在上市公司进入重整程序之前或者之中就通过司法拍卖等方式取得了上市公司的股份。这样他们在重整程序中，就必须维护其股东地位，以保持其对重整公司的控制权。第三，由于上市公司重整会涉及人数众多的流通股股东利益，对证券市场发展和流通股股东权益保护的理念和思潮也会影响到这种对股权权益的强调。不止一家上市公司在其宣布重整成功的新闻报道中，将保护了流通股股权利益的蒸发，作为其重整成功的重要成果之一。"见贺丹《公司重整中的价值分配：法律原则、现实偏离与制度纠正——基于中国上市公司重整实证样本的研究》，《破产法论坛》第8辑，法律出版社2013年版，第269页。

②　如美国的康赛克公司重整案件中就使用了可转换债券的方式，即重整计划将大多数的普通股分配给低级组别（股权组），同时高级组别（债权组）保有高级可转换为普通股的债券。如果市场证明高级投资者才是企业的真正所有者，高级投资者可以在未来的特定时期内将债券转换为普通股。康赛克是一家位于印第安纳州的金融和保险公司，其股票曾经每股高达58美元，但是当2002年12月8日宣布破产时，其股票贬值到每股1美元。由于其多方收购和大量贷款给政府官员购买公司股票，康赛克公司堆积了大量债务。康赛克公司于2003年摆脱困境重组。该案件是美国历史上最大破产重整案件之一。

人可以同未通过重整计划草案的表决组协商。该表决组可以在协商后再表决一次"。也就是说，强裁的最低标准是：只要有一个表决组通过了重整计划草案，无论是何表决组，哪怕只是股权组也就可以了。实际上担保债权和优先权组都要求获得全额受偿，或表决批准了重整计划草案，因此不能算是"利益受损"的债权人。只有未全额受偿的普通债权人组（根据现行立法可能包括大额和小额普通债权组），才能算是利益受损的债权人组。因此，特别保护他们的利益，允许其参与重整增值的分配，给予他们在重整计划草案制订过程中的讨价筹码，具有法理依据。

当然代价是可能会让普通债权组在个别案件中拥有了要挟和阻挠重整成功的手段，加大重整的难度，最终导致重整失败，所有利益相关人包括普通债权人组自己，受到更大实际损失，尽管这不符合"理性人"的假设。但值得注意的是，这种可能的要挟和阻挠不应被夸大，因为，要挟伎俩可能通过细分组别的方式得以规避。①

即便是这样相对温和的建议，似乎短期也没有被采纳的可能。因为重整成功，特别是上市公司的重整成功，已经成为承载过多功能与期望的一个目标。强裁制度就是为实现这一目标排除障碍的首要工具，因此要挑战或修改目前的规则，缺乏现实的利益基础。

（四）强裁制度的改进空间

在地方政府的过度干预下，法院也就难以实现独立的裁判，更何况重整是否应当批准，本来就更偏向于一种商业而非司法的判断。因此在很多案件中，我们看到法院不再是重整过程中处于中立地位的、各利害关系人之间的利益平衡者，而是非常积极地介入和促成"重整计划获得债权人会议通过"这一预定目标。② 要实现这一目标，法院对强裁权的运用就特别值得关注。据统计，在A股40多家进入破产重整的公司当中，普通债权人的清偿比例大多数都定于20%左右。

---

① 通过增加组数、缩小每组债权额度，人为制造出一个同意重整计划草案的组别，从而启动强裁权。

② 吴晓锋、秦力文：《西部首个上市公司重整计划获法院批准》（http://news.sohu.com/20080113/n254624307.shtml）。

第六章　中国企业破产重整制度的实行情况、问题及改进建议

这样的清偿率之所以可以获得法院批准，并不是没有技巧的。

在一些特定的情况下，设计好清偿方案是可以护航重整计划通过债权人审议的，假设有一家上市公司破产重整时认定的负债为10亿元，共有10名债权人，其中一名债权人的债权有6亿元，有5名小债权人的债权金额累计为6667万元，"在这样的情况下，只要赢得1名大债权人和5名小债权人的同意，方案就可以获得通过，中等债权人的意见完全可以忽略，设计方案时我便会让5名小债权人全额清偿，对于大债权人则会在方案之外给予'体外补偿'"。①

这违反了"无不公平的歧视性待遇要求"（the no unfair discrimination requirement）即指持反对意见的表决组与其他具有相同受偿顺序的表决组相比，不能受到不利的待遇（美国《破产法》有明确规定，而我国《破产法》未规定），也指"重整计划草案公平对待同一表决组的成员"[我国《破产法》第87条第2款第（5）项]，不能有所谓"体制外的补偿"。也就是说是否同一组不是关键，关键还是破产清偿序列必须时刻得到遵守。

此外，美国《破产法》的强裁制度[第1129条第b款第（1）、第（2）项]还规定了另外两个重要原则。

其一是重整计划可行性原则，即如希望得到法庭批准，必须证明重整计划可行。债务人企业不会很快又需要破产清算或启动另一次破产重整（feasibility test）。当然这更接近一种商业判断而非法律判断，法院并非做此判断的适格主体或者必须依靠第三方评估机构。

其二，对持反对意见的个人（即反对重整计划的个人）提供充分保护，即使其所在小组通过了重整计划，但作为持反对意见的个人，法院要强制批准重整计划前也要保证重整计划符合正常批准的条件，也就是必须符合绝对优先、无不公平的歧视性待遇、符合最大利

---

① 姚伟：《破产重整"局中局"另类资本玩家的深奥财技揭秘》（http://www.chinainsol.org/show.aspx?id=3599&cid=6）。

益以及重整可行等原则,不能小组一旦通过就认为法院不需要再履行任何审查义务了。① 也就是说法院的判断应当是独立的,对所有债权人是负责的,与重整计划是否得到足够的赞成票无关,这样规定旨在防止通过相关技巧操纵、影响投票结果从而不正当地损害任何一位参与投票者的利益。

我国的新《破产法》在制定的时候,类似的重要原则或程序有不少被有意无意地遗漏或省略了。②

此外如果对债权的划分不够合理,破产案件中还可能产生另一种极端不公平的情形,那就是对破产企业的各种侵权之债特别是人身伤害之债的过低偿付。在现行的破产还债顺序中,对合同之债和侵权之债、人身侵权和财产侵权之债都未加任何区分,一律算作没有任何优先权的普通债权。依照目前的实际情形,普通债权通常只有20%左右的受偿率,在获得这少量清偿之后,债权人就被早早地清理出门,与证券市场上的复牌后的资本收益再无瓜葛,即使之后上市公司重整成功、扭转困境、再度兴盛,被侵权人也再无机会主张任何权益。不论这种债权是基于产品责任、生产事故还是财产损坏造成的重大人身伤亡,不论上市公司有何种主观过错,也不论这笔赔偿对被侵权人及其家人的未来生活和人道救助有多么重要的意义,在法律上就都一笔勾销了。这种结果尤其容易发生在侵权事故相对较小的案件中,小债权人的反对声音很容易被淹没在普通债权组的投票之中。因此,作为破产清偿序列的立法设计,能否考虑对人身侵权之债在破产清偿时给予

---

① 11 USC s. 1129 (b) (1), (2) (2005).

② "美国、德国和日本等国的法律均在法院批准重整计划的制度中,给利益受损的当事人提供了基本的程序保障。例如,根据美国《破产法》第1128条的规定,法院批准重整计划必须举行听证会,听取各利害关系人的意见,法院不能不经听证而批准重整计划。事实上,在新破产法的制定过程中,对法院审查重整计划的方式是有过考虑的。2000年6月的《中华人民共和国企业破产与重整法草案》第一百〇六条规定:'人民法院依本法第一百〇五条第二款做出裁定前(指正常批准重整计划——作者注),应当开庭审理,听取管理人、监督人、当事人及有关部门和专家的意见。'但不知出于何种原因,这种程序保障要求在最终通过的新破产法中没有得到体现,这就导致了对债权人程序利益的忽视。"见许燕舞《论我国重整计划批准制度》(http://rmfyb.chinacourt.org/public/detail.php?id=126821)。

第六章　中国企业破产重整制度的实行情况、问题及改进建议

特别优先权，至少应排在未付税款之前受偿。当然这不是重整案件独有的问题，却容易在上市公司的重整案件中格外凸显其不公。

1. 对强裁制度实体规则的改进空间

在我国目前通过重整的 45 家上市公司中，法院正常批准重整计划的有 33 家，占比约 73%；法院强制批准重整计划的达到 12 家，占比约 27%。我国现行强制批准制度存在诸多问题，具体如二次表决的规定非常模糊，实践中有的案件根本没有经过二次表决，如 *ST 帝贤 B 的担保、普通债权组表决未通过后，未经二次表决程序；违背最低限度接受原则；[1] 最大利益原则形式化；[2] 未予信息披露或信息披露不完整；可行性原则被架空；等等。[3]

由于强裁制度从框架、理念到具体法条都借鉴了美国的立法，因此，仅从逻辑和法理的完备程度而言，美国《破产法》都已经规定

---

[1] 如 *ST 帝贤 B、*ST 广夏、*ST 金城重整案。最低限度接受原则指至少有一组权益被削弱的组别接受重整计划，是法院强制批准的要件之一。*ST 帝贤 B 的重整计划将权益人分为四组：职工债权组、税款债权组、担保债权组和普通债权组。因未对出资人权益进行调整，故未设出资人组表决。在上述四个组别中，重整计划对职工债权组和税款债权组的权益均不作任何调整，重整债权清偿率为 100%。担保债权组的担保债权以抵押财产实际变现所得优先受偿，未能完全清偿部分，按照普通债权组的调整方案及受偿方案进行调整和清偿。由于职工债权组和税款债权组的权益未受到削弱，即使其未表决，也应视为同意计划。其他权益被削弱的组别如担保债权组和普通债权组，至少应当有一组接受计划，法院才可以强制批准。在对 *ST 帝贤 B 的重整计划分组表决时，担保债权组和普通债权组均反对，但是法院仍然实施了强制批准。显然，*ST 帝贤 B 重整案并未遵循最低限度接受原则。*ST 广夏、*ST 金城重整案也未遵循最低限度接受原则。根据 *ST 广夏的重整计划，分组后仅有普通债权组和出资人组，两组权益被削弱的组别表决时均反对重整计划，但法院最后还是实施了强裁。根据 *ST 金城的重整计划，权益人被分为担保债权组、职工债权组、税款债权组、普通债权组和出资人组。职工债权组和税款债权组的权益未被削弱，100% 清偿；担保债权组的担保债权以担保财产作为清偿，但存在不足部分，不足部分转为普通债权，则其权益实质上也被削减；普通债权组的权益被大幅度削减，出资人组的权益也被削减。表决时，担保债权组、普通债权组和出资人组均反对重整计划；二次表决后，仍然反对，但重整计划仍被法院强制批准。

[2] *ST 帝贤 B 普通债权组的清算债权清偿率约为 1%。为使法院强制批准时能顺利获批，制订人在重整计划中确定重整债权清偿率时，简单地将清算债权清偿率增加到 3%，仅仅是为了在形式上满足最大利益原则。

[3] 丁燕：《上市公司破产重整计划法律问题研究》，法律出版社 2014 年版，第 134—135 页。

得非常严密了,而且经过长期的实践检验,没有什么问题。因此,如果仅仅是从完善立法的角度,中国的《破产法》(主要是第 87 条)只要严格遵循、萧规曹随美国立法就会非常完备了,不需要煞费苦心去做什么修改或简化。目前真正的问题在于立法规则出于各种原因,规定不够明确甚至有所疏漏,有许多隐含的规则没有明确化,因此无法要求法官正确理解和贯彻"立法原意"。所以如果法官对强裁制度的理解不到位甚至错误,则即使司法实践中出现如背离"绝对优先原则"的情形,也无须承担法律责任。也就是规范不明和司法蒙昧形成恶性循环,则必须先修改完善立法规则。因此,该如何修改强裁规则答案是非常明确的;是否修改,反倒需要立法者颇费踌躇了。

2. 程序规则的改进空间

如果说实体规则修改方面尚有一些掣肘或其他考量,那程序规则的修改则更为容易接受。关于强裁程序的修改建议,有学者提出以下几点建议。①

首先是完善二次表决制度,也就是权益实质受损的债权人组如果第一次表决未通过重整计划,应当进行第二次表决,二次表决之前应当有协商和对重整计划进行修改、调整的步骤。目前《企业破产法》第 87 条第 1 款对二次表决虽做了规定但语义模糊,其措辞为"可以",表明二次表决非强制性规定,可以由当事人任意决定。但是二次表决具有程序正义的重要价值,为保障债权人的合法权益,防止法院滥用强裁制度,规定二次表决为必经程序是必要的。仅仅是二次表决,重整计划却不进行任何修改,那这样的二次表决必然沦为橡皮图章。因此立法中应明确,二次表决提交的重整计划应当修改。当然修改的结果要符合《企业破产法》第 87 条第 1 款的规定:重整计划制订人与未通过计划的表决组协商修改后的重整计划不得损害其他表决组的利益。

其次是考虑建立异议救济机制。美国、日本和德国等国家都建立

---

① 丁燕:《上市公司破产重整计划法律问题研究》,法律出版社 2014 年版,第 162—163 页。

了异议救济制度。当重整计划被法院批准后，利害关系人存有异议时，可以向法院提出抗告。① 且立法例中的抗告并未区分正常批准和强制批准，只要法院批准了重整计划，利害关系人都可以提起异议或抗告。在我国，无论在正常批准制度方面，还是强制批准制度方面，《企业破产法》都未建立异议救济机制。强制批准本身就是公权力对私权利的介入和干涉。如果法院强制批准重整计划后不允许存异议的利害关系人提出抗告的话，程序上和实体上都极易产生不公正。我国《企业破产法》未来修订时，可以借鉴日本法的规定，明确赋予当事人对法院批准或不批准重整计划的裁定有上诉权或申请复议权，并准用我国《民事诉讼法》的相关规定。

第三节 《破产法》条文之外的原因对重整制度的重大影响

除了《破产法》本身的模糊，让这种倾斜式的利益分配得以实现的条件还包括目前我国的会计制度、证监会规则、地方政府的干预，以及中国股票市场特殊之处等诸多因素的合力。因此，如果仅用一般的破产法逻辑或西方理论来批评或建议可能只能得出一些似是而非、难以命中标靶的结论。

从实践中看，上市公司破产重整基本采取两种模式：一是保留上市公司原来的主营业务，通过各种方式筹集资金并向企业注入优质资

---

① 例如，《美国联邦破产法》第1144条规定了撤销批准命令。在批准重整计划命令颁布的180天内，应利益当事方的请求，经过通告和听证程序后，只有在命令是通过欺诈手段获得时，法庭才可以撤销命令。撤销批准命令的令状必须包含保护因善意相信确认命令而取得权利的任何实体所必需的条款或者撤销不让债务人承担责任的命令。又如《日本公司更生法》第202条规定，对于法院批准或不批准更生计划的裁定可以立即抗告。抗告不影响重整计划的执行。但是，抗告法院或更生计划批准法院认为抗告有法律上的理由，为避免因计划执行的完成而产生无法弥补的损害，有紧急必要且对事实已有说明时，可以应申请，在就抗告做出裁定前，使提出抗告人提供担保或不使其提供担保而停止计划全部或一部分的执行，或实行其他必要的处分。前款的规定适用于民事诉讼法有关上诉和上诉许可的申请规定。如《德国支付不能法》第253条规定了法律救济。对于认可或拒绝认可支付不能方案的裁定，债权人和债务人有权立即抗告。

产，使企业的经营重新步入正轨，即持续经营模式，如*ST宝硕、*ST沧化；二是重组方支付对价获取上市公司控股权，再通过剥离资产、定向增发，改变上市公司主营业务后恢复经营，也即所谓的"借壳上市"模式，如S*ST兰宝、S*ST朝华和S*ST星美。① 非上市公司由于其壳资源没有特别价值，其重整模式只有第一类方式，即主营业务的恢复和发展。具体的方式包括：（1）保持债务人原股权结构不变，由其通过持续经营所获利润偿还破产债权，适用于经营利润高，且生产经营的核心资产未被抵押或者抵押权人同意暂缓行使抵押权因而不影响持续经营的企业；②（2）债转股；③（3）引进新投资人；④（4）业务及资产剥离（剥离盈利前景差、竞争力弱的业务，保留盈利前景好、竞争力强的业务等）；（5）原股东筹资偿还债务，债务人股权酌情调整；⑤（6）限制性行业比如银行、航空、出版等严格准入的行业，其许可证构成特殊资源，因此保留和发展主营业务是最好的选择，如东星航空曾一度有可能进入重整；（7）以上方式的混合运用。

借壳上市或借壳重组虽然并不符合经典教科书上对破产重整目的、意义和价值的诠释，但也并非中国内地所特有，壳资源在其他资本市场上也广泛存在且具有一定价值，如香港均富会计师行的研究报告表明：处于1997—1998年度亚洲金融风暴下的香港上市公司在进行重整时，也广泛采用这种借壳上市的安排。⑥ 这也预示着，即使中国《证券法》将审批制改为注册制（香港就是注册制），也不会消除借壳上市这一方式，最多只会使壳资源的价值有所降低，但不会消

---

① 张尔珺、任宏、赵珞：《上市公司破产重整模式之实务思考》，载《破产法论坛》第4辑，法律出版社2010年版，第309页。
② 如北京兴昌达博房地产开发有限公司重整案。
③ 如昆明聚仁兴橡胶有限责任公司重整案。
④ 如中粮天然五谷食品投资有限公司出资109693687.16元用于重整北京五谷道场食品技术开发有限公司一案。
⑤ 如浙江海纳科技股份有限公司重整案。
⑥ 郑志斌、张婷：《公司重整：角色与规则》，北京大学出版社2013年版，第478页。

第六章 中国企业破产重整制度的实行情况、问题及改进建议

失。因为相比 IPO 上市，借壳上市依然会有时间短、成本低、风险小的优点。① 因此，无论是理论还是实践上，都没有必要把重整程序成为借壳上市的手段之一当作攻击目标。② 真正需要检讨的是，目前中国的破产重整程序在被利用来实现借壳上市的过程中，是否真的有不公平现象产生，产生这些现象的原因与规制办法。

一 会计制度的原因导致"出局"债权人无法分享重整成功的收益

根据通常的会计准则，重整中减免的债务，可以转化为账面利润，使得 ST 上市公司不费吹灰之力，迅速扭亏为盈。所以 ST 上市公司在法院批准减免债务的重整计划后，很快就能发出业绩预增公告，并在股票复牌之后作为重大利好消息引发股价的拉升，导致公司的市值增加。但此时所获利益已经与获得不足清偿后退出的债权人没有了任何关系，好处都由新股东（重组方和保留了一定股份的老股东）获得。③ 当然如果在重整计划中债权人能得到部分股权作为补偿，则可以分享这一利益。因此，单纯接受现金偿付而且偿债率较低的"出局"债权人会觉得特别不公平。爆炒有重整题材的垃圾股并不是

---

① 将借壳上市称为上市捷径的原因在于：(1) 时间短，成本低。如在美国 2005 年之前 IPO 通常需要一年，成本一般为 150 万美元。而通过借壳上市整个过程 3—6 个月，壳成本在 10 万至 50 万美元。(2) 风险小。IPO 若不成功，前期的巨额费用作为沉没成本无法收回。而借壳上市则不存在这方面问题。并且，主体公司在上市前也容易私募融资成功，投资者往往愿意投资以图上市成功后转为上市公司股票而获得收益。黄钦：《比克美国借壳上市攻略》（http://opinion.hexun.com/2005-03-14/100861463.html）。

② "借壳上市和买壳上市这两种目前在资本运作中广泛采用的模式在重整程序中仍然可以继续采用。另外从效果上看，买壳上市的重整模式可谓一举多赢：其一，能够最终实现上市公司的赢利，稳定资本市场，维护广大投资者的利益；其二，债权人的利益能够得到充分保护，债权人所获得的清偿远高于在清算条件下所能获得的清偿；其三，上市公司恢复正常经营后可以解决当地一部分就业问题，增加税收，发展地方经济，维护地方政府的良好形象；其四，可以充分利用上市公司壳资源，也使重组方能够花较少的时间和较低的成本取得上市资格，避免社会资源的浪费。"见郭瑞、李季宁《上市公司重整相关实务问题研究》，载《破产法论坛》第 2 辑，法律出版社 2009 年版，第 38—47 页。

③ 北京市德恒律师事务所破产重整业务团队：《上市公司破产重整中债权人利益保护——重整清偿率的现状与反思》，载《破产法论坛》第 4 辑，法律出版社 2010 年版，第 231—232 页。

每个证券市场都会有的情形,很大程度上是一种地方性的投机现象(如在中国)。因此,如前所述,除了债权人自己争取股权抵债方式之外,很难以立法来构建一般性的保护措施。

二 中国股票市场的特殊机制问题及其对重整程序的影响

(一)上市通道进一步打开后,壳资源的受追捧度将大大降低

公司上市无非两种法律渠道:首次公开发行(IPO,又称造壳上市)、借壳上市。当然细分起来,中国公司的 IPO 可分为 A 股 IPO 与境外市场的 IPO,其中海外市场直接上市又被称为"红筹模式",曾经风行一时,但由于国家政策限制,目前无法开启;借壳上市也可以分为借 A 股的壳与借海外市场的壳,本书只讨论与中国破产重整程序有关的 A 股市场上的借壳上市问题。[①] 一般的观点是,如果 IPO 可行,则借壳上市的积极性必然减弱,因为企业上市的目的是进行股权融资,但是,在中国借壳上市不但成本不一定低,因为中国证券市场上能借的壳通常都是负债累累、乏善可陈的;而且上市之后往往不能立即获得融资,需要在一定期限或满足一定条件之后才能进行再融资。[②] 所以,如能通过 IPO 上市的企业,如真正的一流企业,极少会选择借壳上市的。

应该说,最近几年中国 IPO 的数量猛增,2009 年内地企业境内外 IPO 案例总计达到 187 宗,到了 2010 年这一数字则上升至 490 宗。

[①] 中国民营企业为了海外上市,通常以个人名义在开曼群岛、维京、百慕大等地设立"特殊目的公司"(SPV),再以境内股权或资产对 SPV 公司进行增资扩股,并收购境内企业的资产,然后以 SPV 公司的名义在境外上市。这就是著名的红筹模式。这看起来颇费周折和钱财,不过,在民营企业家眼里,却十分划算。因为这样能够规避监管机构的限制,省去漫长的审批时间。……仅 2006 年一年,就一共有 86 家中国民营企业在境外上市,已经远远超过了国有企业 13 家的上市数量。但 2005 年以来,有关部门加强了监管,尤其是 2006 年 9 月 8 日生效的《关于外国投资者并购境内企业的规定》(以下简称"10 号文")。从那时至今,没有一家其后成立的企业通过审批实现红筹上市。见欧国峰《海外上市"红筹通道"或将再现》(http://content.businessvalue.com.cn/post/185.html);黄一琨、徐涛:《"10 号文":中国民企海外上市遇阻》(http://business.sohu.com/20070331/n249103930.shtml)。

[②] 李彤、胡浩:《壳资源价值重估》(http://www.chinainsol.org/show.aspx?id=3393&cid=6)。

第六章　中国企业破产重整制度的实行情况、问题及改进建议

两年有 677 家企业 IPO，接近于 2004—2008 年五年 IPO 企业的总数。① 也就是说，中国股市仅仅用了八年，挂牌股票就达到 800 家，而美国股市达到这一数字，用了整整 100 年的时间。② 带来这种变化的重要原因一个是 IPO 重启，另一个则是中小板、创业板大门的打开。尽管是这样，还是有不少希望上市的中国企业并不适合 IPO，只能借壳上市。这类重组方或者先天不足，或者有历史性亏损，像地产、矿产等行业，容易受行业景气度和政策的影响，利润与营业收入的波动较大，难以符合 IPO 的财务条件，于是喜欢选择借壳。借壳上市的最大魅力就是不确定性相对较小，绝大多数企业都可以操作，因此曾一直是房地产公司的最爱。③

交易或上市通道问题随着新三板市场的建立与火爆和《证券法》（如未来采用 IPO 注册制）的修改，将进一步得到大大的拓宽，因此，壳资源在未来中国的证券市场上，虽然依然会有价值，但价值会显著缩小。一些质量太差的壳也许将会被彻底淘汰出市场。

（二）只有在退市机制不健全的时候，以重整替代退市才会成为常态

在成熟证券市场上，上市证券被摘牌终止上市的标准大体上可以分为几类：一是上市公司的资本规模或股权结构发生重大变化，达不到上市要求；二是公司经营业绩或资产规模达不到上市要求；三是当上市公司因涉及资产处置、冻结、财务状况欠佳等情形，造成公司失去持续经营能力；四是公司违反有关法律法规并造成恶劣

---

① 李彤、胡浩：《壳资源价值重估》（http：//www.chinainsol.org/show.aspx? id = 3393&cid = 6）。

② 齐燕冰：《A 股 8 年扩容超美国 100 年　沪指 10 年仅仅爬升 500 点》（http：//business.sohu.com/20110816/n316446248.shtml）。

③ "2008 年紧缩的财政政策和销量萎缩使得地产商融资渠道减少，借壳可以尽快进入资本市场，以求获得抵押贷款，日后再融资。光是在 2008 年上半年就有近 30 家房地产企业以增发资产置换方式'借壳'上市。借壳上市的热潮直到次年的'国十条'与'暂停令'颁布后才终止。……房地产'国十条'颁布，对存在土地闲置及炒地行为的房地产开发企业，商业银行不得发放新开发项目贷款，证监部门暂停批准其上市、再融资和重大资产重组。"见李彤、胡浩《壳资源价值重估》（http：//www.chinainsol.org/show.aspx? id = 3393&cid = 6）。

影响；五是市场交易规模过小（当然这个可通过对交易进行人为操纵和规避）。① 这些标准有很大一部分是可量化的非主观判断标准。

根据我国 A 股退市规则，最可量化的标准，就是上市公司出现了"连续三年亏损"。这个量化标准严格说来并不算低。比如美国上市公司退市的主要标准有股权的分散程度、股权结构、经营业绩、资产规模和股利的分配情况等。具体说来就是，上市公司只要符合以下条件之一就必须终止上市：（1）股东少于 600 个，持有 100 股以上的股东少于 400 个；（2）社会公众持有股票少于 20 万股，或其总市值少于 100 万美元；（3）过去的五年经营亏损；（4）总资产少于 400 万美元，而且过去四年每年亏损；（5）总资产少于 200 万美元，并且过去两年每年亏损；（6）连续五年不分红利。纽约证券交易所的终止上市规则除了公众股东数量达不到交易所规定的标准；股票交易量极度萎缩，低于交易所规定的最低标准等量化标准外，就是一些具体特殊事由，如因资产处置、冻结等因素而失去持续经营能力；法院宣布该公司破产清算；财务状况和经营业绩欠佳；不履行信息披露义务；违反法律；以及违反上市协议等。② 依照这个标准，很少中国 A 股上市公司不能达标。美国纳斯达克的退市标准更为严格，这跟它的创业板性质有关。其中最著名的一条数量指标叫作"一美元退市规则"，即上市公司的股票如果每股价格不足一美元，且这种状态持续 30 个交易日，纳斯达克市场将发出亏损警告，被警告的公司如果在警告发出的 90 天里，仍然不能采取相应的措施进行自救以改变其股价，将被宣布停止股票交易。因此，据统计，在纳斯达克市场，80%左右的股票在上市后的第三年便因公司破产或被购并而退市。可见，在纳斯达克市场上，上市公司退市是殊为普遍和正常的。

中国的"连续三年亏损"标准从单纯的技术层面看并不是一个过低的主板退市标准，但在中国最主要的问题是，这个标准容易被人为操纵，加之执行无力，比如，三年连亏后进入半年的退市宽限期，

---

① 《上海证券报》：《从纽约到东京　成熟证券市场公司如何退市》（http://zt.stcn.com/content/2010-08/09/content_1032848_2.htm）。

② 同上。

实际上是为买壳、卖壳提供机会。所谓的半年期限也很少被实际执行，大多数垃圾股重组下的"暂停交易"常常变成3—5年的停牌。什么时候重组谈妥，什么时候恢复交易。因此"连续三年亏损"就变成了一个非常容易被规避的标准。至于万一真的无法复牌，还可以退至"非上市股份有限公司股份报价转让系统"（三板市场）。因此，截至目前我国仍未发生过一起对上市公司真正意义上的破产清算。上市公司的破产立案公告一般都被视为公司股价的重大利好，意味着一轮炒作题材新鲜出炉。这一套垃圾股咸鱼翻身的戏法已经成为中国股民的常识，成为A股市场上一大独特的赚钱模式。这一点上非常值得借鉴创业板推出的退市制度。2012年2月24日，深交所发布《〈关于完善创业板退市制度的方案〉征求意见和修改情况的说明》，明确规定"不支持暂停上市公司通过借壳方式恢复上市"。2012年4月20日，深交所正式发布《创业板上市规则》（2012年修订），自2012年5月1日起施行。这意味着酝酿多时的创业板退市制度终于正式出台。《规则》明确了创业板退市相关规定，包括八大亮点：创业板暂停上市考察期缩短到一年；创业板暂停上市将追溯财务造假；创业板公司被公开谴责三次将终止上市；造假引发两年负净资产直接终止上市；创业板借壳只给一次机会补充材料（后明确禁止借壳，见后）；财报违规将快速退市；创业板拟退市公司暂留退市整理板；创业板公司退市后纳入三板等。

当然，这些创业板退市规则能否及何时运用于主板则更是一个不能用一般逻辑来推演的问题。因为中国A股的问题，从来都不是理论上缺乏有效制度或法律手段的问题，而是牵涉政府利益、国企利益以及监管和执法的复杂问题。

（三）借壳上市与IPO的审查标准一致，会进一步降温借壳上市

过去在A股借壳上市的另一个优点就是，比IPO容易得多。虽然2008年3月，中国证监会正式发布《上市公司重大资产重组管理办法》[①]，对重大重组方面的信息管理提出了一些原则性规定，但没

---

① 证监会令第53号。

有什么现实的约束力。作为"重大重组事项"审核通过的借壳上市，其审核机构不是 IPO 发审委，而是另起炉灶的重组委；而且后者和 IPO 审查所执行的标准也不一样，重组标准要宽松得多。无论是无法满足三年业绩赢利的诸多券商企业，还是那些受产业政策控制很难 IPO 的行业如房地产公司都可借壳上市。此外，拟上市公司刚买进的资产，没有连续经营三年者不能通过 IPO 审核，重组则无此限制。对重组要求较低，曾经是中国 A 股的"特色"，与许多成熟市场的做法大为不同。比如 2004 年 4 月前，香港对买壳后资产注入的监管较宽松；之后相关上市规则则大幅收紧，规定买方在成为拥有超过 30%普通股的股东后的 24 个月内，累计注入资产的任一指标高于壳公司的收益、市值、资产、盈利、股本等五个测试指标中任何一条的 100%，则该交易构成非常重大交易，视同 IPO，该注入可能要以 IPO 申请的标准来审批。① A 股市场上，用重组名义借壳上市的难度远小于 IPO，因此，很多所谓的重组并未给 ST 公司带来资产质量，特别是治理机制的根本转变，也无法真正提高病入膏肓的企业的持续经营能力。所以从效率和社会资源的角度，用重整/重组代替破产、退市，"该破不破"、"该退不退"，对于尚未成熟的中国资本市场来说，不啻是一种倒退。通过不择手段的虚假陈述、价格操纵、关联交易和内幕交易而一再搅动 ST 板块，制造各种垃圾股赚钱效应，并成为中国股市独特的投机生财之道，不仅损害相关上市公司中小股东的利益，更重要的是，对整个证券市场的诚信基础造成了严重伤害。

有鉴于此，从 2011 年开始，中国股市中借壳上市的标准就开始与 IPO 审核标准逐步趋同。中国证监会于 2013 年 11 月 30 日发布并实施《关于在借壳上市审核中严格执行首次公开发行股票上市标准的通知》（证监发〔2013〕61 号）明确了借壳上市执行与 IPO 审核

---

① 黄立冲：《香港买壳攻略》（http：//www.p5w.net/newfortune/caiji/201001/t2775800.htm）；黄湘源：《退市不到位："趋同"如放水》（http：//www.p5w.net/stock/news/zonghe/201105/t3613013.htm）。

第六章 中国企业破产重整制度的实行情况、问题及改进建议

同等的要求。并在2014年修改《上市公司重大资产重组管理办法》,[①] 进一步完善借壳上市的定义,将借壳方明确为"收购人及其关联人",再次强调对借壳上市执行与IPO审核等同的要求;同时由于借壳上市与创建创业板的宗旨严重不符,明确创业板上市公司不允许借壳上市。具体的条文是删除了原办法中第12条"上市公司购买的资产对应的经营实体持续经营时间应当在3年以上,最近两个会计年度净利润均为正数且累计超过人民币2000万元"的规定。改为现行的第13条第1款中的"除符合本办法第十一条、第四十三条规定的要求外,主板(含中小企业板)上市公司购买的资产对应的经营实体应当是股份有限公司或者有限责任公司,且符合《首次公开发行股票并上市管理办法》(证监会令第32号)规定的其他发行条件"。同时在第13条第2款中规定"创业板上市公司不得实施前款规定的交易行为",重申了对创业板借壳上市的禁令。

提高借壳上市标准、禁止创业板借壳上市、将借壳方进一步明确为"收购人及其关联人"这三项规定,对提高借壳上市质量,防止规避行为,抑制市场炒作,从根本上减少内幕交易,形成有效的退市机制都有非常积极的意义,也使得2007年以来以破产重整为掩护的借壳、保壳游戏今后难以为继了。[②] 这很好地解释了之前统计的上市公司重整中,为何2013年以后的案件数量非常少,几乎绝迹。这也证明了重整制度的引进,是需要相关证券规则配套的。否则,带有公权力介入的重整制度(相当

[①] 本办法自2014年11月23日起施行,2008年4月16日发布并于2011年8月1日修改的《上市公司重大资产重组管理办法》(证监会令第73号)、2008年11月11日发布的《关于破产重整上市公司重大资产重组股份发行定价的补充规定》(证监会公告〔2008〕44号)同时废止。

[②] "2010年10月,证监会正式披露暂缓受理房地产开发企业重组申请,并对已受理的房地产类重组申请征求国土资源部意见。政策'靴子'终于落地,地产公司借壳上市的道路被彻底封死。包括ST东源、ST钛白、ST星美在内的19家房企借壳概念股集体跌停。S*ST兰光这个颁布前最后过会者,最终没能得到幸运女神的眷顾。"同时重组概念又一直是游资热衷炒作的概念之一,一旦有重整传闻,ST股股价就会被连续拉高,使得重组方可能因重组成本过高而放弃。此外监管层及卖壳方无一例外地要求重组方做出业绩保证的承诺,也将进一步限定重组方在定向增发中可能获得的利益。这几大原因,都会摊薄借壳上市的利益,抑制重组的动机。李彤、胡浩:《壳资源价值重估》(http://www.chinainsol.org/show.aspx?id=3393&cid=6)。

于法庭内的重组，具有强制性，特别是在法庭对重整计划具有强裁权的情况下），① 反而会成为损害债权人利益、损害投资公众利益，进而损害整个证券市场公信力的"大规模杀伤性武器"。

（四）定价机制的进一步修改与完善

上市公司重整（组）中，重组方一般要注入一些新的优质资产，这就涉及上市公司的注册资本增加而必须增发新股。但实践中争议最大的就是增发价格的问题。与正常企业的价值评估相比，破产企业估值更难。②

过去作为新出资人的重组方可以享受一项"福利"，即在资产重组环节可以依照证监会2008年颁布的《关于破产重整上市公司重大资产重组股份发行定价的补充规定》进行协商定价。③ 这样做有一定的合理性，那是因为中国股市投机性极强，而且上市和退市机制存在重大缺陷。各种内幕交易和股价操纵行为都比较猖獗，查处的概率以及处罚的强度都严重不足。导致破产重整前上市公司股价被人为推高的情况十分常见，难以反映客观的市场价格。因此对资产重组环节采用"重大资产重组前20个交易日"④ 的一般定价原则显然不利于破产重整的推进，因此采用协商定价。但协商定价方式一方面给予重组方刻意压低增发价格的可能，另一方面实际上就是把增发新股的定价权交给新、老大股东，排除了债

---

① 重组方之所以愿意走破产重整程序去借壳，主要是看中了破产重整环节债务豁免、原有股东权益让渡以及协商定价这三大优势。

② 正常企业价值评估的方法主要有：（1）成本法；（2）折现金流量法；（3）相对市价法；（4）期权定价模型。这些评估方法都基于一定的假设，即整体性和持续经营假设。这些企业资源的功能得到充分的利用、处于最佳的使用状态，这时企业的价值才会最大化。同时企业将按照原来的经营目的和方式持续地经营下去，不会被强制拆零或清算。但是破产企业并不具备上述条件，由于要进行破产重整或清算，破产企业并不一定能够持续经营，即使持续经营也不会处在企业的最佳状态。因此就需要一套新的方法对企业破产重整的价值进行评估。李佳：《企业破产重整价值评估方法研究》，《现代会计》2009年第2期。

③ 证监会公告〔2008〕44号。也就是对《上市公司重大资产重组管理办法》（证监会令第53号，2008年4月颁布）第42条做如下补充规定，作为第42条第3款："上市公司破产重整，涉及公司重大资产重组拟发行股份购买资产的，其发行股份价格由相关各方协商确定后，提交股东大会作出决议，决议须经出席会议的股东所持表决权的2/3以上通过，且经出席会议的社会公众股东所持表决权的2/3以上通过。关联股东应当回避表决。"

④ 2008年版《上市公司重大资产重组管理办法》（证监会令第53号）第42条第1、第2款。

权人和中小股东的有效参与。这使得新、老大股东很容易结成一种同盟，共谋利益的不公平分配。比如*ST得亨，其流通股股东在破产重整环节让渡了18%的股权，但当2011年1月10日启动重大资产重组时，重组方宁波均胜投资集团提出的增发价是4元/股，远低于此时二级市场9.23元/股的价格，引起*ST得亨中小股东的强烈不满，致使重大资产重组方案遭股东大会否决。直到3月31日，宁波均胜投资集团再次启动重组，上调增发价格0.3元，并承诺"低于20元/股不减持"，重组方案才于5月9日获得股东大会表决通过。[①] 事实上，中小股东在资产重组环节对重组方的心态十分纠结，一方面认为重组方低价增发占尽老股东便宜；另一方面，又希望重大资产重组带来股价上涨。因此尽管认为不合理，中小股东也不敢轻易否决重组方案，否则可能导致股价大跌。总之，重组方、上市公司大股东、中小股东、普通债权人几方之间在每个个案之中，都会有一些非常微妙的利益组合和调整行为。

> 一些"精明"的重组方会悄悄在二级市场上吸筹。……一方面，这样做可以推高股价，让流通股股东不敢轻易投下反对票；另一方面，这样做可以掌握更多的投票权，提高方案的通过概率。更有一些"高瞻远瞩"的重组方，它们甚至会在停牌进入破产重整前就在二级市场上大量吸筹，然后凭借手中的股权"绑架"流通股股东，在破产重整当中高比例让渡股权，而这些高比例让渡股权会通过"以股抵债"的方式交到债权人手中，待破产重整结束进入资产重组环节时，债权人会出于"投桃报李"的心态投下赞成票，进而让中小股东再次遭到绑架。……一个普遍现象是，如果上市公司进入重整前股价有较大涨幅，管理人在破产重整方案的设计中一般都不会安排"债转股"。上述操刀破产重整的人士称，"削债让债权人的债权本身就打了一个折，相当于挨了第一刀，如果再把虚高的股票拿给他，他会感觉挨了第二刀，这样的

---

① 姚伟：《破产重整"局中局"另类资本玩家的深奥财技揭秘》（http://www.chinainsol.org/show.aspx?id=3599&cid=6）。

话,破产重整方案极易遭到债权人的否决"。①

也就是说,过去发行股份购买资产的定价方式有两种:一是发行定价应当不低于董事会公告日前20个交易日公司股票交易均价。二是协商确定发行价格。但前者过于刚性;②后者过于弹性,约束机制不足。③ 因此,为遏制对破产重整公司借壳上市的炒作,在2014年修改《上市公司重大资产重组管理办法》第45条中废止了2008年11月施行的《关于破产重整上市公司重大资产重组股份发行定价的补充规定》的协商定价机制,采用新的定价方式为:一是拓宽定价区间,增大选择面,并允许适当折扣。定价区间从董事会决议公告日前20个交易日均价拓宽为可以在公告日前20个交易日、60个交易日或120个交易日的公司股票交易均价中任选其一,并允许打九折〔与《上市公司证券发行管理办法》(证监会第30号令)关于非公开发行股票的折扣规定相一致〕。二是引入可以根据股票市价重大变化调整发行价的机制,但要求在首次董事会决议的第一时间披露,给投资者明确预期。具体而言,发行股份购买资产的首次董事会决议可以明确规定,在交易获得证监会核准前,上市公司股票价格相比发行价发生重大变化的,董事会可以根据已设定的调整方案对发行价进行一次调整。该调整方案应

---

① 姚伟:《破产重整"局中局"另类资本玩家的深奥财技揭秘》(http://www.chinainsol.org/show.aspx?id=3599&cid=6),文章语句的前后顺序略有调整。

② 该规定的初衷是防止公众股东权益被过度摊薄,在制度推出初期具有积极意义。但随着实践发展,这种定价模式的缺陷逐渐显现:一是该规定过于刚性,在市场发生较大波动,尤其是股价单边下行时,资产出售方容易违约。二是由于投资者对部分上市公司存在资产注入预期,公司股价相对于内在价值长期偏高,增加了交易难度。三是资产出售方为了尽快完成交易并寻求一定的补偿,往往高评估注入资产,经常引发市场质疑。据中国证监会新闻发言人就《上市公司重大资产重组管理办法(征求意见稿)》和《关于修改〈上市公司收购管理办法〉的决定(征求意见稿)》公开征求意见答记者问的文字整理。

③ 从五年多的实践看,破产重整的协商定价机制虽然促成一些危机公司进行发行股份购买资产,但也给并购重组市场带来了以下影响:一是破产重组实行协商定价,不符合证监会严格退市制度、不鼓励借壳上市的总体政策导向。二是协商定价机制强化了投资者对ST或*ST公司被借壳的预期,推高了这类公司的股价,不利于优胜劣汰。三是市场质疑部分公司破产重整协商定价缺少平等协商的实质内涵。据中国证监会新闻发言人就《上市公司重大资产重组管理办法(征求意见稿)》和《关于修改〈上市公司收购管理办法〉的决定(征求意见稿)》公开征求意见答记者问的文字整理。

当明确具体,并提交股东大会审议,经批准后,董事会即可按该方案适时调整发行价,且无须因此次调价而重新提出申请。

三 地方政府的参与

在本书统计的 45 件上市公司重整案件中,法院均以决定的方式任命了管理人。① 其中 36 件中管理人为上市公司进入重整程序前即已在控制股东和地方政府主导下设立的清算组,占比高达 80%,其中有 20 件公告了管理人成员的具体组成,组长(负责人)均由地方政府或地方政府组成机构的负责人担任。比如,从*ST 秦岭公布的管理人构成看,由铜川市常务副市长任清算组组长,铜川市副市长、铜川市国资委主任、北京中和应泰财务顾问有限公司的代表任副组长,其余 20 名成员中 19 人为政府相关部门负责人,只有 1 人为律师事务所律师。这样一个带有浓厚政府背景的破产管理人作为监督人,如何防止其履行职责时以政府意志为导向?② 因此,可以说在迄今为止的上市公司重整案件中,一个显著的特点就是省、市级地方政府在重整进程中扮演核心角色,法院有沦为行政权力支配下的司法程序执行者的危险。这一做法是遵照 2005 年国务院转发《中国证监会关于提高上市公司质量的意见》(国发〔2005〕34 号)第 25 条规定"地方各级人民政府要切实承担起处置本地区上市公司的风险责任,支持绩差上市公司按市场化原则进行资产重组与债务重组"的结果。在许多上市公司的重整案件中,地方政府均设立专门的重整协调机构(有些案件中机构与破产管理人是合一的,有些则是单独的),负责重整事项的协调和推进。这些协调机构具有积极促成上市公司重整,避免上市公司退市的明确目标,甚至有些协调机构直接就命名为"保牌项目工作组"。除了直接担任或"指定"(当然要通过法院)破产管理人,政府对重整的深入介入主要还表现在以下四方面:

---

① 在*ST 秦岭、*ST 偏转、*ST 方向、*ST 宏盛、*ST 中达等五个案件中,受理重整申请的法院虽然确立了债务人自行管理的重整模式,但同时也任命了管理人,并将其职权限定为监督债务人工作。

② 胡燕:《上市公司破产重整财务与会计问题研究》,经济科学出版社 2015 年版,第 33、46—51 页。

第一，在重整申请前，地方政府即着手准备确保社会稳定的风险控制预案。第二，在重整案件的受理方面，地方政府积极协助重整公司向证监会、商务部等有关部门进行协调，征得同意，以利于重整案件的迅速受理。第三，在重整方案制订方面，政府直接参与重整方案、职工安置方案的制订，并与法院一起做债权人工作，促成重整计划的通过。第四，重整过程中，地方政府与其他地方政府、地方法院进行协调沟通，为重整成功创造条件。在这样的背景下，法院不再是重整过程中各利害关系人之间的利益平衡者，而成为重整的司法程序操作人。①

根据最高院《关于审理上市公司破产重整案件工作座谈会纪要》（法〔2012〕261号）的要求，在所有上市公司重整案件的受理过程中，除了上市公司要向法院提交法律规定的各项文件，需当地市政府、省或者自治区政府出具的文件至少就有以下几项。

（1）由于上市公司重整利益相关方众多，存在较大的风险，因此需要当地人民政府向法院出具《重整维稳工作预案》，分析债权人、职工、股东等各方引发的不稳定因素，并制订详细可行的突发事件应急方案；如果政府组织成立清算组的，则向法院出具《关于××公司重整清算组组成人员的推荐函》。

（2）由于上市公司重整是非常重大的事件，需要得到省或者自治区人民政府支持，因此，当地人民政府一般会向省或者自治区人民政府进行专门汇报，报送《××市人民政府关于恳请支持××公司重整相关工作的报告》。

（3）根据最高人民法院受理上市公司重整案件的要求，法院受理上市公司重整案件需要逐级上报至最高人民法院，最高人

---

① 贺丹：《上市公司重整中地方政府主导现象的法律分析》，载《破产法论坛》第4辑，法律出版社2010年版，第237—238页。

第六章 中国企业破产重整制度的实行情况、问题及改进建议

民法院在审查是否受理时，需要证监会出具同意重整的函。因此，省或者自治区人民政府需先向中国证监会去函《××省或者自治区人民政府关于请求对××公司重整给予支持的函》。

这里的地方政府不单指企业所属的市级政府，甚至还包括省和自治区级政府。不仅对于国有控股或者参股的上市公司（国资委是最大出资人），当地政府需积极介入，高度重视；即使是对于民营上市公司，虽然政府不直接介入，但是由于上市公司是当地重要的融资平台，对于保持良好的金融和投资环境至关重要，且上市公司一般职工较多，如果上市公司破产清算将会面临严重的职工就业压力，产生重大的社会不稳定因素，政府也会尽可能地给予支持。因此，地方政府具有维稳、资源配置、政策支持、发挥政府公信力和协调能力等多方面的作用与优势。在地方政府行政权力主导下，亏损的上市公司能高效地通过重整，重整制度的功能在表面上得以彰显，似乎是实现了多赢的结果：上市公司避免了直接破产，潜在的重组方获得了壳资源，中小股东的利益也从ST公司的新生中获得保护，因此具有"重大"的经济效益与社会效益。

这种模式从长远来看，对重整制度和证券市场的危害并非不存在。因为在政府的强势推进下，所有的ST公司不分良莠，几乎都能实现重整，上司公司都成了不死神话。市场通过破产制度对低效企业进行的甄别和淘汰机制将彻底丧失。证券市场的资源配置功能难以发挥，也不利于保护中小投资者的根本利益。之所以出现这种地方政府主导上市公司重整的现象，原因是多方面的：一是地方政府的职能定位失当，过分干预微观经济主体的具体行为；二是法制环境尚不完善，行政本位、官本位严重，无论管理人还是法院，都缺乏足够的权威，即使有相关的调查令或冻结令，也得不到相关单位、部门甚至其他法院的配合、协助与执行，于是大量的操作问题需要与相关部门进行协调，导致政府在重整过程中"不得不"过度参与。[1]

---

[1] 贺丹：《上市公司重整中地方政府主导现象的法律分析》，载《破产法论坛》第4辑，法律出版社2010年版，第237—238页。

此外，在一些个案中，还可以看到，政府操刀重整的结果最终还是自身利益的最大化。如在*ST长岭破产重整一案中，重整前陕西省宝鸡市国有资产监督管理委员会直接持股比例为29.98%，为第一大股东、实际控制人，重整后陕西省国有资产监督管理委员会间接持有*ST长岭55.39%的股份，成为实际控制人。这就意味着，即使在重整程序中大幅缩减了上市公司控制股东或实际控制人的权益，作为上市公司控制股东或实际控制人的地方政府也并未受到实质损害。那么做出牺牲的就只能是中小股东与债权人。所谓安置职工、维稳保增等目标本来应该是地方政府的政治、社会、经济功能而非法律问题，现在却被捆绑到上市公司、证券监管部门和法院身上，成为其不能承受之重，难免有转嫁危机、绑架司法之嫌。[①] 因此，随着中国证券法的再次修改，特别是上市公司市场退出机制的完善，相关重整规则中政府参与的身影也应逐渐淡化。

四　破产重整中的"管理人中心主义"真的可行吗？

2006年《破产法》在制定时，亮点之一是"管理人中心主义"。但是这个"中心"在新法颁布实施的这几年中，地位却有一些尴尬。这种尴尬源于管理人目前的权威和受重视程度，甚至在重整中的作用，还不能与其"核心"的地位相匹配。前面统计的已实施重整的45家上市公司中，有37家即82%的上市公司采取管理人管理模式；8家（18%）采取债务人自行管理，管理人进行监督的模式，表面上似乎是正常的。但是在管理人的选任问题上，只有9家（20%）是以中介机构如律师事务所和（或）清算公司、投资咨询公司为管理人，其余的36家（80%）都是由清算组担任管理人，清算组组长绝大多数又由政府官员担任。[②] 这原则上违反了最高人民法院2007年

---

① 唐旭超：《论上市公司重整中的股东权益》，《政治与法律》2014年第6期。
② 清算组的组成属于混合清算组，包括政府官员、律师事务所、财务顾问公司、清算公司等中介机构；但约83%的上市公司清算组组长为国资委主任等政府官员。这体现出我国上市公司重整计划制订过程中存在地方政府过度干预的现象。丁燕：《上市公司破产重整计划法律问题研究》，法律出版社2014年版，第30页。

《关于审理企业破产案件指定管理人的规定》，与我国有关管理人选任时一般以中介机构为主的立法原意相背离。①

这一现象反映了管理人中心主义在重整案件中遭遇的困境，从专业知识、协调能力等方面都难以胜任上市公司重整所需要的极其复杂的工作条件。专业知识相对而言还不是管理人的主要短板，所谓的协调能力才是中国这样一个"官本位"社会中真正的问题所在。虽然2007年最高院的两个司法解释②对管理人的选定和报酬问题规定了一些操作细则，但从实务的角度看来，仍然有很多具体的问题缺乏规范。更重要的是，对管理人的组织建设和人员培养，不但依然没有任何实质性的进展，甚至连认识层面都未能统一。

（一）管理人中心主义主要是指在破产清算而非重整程序中

20多年以来，企业破产一直按照1986年《破产法（试行）》和《民事诉讼法》执行，且大都适用于国企。基层法院已摸索出一套以当地政府为主导，法律、政策为准绳，劳动、人事、财政、税务等各相关部门组建的清算组相配合的行之有效的办法，会计师、律师事务所只作为一个清产核资、法律顾问的配角参与。施行破产管理人制度之后，各方面都会有一个适应过程，主要是会计师、律师事务所从一个配角转为"中心"，法院、各政府部门对破产管理人工作的认可和配合程度却并不一定能立刻跟上。在管理人与债权人、债务人、破产企业员工、法院、当地政府的关系处理上，不同的实际情况可能会使管理人有不同的定位。根据管理人在实务中的需要，大概可归纳三种

---

① 2007年10月，最高人民法院民二庭与中国证监会法律部、上市公司监管部在江苏昆山联合召开会议（以下简称昆山会议），讨论上市公司重整的有关问题，重点讨论了重整管理人的选任问题。会议的结论性意见是：《规定》指定的管理人从专业知识、协调能力等方面都难以胜任上市公司重整所需要的极其复杂的工作条件，根据我国实际情况，上市公司重整应由清算组担任管理人。统计数据表明，我国上市公司管理人的选任工作大多遵循了昆山会议的结论，任命清算组担任管理人。但此会议结论与最高院司法解释相冲突，同时该结论不是法律法规，从《立法法》的角度分析不具有法律效力。

② 2007年4月12日公布的《最高人民法院关于审理企业破产案件指定管理人的规定》（法释〔2007〕8号）和《最高人民法院关于审理企业破产案件确定管理人报酬的规定》（法释〔2007〕9号）。

定位：强势主导、弱势参与与桥梁推动型。① 这三种定位，并非法律上的规定，而是实践中可以观察到的管理人三种真实的存在状态。上市公司重整等较复杂的案件，涉及的环节比一般案件更多，包括负责跟银行、证监会、法院（含外地）、地方各级政府各部门（含外地）的沟通等。正是因为实践中这种大国企、多部门、跨地域案件的需要，最高法《关于审理企业破产案件指定管理人的规定》② 第18条规定："企业破产案件有下列情形之一的，人民法院可以指定清算组为管理人：（一）破产申请受理前，根据有关规定已经成立清算组，人民法院认为符合本规定第十九条的规定；（二）审理企业破产法第一百三十三条规定的案件；（三）有关法律规定企业破产时成立清算组；（四）人民法院认为可以指定清算组为管理人的其他情形。"第19条规定："清算组为管理人的，人民法院可以从政府有关部门、编入管理人名册的社会中介机构、金融资产管理公司中指定清算组成员，人民银行及金融监督管理机构可以按照有关法律和行政法规的规定派人参加清算组。"这实际上大大扩展了继续沿用传统清算组的可能性。法院对该条的理解为，可以指定清算组为管理人的情形主要针对三类案件：一类是新破产法生效前，历史遗留的破产案件；另一类是新破产法生效后敏感度高，政策强，涉及诸多利害关系人，对社会稳定影响较大的破产案件；还有一类是无产可破的破产案件。③

《破产法》所谓的"管理人中心主义"，主要应当是指在破产清算程序中或财产分配的环节，而非在破产重整程序中特别是重整计划的制订过程中。因为重整和清算虽然都属于破产程序，但实质上两者的要求截然不同，差别巨大。特别是在上市公司和国企的破产重整中，管理人的作用难以发挥。

首先，管理人无法参加预重整。在上市公司的重整中，如果要求由

---

① 孙猛：《破产管理人实务中值得探讨的几个问题》（http：//www.cicpa.org.cn/New_Services/syzpd/yjytt/201007/t20100728_24671.htm）。
② 法释〔2007〕8号。
③ 邹学光、张海燕：《破产管理人制度若干问题实务研究》（http：//cdfy.chinacourt.org/public/detail.php?id=29428）。

破产管理人在破产申请受理之后再制订重整计划，是不现实的。因为真正的重整计划并不是写出来的，而是大量协调工作的结果，或者是破产申请之前就进行的预重整的结果。这种协调工作，往往超出管理人的能力范围，甚至目前本质上就是政府工作的范畴。由于无法参与预重整过程，因此，管理人在重整中的作用也就大打折扣。如上市公司华源股份重整案中，2008年9月法院受理其重整申请，而早在5月份，华源股份的实际控制人——国务院国资委已委托中国华润集团派出的工作团队主导华源股份的重整，该团队根据证监会及司法部的有关规定，聘请了财务顾问和法律顾问，在团队的主持下进行了大量的协调工作，以财务顾问为主提出了重整初步方案，法律顾问提出修改意见。这份重整计划（或可行性报告），从头到尾都是债务人做出的，管理人实际上只是负责提交。

其次，即使允许管理人参与预重整，但预重整的协调要求也超出了他们的能力范围。担任管理人的中介机构，如会计师事务所、律师事务所、破产清算事务所等，都难以胜任上市公司重整所需的极其复杂的协调工作。因为一般的中介机构是不具备与行政机关包括央行、银监会进行沟通的能力和渠道的。还是以华源股份重整为例，不仅要协调华源股份本身的债权人，还要协调查封和质押集团股份的集团债权人，如大股东华源集团的股份不能解除查封和质押，就丧失了华源股份重整的主要资源。为此，华润的工作团队和财务顾问与集团债权人进行了多次极其艰苦的谈判，直至实际控制人国务院国资委出函请银监会出面协调才得以解决。[1]同时，华源股份由于股本过大，重组成本高，工作团队与财务顾问寻找了近20家重组方，仍然没有人愿意进入。为此，财务顾问经过与有关利益方协调后，运用缩股等手段为重组方进入创造条件才得以解决。如此复杂

---

[1] 解除大股东华源集团持有的股份的查封和质押的谈判之所以困难和需要行政权力的协调，是因为我国银行的风险管理机制尚存在非市场化的问责制度。如果债权人（银行）即使是有条件放弃查封权与质押权，也将被问责；如果不放弃而导致上市公司重整失败而清盘，其查封权与质押权就成为零，但银行却没有责任，这种问责制是非市场化的，是行政式的，因此，用市场的办法去说服是困难的，需要由行政机关出面协调才有可能。所以本案中这一难题最后是由华源股份的实际控制人国务院国资委出函请银监会出函协调才得以解决。许美征：《尽快制定上市公司管理人制度的司法解释》，《中国证券报》（http://stock.stockstar.com/JL2009072200001568.shtml）。

的重整计划单纯依靠某一个会计师事务所、法律事务所或破产清算事务所担任的管理人来制订是无法想象的。

此外，2008年《上市公司并购重组财务顾问业务管理办法》（证监会令第54号）规定，上市公司重大重组应由证监会认定的有资格的财务顾问公司担任财务顾问，负责制订重组方案，法律顾问提出法律意见。会计师事务所、律师事务所要从事上市公司重组的财务顾问业务，必须另行成立符合证监会要求的财务顾问公司。但在指定管理人的规定中，并未提及证监会规定的财务顾问资格问题，财务顾问公司能否直接担任上市公司的破产管理人也没有明确的规定。

最后，对清算组或专门的"预重整组"担任管理人的改进建议。

目前不少上市公司清算或重整案例中，都是在法院受理破产申请之前由主导重组机构（债务人的所有者、主管部门或地方政府，政府背景浓厚）为主，吸收有关专业机构，聘请财务顾问与法律顾问组成清算组，在法院受理案件后，清算组转为管理人。当然清算组只是一个名称问题，将其称为预重整组也没有任何问题。这一模式承认了重整工作的复杂性和目前管理人中心主义的局限性，也与英美国家盛行的预重整实践非常吻合。当然缺点如前所述就是可能违背了管理人需由中立第三方担任的基本理念。但是管理人中心主义主要应体现在破产清算程序中或财产分配环节，而不应当成为破产重整特别是重整计划制订中的基本原则，否则就根本无法理解美国式的债务人在位（DIP）这一立法设计的合理性。

这种改头换面的清算组管理人，虽然在操作上有一定优势，却难以摆脱政府操控之嫌，而且对清算组做出的错误决策，债权人难以纠正，违背了用管理人取代清算组这一设计的初衷。这种做法如被滥用，将妨碍建立真正的管理人制度。为建立公平的管理人指定体系，一些地方高院做出了可贵的探索，比如四川高院就公布了《关于审理企业破产案件指定管理人的实施细则（试行）》的规定。[①] 由省高院技术室具体负责统一编制、管理《四川省企业破产案件管理人名

---

① 具体内容详见四川省高院官网：http://www.sccourt.gov.cn/article.asp?d=353735383534。

第六章 中国企业破产重整制度的实行情况、问题及改进建议

册》，为全省受理企业破产案件的法院在该名册中随机确定管理人。实践中，一些下级法院或地方政府会采取各种手段，规避省高院对管理人的轮候指定。最主要方法就是在法院受理破产申请前即成立破产清算组，即使并不符合最高院规定的受理破产申请前成立破产清算组的特殊情形。因此，对于该司法解释第 18 条特别是第 1 款，可进一步做出更严格的界定、限制和补救规定，比如即使地方法院要指定清算组为管理人的，必须报请省高院审查是否符合第 18 条规定的情形，否则不予批准等。① 同时要在立法中加强以下两点。

一是赋予债权人异议和救济的权利与通道，比如发生侵害债权人利益的行为，现在主要的救济是由法院对管理人进行罚款、除名、追究刑事责任等，依照《破产法》第 130 条，债权人也能提起民事诉讼，但该规定相对笼统，目前最重要的细化规定为《最高院关于适用〈中华人民共和国企业破产法〉若干问题的规定（二）》第 9 条第 2 款和第 33 条。② 但债权人的这种权利应当主要是救济性质的，而不是决策性质的。比如《破产法》第 26 条规定在第一次债权人会开之前，管理人有权决定继续或停止债务人的营业。但是第 61 条却规定债权人会议享有"决定继续或停止债务人的营业"的职权。该职权交给债权人会议可能不符合重整程序的要求，反而赋予了债权人阻碍重整进行的手段，可能导致重整不能。因此，债权人会议决定继续或停止债务人营业的职权应仅限定于清算程序。在重整程序中，经营问

---

① 邹学光、张海燕：《破产管理人制度若干问题实务研究》（http://cdfy.chinacourt.org/public/detail.php? id = 29428）。
② 第 9 条第 2 款：管理人因过错未依法行使撤销权导致债务人财产不当减损，债权人提起诉讼主张管理人对其损失承担相应赔偿责任的，人民法院应予支持。第 33 条：管理人或相关人员在执行职务过程中，因故意或者重大过失不当转让他人财产或者造成他人财产毁损、灭失，导致他人损害产生的债务作为共益债务，由债务人财产随时清偿不足弥补损失，权利人向管理人或者相关人员主张承担补充赔偿责任的，人民法院应予支持。上述债务作为共益债务由债务人财产随时清偿后，债权人以管理人或者相关人员执行职务不当导致债务人财产减少给其造成损失为由提起诉讼，主张管理人或者相关人员承担相应赔偿责任的，人民法院应予支持。

题还是应交由管理人或债务人负责。①

二是强调管理人（含清算组以及各种中介机构）的诚信义务与其行为的可归责性。比如管理人的执业保险问题，仅在《破产法》第24条第4款中规定了"个人担任管理人的，应当参加执业保险"。能否类推：机构担任管理人也必须要参加执业保险，或当管理人为多人（机构）时，都必须有执业保险。但是没有规定清算组成员是否有执业保险要求；更无规定在指定管理人时，法院要审查执业保险是否有效，且效期可否涵盖重整期间，等等。

此外，对重整中管理人问题比较现实的改进建议还有：其一，国有控股公司重整、国资委作为大股东或实际控制人的情况下，应推动由管理人模式转换为债务人自行管理模式（美国的债务人自行管理模式是重整案件管理模式的常态，是很有其合理性的）；其二，其他类型的企业，如民营企业重整时，地方政府可以派员组成顾问组对重整中涉及的行政问题进行协调，但如何兼顾协调的效率与干预的尺度这两个相反指标是主要的难题；其三，可以参照 S*ST 海纳的处理方式，允许重组方为主导制订重整计划，目前我国破产法条文对重整计划的提出者仅限于管理人或债务人，实际上并不充分和合理，应扩大到债权人、持股10%以上的股东，以及重组方。②

（二）尚未完全解决的管理人报酬问题

根据2007年最高院《关于审理企业破产案件确定管理人报酬的规定》③第4条，法院受理企业破产申请后，应当对债务人可供清偿的财产价值和管理人的工作量做出预测，初步确定管理人报酬方案。管理人报酬方案应当包括管理人的报酬比例和收取时间。但根据实务部门的反映，这一确定报酬的时机太早，法院受理企业破产申请后，因企业的审计、评估工作尚未进行，对破产企业的资产状况、抵押担保情况等并不了解，

---

① 李志强：《论破产重整中的公司治理问题：以我国〈企业破产法〉有关条款为中心》，《黑龙江省政法管理干部学院学报》2008年第2期。

② 王欣新、徐阳光：《论上市公司重整法律制度》，载《破产法论坛》第1辑，法律出版社2008年版，第85—96页。

③ 法释〔2007〕9号。

对债务人可供清偿的财产价值和管理人的工作量做出预测存在很大困难,特别是对管理人报酬比例的确定存在困难。此时确定管理人报酬,要么可能估计过低,要么可能估计过高。对估计过低的可以协商调高;对估计过高的,比较难以处理,因为如希望法院主动调低目前似乎还没有规则可以遵照。所以应当在对债务人可供清偿的财产进行审计、评估工作完成后,对债务人资产状况、管理人的工作量、可供清偿的资产变现都有一个基本评估后再来确定,才较科学。管理人、债权人会议对管理人报酬方案一旦有意见,按规定可以进行协商。但实际上双方真能协商一致的可能性不大,因为需要协商,实际上就意味此时债权人会议对管理人的报价已经不满或对其诚信表示怀疑了,这种情况下协商的基础通常是不存在的。而且在没有市场上可比较的价格时,即使通过所谓的协商,也难以确定多少报酬是合适的。因此,一旦对报酬有意见,最终还是要由法院裁决。① 这将给法院的工作带来相当的难度,因为法院要推翻自己先前确定的数额而第二次确定报酬,同时要提出站得住脚的理由,并说服有争议的双方都接受。

所以要解决确定报酬的问题,较好的方法是在一开始选任管理人的时候就让中介机构通过报价的方式参与竞争,将选任和报酬两个问题捆绑在一起,通过市场招标的方式解决,同时让债权人会议参与协商选定,这样对选任和报酬问题都将有一个比较合理的解决基础。目前由法院指定管理人的做法,主要是为了保障管理人的中立性,同时缩短破产申请之后财产无人负责的管理真空期。由于选任权主体过于单一,会造成"肥案人人争、瘦案人人躲"的局面,形成新的垄断和寻租动机。因此有学者建议在不打破法院选任制大框架的前提下,进行适当调整,借鉴德国《支付不能法》的灵活性,实现由单一选任主体向多元主体转变,建立权力制衡机制。具体做法为:

  一是在破产案件受理后,由法院指定一名临时财产管理人,负责接管债务人财产。二是改变评审委员会人员的组成结构,即

---

① 《最高人民法院关于审理企业破产案件确定管理人报酬的规定》第7条、第2条。

第一次债权人会议召开后,由法院主审法官、法院聘请的专家、债权人会议推举的代表和债务人派出的代表等组成破产管理人评审委员会,该委员会人数为单数;其成员应向社会公示,其议事规则为少数服从多数;评审委员会从报名参选的在册管理人中预选出候选名单,再通过随机方式从中选出正式破产管理人。三是法院主审法官参加评审委员会,但不予表决,只监督选任表决过程,在确认程序合法并认可所选破产管理人人选后,以法院名义任命正式破产管理人。四是对评审委员会选出的正式破产管理人人选,法院审查后可以不适任为由拒绝任命,也可以投票表决程序违法为由拒绝任命。对法院的拒绝任命裁定,选任小组的任何成员都有权向上级法院上诉。这样,既坚持了原则性,又体现了灵活性,避免了现行选任制度中由法院单方决定的弊端。①

这里最重要的环节是评审,评审委员会的评审工作也不得任意进行,最好可以依照一套比较成熟的、可量化的评价体系来开展。重庆市沙坪坝区法院结合破产案件审理实践,在重庆法院系统率先制定了《关于以竞争方式选任破产管理人的实施办法(试行)》并确立了以评分制为主导的较为科学的管理人评价体系,为竞争选任管理人探索了一条可行的路径。其具体步骤大致为:②

(1) 成立专门的评审委员会,成员人数不少于7人。
(2) 制定评分细则:①确定评分项目为专业水准、从业经验、机构规模、初步报价四项。②分配项目权重。百分制量化,将候选管理人的从业经验划定重量级分值,分配58分;将专业

---

① 刘涛:《破产管理人选任制度研究》,载《破产法论坛》第4辑,法律出版社2010年版,第42—43页。
② 郭瑞、蒙洪勇、吴华:《破产管理人选任方式若干问题研究——重庆市沙坪坝区人民法院实践探索路径》,载《破产法论坛》第4辑,法律出版社2010年版,第82—84页。文章后附有《重庆市沙坪坝区人民法院关于以竞争方式选任破产管理人的实施办法(试行)》和《关于以竞争方式选任破产管理人的评分细则》两个文件的全文。

第六章　中国企业破产重整制度的实行情况、问题及改进建议

水准和机构规模划定相当比重的分值，分别分配18分和20分；将已有明确幅度规定的初步报价因素适当分配4分，以考量其合理性。③细化评分标准。整个评价体系中难度最大的就是细化评分标准这一节，沙坪坝区法院对前述专业水准、初步报价等四项各设计了一套复杂的基础分和加分体系。当然目前该法院所执行的标准在权重设计上不一定就是最合理的，具体细节还可以商榷。特别是"初步报价"指标设计得比较粗糙，所占权重也较小。但事实上，决定谁来担任管理人，价格因素还是相当重要的。

（3）确定管理人和接替人选。评审委员会根据得分高低确定若干入围名单，以不记名投票的方式从入围名单中确定一个社会中介机构担任管理人，若破产案件特别重大复杂，可以确定两名中介机构共同担任管理人。被确定为管理人的社会中介机构必须经评审委员会成员1/2以上票选通过。若第一轮得票最高的未获得1/2以上选票，则对得票在前两名的中介机构进行第二轮投票。在确定管理人的同时，评审委员会按照得票高低确定1—2名备选社会中介机构作为需要更换管理人时的接替人选。

当然通过完全市场化的方式（招投标体制）来确定报酬在有些情况下也是不现实的，最可能出现的就是由于破产企业无产可破，或者案件极为复杂，工作量太大，而没有中介组织投标的情况。或者有人投标，也有初步报价，但之后的工作证明之前的计算标准不科学或不公平，无法抵偿管理人付出的劳动，而针对报酬问题爆发严重的争议。

其中最尴尬的还不是对报酬的争议，而是无产可破案件中的管理人报酬该从何而来。管理人发现债务人财产不足以支付管理人报酬和管理人执行职务的费用时，应当提请法院终结破产程序。对拖欠管理人的劳动报酬如何处理，最高院没有提供解决的途径。这里要强调一个重要的理念就是，对于破产案件的管理，不能不尽量利用市场化的方式，但又不能简单地完全通过市场化的方式来解决。应当把破产程序作为企业退出市场，并承担应尽责任的最后一道防线来看待。

有限责任本来是公司的基本特征之一，但是随着大规模产品侵权以及为了利益输送而对公司进行过度控制等现象日益严重，有限责任也暴露出越来越多的弊端。因此，才有揭开法人面纱、深石原则、董事对第三人责任等制度的诞生和推广，以实现对有限责任原则的必要矫正。企业破产法律制度也是用来制衡有限责任弊端的一项重要手段，这一点从许多英国学者的著作中都可以得到启示。比如古德教授认为破产法的目的之一就是要通过破产程序来调查董事的行为，看有没有不当交易以及需要取消董事资格的情况，以便保护公众利益和防止未来不当行为的发生；即便该公司已经没有财产需要处理了，英国法也允许通过清算程序来进行调查。[1] Finch 教授也把"可归责性"（accountability）作为评价破产制度是否合理的重要指标，认为破产程序的主要任务之一就是通过民事和刑事责任制度，包括取消董事资格（disqualification）等手段处罚董事之前经营中的不当行为。[2] 所以破产程序的一个重要功能是检验债务人是否存在破产欺诈行为，并依法通过撤销等手段追索债务人隐匿、转移的财产，直至追究其刑事责任。这类存在破产欺诈的案件中，很多都会出现无产可破或逃避破产程序的情况。因此，一旦发现公司无产可破就立刻终止破产程序，而且对管理人的后续行为没有任何经济补偿，无异于束缚了管理人的调查和追责职能，"阉割"了破产程序应有之社会功能。

除此之外，在有些破产案件中，即使按照最高院《关于审理企业破产案件确定管理人报酬的规定》中的比例上限计算管理人报酬，仍然不足以抵偿其工作成本，个别案件甚至出现"入不敷出"的现象，长此以往，将直接影响高素质的社会中介机构或个人加入破产管理行业。这是因为根据该《规定》的第 2 条，是以"债务人最终清偿的财产价值总额"作为决定管理人报酬幅度的标准，"破产案件的复杂程度"和"管理人的勤勉程度"（第 9 条）仅作为可供"考虑"

---

[1] R. Goode, *Principles of Corporate Insolvency Law*, Sweet & Maxwell, London, 3rd ed., 2005, p. 50.

[2] Finch, Vanessa, *Corporate Insolvency Law: Perspectives and Principles*, CUP, Cambridge, 2002, p. 44.

第六章 中国企业破产重整制度的实行情况、问题及改进建议

的因素,似乎本末倒置。因为债务人最终清偿的财产价值总额并不能够证明管理人在管理破产案件中的努力程度、工作强度和成果大小。管理人的报酬应当是对其工作的酬劳,现实中难免存在破产企业财产稀少、债权人得到的清偿微乎其微,但同时破产案件的工作量和难度却相对较大的案件。此时依照最高院的标准,管理人能够得到的报酬可能很少,甚至不足以完成其破产管理和调查工作。① 同时,有些破产案件可能案情简单,可供清偿的财产充分,涉及地域集中,变现程序迅速,管理人无须付出大量劳动和成本就能使得债权人得到高额清偿。按前述计算方法,管理人却能得到高额报酬,甚至"一夜暴富",这显然有失公平,并且会造成管理人对于不同破产案件的挑剔,甚至为了"挑肥拣瘦"而对法官进行收买和贿赂,对管理人选定的环节造成障碍。因此,科学的方法是摸索出破产管理人的工作量差异,以其作为管理人报酬多少的依据,并建立一定量化的指标作为案件难度的判断标准。这在实践中确是异常困难的,有学者提出了几个可参考的量化指标:一是破产程序中涉及的诉讼量,二是破产财产分布的地域广阔程度,三是破产案件涉及的财产拍卖等变价程序的数量,四是破产程序历经时间的长短,五是破产债权的数量等。② 但要把这种学理上的"不重结果只重过程"的指标变成法院可操作的工作指标,难度非常大,特别是在目前缺乏对管理人工作的有效监督和宏观管理的情况下。

---

① 管理人报酬低的原因:一是破产企业的财产都设置了抵押,没有足够的自由财产,抵押物变现所得不能作为管理人报酬的计算依据;二是大多数破产企业资产质量差,厂房是租赁的,设备是陈旧的,基本上没有可供变现的破产财产。第二种情况属于狭义的无产可破,主要要依靠共同基金来解决。第一种情况比较可行的办法是将最高人民法院《关于审理企业破产案件确定管理人报酬的规定》中的相关规定做扩大解释,管理人"对担保物的维护、变现、交付等管理工作付出合理劳动的,有权向担保权人收取适当的报酬。管理人与担保权人就上述报酬数额不能协商一致的,人民法院应当参照本规定第二条规定的方法确定,但报酬比例不得超出该条规定限制范围的10%"。特别是"对担保物的维护、变现、交付等管理工作付出合理劳动的"应当做更为广义的解释,针对破产企业付出合理劳动的,都看作是对担保物付出的合理劳动,将变现所得划分出一定比例算作管理人的报酬。

② 徐乐乐:《我国破产管理人报酬制度之完善》,载《破产法论坛》第4辑,法律出版社2010年版,第203—204页。

在报酬问题上，就目前而言，无锡中院的做法最可借鉴，即由政府建立专项基金解决无产可破案件的管理人报酬问题。① 当然基金建设和运作的细节问题还值得进一步研究，但其方向是值得肯定的。其基本原理就是为全体编入管理人名册中的中介机构及个人的共同利益，设立管理人基金，其资金来源系由编入名册的中介机构及个人在完成破产案件领取报酬时，按比例向基金缴纳一定费用，当然也可以来自向企业征收的工商登记附加费以及破产案件中的罚没款项等。② 该基金既可以用来补偿无报酬来源的管理人，又可以作为管理人自治组织（比如管理人协会）的会费和活动经费来使用。③ 同时，对于难以吸引一般专业中介机构和人员积极参与的"小额"、"少产"案件，或者需要进一步调查和追究破产欺诈、董事经营责任的破产案件，应当考虑以国家的特定公立机构（如香港的破产管理署，由具有资质的专业人员担任机构的任职人员，并给予其固定的薪酬）作为官方

---

① 2010年8月无锡市中级人民法院出台并适用全市两级法院的《关于管理人报酬基金的管理办法》正式开始运行。由无锡中院发出一份有关管理人报酬基金管理办法的承诺书，已有包括会计师事务所、律师事务所、经济咨询公司等在内的17家入册管理人自愿签章加入。办法规定了管理人报酬基金补偿对象，明确管理人报酬基金用作管理人报酬过低或无法计算时的补偿，并具体列明了需要补偿的四种情形。同时，说明管理人报酬补偿标准的填平性，设置管理人报酬基金的目的仅在于对管理人报酬不足支付工作成本部分的补偿，而非让管理人从中营利。此外，办法还规定了根据所有破产管理人的要求，管理人报酬基金账户以管理人名录为单位，设置于对名录进行管理的法院，账簿情况向所有入录机构公开并接受查阅。见无锡法院官网：http://wxzy.chinacourt.org/public/detail.php?id=862。

② 为减少企业负担，工商登记附加费不宜过多，且企业每年缴纳的破产管理费用基金金额应当与当年的营业额度挂钩。某种程度营业额越大意味着企业的风险越大，应缴纳更高的破产管理基金。反过来，营业额大意味着企业效益好，破产的可能性小。但总的来说，赢利多的年份多交似乎是合理的。所以营业额之标准有一定道理。这种制度的设立可以借鉴香港破产管理制度中的公司破产欠薪保障基金。该基金建立于1985年，来源于企业工商登记附加费。初建时每家企业每年缴纳100港元，后随经济发展逐年提高。基金主要用于破产企业职工在破产程序开始后的优先受偿和代位清偿。对于申请利用公司破产欠薪保障基金清偿欠薪的企业，法规对其欠薪金额有着上限规定，超过一定金额的部分，仅予以清偿一部分。徐乐乐：《我国破产管理人报酬制度之完善》，载《破产法论坛》第4辑，法律出版社2010年版，第206页。

③ 赵德贤：《论破产管理人管理、选任及考核的制度设计》，载《破产法论坛》第4辑，法律出版社2010年版，第91页；巩旭红：《破产管理人制度在司法实践中的完善思考》，载《破产法论坛》第4辑，法律出版社2010年版，第152页。

第六章 中国企业破产重整制度的实行情况、问题及改进建议

管理人。该公共破产管理机构除承担小额破产、无产可破及需要进一步追究责任的企业破产案件的管理工作外，同时也作为普通管理人的日常管理和行业监督机构而存在。①

总之，必须确保管理人能取得劳动报酬，才能鼓励管理人执业的积极性，保障管理人队伍的稳定，为该制度的可持续发展提供保障。彻底解决好管理人的报酬问题，又必须建立在更完善的监管和组织机构保障的基础上。

（三）对管理人的认证、监管与选任

除最高法的司法解释外，各省高院也都对管理人履职的监管有较详细的规定。除了来自法院的监督，在具体个案中管理人还受到来自债权人会议、债权人委员会以及破产企业的多重监督。但是这种多重监督并未带来对破产管理人考核、评价、监管、业务操作规范乃至执业纪律规范方面的整体进步，管理人市场目前仍然呈现良莠不齐、实践经验欠佳、知识面单一的面貌。这除了跟管理人的地位、报酬等因素有关外，缺乏必要的组织机构和专门的主管部门负责人员的培训、学习、交流和管理是最主要的原因。毕竟，个案监督并不能取代行业监督和组织管理。

目前，破产管理人的监督和考核主要还是依赖法院。例如，《上海市高级人民法院企业破产管理人管理办法》第12条规定"管理人名册日常管理考核工作由上海市高级人民法院民事审判第二庭负责，年度考核工作由上海市高级人民法院立案庭负责"。由法院对破产管理人进行监督和考核的问题有二：一是由法院对管理人进行日常管理和考核，会使得相关法官过多介入破产管理人的日常事务，与管理人有过多的接触和联系，法院的中立性会受影响，其考核结果的公正性也将受到质疑，同时还增加了法院的工作量；二是破产案件涉及法律、财务、金融、管理等多方面的事务，受专业所限，法院一般只能对其中的法律事务部分进行监督和考核，非常不全面。②

---

① 徐乐乐：《我国破产管理人报酬制度之完善》，载《破产法论坛》第4辑，法律出版社2010年版，第203—207页。

② 邹学光、张海燕：《破产管理人制度若干问题实务研究》（http://cdfy.chinacourt.org/public/detail.php?id=29428）。

因此，设置更为专业和独立的第三方机构对破产管理人进行监督考核，比如由中央政府成立官方的"中国破产管理署"和全国统一的自律性组织"破产管理人协会"就非常必要了。这些建议很早就有人提出过，① 但是新《破产法》实施近10年了，相关工作却并未启动。不仅全国性的管理人行业协会没有音信，就连各省级管理人协会的设立也难以开展。② 究其根本原因，一是一些人认为律师协会和注册会计师协会就等于是管理人行业协会了，再成立专门的管理人协会功能重复；二是管理人行业目前没有统一的业务主管部门（如破产管理署）。官方的破产管理机构虽然在英国、美国、澳大利亚、加拿大、新西兰、中国香港等英美法法域非常普遍，③ 但在我国将涉及司法管理部门（司法局）在经费、权限、功能、人员编制等方面的重大调整，在目前

---

① 倪建东：《再议建设具有中国特色的管理人行业协会》，载《破产法论坛》第4辑，法律出版社2010年版，第210页。

② 广州市于2014年底已成立了国内首个破产管理人协会；河北省目前也拟成立省级企业破产管理人协会；北京市在律师协会中下设破产与清算法律专业委员会。原则上对管理人名册应实行动态管理，建立评价档案；要采取市场准入制度，实行淘汰机制；按业绩划分不同资质、等级，实现分级分类管理。

③ 破产案件的管理应由中央政府而非由地方政府负责。因为如果由各地方政府负责，就会出现由于企业注册地的地方政府在税收、投资等方面有利益问题，而过多地以地方利益为前提干涉破产案件（包括重整案件）实施。如美国1978年破产改革法规定了新的联邦政府的机构——美国联邦破产托管人执行办公室来执行和监督破产案件。美国联邦破产托管人执行办公室隶属于司法部，与法院没有任何行政隶属关系，联邦破产托管人执行办公室有独立的职责执行破产法。美国联邦破产托管人执行办公室是全国性的机构，其所属21个地方办公室直接隶属于破产托管人执行办公室，不对地方政府负责。这样，有利于破产法在全国范围内的执行和公平。英国的破产服务局（Insolvency Service）是在1986年和2000年《破产法》(the Insolvency Acts 1986 and 2000)、1986年《公司董事不合格资格法》(the Company Directors Disqualifications Act 1986)、1996年《雇佣权力法》(the Employment Rights Act 1996)下成立的法定机构。破产服务局由署长（Inspector General）领导，其目的就是指导和监督破产案件，通过指派官方接管人监督、管理破产管理人来实现对破产案件的总体调控。英国破产服务局和加拿大破产管理署都有责任做破产案件的统计和调查工作，对破产案件的最佳实践案例做总结。加拿大破产管理署是加拿大的工业部下属机构，监督管理加拿大破产法所述的破产财产和相关事宜。在整个加拿大有15个办公机构：1个总部和14个地方办公室。其职员得到职业的培训，目标是使他们可以成为官方接管人，可以处理所有客户的投诉和咨询。澳大利亚的国家破产协调处（National Insolvency Coordination Unit，NICU）是破产监管机构，隶属于澳大利亚证券与投资委员会。通过国家破产协调处执行包括破产法规的《公司法》，对公司破产从业人员的行为进行监督，其目的是执行公司法。依靠强大的破产从业人员阶层、国家破产协调处和法院的监督，多数澳大利亚破产案件在无须法院过多介入的情况下得到快速、有效、公正的处理。刘伟光：《中国破产管理人制度设计研究》，大连出版社2009年版，第100—103页。

《破产法》的框架下,其主要功能已被法院代替了,因此显得似乎是一个"多余"的机构,丧失了现实需要的迫切性。

这些观点显然是有缺陷和短视的。首先,目前被收入破产管理人名册的中介机构和个人除了律师、会计师事务所及个人执业者,还有一定比例的破产清算事务所、投资或资产管理公司等类型,并不能保证所有的机构或个人都是律师协会或会计师协会的会员。其次,法院应在破产程序中发挥重要作用,并不等于要法院来包办一切事务。从中国的实践来看,如果能将目前法院的司法行政审批功能配置给破产管理署或管理人协会,不但符合国际通行的做法,而且有利于使破产法官从一般破产案件的行政管理、琐碎和有利益关联的商业决定中解脱出来,使之地位更加超然、独立和拥有最终的裁决权,彰显法官的效率和权威;[1] 同时也能更有效地保证司法中立、减少各种司法腐败现象的发生。[2] 当然,目前中国破产案件数量过少,需求不足,与所需投入的资源不相匹配,才是导致建立破产管理署和管理人协会一类的建议无人响应的最主要原因。

现行的管理人名册是法院制定的,也就是说管理人的资质问题,

---

[1] 刘伟光:《中国破产管理人制度设计研究》,大连出版社2009年版,第11页。

[2] "在2006年《破产法》中,对于两个很重要的原则问题,即破产管理人选任和报酬,却留给了本应执行法律,而不是制定法律的最高人民法院来制定。结果最高人民法院制定的两个规定——《最高人民法院关于审理企业破产案件指定管理人的规定》和《最高人民法院关于审理企业破产案件确定管理人报酬的规定》,变成了'法院中心主义'的破产法,即'编制管理人名册标准的是法院,决定管理人名册的是法院,任命管理人的是法院,决定管理人报酬的是法院,对管理人进行监督的也是法院'。法院在整个破产程序中拥有太大的'独自决定'的权力,且没有任何其他机构或个人有监督的权力。这必然会对破产程序中必需的制约机制的形成造成重大障碍。这很可能重蹈1968年以前美国破产法的覆辙,当时美国正是由于破产法院拥有太大的权力,却没有任何制约机制,形成了'破产圈子'(Bankruptcy Ring),导致破产效率低下,没有保护好各方利益。这最终导致美国国会经过10年制定了1978年《破产改革法》,并创造了'联邦破产托管人制度'。在中国,现有的司法制度还有继续改革的必要。2006年深圳中院五名破产法官,包括三任破产法院庭长的破产腐败案,也说明只有司法制度的改革才是解决问题的出路。明确破产法院和破产管理机构的职权边界,保持破产法院和破产管理机构的独立性,使权力得到制衡才能够创造出符合中国经济发展现实、能够促进中国经济发展的破产管理人制度。"刘伟光:《中国破产管理人制度设计研究》,大连出版社2009年版,第35—36页,具体论述详见第104—105页。

交由法院来审核确认，要处罚和除名也应当由法院来做出。因此，在现行体制下如果成立官方的"破产管理署"，所负责的也只是管理人资格认定之外的事项：主要是解决一些无法通过市场化方式解决的问题，比如管理相关的报酬基金，在特殊案件中派出官方管理人等；管理人协会则主要负责提供相关的服务，比如组织咨询、统计、调查、研究、学习、培训、处理投诉、管理人维权、国际交流等。由于破产管理署没有司法行政审批功能，只有服务类的职权，因此授权或外包给破产管理人协会也无不可。①

比如英国有专门的破产管理署，虽然有司法行政审批功能（认证含管理人在内的破产从业人员），但其他的专业组织同样有此功能，因此管理署的主要定位还是服务性机构。管理人的挑选交由债权人负责，因此总体而言法院对案件的介入是非常少的。② 当然也有人批评1986年的英国《资不抵债法》把破产业务完全私有化给了破产从业人员，导致会计

---

① 如广州成立的中国首家破产管理人协会，其职能就包括："支持会员承办广州市中级人民法院及下辖基层人民法院受理的无预交清算费用或缺少清算费用的清算、重整及破产案件，推动该类案件的处理进程。以期协助人民政府和人民法院有效构建符合《企业破产法》规定条件的企业依法有序退出市场的长效机制。协会的业务范围包括反映会员诉求，维护会员权益；协助会员做好广州中院等受理的清算类案件的管理人工作；为会员承办上述案件提供费用支持；搭建平台，加强信息沟通，开展业务培训等。"

② 英国具有最严格的破产执业人制度。英国1986年《破产法》中明确规定了破产管理人的资格条件，其第十三部分为"破产执业人及其资格"。根据该法，几乎所有的破产从业人员都必须隶属于经认证的会计师或律师职业团体（协会）（the Recognised Professional Bodies, RPBs）。这样一共有7+1个机构有权认证管理人资格，其中七家分别是：英格兰与威尔士特许会计师协会（Institute of Chartered Accountants in England and Wales, ICAEW）、爱尔兰特许会计师协会（The Institute of Chartered Accountants in Ireland, ICAI）、苏格兰特许会计师协会（Institute of Chartered Accountants of Scotland, ICAS）、国际认证协会International Profession Certification Association, IPA）、英格兰及威尔士律师公会（Law Society of England and Wales, LSEW）、苏格兰律师协会（The Law Society of Scotland, LSS）、特许公认会计师公会（Association of Chartered Certified Accountants, ACCA）。虽然英国贸易和工业部（the Department of Trade and Industry，以下简称贸工部或DTI）下设的破产事务署（Insolvency Service，或称破产服务属）也可认证破产管理人的资质，但是它只是有认证权的八家机构之一。破产执业资格证书申请人必须得到这七家职业团体中任何一家的授权（为其会员）或是由贸工部特批的学员，满足其要求的相关教育水平并且通过规定的破产专业考试（JIEB，含会计准则、税法、商法等内容），并满足实务经验方面的要求，才能够被授予破产执业执照。只有有执照的破产执业人才可以被认命为破产管理人，英国1986年《破产法》第389条明确规定"无资格担任，构成犯罪"。对于"在没有资格时，担任公司或个人的破产执业人的人应被处以监禁或罚款，或两者并处"。

第六章　中国企业破产重整制度的实行情况、问题及改进建议

和律师在这个业务领域垄断了整个市场。[①] 他们不但可以高度自治,直接掌控破产程序,而且仅受到最低限度的司法干预和公众审查。破产从业人员取代了法院,在破产案件的管理中扮演着核心角色。与之相反,在美国,尽管破产从业人员在主持破产事务和解释法律等活动中有相当大的影响力,但破产法院仍是案件审理的主角。与英国同行相比,美国会计师们对破产案件享有较少的直接控制权。法院始终严密地监督着公司破产案件的方方面面:从破产从业人员的具体工作到破产程序中产生出的各种费用的管理。因法院对破产案件的管理享有普遍之权威,破产重整程序在美国大体上可称为一个司法及律师驱动的程序。[②] 近年来在英美两国,涌现了越来越多的正式法律程序之外的公司重整(私下重整),私下重整的盛行加强了对专家意见的依赖程度。理论上虽然"人人平等",但实践中,由于信息、能力、地位和法律知识上的客观差异,个人在自由订立契约时从来没有实现过真正的平等。唯其如此,才需要法律和法院来保护实际地位悬殊的交易双方。英国式的由破产从业人员主导的破产案件管理模式(自治体制),在英国的法制环境中可行,在别的国家就不一定行得通了。特别是对于包括中国在内的发展中国家,法制相对落后,司法、执法环节薄弱,法律基础刚刚建立,法治传统尚未确立,英国式的自治体系将成为滋生腐败的温床。与此相比,美国式的法院主导体系似乎更适合这些发展中国家。

笔者的观点是,不管是方案一单独建立官方的业务主管部门(如管理署),还是方案二单独建立自治的行业协会并将应属于官方主管机关的职责授权给行业协会,或是方案三协会与管理署两者同时并存,各司其职,都只是形式上的差别,经过一定的功能设计,三种方案的任意一种都可以担当类似的职能。当然在中国这种官本位意识异常浓厚的国家,有明确官方身份的业务主管部门肯定比自

[①] P. Arnold, C. Cooper & P. Sikka, "Insolvency, Market Professionalism and the Commodification of Professional Expertise" (2005) A Paper presented at the 2005 British Accounting Association Conference, Heriot-Watt University, http: www. essex. ac. uk/AFM/Research/working_papers/WP03-01. pdf, p. 17.

[②] Ibid., pp. 20, 25.

治性的行业协会更能获得权威与认同。因此，方案一或方案三似乎更加符合国情。

目前最值得商榷且影响深远的还是破产管理人的选任制度。是应由法院还是债权人委员会任命管理人的问题在2006年《破产法》立法过程中就曾引起激烈的争论。2006年《破产法》采用了法院选任的模式，某种意义上是为了破产法尽快出台而做出的权宜之计。① 经过近10年的司法实践，目前这一选任模式暴露出两大弊病：第一，法院在破产管理人的选任流程中权力太大，如果要避免这一弊病，又可能造成选任过于机械的问题。根据最高院《关于审理企业破产案件指定管理人的规定》，制定管理人评定标准的是法院，编制管理人名册的是法院，从管理人名册中指定管理人的是法院，确定管理人报酬的是法院，对管理人进行监督的也是法院，债权人会议提出更换申请决定是否更换管理人的还是法院。这既不符合世界各国选任管理人的主流做法，也不符合债权人根据意思自治原则来处理破产事宜的一般商业规则。而且在编制管理人名册及在具体案件中指定管理人的过程中，如果方法不当也无法避免出现一些寻租现象。要避免寻租的手段之一，就是采取排序轮候或随机抽签一类的方法来选任。这类方法有快捷、便利、公开、可最大限度地避免法院的主观性及滥用权力的优点，但这类手段实质上又变选任工作为一种射幸行为，用程序公正替代实质公正，明显存在案件针对性不强，缺乏竞争性，不利于破产管理人行业发展的明显缺点。② 第二，债权人会议很难更换破产管理人，因此其对破产程序特别是重整程序的影响力可能会偏弱。虽然法条规定，债权人会议可以向法院申请更换管理人，但只是申请权，且即使是申请权的行使，在实际操作中依然困难。因为债权人会议实际上是非常松散的议事体制，会议的总次数和每次会议的时间都是十分有限的，在没

---

① 在2006年时，考察各立法例的结果是除日本之外，其他法域对管理人的最终选任权都是在债权人会议。我国目前的司法环境似乎和日本还相去甚远。

② 邹学光、张海燕：《破产管理人制度若干问题实务研究》，成都法院网官网（http://cdfy.chinacourt.org/article/detail/2011/06/id/578851.shtml）。

第六章　中国企业破产重整制度的实行情况、问题及改进建议

有开始或刚开始担任管理人，就要求债权人会议对"认为管理人不能依法、公正执行职务或者有其他不能胜任职务情形"举证几乎是不可能的。如前所述，重整案件中管理人的作用具有很强的中国特色，谁来选任似乎都不会有实质性的差别（实际上就是承认现有的清算组）。因此，法院对其的监督作用实际上并不会比债权人会议更大。相反与法院相比，债权人会议作为利益可能真正受损的一方，拥有直接的救济渠道来实施维权事宜（就是将更换管理人作为一种谈判筹码）似乎更为适当。

因此，如果能将法院对破产管理人的行政审批和选任职权剥离出来，交给破产管理署，法院改为进行监督，并赋予债权人会议（及其委员会）更换管理人的权利，行业协会负责对管理人的服务性工作，则至少在逻辑上，能较好地理顺管理人制度。

第四节　新投资人（重组方）

一　新投资人在重整过程中的法律权利问题

新《破产法》中没有关于新投资人（重组方）的任何规定，对重整的规定局限于债务安排，没有从产权市场的角度去考虑破产重整具有的可能意义。但实践中，目前已批准的上市公司重整计划中，几乎毫无例外地都引入了重组方即新投资人参加重整。因此在缺乏正式法律规定的情形下，仅仅依靠合同法和新投资人自己的商业判断是否足以确认和保障其法律地位和合法权益，是一个值得思考的问题。新投资人在重整中的法律权利有如下几种。

（1）参加重整申请权。特殊行业债务人需在司法破产前行政停业整顿的，新投资人及其重组方式一般由政府主管部门或其指定机构决定和选择。如信托投资公司重整中新投资人在进入破产程序之前需经银监会审批，经过行政清算程序的新投资人在进入破产程序之后，法院可直接确认其主体资格。如非特殊行业，新投资人进入重整程序可向管理人提出申请，或由管理人推荐。经管理人初步审查后报法院批准，法院根据新投资人的申请及管理人的推荐审查其是否符合相关资

格条件，决定是否批准。① 《破产法》可以规范的主要是管理人和法院的审查标准及在被否决时申请人是否可以申请复议两项。

（2）重整计划制订权。目前重整计划制订权仅在管理人和债务人手中，不但新投资人，甚至连公司的债权人和依据《破产法》第70条规定可以提出重整申请的持股10%以上的股东都没有法定的提出、制订和修改重整计划草案的权利。② 这可能使新投资者、债权人和股东陷入比较被动的地位，必须依靠管理人和债务人才能发表自己的意见，影响重整的效率；可以考虑由《破产法》提供保障。

（3）债权人会议列席权，也可考虑由《破产法》提供保障。

（4）是否需要其他权利。另外还有两种权利需不需要通过《破产法》来保障呢？一是重整计划执行权；二是参与重整过程中对侵权行为的异议抗辩权，比如重整过程中新投资人知情权被侵犯时。③ 笔者的意见是这两种权利很难也无须通过《破产法》来保障。因为重整计划一旦通过，新投资人就成为重整计划的一方当事人或公司的股东，自然拥有了重整计划的执行权。对重整期间的侵权行为，同理，如果重整计划通过或已完成出资，可依照合同或股东身份来维护自己的权益；如果尚未通过重整计划，可以选择用脚投票，放弃重整，因此也不需要专门规定异议或抗辩权。

二 新投资人的出资问题

新投资人参加重整，有至少以下三个实体问题需要考虑：（1）新投

---

① 张仁辉：《破产重整中新投资人的法律地位及权利》，载《破产法论坛》第4辑，法律出版社2010年版，第247页。

② 当然事实上重整计划草案肯定是债务人与债权人充分协商的结果。所谓由债务人制订，是指由公司的董事会制订。其他利害关系人如债权人或出资人也可以自行制订重整计划的草案，但需提交给管理人或者债务人，经其审查认为该草案具有可行性时，再由其依法提交债权人会议讨论。目前法定的债权人和出资人权利仅限于对重整计划草案同意或不同意的表决权，没有对该草案直接的修改权及提出修改的具体期间、方式、效力等规定。

③ 新投资人要求债务人或管理人提供相应资料、信息和文件的权利以及追究进行虚假信息披露当事人相关责任的权利等。

资人投入资产的性质有无要求,特别是用债权或股权出资以及债转股问题。① 我国《公司法》第 28 条、第 82 条规定了设立公司时的出资问题,对债权和股权出资未作明确规定,通常情况下是否接受股权和债权出资以及折算方式属于商业判断,由重整计划各方协商决定。
(2) 新投资人对债务人的重整和后续健康发展是否有利。跟第一个问题有关联,某种意义上,不是法律问题,是投资者自决的问题,但是由于重整各方的信息严重不对称,单纯依靠商业判断,容易导致谈判中的弱小当事人一方利益受损,特别是在上市公司重整案件中。
(3) 会不会触及反垄断问题,同行业内部的破产收购可能导致在该行业内形成垄断局面。

对于债转股问题,目前缺乏具体的法律规定,但实践中已有了运用的实例,如 2005 年的"福建水泥"债转股案。② 如果是发生在破产重整过程中,要解决的关键问题将是:以谁的债权出资有无区别?谁以债权出资有无区别?前者是要区分:出资人是以对公司的债权作为出资,还是以对公司之外的他人之债权作为出资?后者则要区分:能否从别的债权人处收购债权之后主张债转股,还是只能由债权人本人主张债转股?对于这几个问题的初步分析及其解答见表 6—9。

---

① 这里所谓"债转股",是指债权人将所持债权转为其对债务人股权的投资行为,但不包括可转换债券的"债转股",也并非是"以股抵债"的反向操作,后者严格来说应叫作"股份回购抵债",是为了纠正、解决控股股东侵占上市公司资金问题,允许上市公司依特定价格回购控股股东所持有的股份,并以回购应付价款与控股股东侵占上市公司资金所形成的负债相抵消。从注册资本的角度看,债转股是一种增资行为,而以股抵债是一种减资行为。

② 2005 年 5 月,中国建筑材料集团将持有的福建水泥中央级"特种拨改贷"资金本息余额(债权,系 1998 年底福建水泥承债式兼并原福建省顺昌水泥厂而转入的兼并债务)共 52474795.29 元转为公司国有股(以福建水泥 2000 年 2.84 元的每股净资产值为价格,转为 18477040 股福建水泥国有法人股,余额部分 1.69 元以现金支付)。转股完成后,福建水泥的总股本由 282816991 股增至 301294031 股,福建国有资产管理委员会持有的国家股占总股本的比例将由 42.97% 降至 40.34%,中国建材集团以 6.13% 的持股比例成为福建水泥第二大股东。

表6—9　　　　　　　　　　债转股问题分析

	"以谁"的债权出资		"谁以"债权出资
出资人以对公司的债权作为出资	以对公司之外的他人之债权出资	由债权人本人主张债转股	能否从别的债权人处收购债权之后主张债转股
实际上等于债转股，应当允许*	因债权的价值具有非常大的不确定性。**如果能够为该债权的实现提供有效的担保，可以允许，否则不宜接受。该思路也适用于股权出资，但技术上更难操作，因为判断股权价值比判断债权价值更难***	允许	似乎没有反对的合理理由，禁止收购债权主要是在违法抵消的问题中会涉及，除此之外的债权收购应该仅仅是一个商业判断

* 我国第一部规范商业性债权转股权登记管理的行政规章《公司债权转股权登记管理办法》已正式发布，并于2012年1月1日实施。该管理办法明确提出了重整计划中可以列入债转股，对于公司重整特别是上市公司重整实践有积极意义。

** 从一般民商法的角度，可以转换成股份的债权应满足：(1) 债权的性质是依据法律、合同可以转让的债权。具有人身依附性质的债权如赡养金、抚养金、侵害人身权赔偿金等，不能作为出资。根据合同性质不得转让的债权不能作为出资，如基于当事人特定身份订立的出版合同、委托合同等产生的债权。行政罚款、刑事罚金以及追缴金等公法上的债权也不允许转化为出资。(2) 债权原则上应当是货币债权或者债务人书面同意转化为货币债权的其他债权。非货币债权的标的情况复杂，除确为公司生产经营所需要，否则不得作为对公司的出资。所以对债权而言，可评估性的具备不等于完全具备出资的可能性。(3) 债权应具有确定性。附条件的债权不得作为对公司的出资。王欣新、徐阳光：《论上市公司重整法律制度》，载《破产法论坛》第1辑，法律出版社2008年版，第85页。

*** 债权有到期日，因此可以到期日或实际实现的金额来判断债权价值。股权出资，一无到期日，二可能无实际实现的问题（用来出资的股份未必会或真能够再次转让），因此判断股权价值远比判断债权价值更难。

至于新投资人参与上市公司重整的具体方式，实践中可见两种：一是通过拍卖程序取得控股股东的股权，主要是在上市公司的控股股东的股权因被法院查封、质押而无法自由转让的情形下，只能通过司法拍卖程序处理相关股权。在股权拍卖之前，如果已有意向重组方，在拟定股权拍卖的竞买人资格时，往往需要设定一些特殊条件，使意向重组方能够比较顺利地竞拍成功，当然这种条件限定需合理，否则就有限制竞争的嫌疑。二是通过重整计划调整股东权益取得股权。其中最为常见的方法是在重整计划中对现有股东权益进行调整，如减少

第六章 中国企业破产重整制度的实行情况、问题及改进建议

和让渡。现有股东调减全部或部分股权划转到管理人开立的重整专用账户,管理人根据重整安排将这些股权直接分配给公司债权人用于清偿债务,或者有条件转让给重组方以换取重组方向公司提供资金或者注入资产实现对公司的重组。此外,还有通过资本公积转增股本取得增量股权;[1] 或者通过定向增发获得控股股权的(如北生药业的重组方就是单纯通过重整计划获得定向增发权,之前未通过任何途径获得股权)。

无论是哪种方式获得股权,都涉及重组方是否要支付对价、如何支付、向谁支付等核心问题。对此也没有固定的操作模式,需综合考虑重整公司的资产负债情况、债权的清偿比例、重组方为公司清偿债权提供的支持(为执行重整计划提供偿债资金或担保的情况)、重组方拟注入公司的资产状况及注入资产的方式、重组方是否想在重整程序中获得定向增发权(如想获得则要支付一定的对价并承担相应的责任)等各方面因素来确定。[2]

---

[1] "有些上市公司股权结构比较分散,直接让渡股权的方案可能无法获得出资人组表决通过,从而导致整个重整失败,需要寻求其他的调整方式。在北生药业重整案件中,首次在重整计划中引入了以资本公积金转增股以提高清偿率的出资人权益调整方案,属于全国首例,得到了中国证监会、上海证券交易所和中国证券登记结算公司的一致认可,在重整程序中出资人权益调整方面具有里程碑式的意义。后来,丹东化纤、锦化氯碱、方向光电、中基实业、石岘纸业等重整案件也借鉴了这一做法。资本公积转增的股权既可以直接用于清偿债权人,也可以由重组方购得。如果上市公司债权比较特殊,绝大部分债权必须用现金清偿,转增的股权直接分配给债权人不可行,而重组方又特别希望直接获得一定数额的股权,掌握对上市公司的控股权,则可以设计重组方直接获得转增的股权,并支付一定的对价。"见郑志斌、张婷《公司重整:角色与规则》,北京大学出版社2013年版,第494—495页。

[2] "投资重整公司需要承担的成本:(一)根据重整计划规定受让股东调整股份的资金对价;(二)为保障重整计划执行提供资金支持或者担保;(三)注入具有持续经营能力和盈利能力的优质资产;(四)为公司经营发展提供融资支持;(五)其他成本(根据各重整上市公司实际情况的不同,新投资人往往还需要承担一些其他成本。如资产置换的成本,即根据资产重组安排将上市公司不良资产置出的成本,如咸阳偏转以其拥有的除1亿元现金外的其余全部主业资产与重组方持有的陕西炼石100%股权进行资产置换,置换差额由咸阳偏转向陕西炼石全体股东非公开发行股份购买;因无法准确预计债权在重整后需要承担的成本,如中小股东诉讼成本,夏新电子、九发股份需要支付中小股东赔偿款,虽然是上市公司承担,但重组方作为第一大股东,其利益也受到影响;上市公司历史遗留问题可能需要承担的成本,如解决大股东占款问题成本,九发股份、丹东化纤、银广夏等公司的重组方都为此承担了一定成本;职工安置成本,在对壳公司的重组过程中,对人员的处理一方面涉及高管人员个人前途、职位、收入等方方面面问题,另一方面大量职工的留用和安置往往会成为社会问题,新投资人往往需要承担一定的职工安置成本)。"见郑志斌、张婷《公司重整:角色与规则》,北京大学出版社2013年版,第496—498页。

第五节 《破产法》与其他法律在衔接方面的各种问题

当然,如果是上市公司重整,会有一些法律衔接上的问题,主要表现为《证券法》、《公司法》与《破产法》的相关规定间的矛盾、冲突和存在法条真空。其中一些主要问题及其可能的解决途径整理见表6—10。

表6—10 《破产法》与其他法律在衔接方面各种问题解决途径

问题	解决
《证券法》第86条:以持股达5%作为要约收购中发布收购公告和暂停收购活动的界线。	在重整中,如严格执行5%的披露与停购规定,将大大增加重整的各项成本。应放宽上市公司在重整程序中的收购信息披露制度,允许收购人按照重整计划一次性披露收购信息,并不间断地一次性完成收购。
《证券法》第88条:收购人持有一个上市公司已发行的股份达到30%时,继续进行收购的,应当依法向该上市公司所有股东发出收购上市公司全部或者部分股份的要约。 《上市公司收购管理办法》第62条:"有下列情形之一的,收购人可以向中国证监会提出免于以要约方式增持股份的申请:……(二)上市公司面临严重财务困难,收购人提出的挽救公司的重组方案取得该公司股东大会批准,且收购人承诺3年内不转让其在该公司中所拥有的权益……"此处"重组"应包括破产重整程序。但该条规定要求重组方案(重整计划)须得该公司股东大会的批准,与《破产法》不衔接。	据《破产法》规定,重整计划草案由债权人会议分组表决通过,出资人权益调整由债权人会议下设的出资人组进行表决,无召开股东大会一说,即便出资人组未通过重整计划草案,法院也可强裁通过重整计划。证券立法应根据《破产法》重整制度的规定做相应调整。
为重整成功,包括实现债转股,公司在重整程序中都会有增资扩股、继续融资的需要,但是上市公司如发行新股(当然理论上不排除发行担保债券),根据《证券法》第13条、第16条、《上市公司证券发行管理办法》的规定必须具备相应的赢利能力、净资产规模等证券发行条件,重整中的上市公司通常是不具备上述条件的。	可以选择非公开发行的方式定向增发。上市公司非公开发行股票,无须满足公开发行的严格条件与程序,法律很大程度上授权当事人自治。只要上市公司与发行对象达成了发行、认购股票的协议,并报证监会经"特别程序"批准后,就可付诸实施。*可根据重整的现实需要修订《上市公司非公开发行股票实施细则》(2011年修订)中的相关内容。**

续表

第六章 中国企业破产重整制度的实行情况、问题及改进建议

问题	解决
《公司法》第122条：上市公司在一年内购买、出售重大资产超过公司资产总额30%的，应当由股东大会做出决议，并经出席会议的股东所持表决权的2/3以上通过。	重整计划草案由债权人分组表决，无召开股东大会表决一说。可由《公司法》做出相应调整或通过司法解释进行协调。
《关于上市公司重大购买、出售、置换资产若干问题的通知》（证监会105号文）规定相关交易需由中国证监会股票发行审核委员会（发审委）审核，公司董事会执行通知等事项。	重整计划草案是由法院批准的，且批准后就具有法律效力，未规定其中的资产交易还需证监会发审委审核。此外，在重整程序中，公司董事会通常已被停止运作，被管理人取代，也难以再执行上述通知中的规定。可由司法解释进行补充规定，同时证监会与最高院应对审核问题进行协调。
《破产法》第88条：重整不成功（包括因重整措施未能获得必要的行政许可）***时将直接转入破产清算程序，甚至不需考虑是否存在破产原因。上市公司的破产不以先行退市为前提，甚至法定程序中没有给退市预留时间；且从法理上讲，即使重整成功也不一定就能够保证公司不退市。	要充分提示投资者，重整也是破产程序，重整和重组并不能等同。应与《证券法》在是否需要退市的问题上进行衔接。
《上市公司信息披露管理办法》规定：上市公司的信息披露义务人包括发行人、收购人、上市公司董事、监事、高级管理人员等；还包括对上市公司重大事项有重要影响的控股股东、实际控制人。但是在上市公司进入破产程序并由管理人接管后，应该由谁来负责上市公司的信息披露工作，披露的内容并承担因信息披露的不真实、不完整或存在重大遗漏、误导性陈述而带来的法律责任？	司法解释可规定上市公司在进入破产重整程序后，除应按照《证券法》、《上市公司信息披露管理办法》以及相关的信息披露准则要求，在季度报告、半年度报告、年度报告中如实披露公司的重整及其进展情况外，还应在上市公司申请重整、任命管理人、召开债权人会议以及将重整计划草案提请表决前的各个特殊时期向债权人、股东及社会公众履行必要的信息披露义务。确立"谁掌握信息、谁披露"的规则，在管理人接管上市公司之后，信息披露义务由管理人加以负责；若债务人自行管理财产和营业事务的，信息披露可以由原披露义务人负责，管理人进行监督。

* 作为一项重要的重整措施，非公开发行股票要写入重整计划。需要债权人（涉及"出资权益调整"的还要经过出资人组通过）分组通过后，由法院最终认可或强制批准。同时，根据证券法规定，上市公司非公开发行新股，必须符合证监会规定的条件，并报证监会批准。证监会的审核程序规则主要涉及《中国证券监督管理委员会发行审核委员会办法》、《上市公司重大资产重组管理办法》和《上市公司收购管理办法》。根据《中国证券监督管理委员会发行审核委员会办法》第33条：发审委审核上市公司非公开发行股票申

请,适用"特殊程序"。又根据《上市公司重大资产重组管理办法》第44条:上市公司申请发行股份购买资产,应当提交并购重组委审核;第45条:上市公司发行股份购买资产导致特定对象持有或者控制的股份达到法定比例的,应当按照《上市公司收购管理办法》的规定履行相关义务。特定对象因认购上市公司发行股份导致其持有或者控制的股份比例超过30%或者在30%以上继续增加,且上市公司股东大会(重整中应改为债权人会议中的出资人组)同意其免予发出要约的,可以在上市公司向中国证监会报送发行股份申请的同时,提出豁免要约义务的申请。所以,就监管而言,重整中上市公司非公开发行股票要受到证监会和法院"双重监管"。证监会的监管集中在发行审核、发行股份购买资产审核和要约收购豁免审核方面;法院的监管则集中于对重整计划包括其中的非公开发行股票方案的审查和批准方面。赵泓任:《重整中上市公司非公开发行股票的相关法律问题》,载《破产法论坛》第2辑,法律出版社2009年版,第58页。

** 《上市公司证券发行管理办法》规定,上市公司非公开发行股票,发行价格不低于定价基准日前20个交易日公司股票均价的90%。证监会于2008年11月11日颁布〔2008〕44号文《关于破产重整上市公司重大资产重组股份发行定价的补充规定》,允许进入重整程序的上市公司突破停牌前20日交易均价90%的限制要求,其股份发行价格可由相关各方协商确定,有利于降低投资人的持股成本。但是,协商定价在经过股东大会同意的同时,还需要经出席股东大会2/3以上社会公众股东表决通过。此外,《上市公司证券发行管理办法》中规定的一些消极条件应当豁免适用。比如控股股东、高管层的过错及其责任追究,不应影响到重整中上市公司非公开发行股票的主体资格;适当合并发行、重大资产重组与要约收购豁免等三大审核,建立以发行审核为主的集中审核体制,简化相关程序。

*** 目前最高法要求,上市公司重整案件受理前必须征得证监会的同意。此外,如果涉及外资并购即重组方为外国投资者或者有外资血统的(我国外商投资的立法和实践历来把来自香港、澳门和台湾的投资视为外资),根据《上市公司收购管理办法》第4条及《上市公司非流通股股份转让业务办理规则》第11条的规定,还应当取得商务部的同意。但对于行政审批的时间应在法院裁定批准重整计划之后还是之前的问题,行政部门和法院意见尚有分歧。最为保险的做法是重整计划草案涉及具体行政许可事项的,应先行取得相关行政机关的许可,即经过行政机关的审批应当是法院批准重整计划草案的前提,而非重整计划执行的前提。

第六节 重整程序中的其他问题

一 《破产法》第85条规定股东进行表决的条件为"重整计划草案涉及出资人权益调整事项"该如何理解?

有学者认为该条并没有明确规定所有者权益必须为正。即使公司

第六章 中国企业破产重整制度的实行情况、问题及改进建议

账面上已经资不抵债，只要涉及股东权益调整事项，似乎都应成立出资人组进行表决。因此，不论实践中是如何操作的，仅仅从逻辑上，该条规定"是立法的一个缺憾"。① 的确，对于没有任何权益的组别而言，表决是无意义的，直接视为反对更加合理，重整计划根本没有必要征求其同意。只有在至少表面上所有者权益还有剩余的情况下，才能谈到重整计划是否会涉及其（剩余）权益的问题。但解决这个问题不必动用立法手段，依靠对权益的缩限解释就能达到目的。所以正确的解释是，这里的权益不是指一般意义上的法律权利，而是指会计学上所有者权益为正的事实状态。因为"权益"这两个字的前提就是首先确实有权益存在，如果明确资不抵债了，那就是说已经没有任何（所有者）权益了，因此，也就肯定谈不上权益"被调整"，也就无须进行表决了。比如《公司法》第104条规定"公司持有的本公司股份没有表决权"，实际上就已经运用了"只有所有者权益对应的股份才能表决"这一原则，因为自己股份实际上就暂时既无对应的权益也无适格的所有者。

同样，也不是所有的股东都能参加出资人组的表决，只有首先存在权益，其次又在方案中受到调整的股东，才能参加出资人组投票，特别是在公司存在各种类别股或优先股股东的情况下。未受调整的股东，如果有的话，不得参加出资人组表决。这样就明确了出资人组的组成人员不必是全体股东，可能是某一类或一部分股东。②

最后，依照法条，《破产法》只是规定了股东对出资人权益

---

① 我国台湾地区"公司法"第298条规定：股东的表决权按公司法的规定确定。每一股有一个表决权股东所持股份的数额即是表决权的数额，但特别股股东或某一股东已有发行股份总额的3%以上的，其表决权应当受到限制。公司无资产净额时，股东组不得行使表决权。郑志斌、张婷：《公司重整制度中的股东权益问题》，北京大学出版社2012年版，第161页。

② 从目前上市公司重整实例来看，的确采用了这一原则。如*ST宝硕设立的出资人组由2007年12月28日股票交易结束后全体登记在册的*ST宝硕股东组成。因为全体股东的权益在重整计划中都受到调整。*ST沧化出资人权益调整所涉及的出资人范围为截至2007年11月21日公司股票停牌日，登记在册的股东中持股10万股以上（不包括10万股）的股东。持股10万股以下的小股东，根据重整计划权益未受到调整。郑志斌、张婷：《公司重整制度中的股东权益问题》，北京大学出版社2012年版，第162页。

"调整事项"进行表决,并非像债权人是对整个重整计划进行表决。但现实中,这一点未获得足够的重视和严格的执行。当然这可能跟重整计划和调整事宜难以明确区分有关,因为不了解整个重整计划,是无法判断股权调整事项是否合理的。至少这条的存在,反证了单纯出资人组表决通过而没有任何一个利益受损的债权人组通过该计划,是不能作为法院强制裁定批准重整计划的最低标准的。

二 对《破产法》第87条该如何理解

《破产法》第87条规定了法院对重整计划的强制裁定的批准标准。主要争议有三。

首先,很多表决组,比如职工债权、税收债权甚至担保债权组,由于第87条规定对其利益不能有实质性的损害,因此,重整计划中肯定不会对其利益进行实质调整。因此,这些组别的同意与否跟重整计划是否合理,没有必然联系,其是否同意重整计划,不应当作为法院强制批准该计划的依据。[①]

其次,如前所述,没有规定必须至少有一组利益受损的债务人组同意了重整计划,法院才能强制批准该计划的基本原则。因此,实践中就出现如*ST光明重整案这样的情形,在债权人会议优先债权组、大额普通债权组两次表决未通过重整计划草案的情况下,伊春中院强制裁定批准重整计划并终止重整程序。按照美国破产法规定,依照重整计划,如果有至少一组的债权人(a class of claims)会受到损害,那么至少要有其中一组的受损债务人是同意了该重整计划的,否则法院不能强制批准该计划。[②] 这对于账面上已经资不抵债的公司重整计划而言尤其重要,否则如何体现重整计划的公平

---

① 郑志斌、张婷:《公司重整制度中的股东权益问题》,北京大学出版社2012年版,第159页。
② 11 USC s.1129 (a) (10) (2005),原文为:If a class of claims is impaired under the plan, at least one class of claims that is impaired under the plan has accepted the plan, determined without including any acceptance of the plan by any insider。

第六章　中国企业破产重整制度的实行情况、问题及改进建议

合理?① 我国《破产法》第 87 条关于强制批准的条件并未体现出这一要求。因此,实践中,不乏仅出资人组表决通过的情况下(没有任何一个利益受损的债权人组通过该计划),法院就动用强裁权批准重整计划的案例。②

再次,第 87 条不仅没有规定必须至少有一组利益受损的债务人组同意了重整计划才能强裁通过,甚至学术界和实务界认为,根据现行法的表述,即使在所有表决组都没通过的情况下,法院也都有权利强制裁定重整计划通过。因该条第 1 款、第 2 款规定:

> 部分表决组未通过重整计划草案的,债务人或者管理人可以同未通过重整计划草案的表决组协商。该表决组可以在协商后再表决一次。双方协商的结果不得损害其他表决组的利益。
>
> 未通过重整计划草案的表决组拒绝再次表决或者再次表决仍未通过重整计划草案,但重整计划草案符合下列条件的,债务人或者管理人可以申请人民法院批准重整计划草案。

---

① 如果没有一组权益受到影响的债权人接受该重整计划草案,法院就强制批准,过于专制。因此,即使其他标准都满足了,如果这一条件没有满足,法院也不可以对该计划予以强制批准。该原则的设定既是在一定程度上对债权人意思的尊重,同时也是对于法院滥用强制批准权的一种限制,可以制约法院裁定的做出,从而更有利于保护债权人利益。《江苏省高级人民法院审判委员会关于妥善审理破产案件、维护经济社会稳定若干问题的讨论纪要》(2009 年 2 月 3 日苏高法审委〔2009〕2 号)中做出类似于美国法的解读:"人民法院对重整计划的批准审查应当围绕社会公共利益原则综合平衡各方当事人利益。表决组表决结果出现反对意见的,在至少有一个权益受影响的表决组已经接受重整计划草案、每一个反对重整计划草案的债权人或者股东在重整程序中至少可以获得在清算程序中本可获得的清偿等情况下,人民法院应当以社会公共利益和重整计划可行性为标准行使自由裁量权,避免因部分利害关系人的反对导致重整程序不能进行。"强调了"至少有一个权益受影响的表决组已经接受重整计划草案"。

② "截至 2011 年 10 月 30 日,公司重整实践中已经出现了一些法院强制批准的案例。上市公司重整案例有八例:天颐科技、天发石油、沧州化工、宝硕股份、帝贤股份、光明家具、锦化氯碱、方向光电。非上市公司重整案例中,海吉氯碱重整计划草案在大额普通债权组未通过的情况下被法院强制批准。这些案例都是债权人会议没有表决通过的情况下法院强制批准。"也就是说,目前中国的重整案件中,有不少是以唯一的出资人组通过作为重整计划强制裁定批准的最低标准的。见郑志斌、张婷《公司重整制度中的股东权益问题》,北京大学出版社 2012 年版,第 175 页。

因此，有观点认为由于第 2 款是写的"未通过重整计划草案的表决组拒绝再次表决或者再次表决仍未通过"而不是"'部分'未通过重整计划草案的表决组拒绝再次表决或者再次表决仍未通过"，所以，就等于承认无论有多少组未通过重整计划，也无论是否再次表决和再次表决的结果，只要符合强裁条件，法院都可以批准重整计划草案。① 笔者认为，这种解读未免过于断章取义，第 2 款不过是第 1 款的继续，无论是在时间还是在逻辑上，都是以第 1 款作为前提的。因此，第 2 款只是省略了"部分"两字而已。反之第 2 款如果加上"部分"、"那些"等定语，会使得第 2 款读起来显得非常臃肿和啰唆，甚至产生歧义，不符合一般汉语的表达习惯。②

三 出资人组决议通过的标准：普通决议还是特别决议？

现行《破产法》对债权人组的表决标准规定得比较详细，采取了人数与债权总额比例的双重标准。但是对于出资人组的表决标准，则没有明确规定。首先，依上所述，并不是所有股东都有资格参加出资人组投票。其次，依照一般股东大会投票规则，应当按照有投票资格同时出席会议的股份数量来计算，但究竟是按照过半数的简单多数决还是按照 2/3 以上的特别决议来处理，第 85 条没有规定。各国的立法例稍有不同，有规定按特别决议来处理的，如美国 [11 USC § 1126 (d)]；也有按照普通决议来处理的，如日本（《日本公司更生法》第 205 条）、韩国（《统一倒产法》第 237 条）和中国台湾地区（"公司法"第 302 条）。各有其理据作为支持，建议采取特别决议的，主张重整计划草案的通过是一个非常重大的决策，比之于修改公司章程、增减资、公司合并、分立、解散或者变更公司形式等决议（中国《公司法》第 103 条第 2 款规定的特别决议事项）的重要性也毫不逊色，当采取特别决议的形式。但实际上不同决议之间的重要性

---

① 郑志斌、张婷：《公司重整制度中的股东权益问题》，北京大学出版社 2012 年版，第 221 页。

② 比如"部分"之外的表决组又指的是哪些组？也就是说中文法条的表述中加入过多的修饰和限定，不但不一定能严密逻辑，甚至可能适得其反。

第六章 中国企业破产重整制度的实行情况、问题及改进建议

是很难进行比较的。比如增资在美国属于董事会决议范畴，在中国必须是股东大会，而且以特别决议形式才能做出。因此，以重要性作为判断依据太过主观。目前实践中多采用参加投票的股权的 2/3 以上的特别决议标准，总的来说是因为中国的上市公司一般持股比较集中，大股东主导相对明显。另外是因为绝对优先原则未得到严格的执行，相比债权人，股东总的来说通过重整能得到更多的利益，因此反对重整计划草案的理由并不充分。

主张采取简单多数决，也并非认为该决议不重要，考虑更多的可能是表决通过的现实难度。比如股东网络投票理论上被认为是提高股东参与积极性、增加公司决策民主的好办法，但是实践中发现，由于采用网络投票，客观上增大了股东否决重整计划的机会，股权越分散的公司，这种风险就越高。① 因此设立何种表决标准，主要在于立法者促成重整成功的愿望有多强烈，很难从理论上证明过半数通过就不能代表大多数股东的意愿。当然目前中国的现实情况是，可能所有的债权人组都不同意重整计划，只有出资人组同

---

① "网络投票的开通使得出资人会议表决通过的难度增大。很多中小股东对于重整制度并不了解，不明白股东在重整中应该处于什么地位，特别是在资不抵债的情况下，股东是否还应该有很高的收益预期。很多股东并不考虑债权人的损失程度，不愿意损失共担，有的股东不但要求不能有任何损失，甚至还要有收益，否则就投反对票。"这些问题在"银广夏"重整案表现得比较突出。银广夏采用参加投票的股权的 2/3 以上标准，其重整草案对中小股东的调整幅度并不大，但草案两次表决未通过。"银广夏的最突出特点就是股权极度分散，6.86 亿元总股本分散在近 7 万名股东手中，最大的股东持股仅 3.64%，其他股东没有一个超过 1000 万股，第二、三大股东持股比例合计约 1%，与股东解释沟通的工作难度极大。而其他几个公司（指同样采取网络投票的创智科技、方向光电、宏盛科技三家）都有持股比例相对较高的大股东，能够在表决中起到重要作用。开通网络投票方式使银广夏股权分散的劣势显得更加突出。从上文所列图表可知，参加出资人会议表决的股东人数达到 6929 人，这在上市公司重整案例中绝无仅有，是其他几个公司的 10 倍，而代表的股份则只占总股本的不到 40%；都低于其他公司。实际上，积极参加网络投票的中小股东多数都是要投反对票，而大多支持权益调整方案的中小股东不一定参加网络投票，因为网络投票程序比较烦琐，又有时间要求。因此，网络投票结果并不能完全客观反映出资人权益调整方案本身的优劣。"（见郑志斌、张婷《公司重整制度中的股东权益问题》，北京大学出版社 2012 年版，第 215 页。）当然银广夏的最主要问题不是股权分散，而是在公司已经严重资不抵债的情况下，仍然让股东通过网络投票参与出资人组表决。如前所述，这是非常不合理的。

意,因此实际上法院最后是以出资人组同意为底线强制裁定重整计划的通过。即使是这样的情形,由于股东和债权人在重整中的利益是相反的(股东多一点权益就意味着债权人少一点受偿),因此,设置更高的股东表决要求,和债权人利益保护无关。唯一相关的就是公司大小股东之间的利益博弈。根据目前的实际情况,在重整中大股东明显损害中小股东的情形(有法律依据可以追究的,而非仅有道义上的批判的)并不算过于严重,如果有,常见的是大股东占款的问题在重整计划中处理不公。[①] 但总的来说,至少从目前表面上的统计数据来讲,小股东在重整计划中的调整比例通常还是低于大股东的。因此,认为会普遍出现大股东利用重整计划来侵害中小股东利益的判断没有充分的证据支持;或者说即使有侵害的问题,但并不是在本来就剑拔弩张的重整程序中表现出来,更可能是在重整前正常经营状态下相对缓和的情况下发生。因此,在重整期间企图翻这些旧账,不仅可能缺乏法律依据,仅就时效和举证方面而言,也势必沦为一场没有实质意义的道德控诉和情绪宣泄而已。

最高院《关于审理上市公司破产重整案件工作座谈会纪要》(法

---

① 2012 年*ST 海龙的重整方案曾引起中小股东的强烈反对,认为出资人让渡方案明显偏向大股东和重组方,损害了中小股东利益,并呼吁全体流通股股东在出资人会议投反对票。这个被认为是损害中小股东利益的方案是:第一大股东潍坊市投资公司、第二大股东潍坊康源投资有限公司、第四大股东上海东银投资有限公司,分别无偿让渡所持有公司股份的 78%、30% 和 50%,第三大股东潍坊广澜投资有限公司以其所持有公司股份清偿其自身债务后剩余股份全部无偿让渡,计 25%;公司其他全体股东也就是中小投资则各无偿让渡所持有的公司股份的 25%。中小股东代表认为其 25% 的让渡比例明显过高,高管层和员工持股的二股东和三股东直接导致公司资不抵债的后果,理应让渡更高比例。大股东潍坊市国资委让渡所持股份 78% 后,仍保留了 3078 万股,而国资委最早的持股成本近似零;二股东潍坊康源投资和三股东潍坊广澜投资均是公司高管层的关联公司,历经分红送股以及转增股份后,最初持股成本均不到 1 元。如果分别让渡所持股份的 30% 和 50%,持股成本也不到 2 元。海龙的股价进入 2011 年以来,就在 5 元以上,以二级市场股价 5 元作为持股成本计算,如果再让渡 25%,相当于大部分中小股东的成本超过了 6 元。经过让渡后,重组方恒天集团,相当于 5 亿元获得了 2.57 亿股海龙股份,持股成本也仅约 2 元多。中小股东的结论就是即使是公司退市的结果也不见得比这个方案差,因此呼吁流通股股东投反对票。[周莉:《*ST 海龙重整方案引争议 中小股东呼吁投反对票》(http://business.sohu.com/20121015/n354905219.shtml)。] 但是这种"损害"诉求,只有道义上的合理性,几乎不可能得到法律上的支持。

〔2012〕261号）第7条最终规定采用特别决议说：出资人组对重整计划草案中涉及出资人权益调整事项的表决，经参与表决的出资人所持表决权2/3以上通过的，即为该组通过重整计划草案。无论如何是为这一问题的争论写下了一个休止符。

除了以上这些问题，目前学术界关注的还有关联企业合并破产或合并重整的问题，但由于篇幅所限及内容上的差异，有关文字暂不放入本书，将在笔者的其他文章中进行专门论述。

结　论

在本书的开头，我们提出了五个问题，分别是：（1）在破产清算变得无所不能的今天，重整制度是否还有存在和发展的必要？（2）为什么根植于相同法律传统和社会经济条件的国家从其设计理念、旨趣到最终形成的破产重整制度都大相径庭，相去甚远？（3）这些理论和现实层面的差异真的那么巨大吗？哪一些差异是真实存在的，哪一些仅是一种表象而存在于人们的想象之中？（4）在破产重整领域，有没有一些关键的设计元素是普世的，适合于任何一个法域又不可或缺于任何一套具体的制度呢？如果有，这些元素又是什么？（5）中国的破产重整制度，在过去的10年中，学到了什么，又欠缺了什么呢？

在梳理和比较了美国、英国、中国三个国家的破产重整体系之后，我们终于可以尝试为这些问题，提出一些初步的结论。但是这里给出答案的顺序，跟提出问题的顺序却是大致相反的。

第一，中国的破产重整制度，在过去的10年中，学到了什么，又欠缺了什么呢？

之所以能够将美、英、中三国的破产重整制度放在一起比较而不显得唐突，主要是因为，中国的破产重整制度正是在充分参考美、英两国重整立法的基础上，脱胎而来。因此，至少在这个领域，我们可以说，中国重整制度远离了大陆法系的传统，几乎照搬了英美。但是在经过近10年的实践检验之后，我们发现，中国的破产重整，虽然从制度和立法层面被成功地引进了，但是在具体的运行过程中，仍因有太多的特殊国情问题，呈现出迥异于其母国的面貌。比如重整制度在中国，很大程度上成为上市公司保壳、借壳的工具。又如，管理人制度本来是一个舶来物，发源于英美，我国新《破产法》的特征之一就是建立管理人中心主义，但是在中国的重整案件，特别是在上市公司的重整案件中，正常的由专业机构担任的管理人却难以发挥核心作用，政府的大力参与反而成了重整成功的关键。再如，重整计划批准中的法院强裁制度本是抄自美国立法，但是在移植过程中却因为有意或无意的原因，遗漏了一些重要的具体规则，导致实践及理论上对中国式强裁制度的理解和适用都产生了重大争议。本书通过对立法颁布至今的45个上市公司和一些非上市公司重整案件的实证分析，从重整制度设计原理的角度提出了对中国立法的解读方式和一些改进建议。

总的来说，经过近10年的发展和磨合，特别是相关证券法规这些年的不断修改完善，中国的重整制度逐渐步入正轨。但整个破产程序的发展，还是因为体制、司法资源配置、机构管理、从业人员、社会文化、商业实践等多方面的原因，正处于一个低谷时期。其中的许多问题，是纯中国式的，与法律本身无涉，也与一般西方同行所关注和讨论的纯理论问题相去甚远。这也反映出《破产法》的确是法学范畴中最具有地方性知识的特点、最难以国际统一的领域之一。

第二，在破产重整的领域，有没有一些关键的设计元素是普世的，适合于任何一个法域又不可或缺于任何一套具体的制度呢？如果有，这些元素是什么？

评价任何法律制度的起源、发展与引进，实际上都涉及至少三个层面的问题。

第一个层次，是制度设计的技术细节。尽管国际统一的破产重整制度难以建立，但不同法域的具体程序或立法框架间的功能趋同却是显而易见的。具体细节的合理设计，比如不同受偿等级的债权在重整中的待遇（受偿序列问题）；重整计划的制订、表决、批准程序及其标准；司法干预的程度；管理人的指定、更换；重整制度和清算、和解程序的对接等，是保证一个法律制度逻辑自洽和运转正常的基础。

在这个层面上，各国破产重整制度表现为形式上各异，实质上功能趋同的特点。注意这里的功能是从效用即"消费者需求满足度"的角度来说的，比如英国重整制度中，法院的介入较少，是因为英国各类管理人制度根深蒂固、运转良好，从这个角度，法院的司法行政功能被管理人的良好执业实践给替代了。因此，单从设计细节的角度看，的确是有非常多的基本元素必须遵循几乎完全相同的工具理性。

第二个层次，是该法律制度的理论纵深。具体而言，就是破产重整至少是破产法理论和公司法理论的交叉领域（当然肯定还包括其他的领域甚至学科，如民法和民诉、证券法、经济学、会计学、管理学，甚至心理学），比如本书涉及的破产重整期间的企业管理模式，重整期间的继续融资问题，以及正式和非正式重整程序之间的关系等，就是典型的交叉领域的问题。无论各国的破产立法者对此主观上是否有意识，但是大致相同的价值取向和问题导向，正在或将会使得各国的公司破产重整制度及其实践，日益靠近公司法的理论范畴而远离传统的程序法藩篱，而且这种变化几乎是不可逆的。

第三个层次，就是该法律制度与社会、经济、法治环境甚至是更为抽象的价值观之间的相互影响与路径依赖。任何一种新制度，都存在"嵌入"具体社会环境的问题，同时也深受现有经济、法治环境所形成的既存路径依赖的影响。破产重整当然也不例外，必然也受制于各种体制性原因，比如中国目前资本市场的开放程度、股权融资的可能性、上市审批制度、会计制度、法院系统的组织结构与资源分配、司法现状、政府干预的传统以及干预的方式和手段，等等。这些问题，不是单纯地依靠合理逻辑就能解决的，同时也是部门法立法者无法改变的约束性条件。部门法的立法者在立法之初甚至无法预料某种具体制度在嵌入到整个社会、经济、法治环境之后效能和功用上的变形和衍化。也就是在这个层面，使得各国的破产重整立法，显现出最终的、深刻的差异。比如，不同的价值观似乎难以通过技术手段来弥合其距离。如就其性质而言，英国的破产拯救体系更偏重市场导向，多数拯救案例是通过财产拍卖的方式来实现的。这种延迟的清算或变卖，并不是美国传统意义上的破产重整。此外，破产法庭在两国扮演的角色也不尽相同，法庭在美国处于一个核心的地位，管理人甚至不是每个案件中必需的；在英国，破产案件的进程主要是由职业破产管理人主导（类似制度一直长期存在，运行正常），而管理人又主要由债权人指定，法庭始终位居辅助的地位。中国的破产重整，在美式重整的基础上，进一步加大了法院的干预力度，尽管中国在立法之时，同时强调"管理人中心主义"。这种双管齐下的做法，主要是因为，中国没有美国那么强大的破产司法系统和资源，同样也没有英国那么发达的破产市场化处理手段，只能选择在司法和市场两方面同时加强，以保障新制度的建立和运行，这反过来也增加了法院和管理人系统两方面的成本和压力。

因此，考察和评价一个制度的有效性或者进行比较法意义上的研究，就不得不努力区分，我们观察的视角在哪一个层面，提出的问题又着眼于哪一个层面，否则很容易陷入标靶不准，缘木求鱼的尴尬。

第三，为什么根植于相同法律传统和社会经济条件的国家从其设计理念、旨趣到最终形成的破产重整制度都大相径庭，相去甚远？

事实上，没有任何两个国家的社会、经济、法治状况是完全一致的，虽然英国和美国同属于英美法系的发源国，而且语言、文化、价值观上的相似程度极高，但即便是这样，在很多问题上的分歧还是非常明显的（今天的英国对欧洲的认同度，甚至要高过对美国的认同度）。只不过跟其他国家，或跟其他两国间的"天壤之别"相比，英国和美国之间的差异要小得多。但是只要有分歧，总会在各个层面上得到体现。中国的破产重整制度，尽管直接源于美国或英国，但实际运行中的差别，却可能是十分巨大的，当然这种差别，并不仅仅体现在立法文件上而已。

第四，这些理论和现实层面的差异真的那么巨大吗？哪一些差异是真实存在的，哪一些仅是一种表象而存在于人们的想象之中？

对这个问题的答案，部分其实已经包含在对上两个问题的回答之中了。

具体而言，英国2002年《企业法》为公司重整体制带来了巨大改变，如通过用新的破产管理模式取代管理接收程序和旧的破产管理模式；废除税务债权的优先地位，为无担保债权人建立受偿保护金；重新强调以重整为核心的有层次的法定目标；扩展破产管理人的权力和责任等。这些努力正使得整个英国企业破产和重整法律成为一个更加紧凑、统一和目标明确的现代体系。即使政府极力塑造其重整功能，英国的破产管理程序在实践中仍然主要用来实现债务清偿而并非企业更生，因此从重要性和示范性上难以和美国的《破产法》第11章相提并论。把公司作为一个继续经营的实体保留下来，打包出卖其整体或部分营业或者把所有财产零散出售，这几种做法都是英国的重整文化所赞同的，要讨论的只是何种方式应当优先适用的问题。旧式破产管理程序的主要效果是为陷入财务困境的企业提供一个喘息之机，然后与其他破产程序（CVA 或破产清算）相对接，破产重整的任务通常是通过与之相伴随的 CVA 或 1985 年《公司法》第 425 条规定的和解/偿债协议安排来完成的。2002 年《企业法》允许破产管理人自行向债权人分配破产财产，这使得在实践中破产管理程序越来越多地被用作独立的破产清算方式，并非严格意义上的重整方式。

  CVA 程序在英国主要用于中小型公司的重整，实践中较少单独使用而是在破产管理程序中伴随使用。破产专业人员的素质和能力很大程度上决定了某个破产程序的效率，特别是当这个程序可以用来实现多种目的时。事实上，虽然所有的破产专业人员都可以从事 CVA 业务，但因为收费较低，很少人选择这么做。因此往往只有那些规模较小的会计师事务所或独立从业人员才会接受单纯的 CVA 业务（没有和破产管理程序伴随使用，属于收费最少的一种情形）。从各类债权人受偿比例的角度看，CVA 比破产清算或管理接收程序更加有效和成功。但遗憾的是，出于各种原因，与破产管理和破产清算程序相比，CVA 的使用率却一直很低。即使在那些获得了成功的 CVA 案件中，该程序也主要是用于实现更有效的清算财产而非拯救公司。在 CVA 和破产管理程序之外还有一些空白地带留给了 1985 年《公司法》第 425 条规定的和解/偿债协议安排程序。多种多样的程序可能丰富了"顾客"的选择，但无疑也增加了公司重整的复杂性并引起费用的增加。也许这反过来阻碍而不是促进了一些缺乏法律知识的企

结 论

业利用这些手段实现自我拯救的努力。

美国这边，1978年《破产法》中原版的第11章重整程序被认为并不是十分成功，尽管该制度早已成为全世界后发达国家努力学习的样板。批评的意见主要认为，该程序耗时过长、花费过大而效率低下。针对这些问题提出的改革建议各式各样，从比较有节制的微调手段到彻底废除现有程序的激进主张都有。大多数学者相信一种市场驱动的重整模式，比如通过拍卖来解决，比现行的在法庭监督下通过协商来实现企业重整更加合理。然而，完全市场导向的方案也有许多难以克服的障碍，无论是在理论还是在实践上。一些经验研究证明，第11章重整程序的直接成本其实是适中的，无论是从成本占所涉总资产和总债务的百分比角度，还是与同类的公司资产交易相比，都是如此。作为一种高度灵活的程序，现行的第11章程序可以实现多种用途，债务重组不过是其中的一种而已。债务人之所以选择破产重整程序，目的之一是选择一种更有利于利益权衡的带有行政管理性质的程序，避免非此即彼的裁判系统彻底毁掉企业再生和继续经营的机会。更重要的是，破产法庭不仅评估财产的价值，还评估各种优先权、债务请求权的有无、先后和数额，而且尽力克服完全私下协商可能面临的巨大的潜在交易成本。因此，在很大程度上，法庭对破产案件的干预是正常与合理的，成本不算过高。

一个得到普遍认可的观点就是，对各种不同类型公司"一视同仁"的重整方式，如同1978年《破产法》的立法者所采取的做法，已经被证明是不合理的了。因此自从20世纪80年代以来，美国国会一直在进行不懈的努力希望重塑第11章程序。2005年《防止滥用破产及消费者保护法案》中关于小企业破产的特殊规定就是这一系列努力的最终成果。该法案给美国联邦《破产法》带来了自1978年法典颁布以来最大的改变。法案第4章的B部分叫作"小企业破产规则"，通过规定一种比标准程序更快捷的程序让适格的小型企业能有效地进行重整，同时花费更少、耗时更短。2005年的小企业破产规则对于适格的小型企业是强制适用的，因此，此次的改革具有双重目标：既要过滤出那些没有真正前途、不适宜重整的企业，又要让有真正重整成功潜力的债务人企业通过更简便、快捷的程序得到实际的好处。小企业重整程序实行之后的具体效果，却不一定理想，因为破产重整可能本来就是大公司的专利，虽然这个观点可能有点"政治不正确"。

因此，从纯粹立法或法律制度的角度，英国和美国的差异是非常巨大的，但是如果考虑到非正式的私下重整的各种情形，那么这种差异又大大缩小了。英国的重整制度多为中小型企业设计，选择多样，容易让人迷茫。美国的《破产法》第11章则主要是为大型企业所利用。但是美国人认为传统的第11章有许多缺点，因此创设了旨在利于中小企业重整的"小企业破产规则"。因此，某种意义上，英美两国的重整制度有彼此学习和借鉴的倾向。中国的重整制度在总体框架上源自美国，在管理人制度上则效法英国，总的来说美国的痕迹更为明显，但实际运行过程却显现出较为明显的中国特色。

第五，在破产清算变得无所不能的今天，重整制度是否还有存在和发展的必要？

重整制度的合理性基础就在于其能保护企业"继续经营的价值"，对于这个价值，必须从交易成本的角度加以理解。"继续经营的价值"存在于历史沉淀的交易成本（包括已经固化了的各种生产关系：人与人之间、物与物之间、人与物之间的关系）之中。这些生产关系的建立凝结了过往无数的交易成本，这一切都会随着原有的联系、纽带和渠道的破坏而消失殆尽。重建新的联系、纽带和渠道又意味着要重新花费大量的交易成本。除此之外，管理体系、业已建立的层级架构、规模经济的相关优势等都可能是"继续经营的价值"的真正源泉。

诚如美国的贝尔德教授和拉斯马森教授所观察到的，影响现代经济的根本动力因技术进步、全球化、供应商和客户之间的联盟、次级债交易的兴起、更便捷的资本和信用市场准入、服务型经济的诞生、有形资产的收缩、财产的可替代性增强，以及公司的生命周期缩短等因素而带来的深刻变化，导致了经营不善的企业"继续经营的价值剩余"锐减以及程序外非正式重整的兴起。这些法定程序之外的重

结　论

组实践对服务业以及高度依赖商业信誉和知识产权的行业提供了更多更好的选择。因为这类企业"继续经营的价值"难以积累却极其易逝，会因企业进入正式破产程序，甚至刚出现一点相关迹象就迅速地消失。这些灵活多样的程序外非正式重整的兴起又进一步反衬和加速了传统公司破产重整程序的过时与衰落。单就效率而言，财产出售，无论是以企业整体转让，还是以部分财产打包处理甚至零星出售的形式实现，都可能在某个具体案件中很好地保存企业的剩余价值。

即便是这样，也不能说正式的企业破产重整作为一个现存的法律制度就失去了存在的必要与独立的价值。首先，不论技术进步和全球化进程到了何种程度，一个运营中的企业总还是有其不可抹杀的独立价值。这也就是为什么近几十年来企业并购之风不但没有减弱，反而在全球愈演愈烈的真正原因。尽管企业"继续经营的价值"因时代和技术的进步相比过去（美国修建铁路的时代）减少了，但也不能就此得出现在各国普遍奉行的企业破产重整制度就注定要衰落了。法律制度的合理和进步与否本来就不能以使用频率来计算，如果是那样，揭开法人面纱、实质合并破产等制度也许根本不必引入现代各国的公司法和破产法中。法定的企业破产重整制度的使用频率如果在某些国家开始降低了，只能说明两个问题：一是该国的不良资产市场已经完全、充分地建立起来了，企业重整可以很方便地通过市场化的手段解决，不需要进入特别的司法程序；二是说明在某些行业和针对某种规模、某些类型的企业，原法定破产重整程序的直接收益越来越少，相比进入该程序所需的昂贵费用，往往得不偿失。所以，如果说某种制度开始衰落了，往往是指该制度现在的具体形式不适应时代了，不是说它所蕴含的经济理念和法律精神可以抛弃了。其次，也许是最重要的，正式的破产重整制度实际上是为其他的债务处理方式的发生和发展设置了一个"语境"或背景。任何私下的债务重组安排其实都是在正式破产法律的阴影下所作出的。所有私下重整都被法定重整程序的标准与规则所制约和影响。陷入财务困境的债务人企业正是以可随时转入法定程序相威胁，才能使强硬的债权人稍稍合作一点，反之亦然。从这个意义上，私下重整在有些案件中也许会稍稍地偏移法定程序所指定的方向一点点，但只是一点点，不会太多，否则私下协商会无法达成，因为人人都清楚法律为各自的利益都设置了何种底线。因此，制定一部良好而公正的破产法律规范是绝对必要的。其意义不在于法律颁布后申请正式重整的案件增长了多少，甚至也不在于多少公司通过法定重整获得了新生，尽管这些指标的增长可能是立法者所愿意看到的。正是因为有了一部良法所提供的指引与坐标，私下的重整比以前更积极、更规范，也更频繁了。因此，一部好的破产法决不仅仅是将使它自身的"消费者"受益，也包括那些拒绝甚至是逃避使用它的人们。

英文缩写表

ABC	Assignment for the Benefit of Creditors
BAPCPA	Bankruptcy Abuse Prevention and Consumer Protection Act
CA	Companies Act
CRO	Chief Restructuring Officer
CVA	Company Voluntary Arrangements
CVL	Company Voluntary Liquidation
DIP	Debtor in Position
DTI	Department of Trade and Industry
EA	Enterprise Act
FSAP	Financial Sector Assessment Program
IA	Insolvency Act
IP	Insolvency Practitioner
IR	Insolvency Rule
PIP	Practitioner in Position
QFCH	Qualified Floating Charge Holder
ROSCs	Reports on the Observance of Standards and Codes
RICS	Royal Institution of Chartered Surveyors
SME	Small and Medium Enterprise
UNCITRAL	United Nations Commission on International Trade Law

后　记

　　本书其实是由两部分组成的，前五章内容是在我的英文博士学位论文的基础上翻译而成。最后一章（约10万字）则是由我在国内若干年研究的零散心得慢慢拼接而成。我不知道，这样一本篇章风格上存在较大差异的著作是否能给读者以智识上的启发。但无论从何种意义上说，这本书对我本人的教诲都是非常巨大的。

　　不知道学者或教师或法律职业人，是不是工匠的一种。如果是，那么是否如秋山利辉在《匠人精神》中所说的，师徒相承才是一种最为合理的人才培养模式。如果是，那缺乏在中文环境下的"学徒经历"就将是我学术生涯所面临的最大短板。张五常也说过：他的经验不过就是跟着一流的大师，按部就班依照大师们的要求把东西做出来，自然也就成了优秀的学者。尽管不确定这是不是学者成功的唯一模式，但就我个人的观察而言，这确实是离成功最近的一条路了。而我却不幸走了一条最远的路。因为很多东西，完全没有人教过，甚至连观摩的机会都没有，十多年的时间，所做的都是靠自己的理解甚至猜测来不断领会学者之路。偶尔会找到正确的方向甚至在烛火微光中陶醉于"自己悟性还不错"的幻觉之中，但更多的时候可能是迷茫无措甚至走了很大的弯路、浪费许多了宝贵的时间而不自知。

　　本书前一半的内容让我充分体会到了译事之难。之前只是觉得翻译别人写的东西会比较难，因为这不但要求将原作者的意思吃透，还要用接近原著的语言风格将其用中文转述出来。没想到，其实翻译自己的著作也绝非易事。因为吃透作者原意，只是翻译最起码的要求。

后 记

人类接受或获取信息是无所谓使用何种载体的，有时候成本低得惊人，以心传心也未尝不可，所以才有迦叶尊者的"拈花微笑"。更困难的部分是找到合适的表达方式将这个意思再次传递出去，因此翻译一事，对母语水平的要求，可能比对外语水平的要高得多。因为理解外语的意思，是一种被动的信息接收或解码；转述成母语，则是一种主动的编码或表达，甚至是创作。这就好比是欣赏一幅画作或一场演奏，任何读者，哪怕完全不懂绘画或演奏的技法，只要稍微有一点鉴赏的能力与背景知识，都能领会得出这件作品想表达的意境或内容。但是如果让他用自己的艺术语言再重现或转达这种意境或内容，那就未必能做到了。文学或诗歌是用崭新的方式表达古老的人类情感；学术正相反，是用接近标准化的方式表达崭新的观点或提出前所未有的论证。翻译工作，更接近文学创作，就是要在语言载体上费尽周章，所以，在多年放弃用中文进行学术写作之后，会发现即使自己的认知和学术能力有所提高，但语言能力却可能退化了，即便是回归母语，也要花费相当的气力才能达到令自己满意的程度。

本书的最后一章，则又让我充分体验到了学术本身之难。本书写作的时间跨度很大，前四章是在纯英语的环境下写作而成的，阅读的文献将近400种。当时没有接触过中国的破产重整制度（因为彼时中国尚无相关立法），因此，很多问题，实际上没有任何中文的学术资料或司法实践可资借鉴，只能靠臆想来进行筛选：哪些问题是西方学术的关注重点；哪些问题是重要、有学术价值的，可能会在未来的中国成为真正的问题？但是2008年回国之后，面临的最大问题，恰恰就是中外学术研究和感兴趣的问题存在着巨大的甚至是难以弥合的分野，西方学者关注的问题，在中国学者看来，不是至少暂时还不是问题，理论的远水解决不了中国如火如荼的现实之近渴。中国学者所关注的问题，在西方学者看来很多并不构成"学术问题"，最多是法律适用或法制环境方面的欠缺所致，不一定能形成智力上的趣味；又或者是他们早已解决了的问题，不再能构成具有时效的挑战。这种研究中共同话语的缺乏，或者现实时空上的彼此独立与割裂，无疑对研究者的双重对焦能力提出了很高的要求。因此，在长达七年的时间里，我思考的都是，面对中国现实的法治环境与土壤，西方的理论或研究手段究竟"能不能"或"该如何"真正有效切入的问题。

研究方法上的短缺，热衷于具体的操作方案而非自洽的理论假说，以及重结论而轻论证，在我看来，是中国法学研究的三大主要缺点。当然统计口径的缺乏，重要数据的阙如，自我隔绝于世界主流的研究工具与资源（比如无法使用 google 学术，许多重要国外机构官网被屏蔽的事实和现状等），这些都构成中国法学研究的先天不足，也让我们冲击世界一流学术成果的种种提法，显得是那么的底气不足。

当然更不要说法学教育体制性的差异，应该说美国的法学研究之所以超越其他各个国家，主要原因是美国的法学教育的起点是研究生教育而非本科教育；同时由于法学有巨大的市场需求，使其成为真正的精英而非通识教育。因此在学术起点和人才储备方面，具备先天优势，直接就赢在了起跑线上。正是如统计学、经济学等学科的不断汇入，才让美国的法学研究成了有源活水，超然独步于其他国家。凡是将法学的起点设定在本科阶段的国家，如英国、中国、日本等国，所谓"文无第一、武无第二"，研究水平的高下实际上根本就是难以比较的，真正的差异只在态度是否足够认真上。在我看来，法律是跟语言一样，基本上算一种"地方性知识"，各国的法学研究，按照费耶阿本德的说法，具有某种不可通约性。当然这里指的只是研究结论和问题意识方面，在研究方法、认知能力和一般人类理性所能达到的高度方面，各个法域之间还是彼此共通的。总的来说，在阅读了大量高水平的英语论文之后，我个人的感觉是，在排除了先天不足的因素之后，中国的法学研究事实上不应该那么的不自信。虽然跟世界一流的研究水平相比，差距显然是存在的，但是，这主要不是研究者的个体智力水平所致，与整个法律职业共同体在中国目前的地位与境遇是呈现正相关关系的。所以在法学领域，过度追求 SSCI，合理性比别的学科要小得多。

对于这本书，可以感谢的人很多，为了防止写成流水账，还是将我人生的第一本著作献给我的父亲和母亲，至于理由，由于属于地球

后　记

人都知道的范畴，因此也就不再赘述了。除此之外，特别要感谢的是深圳大学的钟明霞教授，因为如果不是她的督促与慷慨，本书不会在这个时间，以这样的面貌呈现在大家的面前。最后要向本书的责任编辑王茵博士、马明老师致以敬意，是他们认真的工作才使本书避免了许多"低级"的文字错误，得以用一种更为优雅的面目呈献于读者面前。

本书所有错漏，都归于我个人智识上的浅薄和研究过程中的疏漏懈怠。由于这只标志着一个起点，因此，不抱有不切实际的期望，是最为客观和稳妥的态度了。

齐砺杰

2016 年 5 月